青年成长与青年工作创新

邹立春◎编著

人民日报出版社

北京

图书在版编目（CIP）数据

青年成长与青年工作创新／邹立春编著． -- 北京：
人民日报出版社，2025.4. -- ISBN 978-7-5115-8700-8

Ⅰ. D432.6

中国国家版本馆 CIP 数据核字第 2025KN5120 号

书　　　名：青年成长与青年工作创新
作　　　者：邹立春
出 版 人：刘华新
责任编辑：周海燕
封面设计：先哲龙设计室
出版发行：人民日报出版社
地　　　址：北京金台西路 2 号
邮政编码：100733
发行热线：（010）65369527　65369509　65369512　65369846
邮购热线：（010）65369530　65363527
编辑热线：（010）65369518
网　　　址：www. peopledailypress. com
经　　　销：新华书店
印　　　刷：廊坊市长岭印务有限公司
开　　　本：787mm×1092mm　1/16
字　　　数：360 千字
印　　　张：28
版次印次：2025 年 4 月第 1 版　2025 年 4 月第 1 次印刷
书　　　号：ISBN 978-7-5115-8700-8
定　　　价：78.00 元

前言

在历史的长河中，每一个时代都有其独特的使命与担当，而青年，作为时代的先锋与未来的希望，始终承载着推动社会进步、引领时代潮流的重任。当前，中国面临着前所未有的发展机遇与挑战。在这个关键时期，新时代青年如何肩负起历史使命，青年工作如何适应时代要求，成为我们必须深入思考和认真回答的重大课题。

当前，全球正处于百年未有之大变局中，国际形势复杂多变，科技革命日新月异，经济社会发展深刻变革。中国作为世界第二大经济体，正致力于实现中华民族伟大复兴的中国梦。在这个过程中，新时代青年不仅是见证者、参与者，更是推动者和创造者。他们生长在和平与发展的时代，享受着改革开放带来的丰硕成果，同时也面临着更为复杂的社会环境和更为激烈的国际竞争。因此，新时代青年必须拥有更加坚定的理想信念、更加扎实的专业技能、更加开放的国际视野和更加强烈的担当精神，才能在新时代新征程中勇立潮头、砥砺前行。

青年工作作为党的一项战略性工作，历来受到党和国家的高度重视。在新时代背景下，青年工作面临着新的挑战与机遇。一方面，随着互联网的普及和新媒体的兴起，青年群体的思想观念、价值取向、行为方式等发生了深刻变化，传统的青年工作模式和方法已经难以适应新时代青年的需求。另一方面，党和国家对于青年工作的重视程度不断提高，为青年工作提供了更加广阔的发展空间和更加有力的政策支持。因此，新时代青年工作必须不断创新思路、改进方法、拓展领域，才能更好地引领凝聚、团结组织、联系服务青年，为党和国家事业发展贡献青春力量。

正是在这样的时代背景下，我编写了《青年成长与青年工作创新》一书。本书旨在全面、系统、深入地探讨新时代青年的特点、成长路径以及青年工作的新思路、新途径和新模式。通过梳理新时代青年的成长背景、分析新时代青年的特点与需求、总结新时代青年工作的经验与创新，本书旨在为新时代青年的成长和青年工作的开展提供有益的指导和帮助。

在本书的编写过程中，我力求做到理论与实践相结合、历史与现实相贯通、国内与国际相衔接。希望通过本书的出版，能够激发新时代青年的责任感和使命感，引导他们积极投身国家建设和社会进步的伟大事业中；同时，也希望本书能够为青年工作者提供有价值的参考和借鉴，推动新时代青年工作不断创新发展。

最后，我要感谢所有为本书编写提供支持和帮助的人，也感谢广大读者的关注与支持。让我们携手共进，为新时代青年的成长和青年工作的开展贡献智慧和力量！

邹立春

2025 年 2 月于贵阳

目录

中篇　青年干部篇

下篇　青年工作篇

上篇　青年篇

01

第一章
青年概述

第一节 青年的年龄界定

年龄是测量个人和群体的时间概念，内涵非常丰富。年龄具有自然属性、生理属性、心理属性和社会属性等多重属性，是多重属性并存的复合体。在不同语境、用法和目的情况下，年龄的某种或某些属性得以强调或凸显。

根据年代年龄、生理年龄、心理年龄和社会年龄四种类型，青年年龄也有四种类型，分别适用于不同领域、情境和目的。从国内外的青年法律、青年政策、青年研究、青年工作实践看，青年的年代年龄、生理年龄、心理年龄和社会年龄都有相关的应用。1968年，联合国教科文组织在《青年报告》中对"青年"给出了三种界定：一是根据实足年龄方式确认15～24岁的年龄群为青年；二是根据特殊的"教育、社会和家庭状况"，也就是把在学、未开始工作和未组建自己家庭的人定义为青年；三是试图将青年定义为一种精神状态，即将富有想象、具有勇气而不怯懦、更富冒险而不是追求享乐的人定义为青年。从青年年龄的四种内涵界定方式看，生理年龄和心理年龄更多属于研究性界定，在对青少年进行学术研究中应用更为广泛；社会年龄则更多属于政策法规界定，在青少年政策法律制定及其权利义务方面得到广泛使用。

2017年4月，中共中央、国务院印发的《中长期青年发展规划（2016—2025年）》（以下简称"青年发展规划"）明确规定："本规划所指的青年，年龄范围是14～35周岁。"这是我国第一次对青年的政策年龄进行了明确界定。这种明确青年年龄的下限和上限的方式，属于典型的青年法定年龄界定。"青年发展规划"是新中国成立以来第一部全国性的青年发展规划。该规划在党内法规和政府政策方面均具有顶格政策的属性。自此，党和国家的青年政策及其项目实施，全社会关于青年年龄的社会共识，日益聚焦于14周岁至35周岁的年龄区间。

"青年发展规划"是我国第一次以国家政策的形式对青年年龄给予明确界定，主要遵循政策年龄的内在逻辑，既具有学理基础，尽可能照顾到青年群体内部较强的同质性；又具有30多年的实践基础、工作基础和社会认同基础，是一个相对合理、比较优化的选择。

一是与我国经济社会发展水平和所处发展阶段相适应。我国当前和今后一段时期仍将长期处于社会主义初级阶段。尽管经济社会发展取得了长足进步，但整体水平仍然有较大提升空间，地区差异、行业差异、群体差异等社会差异仍然比较明显。青年群体对社会资源的支配权、话语权和发展权依然扮演着从属角色，社会结构中的弱势地位与青年发展更需社会支持之间的矛盾日益扩大。

二是与我国国情和传统习俗相适应。青年年龄界定的本土化，有助于社会成员对青年群体的认可，为此需要遵从文化传统和日常用语的使用习惯。比如，《现代汉语词典》对"青年"的定义是指人十五六岁到三十岁左右的阶段；《辞海》对"青年"的定义是指18～25岁由青春期过渡到成人的阶段。肌肉发达，骨化逐渐完成，心血管系统发育尤快，各种活动能力（灵敏、精确、耐力）得到进一步发展，体力增强，社会活动范围日益扩大。两本辞典对青年概念的界定，是对我国传统文化和民间认知的深刻总结。其中，青年年龄的语义分析虽不能作为主要标准，但可以作为青年年龄界定的重要参考。

三是与现实青年工作和共青团工作相衔接。在中国共青团100多年的发展历程中，对团员青年的年龄范围界定一直非常明确。跟随经济社会发展、青年发展的新变化、青年工作的新要求，共青团对团员年龄范围的界定有一个发展变化的过程。从共青团的章程对青年年龄的界定看，总共经历过七次修改。1922年4月，中国社会主义青年团各地方团通过的《中国社会主义青年团临时章程》，第一次对团员的年龄做出了明确要求，为15～30岁，30岁以上为特别团员（只有发言权而无表决权）。1922年5月，中国社会主义青年团第一次全国代表大会通过的《中国社会主义青年团章程》，作为共青团历史上的第一部正式团章，第一次将青年年龄修改为15～28岁，28岁以上为特别团员（只有发言权）。1925年1月，中国社会主义青年团第三次全国代表大会通过的《中国共产主义青年团第二次修正章程》，第二次将团员年龄修改为14～25岁，14岁以下或25岁以上为特别团员（只有发言权）。1928年7月，中国社会主义青年团第五次全国代表大会通过的《中国共产主义青年团章程》，第三次将团员年龄修改为14～23岁，未满14岁或23岁以上可以入团，但只有发言权而无表决权。1949年4月，中国新民主主义青年团第一次全国代表大会通过的《中国新民主主义青年团章程》，第四次将团员年龄修改为14～25岁，超过25岁的团员，仍可留在团内，有发言权与被选举权，而在被选入领导机关时，则仍有选举权与表决权。1957年5月，中国新民主主义青年团第三次全国代表大会通过的《中国共产主义青年团章程》，第五次将团员年龄修改为 15～25 岁；年满 25 周岁，没有被选入团的领导机关，或者没有担任团内的专门职务，如果他们要求继续留在团内，可以保留团籍到 28 周岁。1978 年 10 月，中国共产主义青年团第十次全国代表大会通过的《中国共产主义青年团章程》，第六次将团员年龄修改为 14～25 岁；年满 25 周岁，没有被选入团的领导机关，或者没有担任团内的专门职务，如果他们要求继续留在团内，可以保留团籍到 28 周岁。1982 年 12 月，中国共产主义青年团第十一次全国代表大会通过的《中国共产主义青年团章程》，第七次将团员年龄修改为 14～28 岁。此后，共青团工作对团员青年的年龄范围，一直沿用 14～28 岁的界定。改革开放以来，我国青年工作实践面对的主要是 14～35 岁青年群体。相当多的青年研究也以此作为划分青年群体的标准，很多地方、企事业单位都以 35 岁以下作为划拨青年工作人头经费的主要标准。可以说，"青年发展规划"是以改革开放以来共青团和青年工作面向 14～35 岁青年开展工作并取得实效的政策肯定和制度确认。

四是与世界上大多数国家对青年年龄界定的内在规律相一致。当前，绝大多数国家对青年年龄下限的共识定位在 14 岁，对青年年龄上限界定在 28 岁。我国将青年年龄下限界定为 14 岁，这与世界上大多数国家具有相似的共识及对青年年龄一般规律的科学把握。"青年发展规划"将我国青年年龄上限规定为 35 岁，既与世界各国对青年年龄上限规定的一般规律相适应，更与我国当代青年成长新特征新规律新需求相适应。青年年龄上限的界定依据之一，就是青年发展基本摆脱对家庭和社会的依赖，个体已经可以承担起成人的应有责任。从我国现实情况看，当代青年减少对家庭和社会依赖的时间节点不断延后，是青年年龄上限提升的重要原因和外在表征。

第二节　新时代青年的社会特征

青年的社会角色和角色期待的本质和内涵与"培养什么样的青年、为谁培养青年、怎样培养青年"的根本性问题具有一致性。党和国家事业的希望寄托在青年身上，党和国家对新时代青年寄予了新要求、新期待。新时代青年是站在新的历史方位和新的历史起点上的新世代，具有新的成长规律和特点，肩负着新的历史使命和时代任务。习近平总书记在2023年6月26日同团中央新一届领导班子进行集体谈话时指出，把党的中心任务作为中国青年运动和青年工作的主题和方向，这是100多年来中国青年运动和青年工作的一条基本经验。这就深刻表明我们党自创立之日起，就着手对青年的社会角色和角色期待进行了顶层设计。

社会变迁速度越快，与社会变迁越直接相关的社会群体、社会领域的社会角色就变化越快，就越需要对社会角色进行与时俱进的调整发展。中国式现代化是站在第二个百年起点的中国社会变迁的巨大动力，同时其本身就是中国社会变迁的直接表征。作为社会变迁的动力和表征，中国式现代化需要"全新的人"。恩格斯指出，用整个社会的力量来共同经营生产和因此而引起的生产的新发展，也需要一种全新的人，并将创造出这种新人来。因此，中国式现代化需要全新的青年世代，也将全程塑造全新的青年世代。马克思和恩格斯说过，历史不外是各个世代的依次交替。新时代青年发展与中国式现代化历史进程重合同频，世代依次交替作为历史发展的动力机制与中国式现代化作为社会全面变革具有高重合性。因此，新时代青年世代的社会角色必然适应中国式现代化的历史逻辑、理论逻辑、实践逻辑，新时代青年世代的角色期待必然适应党、国家、民族对新时代青年完全承担起中国式现代化历史重任的要求和期盼。

新时代青年的本质价值，就是发扬创新创造的历史主动精神，持续激发中国式现代化的内生动力。青年是常为新的，从来都是开风气之先的力量，是社会中最有生气、最有闯劲、最少保守思想的群体，蕴藏着巨大的创造能量和活力，蕴含着改造客观世界、推动社会进步的无穷力量。新时代青年必须在中国式现代化的新征程中，毅然承担也必将承担起国家的前途、民族的命运、人民的幸福。当前，知识更新周期越来越短，大量新知识爆炸式产生。新时代青年要保持对新事物的敏锐，学会用正确的立场观点方法分析问题，善于把握历史和时代的发展方向，科学把握社会生活的主流和支流、现象和本质，到人民群众中去感受时代脉搏进而增进人民情感，站稳人民立场；新时代青年要到新时代新天地中，去拼搏奉献，在与人民一道奋斗中，以历史主动精神绽放无悔青春。新时代青年的地位作用，就是涵养蓬勃迸发的强国有我的青春激情，在强国建设、民族复兴伟业中勇当先锋队、突击队，以先锋力量凝聚壮大中国力量。

青年的命运从来都同时代紧密相连，时代总是把历史责任赋予青年。时代各有不同，青春一脉相承，爱国主义始终是激励各族人民自强不息的强大力量。伟大的五四运动让中国青年发现了自己的力量，标志着中国青年成为推动中国社会变革的急先锋。有责任有担当，青春才会闪光。中国式现代化创造人类文明新形态，新时代青年在这一伟大征程中要增强历史责任感和使命感，自觉听从党和人民召唤，胸怀"国之大者"，激发强国有我的青春激情，主动肩负历史责任，勇做、乐做、善做、永做新时代的弄潮儿，在强国建设、民族复兴伟业中勇当先锋队、突击队。青春孕育无限希望，青年创造美好明天。

新时代青年的发展目标，就是以追求政治进步为核心的全面进步，锻造成为德智体美劳全面发展的社会主义建设者和接班人。追求进步，是青年最宝贵的特质，政治进步则处在最核心位置。新时代青年要主动接受政治训练、加强政治锻造、追求政治进步，在中国式现代化的历史潮流中确立和坚定正确的人生目标，实现入队、入团、入党在追求政治进步方面的"人生三部曲"，源源不断成为党的健康有活力的新鲜血液。实现全面发展是追求进步的题中应有之义，社会主义建设者和接班人必须全面发展，就是思想品德、精神素养、身体健康、体魄强壮、体育精神、学习成绩、创新能力、动手能力等众多主要方面的强，就是实现德智体美劳全面发展。新时代青年要成长为堪当大任的人才，必须经过一番艰苦磨炼，要树立起辛勤劳动、诚实劳动、创造性劳动的观念，成为热爱劳动、勤于劳动、善于劳动的高素质劳动者。新时代青年要有家国情怀，也要有人类关怀，中华民族可以为人类社会做出更大贡献。新时代青年应发扬中华文化崇尚的四海一家、天下为公精神，带头践行全球发展倡议、全球安全倡议、全球文明倡议，为推动共建"一带一路"、构建人类命运共同体而努力，不仅肩负起建设祖国的使命，而且能承担起为世界、为人类做贡献的责任。

新时代青年的精神素养，就是站稳人民立场、与时代同步伐、与人民共命运，不断增强做中国人的志气、骨气、底气，为强国建设、民族复兴伟业注入强大精神力量。人无精神则不立，国无精神则不强。精神是一个民族赖以长久生存的灵魂，强国建设、民族复兴伟业需要物质文明的积累，更需要精神文明的升华。国家之间竞争日益加剧，青年发展状况越来越成为竞争胜负的决定性因素。青年群体的理想信念、精神状态、综合素质、组织程度、协作水平及其形成的整体力量，日益成为国与国竞争胜负天平的核心砝码，关乎党、国家、民族的前进动力和发展后劲。中华民族有一脉相承的精神追求、精神特质、精神脉络，中华优秀传统文化已经成为中华民族的基因，新时代青年要了解中华民族历史，秉承中华文化基因，增强民族自豪感和文化自信心，必须在中华优秀传统文化的创造性转化和创新性发展中充分展示中华民族的独特精神标识，以青春理想、青春活力、青春奋斗激活中国精神和中国力量的生命力，与人民一道推进精神生活共同富裕和弘扬中国人民的主体性精神力量。新时代中国青年更加自信自强、富于思辨精神，就要坚定听党话、跟党走，胸怀忧国忧民之心、爱国爱民之情，从现在做起、从自己做起，鼓起奋进新时代的精气神，把自己的小我融入祖国的大我、人民的大我之中，在思想洗礼、实践锻造、思辨比较、双向反馈中不断增强做中国人的志气、骨气、底气，使社会主义核心价值观成为自己的基本遵循，自觉推动中华民族优秀传统文化的创造性转化和创新性发展，率先身体力行以彰显成效，把社会主义核心价值观和中华优秀传统文化"两创"更好地推广到全社会。

新时代青年的时代角色，就是争当排头兵和生力军，不断成长为有理想、敢担当、能吃苦、肯奋斗的堪当民族复兴重任的时代新人。当今世界，综合国力的竞争归根结底是人才的竞争、劳动者素质的竞争。新时代青年的奋斗目标和前行方向就是努力成长为堪当民族复兴重任的时代新人。紧跟时代砥砺前行，担当责任奋发有为，是我国青年的光荣传统，更是新时代青年应对重大挑战、抵御重大风险、克服重大阻力、解决重大矛盾的必然要求。

第三节 中国青年成长的新特点

一、拥有更高质量的发展条件

随着中国的经济实力、科技实力、综合国力不断迈上新台阶、取得新跨越，新时代中国青年的发展基础日益厚实，发展底气越来越足。

物质发展环境更为优越。中国青年向往更有品质的美好生活，消费方式从大众化迈向个性化，消费需求从满足生存转向享受生活，从有衣穿到穿得时尚、穿出个性，从吃饱饭到吃得丰富、吃出健康，从能出行到快捷通畅、平稳舒适。中国青年的生活水平实现了质的跃升，高质量发展有了更加丰盈、更为坚实的物质基础。

精神成长空间更为富足。青年高质量发展，离不开精神生活的多姿多彩。中国青年享受的公共文化服务水平显著提高，逐渐从"去哪儿都新鲜"转变为"去哪儿都习以为常"，精神品位不断提升。青年所需所盼的公共文化产品日渐丰富，逐渐从"有什么看什么"转变为"想看什么有什么"，文化视野更加开阔。青年走出去看世界的需求得到更好满足，逐渐从"只在家门口转转"转变为"哪里都能去逛逛"，见识阅历更加广博。不断扩展的精神文化生活空间，为中国青年追求更有高度、更有境界、更有品位的人生提供了更多可能。

在与互联网的相互塑造中成长。互联网深刻塑造了青年，青年也深刻影响了互联网。随着互联网的快速普及，越来越多的青年便捷地获取信息、交流思想、交友互动、购物消费，青年的学习、生活和工作方式发生了深刻改变。中国青年日益成为网络空间主要的信息生产者、服务消费者、技术推动者，深刻影响了互联网发展潮流。面对纷繁复杂的网络信息，中国青年在网上积极弘扬正能量、展示新风尚，共同营造清朗网络空间。

二、获得更多人生出彩机会

教育机会更加均等。中国教育事业优先发展不断深化，中国青年享有更加平等、更高质量的教育机会。职业选择丰富多元。中国青年职业选择日益市场化、多元化、自主化，不再只青睐传统意义上的"铁饭碗"，非公有制经济组织和新社会组织逐渐成为青年就业的主要渠道。"非工即农"的就业选择一去不返，第三产业成为吸纳青年就业的重要领域。特别是近年来快速兴起的新产业、新业态，催生了电竞选手、网络主播、网络作家等大量新职业，集聚了快递小哥、外卖骑手等大量灵活就业青年，涌现了拥有多重身份和职业、多种工作和生活方式的"斜杠青年"，充分体现了时代赋予青年的更多机遇、更多选择。

发展流动畅通自由。随着社会主义市场经济体制不断完善，市场主体活力持续提升，各类要素流动日益频繁，青年的发展渠道更加畅通、流动更加自由。在区域协调发展战略深入实施大背景下，中国青年逐渐由单向的"孔雀东南飞"转变为多向的"自由随心飞"，在自己喜欢的城市寻找发展机会，在适合自己的地区拓展成长舞台。一批又一批农村青年走进城市，挥洒汗水、奋力拼搏，安家落户、实现梦想。

三、享受更全面的保障支持

法治保障不断完善。随着全面依法治国深入推进，中国特色社会主义法治体系日益完善，为青年发展提供了坚实的保障。作为国家根本大法，宪法明确规定"国家培养青年、少年、儿童在品德、智力、体质等方面全面发展"，为建立青年法治保障体系提供了根本遵循。青年发展涉及面广、系统性强，需要各个领域齐抓共管、共同发力。民法典赋予了青年各类民事权益，教育法、义务教育法、职业教育法、高等教育法、民办教育促进法、家庭教育促进法等全面构筑了保障青年受教育权的完备法治环境，就业促进法、劳动法、社会保险法、科学技术进步法、体育法、妇女权益保障法等充分保障了青年各领域发展权益，刑法、未成年人保护法、预防未成年人犯罪法、反家庭暴力法等共同构建了保护青少年合法权益的法律屏障。

政策保障日益完备。针对中国青年多元化发展需求，国家强化政策服务导向，健全完善政策体系。国民经济和社会发展"十三五"与"十四五"规划鲜明体现青年元素，科教兴国、人才强国、创新驱动发展、乡村振兴、健康中国等国家重大战略充分关注青年群体，青年发展得到越来越多的顶层设计支持。2017 年 4 月，中共中央、国务院制定出台《中长期青年发展规划（2016—2025 年）》，为新时代中国青年发展提供根本政策指引。针对青年在毕业求职、创新创业、社会融入、婚恋交友、老人赡养、子女教育等方面的操心事、烦心事，党和政府高度重视，各项政策举措持续出台，青年发展型城市建设蓬勃开展，青年优先发展理念日益深入人心。目前，从中央到地方的青年工作机制基本建成，具有中国特色的青年发展政策体系初步形成。青年充分享受政策红利，实实在在感受到关爱就在身边、关怀就在眼前。

社会保障更加健全。中国建成世界上规模最大的社会保障体系，普惠型社会保障服务进一步发展。中国青年不仅能在步入社会之初就享受到社会保障的"遮风挡雨"，也能在拼搏奋斗时免除各种"后顾之忧"，生活得更舒心、工作得更安心、对未来更放心。政府出台一系列支持多渠道灵活就业的政策，逐步完善灵活就业社会保障，支持青年从事灵活就业。青年住房保障力度不断增强，更多大城市面向新市民、青年人加大保障性租赁住房供给，缓解青年住房难题。基本养老保险实现全国统筹，失业保险、工伤保险持续向青年职业劳动者扩大覆盖，青年社会保障水平不断迈上新台阶。

组织保障坚强有力。组织是青年成长的大熔炉，是青年发展的倍增器。中国共产主义青年团始终把维护青年发展权益放在重要位置，着力推动落实青年优先发展理念，充分发挥组织优势，大力调动社会资源，聚焦青年"急难愁盼"突出问题开展政策倡导，千方百计为青年解决具体困难，为广大青年成长发展创造良好环境。中华全国青年联合会始终坚持代表和维护各族各界青年的合法权益，引导青年积极健康地参与社会生活，努力为青年健康成长、奋发成才服务。中国高等学校学生会、研究生会和中等学校学生会的联合组织，中华全国学生联合会依法依章程表达和维护青年学生的具体利益，通过开展健康有益、丰富多彩的课外活动和社会服务，努力为青年学生成长发展服务。

四、理想信念更为坚定

坚信中国道路。中国青年通过历史对比、国际比较、社会观察、亲身实践，深刻领悟党的领导、制度优势、人民力量等的关键作用。用习近平新时代中国特色社会主义思想武装起来的中国青年，在展现国家发展成就的一系列生动事例、客观数字、亲身体验中，深切感受到"中国速度""中国奇迹""中国之治"，作为中国人的志气、骨气、底气进一步增强，为实现中华民族伟大复兴中国梦团结奋斗的思想基础更加牢固。

坚守价值追求。青年的价值取向决定了未来整个社会的价值取向。中国青年主动"扣好人生第一粒扣子"，从英雄模范和时代楷模中感受道德风范，积极倡导富强、民主、文明、和谐，倡导自由、平等、公正、法治，倡导爱国、敬业、诚信、友善，成为社会主义核心价值观的实践者、推广者。面对社会思潮的交流交融交锋，中国青年有困惑、有迷惘，但有一条主线始终未变，就是对党和国家的赤诚热爱、对崇高价值理念的不懈追求。

坚定文化自信。文化是一个民族的精神和灵魂，高度的文化自信是实现民族复兴的重要基础。中国青年不断从中华优秀传统文化、革命文化、社会主义先进文化中汲取养分，特别注重从源远流长的中华文明中获取力量。从热衷"洋品牌"到"国潮"火爆盛行，从青睐"喇叭裤"到"国服"引领风尚，从追捧"霹雳舞"到《只此青绿》红遍全国，中国青年对中华民族灿烂的文明发自内心地崇拜、从精神深处认同，传承中华优秀传统文化基因更加自觉，民族自豪感显著增强，推动全社会形成浓厚的文化自信氛围。

五、身心素质向好向强

身体素质持续提升。在校园里，随着体育课时持续增加，更多青年学生既在课堂内"文明其精神"，也在操场上"野蛮其体魄"。在竞技场上，奥运会、亚运会等国际赛事中始终活跃着中国青年争金夺银的身影，青年健儿大力弘扬中华体育精神和女排精神，向全世界诠释了"更快、更高、更强——更团结"的奥林匹克新格言，展示了中国青年强健有力的民族精神。中国青年关注体育、参与体育、享受体育，成为体育强国建设的积极开拓力量。

心理素质自信达观。中国青年从身边做起、从小事做起，努力将牢固的理想信念、健康的价值认知、坚定的文化自信转化为良好的社会心态。对未来发展的信心斗志、对美好生活的向往追求占据着中国青年的主流，自信乐观、积极向上是中国青年的鲜明形象。

六、知识素养不断提升

知识改变命运，教育改变人生。乘着教育事业优先发展的东风，新时代中国青年亲眼见证、亲身经历了教育事业取得的历史性成就，享受了更加公平、更高质量的教育，学习的主动性、自觉性进一步提高，科学文化素养迈上新台阶。

受教育水平大幅提升。在科教兴国、人才强国等国家战略支持下，亿万中国青年通过教育获得成长成才的机会，实现创造美好生活、彰显人生价值的愿望。提高学历层次、接受高质量教育，依然是中国青年改变命运、追梦逐梦、实现人生理想的主要方式。

热爱学习渐成风尚。越来越多的青年把学习作为一种生活乐趣、一种人生追求，学习提升的社会氛围愈加浓厚。有相当数量的青年在离开校园后选择继续深造、提升学历。青年在职学习专业技能的热情空前高涨，调查显示，超过50%的社会青年参加过职业技能培训，工作之余"充充电""加加油"成为越来越多青年的共同选择。受益于网络媒体迅猛发展，数千万青年通过多种方式选学课程、获取知识。

七、社会参与积极主动

社会是青年成长发展的重要课堂。新时代中国青年以更加自信的态度、更加主动的精神，适应社会、融入社会，参与社会发展进程，展现出积极的社会参与意识和能力，成为正能量的倡导者和践行者。

有序参与政治生活。中国青年追求政治进步，积极参与全过程人民民主实践。共产主义远大理想始终激励青年砥砺前行、奋发向上，青年加入中国共产党、中国共产主义青年团的意愿持续高涨。青年踊跃参与各类民主选举、民主决策、民主管理、民主监督，围绕经济社会发展重大问题建言献策，针对关系青年切身利益的实际问题充分行使民主权利、广泛开展协商、努力形成共识。

积极参与社会事务。近年来，越来越多的青年热情参与公益慈善、社区服务、生态保护、文化传播、养老助残等社会事务，不仅在很多有影响力的社会组织中发挥重要作用，还组建了一批以自愿成立、自主管理、自我服务为特征的社会组织。中国青年充分利用这些社会参与的重要渠道，在依法承接政府职能转移、开展行业自律、满足社会公众多样化服务需求、倡导文明健康生活方式、促进政府与社会沟通等方面发挥建设性作用，展现了强烈的参与意识和社会责任感。

八、更加开放自信地融入世界

随着中国对外开放的大门越开越大，新时代中国青年以前所未有的深度和广度认识世界、融入世界，在对外交流合作中更加理性包容、自信自强。

"走出去"的道路越来越宽。通过留学、务工、旅游、考察等方式，中国青年以极大的热情和包容的心态，全方位、深层次了解世界、融入世界、拥抱世界，学习借鉴其他国家的有益经验和文明成果。

沟通合作的"朋友圈"越来越大。在各种国际舞台上，中国青年讲述中国故事、参与全球青年事务治理，在双多边框架下积极交流互动、促进合作共赢。中国青年参与双边交流机制更加广泛深入，与各有关国家青年走得越来越近、友谊越来越深。中国青年不仅与周边国家和广大发展中国家青年伙伴开展亮点纷呈的人文交流，还通过创新创业、经贸往来、技术交流等方式实现互惠互利。中国青年更加主动地加入国际组织、参加国际会议、参与全球治理，树立了更加亮丽的国际形象。在联合国和其他国际组织中，更多的中国青年更加自信地发出中国声音、阐述中国观点，成为沟通中外友好的青年使者。

九、展现构建人类命运共同体的青春担当

新时代中国青年深刻地认识到，每个民族、每个国家的前途命运都紧紧联系在一起，应该风雨同舟、守望相助，努力把共同的地球家园建成一个命运与共的大家庭。

在心与心的交流对话中汇聚青春共识。中国青年积极倡导、努力践行构建人类命运共同体理念，围绕脱贫减贫、气候变化、抗疫合作等主题，征集世界各国青年故事、传播世界各国青年声音、凝聚世界各国青年共识。在 2022 年北京冬奥会、冬残奥会上，各国青年运动员和青年志愿者，跨越语言的障碍、文化的差异，用笑容播撒温暖、用拥抱传递友谊、用心灵汇聚力量，共同搭建起"一起向未来"的桥梁，以青春特有的方式向全世界传递了构建人类命运共同体的理念。

在手拉手的并肩前行中绘就美好图景。推动构建人类命运共同体，中国青年铭于心，更笃于行。中国青年积极投身"一带一路"建设，践行共商共建共享理念。中国青年用行动向世人证明，只要世界各国人民同心同向、携手共进，人类命运共同体的前景必将更加美好。

第四节 新时代青年发展的理论基础

党的十八大以来，习近平总书记站在新的历史起点上，立足中国国情与中国青年的实际情况，对青年以及青年工作进行了一系列重要论述，将青年的成长成才与国家的前途命运联系在一起，在很多重大场合表达了对青年的期望与关心，主要包括青年使命观、青年成才观、青年教育观、青年工作观。

一、青年使命观

一代人有一代人的长征，一代人有一代人的使命。青年作为社会的中坚力量，他们代表着国家和社会的未来，应该积极担负起自己的使命。青年是实现中国梦的先锋力量，青年是推动创新创造的主要力量，青年是国际交流合作的新生力量。

中国梦根植于历史、立足于当下并展望于未来。在过去，青年人始终活跃在中华民族伟大复兴中国梦的构建进程中，而在未来，青年人将继续承担起实现中华民族伟大复兴中国梦的历史重任。习近平总书记指出，中国梦是国家的梦、民族的梦，也是包括广大青年在内的每个中国人的梦。青年人的命运，永远都和时代的命运联系在一起，青年是实现中国梦的重要先锋力量。

习近平总书记指出，青年是社会上最富活力、最具创造性的群体。青年是推动创新创造的主要动力。首先，青年具有较高的技术熟练度。在当前快速发展的科技领域中，技术的更新换代非常迅速，年轻人更容易接受和掌握新技术。他们对信息技术、人工智能、大数据等前沿领域表现出敏锐的兴趣，并能够快速将其应用于实践中，为创新提供了强大的技术支持。其次，青年具备挑战传统观念的勇气。他们不受传统思维模式的束缚，敢于打破常规，勇于尝试新方法和新理念。年轻人通常持有一种"不怕失败"的心态，愿意承担风险，并从失败中吸取教训，不断调整和改进自己的创新思路。此外，青年能够带来全新的视角和思考方式。他们成长在信息高度发达的时代，接触到多种多样的知识和技术。年轻人通常具有开放包容的心态，容易接受新思想和不同文化的碰撞，能够从全新的视角来看待问题，并提出创新的解决方案。青年是社会发展的希望和未来，他们的创新能力和创造力对于推动社会进步、经济发展和科技创新起着至关重要的作用。因此，社会应该为年轻人提供更多的机会和平台，激发他们的创新潜力，培养他们的创新思维，让他们成为推动创新创造的主要力量。

青年是人民友谊的生力军。在当今全球化的背景下，青年作为社会的重要参与者和促进者，在促进国际交流与合作方面具有关键作用。年轻人在科技、环境、教育等领域的积极贡献和创新思维为国际交流与合作提供了新的动力和解决方案。他们积极参与跨国组织、文化交流活动和志愿者项目等，推动国际交流合作，同时也提升了个人能力和素养。总而言之，青年是推动国际交流合作的新生力量。他们的开放思维、信息获取能力和积极创新精神为促进国际交流与合作创造了新的机遇和动力。我们应该重视和支持年轻人的参与和贡献，为他们创造更多的机会和平台，使他们成为国际交流合作的中坚力量。

二、青年成才观

进入中国特色社会主义新时代，习近平总书记深切关心并高度重视青年的成长与成才，在不同场合都表达了对青年成长成才的高度关注。在纪念五四运动 100 周年大会上，习近平总书记特别聚焦青年群体的发展与进步，提出了面向新时代中国青年的六项核心期许与要求：第一，新时代中国青年要树立远大理想；第二，新时代中国青年要热爱伟大祖国；第三，新时代中国青年要担当时代重任；第四，新时代中国青年要勇于砥砺奋斗；第五，新时代中国青年要练就过硬本领；第六，新时代中国青年要锤炼品德修为。

青年的理想信念关乎国家未来。青年理想远大、信念坚定，是一个国家、一个民族无坚不摧的前进动力。青年的个人理想信念应与国家的发展、民族的振兴紧密联系在一起，青年应怀揣坚定的理想信念，积极树立起远大的理想。

在纪念五四运动 100 周年大会上，习近平总书记指出，对每一个中国人来说，爱国是本分，也是职责，是心之所系、情之所归。对新时代中国青年来说，热爱祖国是立身之本、成才之基。不爱自己国家的人，甚至背叛、出卖自己国家的人，无论是在国内还是国际上都非常丢人，且无法立足。爱国是本职，尤其是对新时代中国青年而言，热爱伟大的祖国是他们成长成才的基本要义。对祖国的热爱不单单是情感的表达，更是信念和自觉行动的体现，新时代中国青年应当积极倡导并践行爱国主义情怀，将自身的力量投入实现中华民族伟大复兴中国梦的伟大实践中，贡献力量，实现价值。

当青年人勇于承担重任、勇于克服困难、勇于面对风险时，中国特色社会主义就能够焕发出强大的活力、积蓄下充足的动力、满怀着灿烂的希望。作为国家和未来社会中坚力量的青年一代，面临着独特的机遇和挑战，应当以积极的态度，主动承担起时代赋予的责任，为实现中华民族伟大复兴做出自己的贡献。

实现民族复兴的伟大使命需通过不懈奋斗来达成，而人生理想的航帆则需借力于奋斗得以高高扬起。无论是过去、现在还是未来，只有奋斗才会美好。尤其是当下生活条件改善了，更应该发扬传统的奋斗精神。新时代青年要做实现中华民族伟大复兴的奋进者、开拓者、奉献者。

新时代中国青年要练就过硬本领。青年是苦练本领、增长才干的黄金时期。现代社会的发展速度极快，科技和知识更新换代迅猛，竞争也变得越来越激烈。这给青年提供广阔舞台的同时，也对青年能力素质提出了更高的要求，青年只有不断学习、不断更新自己的知识与本领，才能与社会的快速发展相适应，反之，则会被社会淘汰。奋斗锤炼本领，磨炼增长才干，新时代中国青年应该在学习中增长知识，在实践中增长才干。

新时代中国青年，要锤炼品德修为，人无德不立，品德是为人之本。止于至善，是中华民族始终不变的人格追求，社会主义现代化强国，不仅要在物质上强，更要在精神上强。中国是一个历史悠久、注重礼仪的国家。自古以来，礼仪一直是中国文化的重要组成部分，被视为维系社会秩序、凝聚民族凝聚力的重要力量。新时代中国青年要把社会主义核心价值观作为立德的重点内容，其具体内容包括：新时代中国青年要明大德，新时代中国青年要守公德，新时代中国青年要严私德。

三、青年教育观

青年是国家的未来和希望，应该承担起推动社会进步和发展的重任。通过对青年进行教育，能够培养他们的创新意识、独立思考能力和实践能力，使他们成为高素质的社会主义建设者和领导者。青年时期是个人价值观形成和塑造的关键阶段，通过定期进行教育，可以帮助青年树立正确的人生观、价值观和道德观，使其在面对各种诱惑和困惑时能够做出正确的选择，并为社会和谐发展做出贡献。自党的十八大以来，习近平总书记高度重视教育问题，尤其是青年的教育问题。应当以理想信念教育激励青年，以社会主义核心价值观引领青年，以大历史观教育涵养青年，以法治宣传教育教化青年。

理想是人生的指南针，它给予我们前进的方向和动力，激励我们追求更好的未来。然而，理想的实现并非一蹴而就，需要坚定的信念来支撑。信念是一种坚定的信心和决心，它使我们能够克服各种困难和挫折，继续前进。理想指引人生方向，信念决定事业成败，没有理想信念，就会导致精神上"缺钙"。在新时代，中国青年应当树立坚定的马克思主义信仰，执着追求中国特色社会主义信念，并对实现中华民族伟大复兴中国梦保持充足的信心。社会主义核心价值观对青年起着引领导向作用。对于青年社会主义核心价值观的教育培养是一项大工程，需要学校、社会、家庭以及个人共同努力。

历史是最好的教科书，历史可以照看过去也可以点亮未来。自党的十八大以来，习近平总书记始终将青年的历史教育摆在重要位置。青年是国家的未来和希望，他们承载着社会发展与进步的重要使命，他们对历史的认识和理解至关重要。忘记历史，就意味着背叛祖国，因此需要加大力度对青年进行历史观教育。

习近平总书记非常重视青年的法治教育，指出要坚持立德树人，德法兼修，努力培养造就一大批高素质法治人才及后备力量。青年是国家的未来和希望，青年养成法治思维习惯是建设法治国家的基础，青年的法治思维水平会直接影响我国法治建设。法治教育有助于培养青年的法律意识和法治观念。通过法治教育，青年能够了解和认识到法律的重要性以及对社会秩序和公平正义的保障作用。他们能够学会遵守法律，尊重他人的权利和利益，以及理解和维护自己的权益。

四、青年工作观

青年是祖国的未来和希望，做好青年工作，对于培养和造就优秀青年、推动国家发展和社会进步具有重要意义。自党的十八大以来，青年工作的三个主要方面是：坚持党对青年工作的全面领导，确保共青团有效发挥作用，以及促进学校、家庭、社会三方协同育人。

党的二十大报告中明确指出，我们必须以党的科学理论为指导，全面武装青年一代，以党的初心和使命为引领，感召和激励青年，致力于成为青年朋友的贴心知己、青年工作的热心参与者以及青年群众的引领者。党作为执政党，具有丰富的理论和实践经验，能够为青年工作提供科学指导和指引。坚持党管青年工作可以确保青年在思想上、政治上和行动上与党保持高度一致。

共青团是中国共产党领导下的青年组织，致力于开展青年工作，促进青年的全面成长。习近平总书记在共青团成立 100 周年大会上指出，党的奋斗主题就是团的行动方向。共青团作为党的后备军和助手，是党联系青年的纽带和桥梁，要始终坚持为党育人，心系广大青年，勇于自我革新。

在落实青年工作实际操作的各项要求时，除了坚决贯彻党的领导原则，充分发挥共青团桥梁纽带作用外，还需要建立家庭、学校和社会三位一体的协同教育模式，以实现全方位的育人目标。在这个模式下，家庭、学校和社会各司其职、相互协作，共同推动青年人才的培养和成长。

第二章
打造优秀青年之魂

一、树立正确的人生态度

（一）人生态度的内涵及影响因素

1. 什么是人生态度

有这样一个故事，叫 1 元钱面前的人生态度，内容大概是：一天，一个人在书上看到一道选择题，觉得很有意思，便把它带到单位，让同事做出选择：

A. 今天一次性给你 100 万元。

B. 今天给你 1 元，连续 30 天每天都给你前一天 2 倍的钱。

你会选哪一个？结果所有的同事都选择了 A。

然而，选择 A 的，只能得到 100 万元。而如果选择 B，却能在第 30 天得到 5 亿多元！当他把这个结果说出来时，同事们都不敢相信：第一天仅有 1 元，每天也只是比前一天增加 1 倍，怎么到第 30 天就积蓄到 5 亿多元了呢？一些固执者甚至运用中学所学的数学知识来进行验证，结果果然如此。

这个问题看似简单，却反映了一个人的人生态度。人生态度是一个复杂的命题，但会映射到每个人具体的一言一行中。什么是人生态度呢？

人生态度所包含的内容十分丰富。随着人们生活经验的积累，在一定的世界观和价值观影响下，必然对整个人生以及人生道路上所遇到的各种问题产生不同的心理倾向，从而构成人生态度的种种不同内容。而人们对待幸福、命运、顺境与逆境、乐与苦、荣与辱等人生问题的态度总和，就构成了关于人生的整体态度。

人生态度是人生观的重要内容，青年树立怎样的人生态度，与人生目的的确立和人生价值的实现有着紧密的联系。正确的人生态度既能引领青年正确看待和实现人生价值，也能促进他们健全自身人格，成为朝气蓬勃、充满活力的年轻人。青年要牢记"从善如登，从恶如崩"的道理，始终保持积极的人生态度、良好的道德品质、健康的生活情趣。因此，培育积极健康的人生态度对于青年正确对待工作、学习和生活有着重要的意义。

如何理解人生，以何种态度对待人生，这是每个青年都必须面对的问题。人生，从广义来看，指人的生存及人的生活，生存是基础，生活是动态发展。从狭义来看，人生是指单个人从出生到死亡的过程。人的一生中，总会遇到诸多问题，譬如，人际关系问题、情感问题、学习问题、工作问题等，这些问题也是每个青年在成长历程中必然会遇到且必须解决的问题，因此，青年以什么样的态度来解决这些问题显得尤为重要。

关于态度的定义，学术界有不同的见解。学者斯宾塞和贝尔认为，态度是一种先有主见，把判断和思考引导到一定方向的先有观念和倾向。学者奥尔波特受行为主义的影响，从神经科学和心理学来研究态度的问题，认为态度是一个人利用大脑的经验组织对外在事物表现出心理上与生理上的情景反应。

人的态度关乎他的世界观、人生观、价值观和道德观是否正确，首要任务是要搞清楚人生态度的基本情况。从哲学来看，人生态度是人对人自身、人与自然、人与社会关系的基本态度。从心理学来看，人身处一定的社会环境，往往会促使人依据自身的生活经验去思考"需要什么样人生"的心理倾向并外化为相应的行为表现，具体由认知、情感（或意向）和行为三种因素所构成。从伦理学来看，人生态度就是回答"怎样做人，怎样度过自己的一生的问题"。

2. 人生态度的影响因素

人生态度不是先天决定的，而是后天在生活、学习、工作的过程中学习形成的。在人生实践中，影响人生态度形成的因素很多，大体说来有如下一些。首先是人生目标。人生目标的树立是影响人生态度的最主要因素。凡是对有利于人生目标实现的对象，就必然会产生喜好的态度；凡是对有碍于人生目标实现的对象，就必然会产生厌恶的态度。其次，人的个性心理特征对人生态度的形成也有一定的影响作用。例如，不同性格、气质类型的人，即使有着同样的生活经历，也不一定会形成相同的人生态度。

"在巴尔扎克的手杖上写着：我能粉碎一切障碍。而在我的手杖上写着：一切障碍都能粉碎我。"这是卡夫卡说的。卡夫卡这句话确实道出了他自己与巴尔扎克两种截然不同的人生态度。

巴尔扎克的"我能粉碎一切障碍"，显示了穷且益坚不坠青云之志的乐观自信。他要用自己的笔去干预社会，征服世界。"一切障碍都能粉碎我"，卡夫卡的人生态度确实是悲观的。

人生态度的形成不仅取决于人的主观因素，在很大程度上还要受制于一些客观因素。

首先，个人的生活经历对人生态度的形成具有重大的影响。

在人的一生当中，总要面对许许多多的矛盾，既会有成功的喜悦，也会有失败的痛苦；既要经历人生的坦途，也要度过人生的坎坷与挫折。每一次经历都是对人生的一种考验，而每一次考验都将改变个人的人生感受，形成种种人生观念，进而制约或影响着个人对人生的态度。

其次，学校作为人的社会化的重要场所，在人生态度的形成过程中起着极为重要的作用。学校施加给青少年的影响不同于其他各种社会影响，它具有强烈的目的性、组织性和系统性。因此，学校在人生态度的形成过程中起着主导作用。

最后，家庭环境对个人人生态度的形成始终起着潜移默化的作用。生活在不同家庭环境中的个体，其人生态度的差异性是明显存在的。

(二) 多样的人生态度

我们都生活在社会主义大家庭。但是，每个人生活在不同的社会物质生活条件和具体环境里，经受不同的社会风气和风俗习惯的影响，还有每个人不同的经历、文化背景，不同的生活感受、心理体验等，这样就必然会形成不同的人生态度。其主要表现为以下几种。

第一种是积极进取、乐观向上的人生态度。具有这种人生态度的人，有崇高的理想追求，有旺盛的工作热情，有坚强的意志和毅力，有不竭的前进动力。他们有理想、敢担当、能吃苦、肯奋斗，为实现中华民族伟大复兴而忘我工作，取得成绩不沾沾自喜，遇到困难不回避绕道。

第二种是随大流、跟时尚的人生态度。具有这种人生态度的人，没有自己的人生主见，往往随波逐流。当社会上形成较好的社会风尚时，他们可能持积极乐观的人生态度；当某种不良风气盛行时，他们可能会受此影响而选择消极的人生态度。

第三种是消极无为、与世无争的人生态度。持这种人生态度的人，或者由于受过挫折，或者由于遭过打击，或者由于受到压抑，或者认为生不逢时，于是觉得人生犹如梦幻，生命不过昙花一现，就自认为看破红尘，从而逍遥自在，得过且过。

第四种是牢骚满腹、热衷空谈的人生态度。持这种人生态度的人，对现实生活中的一切都不满意，对自己的所得从不满足，对别人喜欢指手画脚，说三道四，评头论足，这不是正确的人生态度。

第五种是利己主义的人生态度。"不以天下大利易其胫一毛"就是这种人生态度的突出表现。持这种人生态度的人，把个人的私利放在高于一切的地位，时时刻刻在为自己谋取私利。有的人可能会拉关系，走后门，有的人可能会以权谋私，营私舞弊，有的人可能会非法索取，贪污盗窃，所以这样的态度和行为也要不得。

在我们社会主义大家庭里，拥有积极正确人生态度的人占多数，其他还是少数。不管哪种人生态度，都会对一个人的人生实践活动产生重大影响。

（三）青年应该具备的人生态度

人生态度在人的一生中扮演着重要角色。人生态度一旦形成，便会成为一个人的习惯性反应，从而左右他以什么样的心态来对待人生道路上遇到的各种问题。根据马克思提出的"人创造环境，同样，环境也创造人"的原理，可以得出人与环境是对立统一的：一方面，环境影响一个人的思想道德素质；另一方面，人可以在尊重客观规律的前提下改变环境。因此，一个人的人生态度也会受到环境的影响，总会随着社会的发展和环境的变化而不断发展变化。新时代青年处于这个大变动大发展的时代，他们如何谓人？如何处世？选择什么样的人生道路？这都体现出青年对待他人及自身的基本态度。那么，新时代的青年到底应该拥有怎样的人生态度呢？

首先，青年应拥有勇于进取、有所作为的人生态度。人生处处有矛盾。人的成长道路上存在着各种各样的矛盾，譬如，美与丑、个人与集体、正义与邪恶、真理与谬误、光明与曲折、生存与淘汰、顺境与逆境等。人生矛盾具有普遍性，时时刻刻都出现在人们的生活中。不言而喻，人的一生都在同这些矛盾做斗争。正如马克思强调，社会是在矛盾运动中前进的，有矛盾就会有斗争。为此，面对人生矛盾，青年若能以积极进取的态度和大无畏的胆量去迎接人生矛盾，便会领悟到美好人生的真谛。若满足现状、因循守旧、故步自封，他们的人生就会失去光彩。"物竞天择，适者生存"的法则告诉我们，人生就是一个优胜劣汰的竞争过程。竞争是激烈的、普遍的，青年只有以积极的态度参与竞争、以求索的精神面对竞争，才能立于不败之地。人生需要创新。创新不仅是民族进步的灵魂和国家繁荣富强的动力，也是培育新时代好青年的重要一招。时代在进步，历史在发展，唯有不断革新思想观念才会免于被社会所淘汰。然而，创新与风险是相辅相成的，要创新就必须有冲劲韧劲，具备敢闯敢冒险敢承担的精神。国家富强和民族进步需要青年树立敢于斗争、善于创新、有所作为的人生态度，坚决拒绝"佛系""躺平""摆烂"，以"钉钉子"的精神实现自己的人生价值。

其次，青年应拥有严肃认真、实事求是的人生态度。人生当严肃，每个人在成长的历程中总会遇到一些严肃的课题。譬如，理想、学业、婚姻、事业等人生问题非同一般，要求我们以正确的态度来看待和处理，使我们不偏离社会主流意识形态导向、价值取向和道德方向。青年阶段是人生成长和发展的重要转折点，这一阶段的人生课题解决得怎样，直接影响到青年对未来道路的选择。因此，青年必须以认真的态度对待人生，明确生活的目标和肩负的责任，扎实耕耘，才能取得实在的收获。人生当求实。人生变幻无常但并非混乱不堪，它具有规律性，规律是客观的，我们不能改变规律，但可以认识和利用规律。如果我们遵循规律，按照客观事实办事，那么我们的人生便会顺利平坦。反之，违背规律和事实，人生必将杂乱无章。中国革命的成功、人民的小康生活以及建成社会主义现代化强国都离不开实事求是的态度。不言而喻，新时代的青年必须遵循规律、以求实的人生态度对待和处理工作、生活、学习上的各类矛盾，才能在未来的人生道路上扬帆远航。

最后，青年应拥有乐观自信、迎难而上的人生态度。青年的人生道路不会只是平坦的，总会遇到诸多磕磕绊绊。这是因为正确的人生道路具有前进性与曲折性相统一的特点。青年需要认真体悟人生的道路不是一帆风顺的，不要因为一点"甜头"就认为人生一片光明，也不要因为一次失败就消极悲观，只有面对挫折迎难而上，以乐观自信的态度面对生活才是明智之举。正如毛泽东同志所强调的，任何事物永远一帆风顺只能是幻想。因此，人生道路前途的光明和过程的曲折要求青年树立乐观自信、迎难而上的人生态度，以"咬定青山不放松"的气魄一路披荆斩棘，以百折不屈的意志去攀登无限风光的险峰。

（四）正确应对人生中的逆境

生活是美好的，但人生的道路却不是笔直的。在人生旅途中，总是不可避免地要遇到种种挫折和失败。面对种种厄运，应该怎样对待呢？怨天尤人，诅咒命运；灰心丧气，屈从命运；随波逐流，逃避命运——这些都是懦夫的思想、弱者的表现。正确的态度应该是：鼓起勇气，振作精神，掌握命运，战胜厄运，做生活的强者。

正如鲁迅先生所说的那样：伟人的心胸，应该表现出这样的气概——用笑脸来迎接悲惨的厄运，用百倍的勇气来应对一切的不幸。

纵观古今中外的历史，生活中的有为之士，都是在逆境中不放弃崇高的信仰，在厄运中驾驭生命之舟破浪前进的。世界闻名的音乐家贝多芬，一生都在和命运抗争，他是主宰和驾驭命运的典范。17岁那年，他的母亲去世，沉重的家庭负担从此压在他的肩上。当他32岁时，耳病越来越严重，最终夺去了他的听力。这对一个音乐家来说是多么大的打击啊！然而，贝多芬不消沉、不屈服，他以坚强的意志同命运搏斗，始终顽强地生活和创作，一生中为人类留下了许多不朽的传世之作。正是这样一位伟大的音乐家，向厄运发出了惊天动地的呐喊："我要扼住命运的咽喉，它妄想使我屈服，这绝对办不到——生活是这样美好，活它1000辈子吧！"

逆境和厄运并不可怕，可怕的是在逆境面前退却、绝望、沉沦。所谓"庭院养不出千里马，花盆栽不出万年松"，拥有积极的人生态度，苦难也可是一笔巨额财富。生活不会永远一帆风顺，有时候还会把我们压得喘不过气来。在痛苦中煎熬，对我们年轻人也会有几个好处：第一，避免盲目乐观和狂妄图大；第二，消除一切不符合实际的想法；第三，锻炼顽强的意志和坚忍不拔的毅力。

二、培养优良的意志品质

改革开放40多年来，生产力水平迅猛提高，科学技术日新月异，人民生活水平逐步提高。与此同时，人们的行为方式、生活方式、价值观念也发生了明显变化。信息技术的广泛运用，使整个社会呈现出前所未有的开放、畅通。多元文化的相互碰撞，使得社会生活千姿百态。随着物质生活的丰富，生活方式的变化，多元文化的影响，青少年意志品质所呈现出来的问题越来越明显。

优良的意志品质有助于青少年形成健康的心理，塑造健全的人格；有助于青少年树立远大的理想，制定合理的奋斗目标；有助于青少年克服困难，锐意进取，锲而不舍实现自己的奋斗目标；有助于青少年提高身体素质，增强青少年的生存能力、适应能力。总之，优良的意志品质能让青少年形成正确的世界观、人生观、价值观，能为青少年德、智、体、美、劳全面发展提供坚实的基础。

（一）意志品质的内涵及特征

1. 意志品质的内涵

《辞海》中对"意志"的释义是："自觉地确定目的，并根据目的来支配、调节自己的行动，克服困难，实现预定目的的心理过程。意志对行动的调节作用，包括发动和抑制两个方面。"对"品质"的释义是："行为、作风上所表现的思想、认识、品性等的本质。"什么是意志品质呢？从短语的构成来看，顾名思义是意志的品质，诚然这种品质是通过意志体现出来的。"意志品质"中具有两个不可或缺的结构要素，一个是"意"，所谓"意者，心之所发也"，这是指从人内心所产生的意向，换言之可以描述为目标；另外一个则是"志"，这个"志"更体现出一种倾向和力量，是最终使之成为人们行为的一种驱动。因此，意志品质是作为人们在思维与行动之间所表现出来的能够触发和调整人们行动的一种相对稳定的倾向，它是一种不太容易被察觉的准备状态，对人们的思想、知识、能力具有影响作用，最终外化为人们的行为得以表现。即便意志品质不常被人觉察，但它确实是区别人与动物的一个重要标志，在触发和调整的过程中会表现出果断、自觉、控制、坚忍等特性。

2. 意志品质的特征

（1）意志品质的社会性

马克思指出，人的本质不是单个人所固有的抽象物，在其现实性上，它是一切社会关系的总和。人作为社会的存在物，其社会性对人的意志品质形成与发展具有决定性作用。而意志一开始就是社会的产物，而且只要人们存在着，它就仍然是这种产物。由此可见，人的意志品质归根结底是社会存在的反映，社会关系决定着人们的意志品质，所以意志品质具有社会性的特点。意志品质也必须附着于具有一定意识、目的以及动机的人的身上，人这一天然的社会性使意志品质自然具有同样的属性。值得注意的是，人的意志品质归根结底是社会实践过程中的产物。人的意志品质生成过程势必会受到经济、政治、文化、社会诸多因素的影响，个人生存、发展的需要是与整体社会生存发展环境相统一的。正如我国古代先哲孔子所说"性相近，习相远"，表明天性差不多的人因所处环境和所受教育不同，就会产生巨大的区别。还有"近朱者赤，近墨者黑"同样阐明了人的本性与所处社会环境之间的关系以及相互作用的结果。所以个人的意志品质在经济、政治、文化、社会等多重因素的影响下，其中的精华部分会长期影响人们的意志品质，内化于人们的意志品质之中，并在潜移默化中滋养着人的意志品质。

此外，站在马克思辩证唯物主义的视角，马克思将社会描述为人与自然界完成了本质的统一，那么人作为社会大环境中的一个因子，不同的人所生活依赖的社会环境不同，必然会生成不同的意志品质。马克思认为："人们自己创造自己的历史，但是他们并不是随心所欲地创造，并不是在他们自己选定的条件下创造，而是在直接碰到的、既定的、从过去继承下来的条件下创造。"意志品质是人们在社会的经济、政治、文化、道德生活环境中形成的，既反映了社会对于人的意志品质的基本要求，同时人的意志品质还会受到学校、家庭、社区、社会和环境的影响，是这些因素共同作用的结果。

（2）意志品质的时代性

不同的事物，在不同时代的发展都会具有这个时代发展的特征和印记。人以及人的实践活动都会带有某个时代的特征。马克思关于"封建主的社会"根源于"手推磨"，而"工业资本家的社会"则根源于"蒸汽机"的方张，这是对时代性最好的诠释。在不同的历史时代，人以及人的品质是不同的，会随着历史条件的变更而不断发生相应的转换。意志品质作为人的重要品质，也会由于所处时代的不同具有不同的特征。人们在评价意志品质的时候，势必会讨论其"优""劣"之分，所谓意志品质好坏的外界评判，与人们生存的社会环境中所处的立场和动机的不同有密切的关系。对于同一意志品质的评判，由于所在不同时代的价值牵引与立场的不同，标准也会有所差别。也就是说，评判人的意志品质好坏，是要看其触发和调整的行为是否符合所处时代的价值追求与伦理准则，人也会不自觉地将自己的意志品质与那个时代所倡导的价值取向相统一起来。正所谓："人创造环境，同样，环境也创造人。"

人们意志品质的内涵不是僵化的、一成不变的，而是会随着时代的变化对人的改造不断发生变化。"横看成岭侧成峰，远近高低各不同"，不同时代、不同阶层的人们在人的品质评价上会存在差异。此外，纵观历史发展，不同的时代对于人们意志品质的要求会因为时代发展的需要而不同，这自然会直接影响到意志品质的生成，而这种评判的时代性直接体现了意志品质具有的时代性。

（3）意志品质的发展可塑性

人的意志品质不是与生俱来的，它是区别于人的本性和习性的。意志品质作为社会实践与发展的产物，具有发展可塑性的特点。这一特点主要是指随着个人年龄的增加、阅历的增长，其意志品质呈现出阶段式发展的特点。一般情况下，人在青年时期的思维较为活跃，其意志品质会处于相对较快的形成与发展的状态中，由于这一群体的意志品质处于快速形成与发展阶段，意志品质的结构是动态、开放的，容易吸收、补充新的信息，因此针对青年群体开展意志品质培育通常能取得更为积极明显的效果。纵向观察人在不同阶段的意志品质，具有鲜明的发展及可调节、可塑造的特点。例如，人在幼儿、少年、青年、中年以及老年各个时期，其意志品质会呈现出不同的样态来，也呈现出日趋完善的趋势，那么这种不同的样态和趋势则体现了一种可变性与发展性，这种随着时间变化的可变性在社会环境影响下、家庭学校社会的教育下，则会发生纵向的发展变化，那么这个过程则表现出了意志品质的发展可塑性。在这一过程中，教育者需要针对不同群体现阶段的意志品质发展特点实施教育引导，例如，针对青年这一重要群体，必须结合青年现阶段意志品质的成长发展规律开展教育引导，才能最大限度地发挥其意志品质的发展可塑性，从而达到意志品质培育的最佳效果。

意志品质的发展可塑主要是指时间不变，空间环境发生变化，也会对一个人的意志品质产生影响和变化，例如，在当个体的意志品质结构、形态和功能还未达到成熟水平时，正处于相对稳定的成长期，其意志品质非常容易受到外在环境因素的影响而产生变化，如果给予他正向引导，或者说用周围优秀的人来影响他，那么他可能会被其拥有的品质所感染，最终实现人的意志品质培育。尤其是青年这一阶段的意志品质具有较强的发展可塑性，所以抓好这一时期的意志品质培育就显得十分重要。

（4）意志品质的实践性

马克思说："思想本身并不能实现与创造什么东西，思想要想变成现实，首先就需要有使用实践力量的人。"实践是人类所特有的，人类的行动与动物本能的行动是相区别的，这种区别就在于人类的实践行动是有意识的、有目的的、有计划的。因此，社会生活的本质是实践。马克思主义认识论的基本观点最集中的体现是实践的观点，这一观点中所蕴含的实践性是马克思主义理论最显著的特征。在马克思主义理论的指导下研究意志品质，从意志品质的概念内涵入手，可以发现意志品质也具有实践性的特征。人的意志品质的实践性还有一层含义，那就是实践行动是检验、提升、优化意志品质的途径。因为人的实践活动是主体与客体、主观与客观共同组成的矛盾运动，既是一种物质运动的客观过程，同时也是主体活动的创造过程。因此，人的意志品质通过实践行动来体现，同时也通过实践行动来不断检验、矫正、确证，这种周而复始的检验、矫正、确证才有可能使得意志品质得到不断提升和优化。正如马克思所说"环境的改变和人的活动或自我改变的一致，只能被看作并合理地理解为革命的实践"。

总而言之，意志品质需要实践行动体现外化出来，基于实践的意志品质才是具体的、完整的，才能够得到不断的发展和提升。

（二）青年意志品质培育的问题难点

新时代青年处于快速发展的社会背景下，背负着更高的期待，而在青年群体中仍然存在由于意志不坚定而放弃理想信念的现象，存在不能承受压力，为寻求自我解脱而放弃生命的现象。从现象透视本质，说明意志品质培育的效果并不是很理想。那么，要提升青年意志品质培育的效度，就要深刻洞察新时代青年意志品质培育的问题难点，从而实现"有的放矢"。

1. 青年意志品质培育如何与群体时代特征相适应

90后、00后青年群体是新时代中国特色社会主义建设的主力军，是实现"两个一百年"奋斗目标的中坚力量。对国家而言，他们绝对是推进新时代前进的重要动力。对于这一青年群体，如何让他们敢于面对困难，能够迎难而上，实现自身成长的目标，完成社会主义现代化建设的任务？如何将意志品质培育与群体的时代特征更好地匹配，提高培育的效果，是必须面对并亟须解决的现实问题。

社会环境的深刻变化整体性地冲击着青年。当前青年怀揣着对美好生活的向往，然而面对激烈的社会竞争又难以承受，不愿过度付出。他们有理想，但理想过于理性而务实，有时仅仅将"找到一份好工作"作为实现自己价值的目标。他们的认知方式往往是碎片化、感性化的，对于事物的认识不够全面、不够理性、不够深刻，只言片语的了解就等同于彻头彻尾的掌握，因此，意志品质培育在引导青年普遍认同、提高认知上仅通过刻板地灌输显然不能匹配青年认知方式的特点，如何将其生活化地融入青年多元认知方式的需求则成为关键的一步。此外，青年群体的目标和需求是易变的、多元的，他们喜欢不断寻求新奇事物，却又不会持续很久，他们总会在日常生活中寻找"新惊喜"和"小确幸"，这就要求意志品质培育的设计需要更高质量和水平，才能真正吸引、激励青年。青年猎奇的特征使得他们具有很强的获取知识的能力，他们熟悉网络，精通于信息化的操作，意志品质培育载体的运用也应跟上时代群体的变化。

2. 青年意志品质培育如何与主体性发展相互促进

"主体性"是一个综合概念，包括人的能力、人的情感和人的意志，从人的行为中所呈现出来的自主性、能动性和超越性的特征。意志品质的培育在一定程度上能够增强人自主选择的能力，体现出自主性，这种自主性是不受外界环境因素干扰的，是主体自觉选择、坚定确认、具有目的的动机和行动，也就是说主体的行动不是被动的，而是受到主体内部意志调节、支配产生的。能动性是人的主体性最重要的内涵和最鲜明的表现，是人们能动地认识世界和改造世界的实践能力。主体的能动性发挥更离不开意志，意志品质培育能够激活主体能动性的产生并发挥重要的作用。超越性是指主体不满足于自己的现状，为了在理论上和实践上能动地把握客体，主体迫切希望提高自身的认识能力与实践能力。那么，主体在实现自我超越的过程中必须有坚强意志品质的支撑，而这个过程同样也是意志品质磨砺的过程，在这种相互促进中锻炼出具有更强意志品质的主体。由此可以看出，意志品质对于人的主体性的发展具有重要的促进作用。但 90 后、00 后青年不同于以往的青年，他们的主动性特点增强，主体意识凸显，在意志品质培育的过程中，他们并不是完全被动的客体，而是作为有认知、有情感、有行动的人参与其中的。从某种程度和意义上而言，新时代青年在意志品质培育的过程中既是培育的客体，同时也是培育的主体。新时代青年在意志品质培育的过程中需要充分发挥主观能动性，也要在意志品质培育过程中和培育者、培育资源、培育载体等各种培育要素进行深层次互动，从而实现意志品质培育的目标与任务。

3. 青年意志品质培育如何与集体意志、国家意志统一

恩格斯说："历史是这样创造的，最终的结果总是从许多单个的意志的相互冲突中产生出来的，而其中每一个意志，又是由

于许多特殊的生活条件，才成为它所成为的那样。这样就有无数相互交错的力量，有无数个力的平行四边形，由此产生出合力，即历史结果；而这个结果又可以看作一个作为整体的、不自觉地和不自主地起着作用的力量的产物。"恩格斯提出历史发展的"意志合力论"在一定程度上解答了个体意志必须与集体意志、国家意志相统一的问题。那么，着力培育青年意志品质，一方面是使青年个体在多重因素的影响下形成相对完整、坚强的意志品质，以促进个人形成坚定的理想信念，调节个人的行为最终获得成功。另一方面则是引导个人意志品质统一于群体、社会和国家为共同理想目标奋斗的集体意志之中，形成强大的向心力和凝聚力。

那么如何使青年能够普遍接受、真正认同、自觉践行集体意志与国家意志？这将是青年意志品质培育的重点和难点。新时代的青年处于越来越开放包容的社会环境中，社会思想越来越开放自由，市场经济带来的社会利益格局改变，导致青年会受到西方自由主义等社会思潮的冲击，这会影响青年的价值选择和判断。生活在这样的社会环境中，每个青年在学习、实践过程中都会形成自己特有的意志品质，而意志品质在人的价值观念层面处于核心地位，在一定意义上对人的思想行为与社会实践活动起着导向和制约作用。当前青年在坚持社会主义核心价值观的基础上有着多种多样的价值选择，因而青年在面临很多重大抉择时仍会表现出多样化的立场观点和态度。此外，新时代青年的生活方式多样，要确保意志品质培育过程的有效性与实效性，就要在主流价值观指引下，将新时代青年的价值选择与自我意志表现出来，这样有利于青年在保留自身个性特点的同时，养成优良的意志品质，更好地实现自由而全面的发展。

（三）青年意志品质培育的路径方法

良好的意志品质是青少年实践活动得以顺利进行的心理功能，是青少年成才的重要因素。优良的意志品质是在生活实践中逐步培养的，是一个漫长的过程，可以从下述几方面入手。

1. 加强体育锻炼

体育锻炼的习惯不仅能够锻炼青年的身体，增强青年体质，也能够磨炼青年的意志品质。毛泽东在《新青年》上发表的《体育之研究》一文中道："文明其精神，野蛮其体魄。"其包含的意思阐明了在体育锻炼过程中，达成意志塑造，两者并举则是完美的收获。不同的体育锻炼项目培育不同的意志品质内容，因此可以开展不同类型的体育锻炼项目，例如，田径类的长跑训练就能磨炼学生的毅力，而类似于游泳、撑杆、跨栏等技术性强的体育锻炼则能够培养学生勇敢、顽强的意志品质，团队合作的项目能够激励学生强烈的目的意识、竞争意识、合作意识、纪律意识以及勇敢拼搏的意志品质。

体育以身体练习为主，强调知、情、意、行的统一。意志品质的培养，是认识过程、情感体验过程、自我调节过程，因而体育实践对意志品质的培养很有效。

2. 参加劳动实践活动

教育家陶行知曾说，"过什么生活便是受什么教育""要想受什么教育，便须过什么生活"，换言之，就是参与真正的劳动实践，才能算受到有效的劳动教育。锤炼意志品质的途径固然有很多，但劳动实践是其中最为重要的、最为有效的一种。劳动实践可以让青年通过劳动体会劳动成果来之不易，任何劳动都需要通过坚持不懈的努力方能有所收获。2020年3月20日，中共中央、国务院印发的《关于全面加强新时代大中小学劳动教育的意见》

中，明确了劳动教育的内涵，特别强调学校要有目的、有计划地组织学生参加日常生活劳动、生产劳动和服务性劳动，让学生动手实践、出力流汗，接受锻炼、磨炼意志，培养学生正确劳动价值观和良好劳动品质。通过劳动实践，能够养成青年劳动的习惯，树立青年以劳为荣的观念，是培养青年成为具有独立生存能力、克服困难能力，有责任感的社会人的过程，这个过程并不简单，需要青年以顽强的意志品质支撑。由此看来，劳动实践与意志品质培育之间是相互影响、相互促进的关系。

在新时代，尤其对于青年开展劳动实践必须创新内容和形式，体现时代的特征，探索构建更具开放性的劳动教育实践体系，引导青年积极参与智能化背景下的劳动实践，有效掌握最新劳动科技成果，增强独立生活、智慧生活的能力。设计有时代特征、社会发展需要的劳动实践，能够培养青年的创新意志，锻炼青年遇到新问题时有攻克的决心和勇气，最终获得新知和技能，这也是从理论转化为实践，由实践上升为理论的过程，通过这样的劳动实践激发青年的潜能和动机，不断完善青年的意志品质，使得其意志品质水平呈现从低级到高级的飞跃发展。

3. 养成良好的生活习惯

优良的意志品质形成需要长期的教育培养，应该从日常生活的点点滴滴做起。良好的生活习惯应从多方面养成。首先，要培养自理能力、独立能力和自觉性。其次，培养良好的作息习惯、饮食习惯、卫生习惯和行为习惯，这样不仅有利于身体健康，而且能够培养自控能力。再次，提高自己做家务活的能力，要适当分担一些父母的劳动，培养自身的吃苦精神和感恩意识。最后，青年要经常反思自己的日常行为，看看自己是不是又偏离了正常的生活轨道，及时帮助自己改掉不良习惯。

好习惯和坏习惯都不是一天就形成的，只是形成的道路有所不同：养成好习惯需要走上坡路，是通过流汗、流泪甚至流血才能形成的；而坏习惯的形成更像是走下坡路，一旦你走惯了再想停下来就很难了。

巴尔扎克说过："苦难，对于人生是一块垫脚石，对于能干的人是一笔财富，对于弱者是万丈深渊。"世界上的很多成就都归于人的勇气和毅力，唯有勇敢、坚忍不拔、意志力坚强的人，才能领导和主宰这个世界。

三、坚定正确的政治方向

（一）政治方向的重要性

早在 1939 年 5 月 10 日，毛泽东同志在延安庆祝五一国际劳动节大会上的讲话中就说过："坚定正确的政治方向，是与艰苦奋斗的工作作风不能脱离的，没有坚定正确的政治方向，就不能激发艰苦奋斗的工作作风，没有艰苦奋斗的工作作风，也就不能执行坚定正确的政治方向。"过去，我们靠小米加步枪取得革命斗争胜利时期是如此，今天，在我们向着全面建设社会主义现代化国家迈进的新时代更是如此。

邓小平同志指出，学校应该永远把坚定正确的政治方向放在第一位。在学生工作中，坚定正确的政治方向具有极其重要的意义，这是我们开展工作的前提条件。青年学生朝气蓬勃，思想活跃，正处于世界观、人生观的形成时期。在学生工作中如果不能坚定正确的政治方向，就会产生误导，扭曲思想政治教育，造成学生思想混乱，给工作带来不利影响。坚定正确的政治方向就是指坚持学生工作为社会主义现代化建设服务，培养社会主义现代化建设所需要的合格人才。在培养"四有"新人的工作中，坚定正确的政治方向是一个重要的前提，是顺利开展这项工作的重要保证。

江泽民同志指出："讲学习、讲政治、讲正气，三者是紧密相连和相互统一的，核心是讲政治。"这就说明坚持正确的政治方向和政治立场是"三讲"的重中之重。

2018年6月29日，习近平总书记在第十九届中央政治局第六次集体学习时指出，政治方向是党生存发展第一位的问题，事关党的前途命运和事业兴衰成败。红军过草地的时候，伙夫同志一起床，不问今天有没有米煮饭，却先问向南走还是向北走。这说明在红军队伍里，即便是一名炊事员，也懂得方向问题比吃什么更重要。如果在方向问题上出现偏离，就会犯颠覆性错误。对此，我们必须有十分清醒的认识。2020年12月，习近平总书记在第十九届中央政治局民主生活会上指出，党领导人民治国理政，最重要的就是坚持正确政治方向，始终保持我们党的政治本色，始终沿着中国特色社会主义道路前进。中央政治局的同志要找准坐标、选准方位、瞄准靶心，善于从政治上观察和处理问题，使讲政治的要求从外部要求转化为内在主动。

坚持正确的政治方向在我们工作生活各方面发挥重要作用，尤其是对还在不断成长的青年人来说，其正处于世界观、人生观和价值观的形成时期，如果不能坚定正确的政治方向，很可能会导致严重的后果。

（二）政治方向的内涵

政治方向具有终极性、全局性、根本性和方向性的特点。政治方向昭示着一个国家和社会为之奋斗的根本目标，同时也是一个人人生的奋斗目标和奋斗方向。个人的政治方向应该与国家和社会的政治方向一致。一个人具有了正确的政治方向，他的价值就是正向的，就能为社会做出自己的贡献；一个人如果政治方向错了，他的价值就是负向的，就会妨碍社会的发展。

（三）政治方向的落脚点

新时代青年要坚定正确的政治方向，就要从以下几方面做起。

第一，要树立远大理想。新时代中国青年要树立对马克思主义的信仰、对中国特色社会主义的信念、对中华民族伟大复兴中国梦的信心，到人民群众中去，到新时代新天地中去，让理想信念在创业奋斗中升华，让青春在创新创造中闪光。

第二，要热爱伟大祖国。新时代中国青年要听党话、跟党走，胸怀忧国忧民之心、爱国爱民之情，不断奉献祖国、奉献人民，以一生的真情投入、一辈子的顽强奋斗来体现爱国主义情怀，让爱国主义的伟大旗帜始终在心中高高飘扬。

第三，要担当时代责任。新时代中国青年要珍惜这个时代、担负时代使命，在担当中历练，在尽责中成长，让青春在新时代改革开放的广阔天地中绽放，让人生在实现中国梦的奋进追逐中展现出勇敢奔跑的英姿，努力成为德智体美劳全面发展的社会主义建设者和接班人。

第四，要勇于砥砺奋斗。新时代中国青年要勇做走在时代前列的奋进者、开拓者、奉献者，毫不畏惧面对一切艰难险阻，在劈波斩浪中开拓前进，在披荆斩棘中开辟天地，在攻坚克难中创造业绩，用青春和汗水创造出让世界刮目相看的新奇迹。

第五，要练就过硬本领。新时代中国青年要增强学习紧迫感，如饥似渴、孜孜不倦学习，努力学习马克思主义立场观点方法，努力掌握科学文化知识和专业技能，努力提高人文素养，在学习中增长知识、锤炼品格，在工作中增长才干、练就本领，以真才实学服务人民，以创新创造贡献国家。

第六，要锤炼品德修为。新时代中国青年要自觉树立和践行社会主义核心价值观，善于从中华民族传统美德中汲取道德滋养，从英雄人物和时代楷模的身上感受道德风范，从自身内省中提升道德修为，明大德、守公德、严私德，自觉抵制拜金主义、享乐主义、极端个人主义、历史虚无主义等错误思想，追求更有高度、更有境界、更有品位的人生。

第二节　百折不挠，坚定信念

一、信念指引方向

（一）信念的内涵

理想、信念、世界观和价值观的教育是每一个青年在学生时代的必修课。今天我们之所以重新认识它，是因为受到这个世纪最典型特征的影响，那就是速度、变化和危机。在这个变幻莫测的时代，如果不能正确认识、理解信念，就无法拥有正确的信念指引我们继续前进，那么我们就可能被这个时代所淘汰，最终沦为时代的弃儿。

那么什么是信念？一般而言，信念属于伦理学范畴，它指的是人在内心里坚定地相信某种理论的真理性和某种事物的价值性而形成的某种观念，表现为人对某种主义（或思想体系）的合理性和事物的价值性的肯定，表现为人对某种主义（或思想体系）或偶像的信奉和敬仰，表现为人对某种理想境界的向往和追求。

信念有这样几个特性。第一，观念性，它是人们内心里一种自觉的意识，即自信心。第二，信服性，即人们对某种真理和价值的相信和服从。第三，意志性，即坚定持久地确信某种真理和价值，形成了巨大的意志力量。

（二）信念的构成

网络上很流行这样一个小笑话：

小时候，老师告诉我：人的体内都有一个勤奋小人和一个懒惰小人。当你犹豫不决时他们就会打架。小学时勤奋小人经常把懒惰小人打得落花流水，初中时就打成平手了，到高中时就是懒惰小人经常获胜了。可是到了大学我忽然发现他们不打架了，原来勤奋小人被打死了！

仔细想想，不管是正在上学的还是曾经上学或现在工作的你，都有过这样一种情况，内心的勤奋小人逐渐不是懒惰小人的对手。其实这就是内心信念的不坚定，或是内心没有很明确的信念在支撑你做一件事情。如果你想变得优秀，就必须重新找回你的信念，唤醒你的勤奋小人。

从信念形成的内在因素这个层面来看，认知、价值取向、情感、意志是信念构成的最基本的因素。它们对于信念的形成与发展有着很大的作用。了解信念的构成能够帮助广大青年朋友更加熟练地掌握并培养良好的信念。

1. 信念与认知

认知是信念的基础，认知是对对象的基本了解和把握。认知的核心是追求真实，当一个人确定某种信念时，就是确定自己确信不疑的东西是真的。这是信念之"信"的意义所在。通常，人们倾向于相信真的东西，当对某个事物的认知被确定为是真的时，人们便倾向于对这种真的确认，并将其作为以后判别此类事物的某种标准。

2. 信念与价值取向

价值取向是以价值为基本认知基础的，它作为信念的基本构件，起着某种导向性作用。确立什么样的信念、信念的稳固程度等都取决于人们在日常生活中的体验及其所确立的价值目标。一般来说，价值取向的形成与确立是基于人们在世界上生活和进步的需要，而这种需要是建立在特定的文化、历史、社会乃至习俗、传统等基础之上的。

3. 信念与情感及意志

情感是人们在生活与实践中形成的内在心理体验，是对外界刺激产生的喜、怒、哀、乐等心理反应。它具有主观的心理倾向，也受到客观事物的制约与影响。情感作为信念形成的基本要素，是信念区别于一般认识的重要特点。

第一，情感是信念形成的基本动机。信念的形成本质上源于人的各种需要，但人的各种需要总是在一定的情感状态中产生和获得评价的。一种需要的产生和变化常常要受到情感的影响。

第二，情感因素使信念呈现多样性。一个人信念形成中的情感因素由于每个人生命体验的不同而产生差异，因为人的情感是特定环境和活动过程的心理体验，而每个人所处的环境、条件、情况、结果及所形成的情感体验具有较大的差异，由此产生的价值评价及其情感体验就具有明显的差异性与多样性。

第三，情感也是人们实现某种信念的动力和力量源泉。马克思曾指出："激情、热情是人强烈追求自己的对象的本质力量。"列宁也曾说过："没有'人的感情'，就从来没有也不可能有人对于真理的追求。"心理学的研究表明，当人们执着于某种认定的信念时，情感会强化人们追求信念的实现而做出的努力，提供具有主动性、积极性的情感原动力，并使人产生追求实现某种信念的强烈愿望。

在日常的生活中所确立的信念及为实现这种信念的活动中，也灌注着情感的因素，培根指出："人的理智并不是干燥的光，而是有意志和情感灌输在里面。"信念以"信"而与一般认知相区别，"信"就是坚信、笃信、确信不疑之意。这种确信，就是情感的力量在起着作用，就表现了人们对于某种信念的情感价值的肯定和认同。从人们任何一种信念的产生、确立到实现的过程来看，情感的力量使信念得到强化，成为执着追求某种信念的动力和精神源泉。

此外，除情感因素外，信念还受到意志的统摄。在人们的思维方式和精神活动乃至行为过程中，意志与情感同样成为信念形成与实现的重要因素。所谓意志，是人类追求某种目的、理想、信念时所表现出来的勇气、毅力、自我克制力和坚定不移的心理状态。意志对于信念的意义不仅在于从观念上坚持某种理念，更主要地体现在通过意志力的支配，去实现这种信念的实际行动之中。意志体现了人实现某种信念的自信程度。

二、信念决定行为

信念决定一个人的行为。一个有信念的人，一定具备下列行为特征。这些行为也是一种表现在优秀人才身上的信念。

（一）有一种信念叫坚强

娄山关自古被称为黔北第一险隘，历来为兵家必争之地。1935 年 2 月，中央红军回师黔北，二战娄山关，再夺遵义城，取得遵义战役的胜利。而在这场战斗中，不得不提到一个传奇人物，他就是"独腿将军"钟赤兵。

钟赤兵原名钟志禄，1914 年 6 月出生于湖南省平江县。15 岁加入中国共产主义青年团，16 岁转入中国共产党，同年参加了彭德怀率领的红五军。1935 年 2 月 26 日，红军二战娄山关，钟赤兵作为红三军团 12 团政委，身先士卒，亲临前线指挥部队多次与敌人展开生死搏斗。激战中，一排子弹打来，击中了钟赤兵的右腿，他身子猛地一晃，摔倒在地。警卫员赶忙上前来扶他，要背他下阵地。钟赤兵坚决不肯，简单包扎伤口后继续指挥战斗，直至战斗结束。红军占领遵义城后，医生立即为钟赤兵治伤，但发现他中弹的腿骨已经扭碎。医生告知钟赤兵，只能进行截肢手术。但在当时，红军医院的手术条件极为简陋，缺乏专业的医疗器械，也没有麻药，手术工具只有一把老百姓砍柴用的刀和一条断成半截子的木匠锯。手术中，钟赤兵咬紧牙关，紧抓木板，凭借着坚强的毅力一声不哼，几次痛得昏死过去，又几次苏醒过来。这一年，他才 21 岁。然而，手术后，钟赤兵并没有摆脱痛苦。贵州是天无三日晴，又加上医疗条件很差，手术时没有条件消毒，没过几天，钟赤兵的伤口就感染了，腿肿得分不清小腿和大腿，他高烧持续不退，又陷入昏迷之中。见此情景，医生不得不为他进行第二次截肢手术，把右腿膝盖以下剩余的部分又截去。不料，消毒条件不好，伤口仍继续感染。几天后，医生又狠了狠心，进行第三次手术，把钟赤兵的整个右腿从股骨腰部截去了。半个月内，三次截肢，钟赤兵竟然奇迹般地活过来了，而"钟赤兵三次截肢"的英勇事迹也在红军中广泛传开。

半个月内历经三次截肢，钟赤兵保住了生命，但腿伤却难以治愈。长征历程十分艰苦，党中央决定将钟赤兵留在当地休养、治伤。钟赤兵得知这个情况后，对前来看望他的彭德怀说："军团长，就是爬，我也要跟上部队。无论如何，我都不会离开红军。"靠着这种信念，一条腿的钟赤兵，克服了常人难以想象的艰难，单腿爬过环境极其险恶的雪山，单腿穿越被称为"死亡陷阱"的茫茫草地，拄着拐杖，以顽强的毅力走完了万里长征，最终到达陕北。

（二）有一种信念叫勤奋

《少年邓小平》中讲述了邓小平幼年、童年、少年以及青年时代的成长历程：从出生到进入私塾发愤念书；从乡里的北山初等小学堂、广安县立高等小学堂再到广安县中学；16岁那年，从重庆勤工俭学留法预备学校毕业后，沿着长江走出四川，走出国门，前往法兰西寻找救国救民的梦想。

邓小平从小就是个非常勤奋、能吃苦的人。他曾去法国留学，也曾因为没钱而去做工人。邓小平从小的时候就立志发愤学习，为自己的家庭、为自己的祖国做出贡献。儿童时代的邓小平就已经意识到：长大了一定要干出一番大的事业。看见当时的旧中国是那么贫穷和软弱，他就有了一个坚定的信念：一定要认真学习，长大了就可以报效祖国，把中国变成一个光明与富强的国家。

信念的力量是无穷的，年轻的邓小平加入了中国共产党。他在贫困中奋发图强，勤工俭学，宁愿贫穷也不愿向法兰西资本家的工头低头。他宁愿冒着生命危险印刷、出版有关革命的杂志，也不愿碌碌无为地活着。

一个国家，一个民族，需要有爱国之心的人，需要有热爱人民的人。在和平时代幸福生活着的我们，也应拥有强大的信念和远大的抱负，为实现中华民族伟大复兴贡献自己的力量。

信念，支撑着邓小平走过无数坎坷逆境，他与无数先辈一起建立了新中国，让我们的祖国一天天走向繁荣富强。

做任何事都要有信念的支撑，没有信念干事情很难长久。我们一定要向邓小平那样有坚定的信念勤奋学习，并坚持不懈地为理想努力，为使我们的国家变得更加富强做出自己的贡献。

(三) 有一种信念叫读书

学习不仅是一种兴趣、一种习惯、一种精神需要、一种生活方式，也是文明传承之途、人生成长之梯、政党巩固之基、国家兴盛之要。当然，青年既要读有字之书，也要读无字之书。生命是"一枝两叶"，要分别来看。一个是个体的经验，即你所经历的。青年因为自身年龄、岗位等客观原因，这一块是有所欠缺的。另一个是他人的经验，也可以称为集体记忆，是通过象征符号、话语体系等体现出来的。青年正好可以通过这一途径来弥补自己的短处。然而阅读有字之书，如同参阅别人的生命体验，多则多矣，但纸上得来终觉浅。只做书虫，会丧失鲜活的亲身体验，能够激发我们更多思考的，还是活生生的无字之书。我们读了很多书，但书里有很多水分，只有和群众结合，才能把水分蒸发掉，得到真正的知识。所以，作为新时代的青年，既要读万卷书，行万里路，也要交万个友，才能更好地填补自身所欠缺的阅历和见识。何谓阅历？就是阅读和游历。何谓见识？见过才能识别。

知识决定了一个人的视野、高度和境界，所以要好读书，读好书，要多读经典，因为这些书经过时间的淘洗，回应了人类社会最根本的问题，具有跨时代的意义。当然，光有知识而不能将其转化为自己的智慧，就很容易沦为一个"装在套子里的人"。法国著名文学家莫泊桑说："天才不过是不断地思考。"热爱学习，要多读书，但也要注重向实践学习，通过调查研究来获取更多的知识和经验。

作为青年人，一定要把读书看作最健康、最高尚的消费，把书籍作为自己的良师益友，坚持以书为伴。一个人如果把读书作为一种信念、一项工作、一种习惯，那么他就能到达事业成功的彼岸。

（四）有一种信念叫努力

稻盛和夫大学毕业后的第一份工作，是在一家快要倒闭的公司当技术员。在那里，怠工、罢工、打闹，就是没有人专心干活。稻盛和夫本来是学医学的，却学不对路，研究精密陶瓷。他有1000个理由不投入干活。可是，稻盛和夫不这样想。别人都不干活的环境，你还干不成事，你这一生能有什么作为？这一问，使得稻盛和夫实现了从平凡到不平凡的跨越。他付出了比别人更多的努力，终于研究出新的陶瓷。稻盛和夫说，如果在这个世界上有一句话要送给年轻人，那就是："付出不亚于任何人的努力！"

面临困难，只有一件事能够证明你的价值，就是你当下正在做的事。这时，你就会义无反顾，坚持做好你自己！

三、信念夯实根基

信念是生命的脊梁，也是一种生活态度，一种积极向上、诚信乐观的态度。信念代表着一种希望，像一颗种子，一颗生命的种子。只要心中有信念，一切都会充满希望。人生就是这样，只要种子还在，希望就在。信念是一种力量，支撑着你的生命，带给你无限希望。

只要你有信念，你就不会问路还有多远，你只会知道越来越近。

一个人最难的就是正视自身的不足或恐惧。我们的工作看上去困难如山，压得我们喘不过气来，好像下一刻我们就会被困难吞没。但其实，不是我们的困难如山，而是我们的信念不够坚定。

所有降临在你面前的困难或机遇，都是要打造你的磨刀石。"天将降大任于是人也，必先苦其心志，劳其筋骨，饿其体肤……"，这是古人告诉我们的人生经验。想做成大事的人，一定要能经受住许多困难。拿什么坚持？坚定的信念。

能够坚定信念的人，通常有一些共通点。

第一，他们拥有强烈的动机。强烈的动机是指一个人对于达成某个目标或完成某项任务具有极高的热情和驱动力。强烈的动机可以激发个体付出额外的努力，持续不断地追求目标。一个青年可能因为对知识的热爱和对学术成就的追求而努力学习，即使面对困难和挑战也决不放弃。

第二，多和有信念并且一直坚定自己信念的人接触。多数人因为看见而相信，只有少数人因为相信而看见。多和有信念的人接触可以让你感受到信念的力量，亲身体验带着坚定信念做一件事的感觉。然后逐渐被这种感觉浸染，从而使自己也形成优秀的信念，并坚定着信念做每一件事。

第三，不给借口喘息的机会。成功与借口，永远不会住在同一个屋檐下。选择成功，就不能有借口。选择借口的人肯定不会成功。假如你接到了一项任务，它需要长期的努力才能完成。那么从一开始你就要告诉自己我一定能保质保量完成任务。因为一旦你脑海中产生了一个借口——"我先玩会儿再处理它，反正时间多的是"，那么你可能已经走向了悬崖的边缘。如果能悬崖勒马，立刻在脑海中消灭这个借口还为时不晚，倘若继续给自己找借口，那恭喜你，你已经掉入了借口的万丈深渊。类似的借口会一个又一个在你脑中浮现，而且一个比一个过分，你可能感觉到这样做是错误的，但也于事无补。你会带着一种烦躁的心情继续放松着自己，直至跌落谷底。

第四，给自己暗示——我能做到。托马斯·爱迪生，尽管在发明电灯泡的过程中遭遇了数千次失败，但爱迪生坚信自己能够成功。他的坚持最终促使了电灯泡的发明，改变了世界。海伦·

凯勒，尽管在很小的时候就失去了视力和听力，但通过她的导师安妮·沙利文的帮助，她学会了交流，并成为一位著名的作家、讲师和活动家。

在遇到困难的时候，多给自己积极的心理暗示，告诉自己坚持一下很快就过去了，很快就能完成任务了，这样对信念的养成也很有帮助。

第五，过去不等于未来。任何成功的人都不会让过去那些负面的信息、经历阻碍自己的未来。因为任何成功者都相信，过去不等于未来。失败是成功之母，并不是说你不断地失败然后就能越来越接近成功。只有在失败中反省和总结，失败才是成功之母。一定要坚信：你过去的所有失败并不代表着你的未来，不要一直沉浸在过去的某个让你痛苦的经历中，要抬起头来向前看。

第六，在你有限的时间范围内，投入自己最大的精力。

（1）确定每天的目标，养成把每天要做的工作排列出来的习惯。

（2）最充分地利用你最显效的时间。就是一天当中，你在什么时候最能集中精神，最能有学习的欲望。每个人的显效时间是不一样的，有人早上状态最好，有人晚上越学越来劲。找准你的显效时间，最大化地使用它会让你事半功倍。

（3）做任何事，无论在不在你的显效时间，都要尽可能地集中精力，全力以赴地去完成。

（4）区别紧迫性和重要性。紧急的事不一定重要，重要的事不一定紧急。

正如一则小故事所言：哲人见一位农夫在砍树，每一斧都只能砍下一小块树皮，因为他的斧子太钝了。于是，哲人问他："你为什么不把斧子磨快了再砍？"农夫回答说："我没有时间磨斧头。"我们或许都会笑农夫傻，不知道这样做效率才会提高，可事实上现实生活中的我们又何尝不是经常在犯同样的错误呢?

(5) 学会说"不"。事半功倍只取决于懂得有所不为。

(6) 摆脱消极情绪。遗憾、内疚和懊悔等消极情绪改变不了过去,又使当前的事情难以做成。着眼于未来的担心也是一种毫无用处的情绪,要用积极的心态迎接挑战。

(7) 有两种驱除你生活中忧虑的办法。第一种是勇敢地正视你担心的事情。可以自问:"这可能引起什么最坏的后果?"当你回答了这个问题时,担心的必要就会消失。第二种是以行动、计划来代替担心。为自己规定有意义的目标,马上为达到这些目标而努力。

踏上漫漫人生路,如同在崎岖的山道上攀登,唯有不畏艰难险阻,奋力拼搏,方能到达光辉的顶点。黑人领袖马丁·路德·金有句名言:"这个世界上,没有人能够使你倒下,如果你自己的信念还站立着的话。"是的,即使在最困难的时候,也不要熄灭心中信念的火把。

第三节　志存高远,追逐理想

一、理想的内涵

现在,确实有不少青年朋友认为理想是空的,虚的。其实不然,理想是实实在在的,它可以变成战胜艰难险阻的物质力量。心有所信,方能行远。我们党的历史证明,物质条件是重要的,但是光靠物质条件,我们的革命和建设都不可能胜利。崇高的理想，无论在过去、现在还是将来，都是我们的真正优势。

青年人有理想、敢担当、能吃苦、肯奋斗，中国青年才会有力量，党和国家事业发展才能充满希望。在新时代好青年的四个标准中，理想当先，这个次序不是随便排列的。李大钊同志曾经把理想和人生的关系形象地比喻为舵与在大海中航行的船的关系。一个缺乏明确而坚定理想的人，就像一艘没有舵的小船，在生活的大海里只能无目的地随波逐流，永远把握不住自己，不是被大浪抛往利己主义的礁石，便是被暗流卷进悲观厌世的漩涡。高尔基在总结自己一生走过的道路时曾说："一个人努力的目标越高，他的才能就发展得越快，对于社会更有用。"

我们有了伟大的理想在前面指引，一切的努力都是为了实现这个理想，那么，身上蕴藏着的积极性和创造力就会充分地迸发出来。胜不骄，败不馁，百折不挠，勇往直前，这样做出的成绩和对国家的贡献当然是成天打着个人小算盘的人所不能望其项背的。

理想在内涵上，与志向、抱负十分接近，主要是指对未来可能实现的较好结局的预见、想象、设计和安排，包括人生道路的选择、事业成就的向往、生活目标的谋划。其实，理想也就是中国古人常说的"志"，"立志"也就是确立理想。古语有云："志不立，天下无可成之事。"

一般说来，理想有四个层次。

（1）社会理想：是指社会中人们对未来社会制度和社会面貌的共同向往和追求。这是理想中的最高层次。新时代青年的社会理想就是把我国建成富强民主文明和谐美丽的社会主义现代化强国，最终实现共产主义。

（2）道德理想：是指在一定社会理想支配和影响下，对未来道德关系、道德标准和高尚人格的向往和追求。

（3）职业理想：也称事业理想，是指人们对自己所从事的工作在未来所取得成就的向往和追求。

（4）生活理想：是指人们对未来生活道路、美好的生活方式的选择和预见，以及对于美满婚姻、家庭生活的向往。

四个层次中，社会理想处于核心和最高地位，影响和支配着其他层次，是理想体系中的最高价值体现。

二、理想的作用

（一）理想是人生的灯塔

如果把人生比作大海中夜行的航船，而理想就是照亮航道、指导航向的灯塔。有了理想，人生就有了既定的航线、目标和方向，人生之船就有了必要的保证。而没有理想，人生就失去了奋斗目标，失去了航道和航向，人生之船就随时会触礁沉没。青年人涉世不深，经验不足，世界观、人生观和价值观尚未定型，判断力还不强，遇到各种思想的纷扰、侵袭，如没有远大的理想指引，很容易误入歧途，抱恨终天。

理想不仅对人的一生有着重要的导向作用，而且对个人在一定时期内的事业成功，也有着重要的推动、促进作用。"有志者事竟成"，"无冥冥之志者，无昭昭之明；无惛惛之事者，无赫赫之功"，强调的就是"立志"与"功成"的因果关系。

北宋大文学家苏轼在总结前人成功经验时说："古之立大事者，不必有超世之才，亦必有坚忍不拔之志。"显然，古代贤达有识之士是把"立志"当作"业成"的不可忽视的前提条件，来加以重视和强调的。事实也正是如此，古往今来那些在历史上有所作为的杰出人物，无一不是拥有远大理想和抱负的人。从古代的屈原、苏武、卫青、岳飞、文天祥、戚继光，到近现代的林则徐、孙中山、李大钊、毛泽东、周恩来等，都是由于远大理想的激励，才使他们成为中国历史上彪炳千古、光照后人的不朽人物。

（二）理想是人生的发动机

人生就像是一次艰苦的长途跋涉，会遇到各种意想不到的困难和障碍，每前进一步都要付出巨大的努力，而理想则是人生前进的力量源泉。新时代青年一旦确立了远大理想，就会从对祖国、对人民的前途命运的关注和热爱中，产生和汲取巨大的精神力量，增强自己克服和战胜困难的勇气和意志，从而能够经受住一切挫折和失败的考验。百折不挠，锲而不舍，始终不渝地朝着党和人民期望的目标前进。在历史和现实中，大量的正反两方面的实例告诉我们：一个人的理想越远大，成功的可能性就越大；反之，一个胸无大志、没有理想的人，往往缺乏坚定的意志，缺少必要的工作热情和干劲，生活庸庸碌碌，平淡无味，到头来一事无成，虚度一生。

（三）理想是人生的催化剂

高尔基在总结了历史上许多成功人士的经验后说："一个人追求的目标越高，他的才力发展就越快，对社会就越有益。"这也印证了一个人为社会所做的贡献大小，生活质量的高低，生命意义和价值的大小，是与他的理想大小成正比的。所以新时代青年要使自己的生活质量更高，人生更有意义和价值，就要给自己确定一个更高的人生起点，立下雄心壮志，树立远大理想。

（四）理想是人生的宝藏图

树立远大理想有利于弥补现实物质生活的不足和欠缺，便于青年形成正确的幸福观，更加热爱生活，热爱人生。

远大理想与国家、人民利益的一致性和密不可分性，往往会激发和强化理想拥有者对国家和人民的忠诚和热爱。这也是自古以来拥有远大理想的仁人志士，往往又以爱国爱民的嘉言懿行而青史留名的主要原因。因此，只有确立了远大理想，我们才会把更多的精力、心血、热情、兴趣和时间投入为实现大多数人的共同理想的努力和奋斗中去，才会从中体验到马克思所说的伟大、幸福的人——"历史把那些为了广大的目标而工作，因而使自己变得高尚的人看作伟大的人；经验则把使最大多数人幸福的人称赞为最幸福的人"，体会到奋斗的甘甜和快乐，从而淡忘了由物质生活相对不足而造成的不满和痛苦。

不仅如此，理想的拥有者还会在对实现理想的追求中充分感悟到由精神生活的充实带来的幸福。实际上，幸福绝不仅仅在于物质生活的丰裕和富足，更多、更重要的含义还在于精神生活的充实和崇高。当然，充裕的物质生活能够带来肉体、感官上的快感，但如果认为这就是幸福，那么就确如赫拉克利特讽刺的那样："如果幸福在于肉体的快感，那么就应当说，牛找到草料吃的时候是幸福的。"爱因斯坦也对此批评说："我从来不把安逸和享乐看作生活目的本身——这种伦理基础，我叫它——猪栏的理想。"

不论是从我们生活中感受到的，还是从媒体报道中看到的，其实现实生活中，认为自己很幸福、很快乐的，恰恰是那些物质生活并不十分丰裕而更多地拥有充实、高尚的精神生活和远大理想的人。

显然，确立远大理想并为之奋斗不已的人生，远比只追求物质享受的人生，更叫人向往、推崇和热爱。

三、理想的树立

（一）青年时期树立远大理想

纵观历史，几乎所有成功的人都在年少时树立了理想，并用全部的精力去努力实现这个理想。在青年时期树立远大理想不仅为青年们的未来指明了方向，还使得他们每天充满动力，以积极的态度来对待每个人、每件事。

1. 为了中华民族之崛起

有一年暑假，周恩来到奉天城（今沈阳）东郊一个同学家里去做客。这个同学的祖父是一个很爱国的农村私塾先生，他带周恩来到附近的日俄战争遗址去参观。中国人民受列强欺侮的奇耻大辱，让周恩来在幼小的心灵上种下救国救民的火种。有一次，学校里的魏校长问同学们："你们为什么要读书？"课堂里顿时寂静无声。停了一刻，一个同学毕恭毕敬地站起来回答说："读书是为了寻求出路！"话音刚落，另一个同学说："为了光宗耀祖！"这时，一个同学霍地从座位中立起。他昂首挺胸大声回答道："为了中华民族之崛起，腾飞于世界！"他，便是我们敬爱的周恩来总理，当时他年仅 12 岁。

2. 李大钊少年立大志

李大钊是中国最早的马克思主义者和中国共产党的创始人。"铁肩担道义，妙手著文章"是李大钊革命生涯的生动写照。李大钊从少年时代起，就立下了大志，一定要改变中国的面貌。他在《狱中自述》中提到，当我开始上学的时候，就早已立下了为民族解放事业而努力的志向了。李大钊为了实现自己的志向，不屈不挠地与敌人做顽强的斗争，不幸被捕入狱。敌人用尽各种办法企图使他投降，但是李大钊在敌人威逼利诱面前毫不动摇。敌人见没有办法，决定对他施以绞刑。临刑前，李大钊慷慨激昂地说："不能因为你们今天绞死了我，就绞死了伟大的共产主义！我们已经培养了很多同志，如同红花的种子，撒遍各地！我们深信：共产主义在世界、在中国必将得到光荣的胜利！"

李大钊虽然英勇就义，但他的人生是很有价值的。为了少年时代的理想而奋斗终生，这种精神正是如今青年一代应该学习的！

（二）理想的实现不会一帆风顺

尼采说："如果你低估一个水手的能力，那么，祝他一帆风顺吧！"

所有的人都认为，最好的人生是没有挫折、一路坦途的。行船的人都知道，一年平均下来，有多少顺风，就有多少逆风。人生不也是这样吗？总体平均下来，有多少成功，就有多少挫折。你想成功，那就别怕挫折。怕挫折就不要期待成功。生活中往往都是这样，从贫苦和逆境中成长起来的孩子，比那些温室里长出来的花朵更容易成功。因为他们在苦难中摸爬滚打，在苦难中练就了自己，所以他们筋强骨壮，意志坚定，能适应种种恶劣的环境。

1. 巴尔扎克的手杖

世界大文豪巴尔扎克是学法律的，可大学毕业后偏偏想当作家，全然不听父亲让他当律师的忠告，把父子关系弄得十分紧张。不久，父亲便不再向他提供任何生活费用，他写的那些玩意儿又不断地被退了回来，他陷入了困境，开始负债累累。最困难的时候，他甚至只能吃点干面包喝点白开水。但他挺乐观，每当就餐，他便在桌子上画一只只盘子，上面写上"香肠""火腿""奶酪""牛排"等字样，然后在想象的欢乐中狼吞虎咽。更令人不解的是，也正是在这段最为"狼狈"的日子里，他竟然花费700法郎买了一根镶着玛瑙石的粗大手杖，并在手杖上刻了一行字：我能粉碎一切障碍。正是这句气壮山河的名言支持着他，他凭借着追求理想的巨大动力，果然成为举世闻名的大文豪。

2. 终生都在旅行的徐霞客

我国明代地理学家、旅行家徐霞客，在青年时代就立志不应科举，不入仕途，把全部精力都献给祖国地理学的研究事业。他从22岁出游太湖开始，直到去世为止，30多年间都在旅行考察，足迹遍布全国名山大川，北至盘山，南及崇左，东到普陀，西抵腾冲。徐霞客是一个不畏艰险的人。他去的地方，常是人迹罕至的穷乡僻壤，长年累月地跋山涉水，经常要攀登悬崖峭壁。他登山一定要登到最高峰，观察河流一定要追溯源头，不达目的决不罢休。途中经常遇到危险，别人劝他回去，他斩钉截铁地说："我带一把锄头走，何处不可以埋我的尸骨呢？"51岁那年他还要出游滇南，对儿子的劝阻，他回答说："你们只当我死了。"

追求理想的道路不会是一帆风顺的，每一个有理想的青年都要做好艰苦奋斗的准备，并脚踏实地地付诸行动。

（三）追求理想应与社会需要相结合

作为祖国接班人的青年一代，是未来建设者的重要组成部分，强烈的社会责任感迫切要求青年人要以国家的发展、社会的需要为核心，树立远大理想。英国哲学家罗素曾说过："个人理想与社会需要相结合，只有同这个世界结合起来，我们的理想才能结出果实；脱离这个世界，理想就不可能结出果实。"

因此，新时代青年必须树立建设富强民主文明和谐美丽的社会主义现代化强国的共同理想，增强"四个意识"、坚定"四个自信"、做到"两个维护"。把实现中华民族伟大复兴作为自己心中的理想，作为一种追求。

马克思在他的中学毕业论文《青年在选择职业时的考虑》中说道："如果我们选择了最能为人类谋福利而劳动的职业，那么，重担就不能把我们压倒，因为这是为大家而献身；那时我们所感到的就不是可怜的、自私的、有限的乐趣，我们的幸福将属于千百万人，我们的事业将默默地、永恒地发挥作用并存在下去，而面对我们的骨灰，高尚的人们将洒下热泪。"

所以作为未来的接班人，青年人的个人理想取向要与国家的发展、社会的需要相一致，这样才能最大限度地发挥自己的潜能，实现自身价值，为国家的发展、社会的进步、人类的进步做出贡献。

古往今来，我国诞生了许多伟大的人民英雄，其中鲁迅和毛主席就是将个人理想与社会需求相结合的典范。

1. 鲁迅弃医从文

鲁迅起初认为，中国落后是由于人民体弱多病，日本富强是由于医学发达，便东渡日本攻读医学。有一次，学校放映关于日俄战争的纪录片，画面上出现很多中国人围观一个被说成俄国侦探的中国人，这个人将被砍头示众，可围观的人都在看热闹。这些人虽体格强壮，但神情上都显得十分麻木。鲁迅深受震动，他认识到在当时学医并不是一件要紧事，思想愚昧麻木的人们，即使体格健壮，也只能被示众或做看客，"第一要著，是在改变他们的精神"。于是，鲁迅弃医从文，终于成为中国现代伟大的文学家、思想家和革命家，成为新文化运动的先驱和旗手。

2. 毛泽东的"三不谈"

毛泽东从青少年时代起就立志救国，献身革命。他在中学念书的时候，同学曾称他"身无分文，心忧天下"。他在离家求学前夕改写了日本西乡隆盛的一首诗留给父亲："孩儿立志出乡关，学不成名誓不还。埋骨何须桑梓地，人生无处不青山。"1914 年，毛泽东在长沙第一师范学习期间，全部费用只有 169 元，而且其中三分之一花在订报上，铺盖和衣服则非常简陋单薄。但他从不以此为念，常常和朋友互相勉励说，读书要有理想，要有"以天下为己任"的雄心壮志。他还与朋友提出"三不谈"：不谈金钱，不谈身边琐事，在校学习期间不谈男女恋爱问题。他认为，改造国家、改造社会，对学问的需要太迫切了，一定要珍惜宝贵的青春，把时间和精力都花在有价值的事情上。

（四）要勇于为理想而付出

有了伟大的理想，还需要切实的行动才行。人们常说："知识改变命运，教育成就未来。"这就要求青年朋友要认准目标，勤奋努力，多学知识和本领，不断地向理想靠近。

1. 夏明翰的革命豪情

夏明翰是中国共产党的优秀代表。1928 年 2 月 8 日，由于叛徒告密，他不幸落入反动派手中。在狱中，夏明翰表现得非常坚强。敌人曾用种种酷刑折磨他，夏明翰以顽强的毅力忍受着所遭遇的一切。同年 3 月 20 日，他英勇就义。临刑前，他写下了"砍头不要紧，只要主义真。杀了夏明翰，还有后来人"这首千古绝唱，既表达了自己为革命而献身的豪情壮志，又激励后人继承革命烈士的遗志，为人民大众的解放事业而努力奋斗。

2. 轮椅上的科普作家

高士其是中国著名的科普作家。1928 年，他在美国攻读医学博士时，在一次实验中不幸感染了甲型脑炎病毒，导致全身瘫痪。这对一个酷爱科学事业的年轻科学家来说，无疑是一个沉重的打击。然而，高士其并未因此消沉下去。他回到祖国后，尽管被损害人类健康的"魔鬼"囚禁在椅子上，眼不能看，手不能写，下肢僵硬，脖颈歪斜，说话不清，听力微弱，但他仍凭借其顽强的毅力，不分昼夜，艰难地从事科普作品与论文的写作。他每创作一篇作品，都要先在脑海里将阅读过的资料进行分析、整理，形成初稿，然后，再一字一句地口述给秘书，由秘书将其记录下来。由于他吐字不清，对一些难发音的字，他必须反复说上十几遍，秘书才能领会。就这样，日复一日，年复一年，高士其辛勤地工作着。在将近40年的时间里，他创作了400多篇科普论文和科学小品，200多篇科学诗歌，汇编成20多本书，总计达500多万字，为祖国的科普事业做出了重要贡献。

事实就是如此，在追求理想的道路上，流血流汗是常有的事，只要你认为这是值得的，就要坚定不移地努力下去。

快乐的人生是奋斗的人生。请珍惜今天美好的青春时光，勤奋努力，刻苦拼搏，相信未来的生活会更加美好，前途会更加光明。

（五）坚守理想，热忱以待

1. 坚守是实现理想的必备前提

透过一个泛着紫红色光的圆形密闭窗口，一名志愿者正在种满植物的实验舱中做实验。这是世界顶尖科学杂志《自然》发布的2017年最佳科学图片中的一幅，图中展现的正是"月宫一号"里的场景。

如果你看过科幻小说，想象过太空生存，你也许知道，当人类进行长时间、远距离的深空探测，必须建设一个"地外生命保障系统"，原位循环再生人类生存所需的氧气、水和食物。而这项技术在应用到空间前，要在地面构建地基模拟实验验证系统，进行系统的运行调控技术研究。

在北京航空航天大学，"月宫一号"团队由此而生。"月宫

365"实验完成了全球最长时间的一次太空舱人工密闭生态系统生存试验，使中国在载人航天生物再生生命保障领域走在了世界前列。在他们手上，科幻一步步变成了科学。

2018 年 5 月 15 日，是刘慧永远也忘不了的日子。当北京航空航天大学校园中的一座白色圆顶建筑——"月宫一号"的舱门开启，刘慧和另外三位志愿者走出舱外，把在"月宫"里种植的大豆、小麦、胡萝卜、西红柿、辣椒等，分发给舱外庆祝的人群。这意味着"月宫 365"实验成功结束。纪录片《大国重器》第二季里介绍"月宫 365"实验时说，全球太空舱生存模拟密闭实验此前最长的时间是 180 天，由俄罗斯创造，这次，中国挑战的目标是 365 天。事实上，从 2017 年 5 月 10 日到 2018 年 5 月 15 日，共有两个乘员组的八名志愿者在全封闭的"月宫一号"实验舱中连续驻留 370 天，比原定的 365 天又增加了 5 天，系统闭合程度达 98%。

入舱前一晚，有记者问刘慧：是什么使你有勇气接受这样一个长期密闭实验的任务？她毫不犹豫地回答：是刘红教授十年磨一剑的坚持和我们每一位"月宫人"的月宫梦。的确，为了这一刻，北京航空航天大学教授刘红和她的"月宫一号"团队已准备十多年。

回望过去，刘红很感慨："一个当初没有多少人看好的梦想，最终打破世界纪录，成为国人骄傲，我觉得这半辈子过得真值。"刘红说，16 年间很多青年才俊加入，有的人留下了名字，更多的人留下的只是一个背影，但大家都一样高兴，因为这是大家念兹在兹的月宫梦、星空梦。

2. 热忱是实现理想的内在动力

对准备在事业上有所作为的年轻人，诚实、能干、友善、忠于职守这些特征，都不可缺少，但更不可或缺的是他对所追求理想的一种热忱。因为热忱是一种助你成长的神奇的力量，同时也是你走向成功的基石；热忱是你工作的灵魂，甚至就是你生活的动力。具有热忱的人会将奋斗、拼搏看成人生的快乐和荣耀。因为他们知道，生命中最巨大的奖励并不是来自财富的积累，而是由热忱带来的精神上的满足和享受。

成功与其说取决于人的才能，不如说取决于人的热忱。热忱具有战胜所有困难的强大力量，它使你能够保持头脑清醒，使全身所有的神经都处于兴奋状态，去进行你内心渴望的事，它不能容忍任何有碍于实现既定目标的干扰。正如《伟人的创造》的作者博伊尔所说："离开了热忱是无法做好事情的，这也正是一切伟大事物激励人心之处。离开了热忱，任何人都算不了什么；而有了热忱，任何人都不可以小觑。"

英国散文家托马斯·卡莱尔说过："世界上最不幸的人要数那些说不清自己究竟想做什么的人。他们在这个世界上找不到适合他们干的事，简直无处容身。"他还说，"发现自己天赋所在的人是幸福的，他不再需要其他的福佑。他有了自己命定的理想，也就有了一生的归宿；他找到自己的目标，并将执着地追寻这一目标，奋力向前。"

对年轻人来说，不要畏惧热忱。当有人请教比尔·盖茨成功的秘诀时，盖茨说："做你所爱，爱你所做。"源源不断的热忱，就像灵丹妙药一样使你永葆青春，让你的心中永远充满阳光。

03

第三章
践行优秀青年之路

第一节　拥有"四气"，活出精彩人生

一、敬业让你有"骨气"

（一）敬业的内涵

中华民族历来有崇尚敬业的传统，主张以"敬"思业，以"敬"谋业，以"敬"执业，以"敬"成业。

关于"敬业"之"敬"。从字义分析，"敬"最初有因外界压迫而警惕、警戒的意思。此后，其内涵伴随社会发展而有所变化。如今，《现代汉语词典》将"敬"更多地释为尊敬、恭敬、不怠慢等意思，这就把"敬"的含义引申为主体对行为对象的尊敬之意，表达的是主体待人接物的恭敬态度和谨慎细微的处事方式。

关于"敬业"之"业"。《说文解字》曰："业，大版也。""业"既指古时钟鼓上装饰用的大版，也指书册的夹版、筑墙版。在中国古典文献中，"业"主要指学业、职业、事业等。如《礼记·曲礼上》"请业则起","业"指学业;《尚书·周书》"业广惟勤","业"指功业、事业;《国语·周语上》"庶人、工、商各守其业","业"指职业。在《现代汉语词典》中,"业"做动词时,表示从事某种职业;做名词时,表示职业、事业、学业、产业等义;做副词时,表示已经完成。"业"的古今字义有许多相通之处,主要是取职业、事业、学业等义。

关于"敬业"。"敬业"最早以一个整体词语的形式出现是在《礼记》"三年视敬业乐群"中。唐孔颖达对"敬业乐群"的注解为:"敬业,谓艺业长者,敬而亲之。"宋朱熹从主体内心态度层面对"敬业"加以解释,认为:"敬业者,专心致志以事其业也。"近现代梁启超指出:"凡做一件事,便忠于一件事……便是敬。"梁启超将"敬"与"忠"相联系,认为敬业首要便是忠于业。《现代汉语词典》将"敬业"释为"专心致力于学业或工作"。

综合人们从古至今对"敬""业""敬业"的阐释,我们可以总结出一个结论:"敬业"主要是指主体尊敬自己的职业,也可以说主体恭敬地对待自己的职业。前者是从思想维度分析,即主体对所从事职业具有的情感意志、价值理念;后者是从行为维度分析,即主体在从业过程中所做出的行为。因此,和与"敬业"经常并列出现的"爱岗"相比较,"敬业"不仅仅涉及主体对所从事职业的情感,更是将职业认知、情感、意志和行为相统一。

中华传统文化中敬业的内涵丰富,涉及职业生活领域的各个部分,但就总体而言,其内涵主要涉及以下几方面。

第一,"勤业"是敬业的基本要求。敬有"勤"之义。《说文解字》解释:"惰,不敬也。慢,惰也。"关于"惰""慢"的说解,也从反面说明了"敬"有辛勤、奋勉之义。即敬业要做到不懈怠、不拖拉,勤勉努力地完成本职工作。在中华传统文化中,勤是敬业的基本要求，懒惰是事业成功的重大障碍。如孔子强调"敏于事而慎于言"，并认为："饱食终日，无所用心，难矣哉！"

第二，"忠业"是敬业的重要内容。敬有"忠"之义。《说文解字注》："忠，敬也。敬者，肃也。未有尽心而不敬者……尽心曰忠。"从字义上看，"忠业"表现为从业者以一种忠诚无私的态度对待自身所从事的职业，忠于职守、尽心竭力、全身心投入。

第三，"爱业"是敬业的动力源泉。"爱而不敬，非真爱也；敬而不爱，非真敬也。"敬业并非人们为了某些功利化目的而被迫做出的表面文章，而是人们对所从事的工作有充分的热爱和认同。"知之者不如好之者，好之者不如乐之者。"由衷地热爱自己的事业，才会产生认同感，才能激发出对工作的极大热情和激情。

第四，"谋道"是敬业的高尚追求。出于什么样的动机和追求从事工作，也就是为什么工作？为谁工作？这是敬业首先要弄清楚的问题。中华传统文化中蕴含"谋道不谋食""博施济众"的从业理念，较好地诠释了这个问题。"谋"意为"设法取得"，强调行为主体一心一意、不遗余力、百折不挠地追求所谓的"道"。"道"乃仁义之道，李泽厚将其译为道德、德行、真理等，仁义之道在工作上主要表现为服务帮助他人、奉献社会，与"博施济众"有异曲同工之妙。《墨子·非乐上》亦载"利人乎，即为；不利人乎，即止"，这与儒家一贯主张的高度社会责任感相一致。因此，在中华传统文化中，"谋道"是敬业精神的一种高尚追求。

以上对中华传统文化中敬业内涵的分析，展现出了中华民族敬业传统的大体风貌，主要有以下特征。

第一，将职业、事业与从业主体道德修养有机融合。在中华传统文化中，"敬"本身就有勤、忠、慎、肃等意思，是一个蕴含丰富道德修养意义的字眼，是发自内心的真诚情感，是德行的集中体现。礼、仁、勤、忠、义、勇、恭、宽等诸德的践行都离不开一种虔诚、恭敬、谨慎、热忱的情感和态度。"礼"无"敬"则会失之散漫，"仁"无"敬"则会失之空浮，"勇"无"敬"则会变为鲁莽……在中华传统文化中，主张以"敬"待业，从而将勤业、忠业、爱业、广业等诸多德行相统一。而"敬业"由"敬"和"业"的意义组合而成，从这个角度来看，"敬业"本身就蕴含"德业双修"的思想意蕴。进而，我们可得出以下结论："敬业"是衡量从业者道德修养水平的重要标准，也可以说，高尚的道德品质是促使从业者事业有成的一个重要因素。中国传统社会已经充分认识到了从业者道德修养与职业活动间的密切关系，它启示从业者将个人道德修养与职业能力提升相结合。

第二，重视情感对职业活动的驱动作用。"爱业"是敬业的动力之源，在中华传统文化中，非常重视爱业、乐业等积极情感对职业、事业发展的驱动作用。敬业是敬畏之心的外在行为化，是规范与情感的熔融，不能把敬业单纯看作一种外在的、整齐划一的道德规范，而无视或否定敬业所要求的对职业由衷的热爱之情。从业者要在"爱业"中真正实现"敬业"，在从业过程中真正找到人生的乐趣和价值所在，这也彰显出了"以人为本"的中国传统道德理念。

第三，重视道义追求，主张先义后利。义与利，是中国古代哲学的一对范畴。在从事职业的过程中，义与利产生冲突是人们难以避免的问题，如何处理二者的冲突实际上可以折射出从业者的价值观。中华优秀传统文化历来重视德性和德行的培养，这种崇德氛围塑造了中国先贤重道义、尚仁义、讲信义的价值观，这反映在职业领域则是谋道不谋食、先义后利的道德追求。通过上述对中华传统文化中敬业内涵的分析，我们得知"谋道"是中华传统敬业精神的一种高尚追求，从业者要重视服务他人、奉献社会，真正做到敬畏道义，见利思义、见得思义，追求利的合道德性、合理性、合法性，以"义"为指导去处理复杂的利益关系。

（二）敬业的重要性

孔子在《论语·学而》中说："吾日三省吾身：为人谋而不忠乎？与朋友交而不信乎？传不习乎？"伟大的先贤孔子将"为人谋而不忠"作为三件自我检讨的参照物之首，这足以说明敬业对个人的重要。日本著名的大企业家松下先生曾指出：无论你明天会有什么改变，现在仍需要全神贯注地做好眼下的工作，拼命地工作。即使是一瞬间的胜负，也要认真做好准备。不是一味地讲求报酬，而是不断地强调精益求精。追求强烈的责任感，我们需要十足的敬业精神。

诸葛亮是我国历史上著名的政治家、军事家，被视为中华民族智慧的化身，大智大勇的代表。东汉末，刘备三顾茅庐，从隆中请出诸葛亮为其军师。当时，魏、蜀、吴三国鼎立，三国之中蜀国国小人少，实力较弱，诸葛亮从长远利益着眼，建立吴蜀联盟，使蜀国得以全力对付魏国。对内，诸葛亮充实国家力量，安定人民生活；注意选拔人才，任人唯贤；赏罚分明；虚心征求各方面的意见；严格要求各级官吏，惩办贪污不法行为，以树立官员廉洁奉公的风气。诸葛亮一生不辞辛苦，兢兢业业，为国为民，呕心沥血，实现了他《后出师表》中所说的"臣鞠躬尽瘁，死而后已"。

冒着生命危险铸"利"箭的大国工匠徐立平，从 19 岁开始就走上了如同行走在悬崖之上的职业之路。"干惊天动地事，做隐姓埋名人"，是一直以来外界对航天人的评价。而这样的评价，用在徐立平身上显得如此恰如其分。他是大山深处一位普通的劳动者，他是中国航天事业的一颗螺丝钉。而他靠着自己的执着专注、敬业求精的精神，一步一步，从工人化身为工匠；一刀一刀，刻画了属于中国火箭的夺目火焰。

燃尽生命，只为点亮中国"天眼"的南仁东，"从北京到贵州，22年漫长而坎坷的逐梦之旅，从科研工作者到普通工人，无数人为此付出了时间和汗水。这个给下一代天文科学家准备的观测设备FAST，它不仅是我一个人的梦想，也是一群人的梦想，一个国家的梦想，更是全人类的梦想"。"天眼"突破了望远镜的百米工程极限，开创了建造巨型射电望远镜的新模式，作为世界最大的单口径望远镜，将在未来10～20年保持世界一流设备的领先地位，为中国天文观测占据世界制高点创造了独一无二的优势。

热爱职业，等同于热爱自己的生命，这是人类最伟大的情操之一。青年人要实现自己的人生价值，就应该树立崇高的职业理想，努力培养和造就自己的敬业精神，要像雷锋那样"干一行，爱一行"。

(三) 敬业的传承

传承和践行敬业精神，除了要明确基本原则和有效机制外，还应探寻具体的实现路径，通过加强理论教育、依托"五史"资源、强化榜样引领、注重实践锻炼等实现敬业精神内化于心、外化于行，融入青年干事创业的具体实践中。

1. 加强理论教育，促进敬业的认知深化

理论教育是深化认知的主要方式，加强青年对敬业精神的认知认同，是传承和践行敬业精神的基本前提。一方面，强化教育的理论支撑，深化对敬业精神的理论研究。理论学习的深度，决定着青年对敬业精神政治敏感的程度、思维视野的广度和思想境界的高度。理论研究越深入，理论认识就越清醒，从而推动实践发展，收获实践成效。另一方面，构建"家—校—社"三位一体

的理论教育模式，形成教育合力。网络现已是人们社会生活中不可缺少的一部分，要充分利用好网络，通过网络课堂、社群交流等方式，加大教育的传播力，扩大教育的覆盖面，增强教育的吸引力和感染力。

2. 依托"五史"资源，激发敬业的情感认同

党的历史是最生动、最有说服力的教科书。党史、新中国史、改革开放史、社会主义发展史、中华民族发展史是中国共产党团结带领中国人民走向富强的创业史、敬业史、奋斗史，是无数中国共产党人无畏牺牲、艰苦奋斗、勇担职责使命，用生命、汗水和智慧浇灌的历史。一方面，深入挖掘和充分利用史料，抵制历史虚无主义。另一方面，讲好"五史"故事，激发情感认同。把"五史"故事讲好，能够增强其感染力，唤醒人们的内在情感。与抽象空洞的说理和枯燥重复的训练不同，"五史"故事是具有起伏情节的真实事件，具有生动、立体的各类人物形象，内含温暖、感人的事例，能够让人们在真实、生动的故事情节中找到与自己心灵共鸣的情感体验。

3. 强化榜样引领，坚定敬业的意志信念

榜样示范能够指导观察者的思维模式、行为活动。选树先进典型、强化榜样引领是我们党宣传思想工作取得实效的重要法宝，也是传承和弘扬中国敬业精神的必要途径。通过榜样引领，可以激励人们主动践行敬业精神，积极向上、百折不挠地克服艰难险阻，迎接从业过程中的挑战，坚定敬业的意志信念。一方面，要深入挖掘榜样的精神实质。榜样的宣传不能仅仅局限于对榜样人物形象及事迹的报道，更要深入挖掘其所具有的精神内涵，才能更好地激励、引导人。另一方面，要创新传播手段，推动宣传工作走实走深。创新传播手段，要发挥新媒体传播速度快、信息量大、互动性强的优势。如中共中央宣传部依托互联网技术打造的

"学习强国 APP"，单独开设了"人物"板块，用视频讲解、人物访谈等方式详细介绍了时代楷模、道德模范、共和国荣光等榜样人物，并以手机消息的形式加以推送。同时，强化榜样引领，还需要各地方媒体积极参与、协同配合，通过网络、自媒体、电视等方式加以传播，让受众在感悟榜样精神的同时提升自身的精神境界。

4. 注重实践锻炼，使敬业精神外化于行

精神属于意识范畴，只有外化为实践才能真正发挥其应有价值。一方面，要将敬业精神融入实现中国梦的伟大实践中去。中国梦是每个中国人的梦，在追梦的实践中、在生与死的考验中形成的敬业精神，是实现中国梦的精神支撑。另一方面，要将敬业精神融入人们学习、工作的具体实践中去。传承和践行敬业精神不能仅仅停留在口头上，而是要自觉将其转化为实际行动，融入人们的日用常行中去。同时，人们要自觉接受榜样人物、典型事例对自身行为的引导，激发践行敬业精神的自觉意识。

二、知识让你有"底气"

（一）筑牢知识的根基

培根提出"知识就是力量"，距今已有 400 多年的历史，这个命题所包含的价值观念也早已深入人心，并且转化为人们追求知识、尊重知识、创新知识的不竭动力。即使在今天，我们仍然不能不为培根的远见卓识所震撼，不能不为这一科学命题的熠熠光辉所激励和鼓舞。

人生就如一栋高大的建筑，知识是地基。地基越牢固，大楼才能建得越高。所以我们要认真学习知识，打牢人生的"地基"，

才能够在将来建立起更高的人生大厦，才能够把握自己的未来。

英国科学家牛顿，他为全人类所做出的贡献也是巨大的。在牛顿年轻时期，他丰富的求学历程，为他以后取得的成就打下了坚实的基础。19岁的他于1661年进入剑桥大学三一学院，1665年获得学士学位。在这期间，他认真学习了开普勒的《光学》《几何学》，胡克的《显微图集》，笛卡儿的《哲学原理》，伽利略的《关于两大世界体系的对话》，欧几里得的《几何原本》等。他的求学领域广泛涉及天文、地理、物理、数学等，是实至名归的全才。他还与许多教授一起学习、研究。正是有了这些知识的积累，才使牛顿在以后的科学研究中，做出了巨大的贡献。并在1665年建立微积分；1666年发现光的色散现象；1671年，制成了第一架反射望远镜，奠定了现代大型光学天文望远镜的基础，并于同年提出了光的"微粒说"；其后又发现了著名的万有引力定律和牛顿运动三定律，取得了巨大的科学成就。

"梦想构建未来，知识成就未来。"人人都有梦想，并且都想去实现，铸就辉煌人生。所掌握的知识越多，打下的基础越坚实，所拥有的技能也就越丰富。知识是梦想、未来、成功的基石。

（二）发挥知识的力量

"人有知学，则有力矣。"这是我国东汉思想家王充在其所著的《论衡》一书中提出的观点。这句话的意思就是：人若有了知识，就有了力量，知识就是力量。英国伟大哲学家弗兰西斯·培根也提出了"知识就是力量"这一命题。

关于知识，其定义有多种。柏拉图曾在《泰阿泰德篇》中对"知识"进行过定义：知识是经过证实了的真的信念。这是哲学史上第一个关于知识的定义，该定义得到了不少哲学家的赞同，所以它堪称知识的经典定义。根据柏拉图的定义，知识必须满足三个条件：①知识必须是信念；②知识必须是"真"的；③知识的"真"必须经过证实。通过这三个条件可以看出，柏拉图的知识标准十分严格，只有那些被证实了的"真"的信念才是知识，而那些无法满足三个条件的观念都不能进入知识的行列。

《辞海》对"知识"的定义是："人类认识的成果或结晶。"而比较之下，"人类知识是推动社会生产力发展最终起决定作用的力量"这个定义更加全面。蔡量在《知识决定论》中写道："在中国的历史上，我们民族的感情总有这样一个误区，人们甘愿用极大的狂热去信奉迷信和权力，而不愿去崇拜知识，这样一来，一个古老民族的文明就必然衰落了。"

随着科技的发展和信息传播速度的加快，知识的无穷价值和力量日益显现出来。党的二十大报告中指出："必须坚持科技是第一生产力、人才是第一资源、创新是第一动力，深入实施科教兴国战略、人才强国战略、创新驱动发展战略，开辟发展新领域新赛道，不断塑造发展新动能新优势。"

人才是第一资源，这是中国共产党在长期领导中国人民进行革命斗争和社会主义建设的历史过程中总结出来的一条宝贵经验。抗日战争时期，毛泽东同志就曾在《论持久战》中指出："武器是战争的重要的因素，但不是决定的因素，决定的因素是人不是物。"在党的工作重点从阶级斗争转向社会主义经济建设的关键时期，邓小平同志提出要"尊重知识，尊重人才"。进入新时代，习近平总书记强调"人才是第一资源"。

关于知识的价值和力量的例子，古今中外，比比皆是。

四大发明：中国古代的四大发明在推进人类文明进程方面发挥的巨大力量和做出的辉煌成就，举世皆知。

头脑就是银行：震撼世界的"杂交水稻之父"袁隆平，他的名字的品牌价值达1008.9亿元。对此，袁隆平泰然面对："人的身上，最值钱的东西，是脑袋里的知识！"

知识就是财富：美国一家著名钢铁公司的高炉坏了，找遍了国内专家未能查到原因，最后从德国请来一位自学成才的锅炉专家。这位专家用锤子东敲敲、西敲敲，最后在认为出毛病的地方，用粉笔画了一条线，让沿线切割修理。修好后收了 10000 美元的报酬。该公司的一行政主管吃惊地发问："怎么画一条线，就要 10000 美元，太离谱了！"德国专家笑着回答："我画的这条线只值 1 美元，我知道在哪里画线值 9999 美元！"该公司的财务经理也说："这条不到 1 米的线收的价值是世界之最！"德国专家应答："这是合理收费。你们算过没有，你们晚修复一天，造成的效益损失是 1000 万美元，我收的只是千分之一！"

当今世界，科学技术日新月异，知识总量呈几何级数增长，更新速度大大加快。青年要成长成才、跟上时代潮流，也要不断给自己"充电"，主动加快知识更新、优化知识结构、拓宽眼界和视野。必须广泛学习新观点、新论断、新思想，只争朝夕、如饥似渴地学习新知识、新技术、新本领，加快补齐知识弱项、能力短板、经验盲区，在学好理论知识这本"有字之书"的同时，也要学好身边榜样这本"无字之书"，努力成长为可堪大用、能担重任的栋梁之材。

三、钻研让你有"灵气"

(一) 认识钻研精神

北宋哲学家张载说："人若志趣不远，心不在焉，虽学无成。"这是说一个人如果没有远大的志向，精神不集中，即使学习也不可能有太大的作为。

钻研学问需要集中精神，同时，也需要注意积累。人不可"一日登天"，学问也是一点一滴积累的。学者邓拓说："古今中外有学问的人，有成就的人，总是十分注意积累的。知识就是积累起来的，经验也是积累起来的。我们对什么事情都不应该像'过眼云烟'。"当然，钻研学问之路，原本就是"高山流水，曲高和寡"。一旦你认定并且选择了这条道路，坚持走下去，终究会看到险峰之上的"无限风光"。

（二）努力钻研的重要性

《三体》中的一句话叫："我消灭你，与你无关。"有人说，这句话揭露了社会及个人前进和发展的一个基本规律：淘汰你的，从来不是你的竞争对手，而是风向已变，而你却未及时更新观念跟上节奏。在瞬息万变的今天，知识技能也在不断地更新迭代。如果我们继续躺在之前学到的知识及技能的功劳簿上不思进取，那么等待我们的将会是随时被社会抛弃。

被称为"火车之父"的英国名人史蒂芬森，原本是一个没有上过学的穷苦工人。他十几岁的时候，还不会写自己的名字，但他一直坚持学习。每天下班后，别人都去喝酒，而他则利用下班时间接受了英国的公立教育。后来，他在矿上工作时，经常发生矿难，他就利用空余时间努力钻研学习，研究发明出了安全灯，减少了矿难的发生。我们今天火车的系统从铁路到机头等都是他发明的。

要钻研还要做好钻研的准备。有一句格言说："只因准备不足，终至失败。"这句话可以写在无数可怜的失败者的墓碑上。有些人虽然肯做努力，肯做牺牲，但由于准备不足，因此做起事来大费周折，以致一生达不到目的，实现不了成功的梦想。

四、团结让你有"人气"

(一)团结的重要性

伟大的文学家列夫·托尔斯泰说过:"个人离开社会不可能得到幸福,正如植物离开土地,被抛弃到荒漠里不可能生存一样。"著名哲学家叔本华也曾说过:"单个的人是软弱无力的,就像漂流的鲁滨孙一样,只有同别人在一起,他才能完成许多事业。"

团结的重要性体现在多方面:团结能够将不同背景、不同能力的人聚集在一起,形成一股强大的合力,这种合力能够超越个体能力的限制,实现共同的目标和愿景;在团结的氛围中,人们更愿意开放沟通,分享信息和资源,从而更有效地解决问题;团结能够激发团队成员的积极性和创造力,当大家为了共同的目标努力时,会相互激励,不断挑战自我,探索新的方法和思路,从而推动团队和组织的持续发展;面对困难和挑战时,团结的集体能够迅速集结力量,共同应对,这种集体力量能够分散风险,增强抵御外部冲击的能力,确保团队和组织的稳定发展。

同心山成玉,协力土变金。开创未来,需要一种克难攻坚的精神,更需要一种团结协作的合力。任何一家单位,如果组织涣散、人心浮动,人人各行其是,集体一盘散沙,那又何来生机与活力?何谈做事与创业?

俗话说"一个篱笆三个桩,一个好汉三个帮",团结互助是中华民族的传统美德,我国历代思想家、政治家,无不推崇团结互助的理念。历史经验也一再证明:有没有团结互助的道德风尚,是判断一个群体是否健康、一个社会是否和谐的重要标志之一。

一个人,要成就事业需要团结;一个集体,要在竞争中获胜也需要团结；一个国家，要繁荣富强更需要团结。一个国家、一个民族，只有团结起来才能昌盛发达；一个家庭只有团结和睦，才能人丁兴旺。

（二）团结就是力量

《孟子》云："天时不如地利，地利不如人和。"《后汉书》曰："共舆而驰，同舟共济，舆倾舟覆，患实共之。"老百姓中流传着这样一句话："人心齐，泰山移。"这是一个永恒的话题：团结就是力量。

在革命年代，中国共产党在面对内忧外患的双重压力时，能够突出重围，获得战争的胜利，靠信念，靠战略，更依靠团结。

在红军长征中，各路红军顶寒风，冒雨雪，忍饥挨饿，遭冷受冻，吃草根，咽树皮，历经无数磨难，冲破一层又一层、一次又一次敌军的封锁、围剿、堵截，战胜雪山陡峭险峻、河川激流汹涌、草地沼泽遍布的千难万险，赢得长征胜利，靠的是什么？靠的就是全军上下团结一致，以百折不挠的革命精神和所向披靡的英雄气概为自己的信念，赢得了革命的胜利。

战争不仅是军队的拼杀，还是人心向背的较量。其实，红军长征史也是一部"军爱民、民拥军，军民团结一家人"的不朽的绚丽画卷。

人生在世，不可以离群；离群难以保证有质量的生活，也会在工作学习中无所作为。要想在社会上有所作为，必须靠群策群力。而越能团结更多的人，发挥众人的智慧和力量，就越能做出惊人的事业。

第二节　把握机遇，掌控命运的轨迹

一、了解机遇，把握人生

如果用一个词来形容机遇，"催化剂"是再合适不过的。在化学实验中，有的化学物品缺少催化剂，再如何改变条件也不能引起反应。在生活中也是一样，没有机遇的催化作用，很多事情也难以成功。机遇的重要性正如催化剂一样显而易见。

机遇，简而言之，是指那些能够带来有利条件或改变现状的时机或境遇。它如同生命中的灯塔，照亮我们前行的道路，引领我们走向成功。机遇的重要性不言而喻，它能够为个人、组织乃至国家带来前所未有的发展契机，是实现梦想和目标的关键所在。

牛顿在苹果树下休息时，一颗苹果掉落砸中了他。牛顿是一个善于思考的人，他并没有忽视这个看似平常的现象，而是经过努力的研究和探索，最终发现了万有引力定律。牛顿的故事告诉我们，要善于观察和思考身边的现象，从中发现机遇并深入研究，可能会有意想不到的收获。

假如在强磁铁靠近电线的实验中，不是线圈儿出人意料地转动了一下，法拉第也许无法想出用线圈切割磁力线以得到瞬间电流的实验方案，也必将无法因发现"电磁感应现象"而轰动世界。假如巴斯德不是偶然发现挤牛奶的姑娘从不患天花病，又怎么会想出"种牛痘"这种独辟蹊径的"天花免疫法"，攻克天花这一医学难题呢？

青年在个人成长、成才的过程中，要善于识别和把握机遇。在面对挑战和困境时，保持冷静和坚忍；在观察和思考中发现机遇；在创新和冒险中抓住机遇；在超前的眼光中预见机遇。只有这样，我们才能在人生的道路上不断前行并取得成功。

二、发现机遇，创造奇迹

在人生的旅途中，机遇如同夜空中闪烁的星辰，虽然难以捉摸，但只要我们保持敏锐的洞察力和不懈的努力，就有可能发现并抓住它，从而创造出令人瞩目的奇迹。

在20世纪80年代末90年代初，中国通信设备市场主要由跨国巨头如爱立信、诺基亚等主导。国内通信设备企业普遍技术落后，市场份额有限。然而，随着改革开放的深入和全球信息化浪潮的兴起，中国对通信设备的需求急剧增长，为本土企业提供了广阔的发展空间。任正非敏锐地洞察到国内通信市场的巨大潜力，特别是在程控交换机等关键通信设备领域。他意识到，随着国内通信网络的快速建设，对高质量、高性能的通信设备需求将不断增长。同时，他也看到了国际通信技术的快速发展和变革趋势，特别是数字通信技术的兴起。任正非认为，通过引进和消化吸收国际先进技术，华为有可能在通信设备领域实现技术突破和超越。此外，中国政府也出台了一系列鼓励高新技术产业发展的政策，为华为等本土企业提供了良好的政策环境和市场机遇。任正非带领华为团队，坚持自主研发和技术创新，不断突破技术瓶颈。他们通过引进国际先进技术和人才，与国内外知名企业和科研机构建立合作关系，不断提升自身的技术实力和创新能力。在技术创新的基础上，华为积极拓展国内外市场。他们通过提供高质量、高性能的通信设备和服务，赢得了国内外客户的广泛认可和信赖。

同时，华为还注重品牌建设和市场营销，不断提升自身的品牌影响力和市场竞争力。经过几十年的努力和发展，华为已经成长为全球领先的通信设备供应商和 ICT（信息与通信技术）解决方案提供商。华为的产品和服务广泛应用于全球 170 多个国家和地区，为全球数亿用户提供高质量的通信服务。同时，华为还积极推动全球数字化转型和可持续发展，为全球经济发展和社会进步做出了重要贡献。华为的成长与崛起充分展示了任正非及其团队如何发现机遇并创造奇迹的过程。他们凭借敏锐的市场洞察力、坚定的创新精神和卓越的管理能力，在竞争激烈的通信设备市场中脱颖而出，成为全球 ICT 行业的领军企业。

任何事情的出现一定是有所征兆的：蜻蜓低飞意味着要下雨，燕子筑巢是季节更替的信号。成功总是属于那些善于仔细观察，能从细节中预见未来的人。对青年人来说，要想在事业上取得非凡的成就，那就必须把握好机遇。

三、把握机遇，改变命运

"机遇"与"命运"是根本不同的两个概念。那么为什么在现实生活中，人们常把它们混为一谈呢？这是因为机遇是一种纯粹偶然的现象，人们既无法预言它将在何时、何地出现，也无法推测它出现的价值与作用。在人的主观意志无法控制这一点上，机遇与命运确有某些相似之处。当人们对机遇现象缺乏科学认识的时候，就往往会把别人发现机遇、把握机遇、一举成功看成命运之神的恩赐。

哲学、统计学、人才学、心理学等不同学科，都从不同侧面对机遇现象进行了研究。在统计学里，把偶然因素起作用的机遇现象称作随机事件。抛掷一枚金属硬币，分值向上，还是国徽向上，是事先无法断定的随机事件。但只要观察的次数足够多，我们就能清楚地揭示出这类随机事件的客观规律来。偶然与必然总是相伴随而存在的。正如恩格斯所说："被断定为必然的东西，是由纯粹的偶然性构成的，而所谓偶然的东西，是一种有必然性隐藏在里面的形式。"这是机遇现象的一个非常重要的特性。

机遇的另一个重要特点就是它的随机性，即原则上所有的人碰上机遇的可能是均等的。法国著名科学家巴斯德说："机遇只偏爱那种有准备的头脑。"只有在人的头脑有所准备的情况下，生活中隐藏着的偶然现象才能被发现、被认识，构成通常所说的机遇。

永不满足的好奇心不是来自人们生理的生存需要，而是由一种要去探索、检验、操纵的内驱力驱使产生，是在探求未知的需要策动下发生的心理现象。这种心理现象的发生，常伴有某些良性情绪反应的出现，如愉快的心境、适度的焦虑等。良性情绪反应具有激活大脑皮层，使其处于觉醒状态的功能，是一种增力型的反应形式。所以，人们往往对感到好奇的事物能高度集中注意力，使人们表现得联想丰富、思维灵活、工作效率显著提高。好奇心，也可以说是心灵的一扇"门户"，不打开这扇门户，任何智慧的阳光都不可能射进人的心灵。

当一个人能经常保持强烈的好奇心时，一些偶然发生的现象就往往会触发他奇异的联想，甚至可以在别人看来是司空见惯的现象中发现某些新意。所以有人说：科学家大都有孩子般的好奇心。达尔文的儿子在描述他父亲如何从事科学研究时说："他具有捕捉例外情况的特殊天性。很多人在遇到表面上微不足道又与当前的研究没有关系的事情时，几乎不自觉地以一种未经认真考虑的解释将它忽略过去，这种解释其实算不上什么解释。正是这样不起眼的小事情，他抓住了，并以此作为起点。"可见，好奇、敏感，尤其对那些稍纵即逝的例外现象不抱庸人的成见，乃是捕捉机遇的必要的心理准备，是发现机遇的关键。

面对机遇，青年应该怎么做呢？

首先，我们不应该去等待机遇，而应该去创造机遇。狄更斯说过："机会不会上门去找人，只有人去找机会。"其次，机遇来临时，我们还应当抓住机遇。罗曼·罗兰曾讲过："生命很快就过去了，一个机遇不会重复出现两次。必须当机立断，不然就永远别要。"这一切都告诉了我们，要想抓住机遇，必须有充足的准备。

第三节　抓住关键，培养创新能力

一、认识创新

（一）创新的内涵

创新是一个民族进步的灵魂，是一个国家兴旺发达的不竭动力，也是中华民族最深沉的民族禀赋。从钻木取火到蒸汽机的发明，从烽火台的狼烟到现代互联网技术，人类文明史，就是一部人类自我超越、不断创新的历史。

"创新"是指能为人类社会的文明与进步创造出有价值的、前所未有的全新物质产品或精神产品。人类要生存、要发展就必须创新。因为创造了生产工具才使人类脱离动物界；因为创造了语言文字才使人类脱离原始人的蒙昧状态，逐渐发展成为有高度智慧的现代人。创新是包含着经济、政治、文化、社会等众多因素的综合体，从一个国家和民族的发展轨迹来看，创新的主体是整体的国民，而在这当中，思维活跃、不断寻求接触新事物的青年人则是创新主体中的先锋力量。

（二）创新人才

创新人才，顾名思义，是指具有创新意识、创新思维、创新能力并能够取得创新成果的人才。这类人才通常具备以下几方面的特质和能力。

（1）创新意识：创新人才首先要有强烈的创新欲望和动机，他们不满足于现状，勇于挑战传统观念和既定框架，积极寻求新的思路和方法来解决问题。

（2）创新思维：创新人才具备独特的思维方式和视角，能够跳出常规的思维模式，从多个角度审视问题，发现新的联系和规律，提出新颖的观点和见解。

（3）创新能力：创新人才不仅具备理论素养，更重要的是能够将创新思维转化为实际行动，通过不断学习、实践、探索，创造出新的技术、产品、服务或理论成果。

（4）跨学科知识：在知识爆炸的时代，创新人才往往具备跨学科的知识背景，能够综合运用不同领域的知识和技能来解决问题，实现创新。

（5）团队合作精神：创新往往不是孤立的行为，而是需要团队的合作与协作。创新人才懂得如何与他人有效沟通、协作，共同推动创新项目的实施。

（6）持续学习和自我提升：创新人才具备强烈的学习欲望和学习能力，能够紧跟时代步伐，不断更新自己的知识和技能，以适应不断变化的环境和需求。

（7）风险承受能力：创新过程中充满了不确定性和风险，创新人才需要具备较高的风险承受能力，勇于面对失败和挫折，从失败中吸取教训，不断前行。

培养创新人才，已经成为当今世界各国实现经济科技发展和提升综合国力的重要途径。党的二十大报告指出："坚持创新在我国现代化建设全局中的核心地位。完善党中央对科技工作统一领导的体制，健全新型举国体制，强化国家战略科技力量，优化配置创新资源，优化国家科研机构、高水平研究型大学、科技领军企业定位和布局，形成国家实验室体系，统筹推进国际科技创新中心、区域科技创新中心建设，加强科技基础能力建设，强化科技战略咨询，提升国家创新体系整体效能。深化科技体制改革，深化科技评价改革，加大多元化科技投入，加强知识产权法治保障，形成支持全面创新的基础制度。培育创新文化，弘扬科学家精神，涵养优良学风，营造创新氛围。扩大国际科技交流合作，加强国际化科研环境建设，形成具有全球竞争力的开放创新生态。"

因此，培养和造就一大批青年创新人才，是国家发展、社会进步、科技创新的关键所在。

二、培养青年创新素质

创新意味着什么？创新意味着对现实的不满足和改造，意味着对现实中所没有的东西的探索与建构，也意味着对理想世界的追求和建设。

但是，我们必须看到，创新是很不容易的，它对人的素质提出了很高的要求。如果你想要创新，以下几方面的素质是不可或缺的。

1. 深厚的知识和生活积累

在创新思维的形成中，后天的因素十分关键。我们只有不断地与拥有原创性思维的大思想家、大政治家、大文学家、大科学家、大发明家等进行"对话"，认真阅读他们的著作，才能锻炼我们的思维，激发我们的创造热情。

但同时也必须认识到创新的源泉不仅仅在书本中，还在生活中。实际上，书本的价值也就体现在我们日常生活中的各种实践。只有善于捕捉和解读生活中出现的一些细小问题，把它们上升到理论的高度，并将其贯穿到生产和生活实际中，创新才会体现出它的实质性内涵。

2. 强烈的兴趣

一般来说，一个思维者、实践者、研究者要是对自己的探究对象缺乏强烈的兴趣，他在这个领域里进行创新几乎是不可能的。因为他丧失了进行创新的动力。

作为一个科技企业家，乔布斯的去世带给世界的震动是少有的。在他去世后，世界已把他作为一个当代创新的最杰出领袖人物来纪念。正如他常说的一句话："领袖和跟风者的区别就在于创新。"乔布斯的创新不仅是颠覆性的，更是持续性的。在他30多年的创新历程中，不论如何遭受打击与挫折，他对事业的热爱都成为支持其开展创新的最大动力。从20世纪70年代推出Apple Ⅱ台式电脑开始，到创办NeXT公司在软件市场开辟新天地，再到创办动画公司Pixar推出《海底总动员》等经典动漫电影，再到推出iPod、iPhone和iPad等开创性产品，这期间，乔布斯曾被自己创办的公司赶走，曾面临竞争对手的打压，但他能坚守创新精神，原因何在？他在一次演讲中明确地说："我确信我爱我所做的事情，这就是这些年来支持我继续走下去的唯一理由。"

3. 顽强的意志力

人们常说天才出于勤奋，而勤奋所必需的正是顽强的意志力。不管一个人有多么高的天分，也不管他对自己思维的对象怀着多么强烈的兴趣，如果他是浮躁的、缺乏意志力的，他就不可能把自己的注意力长久地、锲而不舍地集中在自己的思维对象上，要进行创新是很困难的。

1971 年 10 月，屠呦呦团队成功实现了 191 号青蒿乙醚中性提取物样品对鼠疟的抑制率达到 100%，这是青蒿素发现史上最为关键的一步。这一成功是屠呦呦坚定信念、迎难而上，战胜了无数次的失败而取得的。

创新是一种极其艰辛的劳作，要有"三更灯火五更鸡"的吃苦精神，没有顽强的意志力什么事情也做不成。

4. 勇于创新的魄力

美国媒体业巨头、CNN 创始人泰德·特纳曾说："如果你已有一个创意，并且大多数人没有对其嗤之以鼻的话，你的创意多半不是一个非常好的创意。当大家认为我是疯子时，对我来说根本就不是烦恼。实际上，每到此时，我认为我必须真正要做些什么了。"

创新就是要有魄力，一遇到反对声就停下脚步，永远不会成功。

三、青年在创新中要展现更大作为

（一）新时代青年要成为思想活跃的创新者

坚持创新驱动发展，最根本的是要增强自主创新能力。在知识更新迭代加速、社会分工日益精细化的时代，面对络绎不绝的新技术、新模式、新业态，新时代青年拥有了施展才能与竞展智慧的崭新际遇与机缘，这就要求青年一代紧跟时代的脚步，利用自身锤炼本领与增长才干的黄金期，长久保持学习的紧迫感，不断提升个人的内在素质，努力钻研科学知识与掌握专业技能，力求时刻处在科技创新的上游。当前，世界百年未有之大变局正处在加速演变的过程中，中国共产党带领人民经过不懈努力交出了一份令人民满意、举世瞩目的答卷，我国在世界格局演变过程中成为主要推动力量，这意味着当代青年要在今后的科技发展中进一步强化科技创新的责任与自信，更加敏锐地察觉与洞悉世界科技创新的发展趋势与走向，不断提升科技创新的深度与广度，树立不负时代的科技担当。新时代青年在关键时刻要站得牢、立得稳、顶得住，矢志为推动新质生产力发展不懈探索，创造新的奇迹。

（二）新时代青年要成为新型思维模式的创造者

发展新质生产力不仅要在现实层面形成与之相适应的新型生产关系，更要在思想层面树立与之相匹配的新型思维模式。新时代青年求知欲强烈、个性鲜明、思维活跃，对新知识、新领域的探索以及可自主利用的资源都远远超越从前。每一次重大成果的颠覆性创新与重大理论的革命性突破都活跃着青年的身影，也都凝聚着青年的一腔热忱与无私奉献。推动新质生产力发展，当代青年要解放思想、推陈出新，以全局性与创新性兼具的开放式新型思维大胆创新、努力创新。

（三）新时代青年要成为具有奉献精神的建设者

马克思、恩格斯指出："思想本身根本不能实现什么东西。思想要得到实现，就要有使用实践力量的人。"精神从根本上是引领人积极向上、奋起拼搏的强劲力量，发展新质生产力关键在于要将这样一种精神上的强劲力量转化为现实动力，进而推进社会发展。青年一代的精神状态与综合素质不仅仅是考量一个国家发展是否具有活力的表征，更是作为一个国家核心竞争力的重要因素之一，同时也决定着国家与民族发展的前途命运。回望历史，一代青年有一代青年的历史际遇。毛泽东同志曾指出："人是要有一点精神的，无产阶级的革命精神就是由这里头出来的。"新时代青年作为推动新质生产力发展的行动主体，要走在科技发展前列，投身科技创新大潮，持续向上攀升、开拓深耕，以更加艰巨的付出、更加艰苦的努力、更加充分的底气与更加坚定的自信为发展新质生产力注入源源不竭的源头活水。

（四）新时代青年要成为强国有我的担当者

"青年兴则国家兴，青年强则国家强。"广大青年要将小我奉献于祖国的大我与人民的大我之中，始终做国家与人民利益的捍卫者，以一颗赤子之心承载"天将降大任于是人"的时代使命，以磅礴之力推动新质生产力发展，为强国建设、民族复兴凝心聚力、添砖加瓦。新时代是造就广大青年的黄金时代，青年一代拥有比从前更为充足的资源条件，享受着更为广阔的机遇空间，成为"全面建设社会主义现代化国家的基础性、战略性支撑"。面对日益复杂的国际形势变化与愈加激烈的国际竞争趋势，新时代青年要以深厚的家国情怀为内生动力增强信心与底气，坚定理想信念，为祖国与人民肩负起时代赋予的伟大使命接续奋斗。

第四节 处世有道，优化人际关系

一、说话处世之道

（一）处世之道

处世之道，是儒家思想的重要价值观念，作为一种文化传统对中华民族的影响是深远漫长的。儒家的处世之道一直随着社会的变迁而不断发展，是指导日常生活中人们如何相处的一门高深学问。"仁义礼智信""温良恭俭让"作为儒家重要的思想理念，也是新时代人们为人处世应当遵循的重要行为准则。儒家为人处世之道需要在具体实践中不断去创造，持续更新，不能因为现实存在的很多违反道德规范的行为，就否定儒家处世之道的重要价值和意义。儒家为人处世之道是时代发展的需要，需要每一个人将其视为一种"常道"来践行。

（二）说话之道

俗话说：一句话说得使人笑，一句话说得使人跳。与人打交道，话说得好，可能萍水相逢的人就成了知心朋友，也可能一句话没说好，就使得多年亲朋成陌路，甚至双方闹得大打出手。说话是一门艺术，能不能说得让人觉得顺耳，让人爱听，实在是大有学问。那应该怎样说话呢？

第一，要学习语言表达的技巧，让语言准确、得体。有一个故事，说的是有个国王梦见自己的一口牙齿都掉了，国王请大臣们来解梦，一个大臣说："陛下，这个梦说的是您的家人都要比您先死。"国王一听，愤怒地杀掉了这个大臣。阿凡提帮国王解梦，这样说道："陛下，这个梦说的是您比您的家人都高寿。"国王一听很高兴，立即奖赏阿凡提。其实阿凡提的回答与那个大臣的回答意思一样，只是换了一个说法而已，结果就完全不一样。语言交际能力能体现一个人的素质，你能用他人爱听的话语跟别人交谈，即使谋事不成，也会给对方留下一个美好的回忆，给自己留下一个机会。

第二，要学习心理学知识，了解地方民俗，做到"到什么山上唱什么歌"，不犯人忌讳，不哪壶不开提哪壶，不伤人自尊。

第三，用积极的、欣赏的语言与人交谈。用积极的语言与人交谈，会让对方感到亲近，减少不必要的矛盾，能更好地达到你表达的目的。

第四，换位思考，抓住对方的需求点说话。说话之前，揣摩一下对方的心理，将自己当作对方，想想自己遇到事情时希望听到怎样的解答。

我们熟知的蔡康永，总结自己的说话之道有九条。

（1）从环境猜测人的个性：如果初次跟别人碰面，约见的地点墙上是有镜子的，我会尽量让对方坐在可以照镜子的位置，这样就可以看看对方在和你谈话的过程中，是对你比较有兴趣，还是对镜子里面的自己比较有兴趣。

（2）话题卡住怎么办：谈话时话题被卡住，其实不必用力挽救，另开一个话题即可。如果在相聚的两小时里面，你有三次让对方开心地笑，那对方应该是绝对不会记得你曾经提过几个无聊的话题的。

（3）讲好笑故事，不讲笑话：讲话幽默的人，就像走路好看的人，你跟他走在一起，会觉得很平常的走路也是赏心乐事。而讲笑话比较像翻跟头，翻得好不好姑且不说，但其实很少人喜欢跟一个没事就翻跟头的人一起走路的。

（4）赞美：别人骂你一句，你回骂他一句，这就叫吵架。别人赞美你一句，你回一句赞美，这就叫社交。

（5）不想交浅言深的话，应该避开的地雷：第一，对方很容易有苦衷的、不方便对不熟的人说的；第二，对方很容易有强硬立场的，谈起来容易起争执的。

（6）听不懂就问：因为人说话，常常是"语带保留"或者"话中有话"，你只听字面的意思，就做决定，恐怕机会就跑掉了。

（7）让自己的问题短，对方的回答长：问的问题越具体，回答的人越省力。回答的人越省力，他就越有力气和你聊下去。

（8）尖锐问题也可营造谈话气氛：适度的挑衅，绝对能让谈话热络，因为每个人都希望自己的意见被重视、被探讨，而不是被一个完全没原则的人敷衍了事的点头称是应付过去。

（9）没兴趣怎么接话：遇上对方提起了一个你完全不想接的话题，不必急着要抵抗，而是轻巧地把对方热衷的话题，连接到一个很生活的方向就行了。

二、慎独自省谦虚

"慎独"指的是，在无人监视或监督的情况下，行为谨慎，符合道义；独处时周围无人也能谨慎自重，不违礼法。"慎"是一种修养、境界和谨言慎行的内在要求。

"道也者，不可须臾离也；可离，非道也。是故君子戒慎乎其所不睹，恐惧乎其所不闻。莫见乎隐，莫显乎微。故君子慎其独也。"这段话告诫人们，道是片刻也不能离开的，如果片刻能离开的就不是道了。有德行的人在没有人看得见的地方也能谨慎行事，在没有人听到的地方也会心存敬畏。再隐蔽也会被发现，再细微也会看得见。因此，君子独处时一定要谨慎。慎独是指人在社会交往过程中，要有高度的自觉性，要根据社会道德规范行为处事，不能在无人监督的情况下做有违道德和原则的事。

慎独自律以后，人还要做到自省谦虚。自省谦虚一直是衡量中国人道德修养的标准之一。古来先贤在修身养性时，十分注重自省的力量，在日复一日的自省中提升个人的道德修养。通过自省可以达到"立己""达人"。

"见贤思齐焉，见不贤而内自省也"出自《论语·里仁》。告诫人们，自省是一种能力，它通过自我评价、自我反省、自我调控和自我教育来实现自我提升。从思想上自省，要时刻不忘加强对自身世界观、人生观、价值观的改造；从岗位责任上自省，做到守土有责、守土担责、守土尽责，用好手中的权力；从为人处世上自省，先做人，后做事；从日常生活上自省，从小事、细节做起，洁身自好，防微杜渐。并且，为人要谦虚，不自夸自己做过的事，不到处宣传自己的功劳，也不求别人和自己一样，保持忠厚谦虚的品行。这样才能更受人尊敬。

京剧大师梅兰芳，不仅在京剧艺术上有很深的造诣，还是丹青妙手。他拜名画家齐白石为师，虚心求教，总是执弟子之礼，经常为白石老人磨墨铺纸，全不因为自己是著名演员而自傲。

有一次齐白石和梅兰芳同到一家人家做客，白石老人先到，他布衣布鞋，其他宾朋皆社会名流或西装革履或长袍马褂，齐白石显得有些寒酸，不引人注意。不久，梅兰芳到，主人高兴相迎，其余宾客也都蜂拥而上，一一同他握手。可梅兰芳知道齐白石也来赴宴，便四下环顾，寻找老师。忽然，他看到了被冷落在一旁的白石老人，他就让开别人一只只伸过来的手，挤出人群向画家恭恭敬敬地叫了一声"老师"，向他致意问安。在座的人见状很惊讶，齐白石深受感动。几天后齐白石特向梅兰芳馈赠《雪中送炭图》并题诗道："记得前朝享太平，布衣尊贵动公卿。如今沦落长安市，幸有梅郎识姓名。"

一位艺术大家在满身的荣誉与称赞声中，不仅没有迷失方向、自觉高人一等，反而更加谦逊，勤奋好学，甚至在钻研自己的老本行时也向自己的戏迷朋友请教。正是这种荣誉面前戒骄戒躁的品行与深厚扎实的专业功底使得京剧大家梅兰芳流芳百世。

三、严以律己，宽以待人

毛泽东同志 1959 年 7 月 4 日在庐山和王任重、刘建勋等同志谈话时念起明代杨继盛的两句诗"遇事虚怀观一是，与人和气察群言"，并说："这是椒山的名句，我从青年时就喜欢这两句诗，并照此去做。这几十年的体会是，前一句难就难在'遇事'这两个字上，即有时能虚怀，有时并不怎么虚怀。第二句难在'察'字上，察，不是一般的察言观色，而是虚心体察，这样才能从群言中吸取智慧的力量。诗言志，椒山先生有此志，乃有此诗。"

虚怀其实就是宽容，面对风云变幻的人生，如果能从从容容，进取有方，宽容无疑是你心灵的灯塔。伟大领袖毛主席能以这两句诗作为自己的信条，并长此以往以此处世待人，作为青年更应该学习这种精神。

古人有训："严以律己，宽以待人。"那么在日常生活中，我们怎样才能做到严以律己宽以待人呢？

（一）化干戈为玉帛

世界上不同的事物各有长短："梅须逊雪三分白，雪却输梅一段香。"更何况金无足赤，人无完人。我们又何必纠缠于成见不肯多一分包涵呢？

理解宽容，学会宽容，宽容是你潇洒处世的睿智，是你永葆魅力的一道永恒风景。它可以猝然临之而不惊，无故加之而不怒，化幽暗为光明，化干戈为玉帛，使生活更加温馨美好。

（二）人际交往中的"润滑剂"

严以律己、宽以待人的态度，可以减少生活中许多不必要的摩擦和纷争。如果总是戴着有色眼镜看人，一语不和就"针尖对麦芒"，那么一句话、一件微不足道的小事，都可能闹得不可收拾。俗话说"心底无私天地宽，人到无求品自高"。事实证明，一个人只有能跳出个人的圈子，才能严以律己，宽以待人。

宽容可以消除人与人之间的摩擦，使人与人和睦相处。对个人而言，宽容无疑会带来良好的人际关系，自己也能生活得轻松愉快；对一个团体而言，宽容必定会营造一种和谐的气氛，利己也利人。然而，生活中常常有些人，无理争三分，得理不让人，小肚鸡肠。相反，有些人真理在握，却不吭不响，得理也让三分，显得卓越柔顺，君子风度。

在生活和工作当中，看人、对人，要见人之长，容人之短。人们常常有这样一句口头禅："相互理解。"其实理解只能说是初级的，更高层次应该是相互欣赏，有了欣赏，才会有宽容，有了宽容，团队才能和谐，才会有战斗力。"己所不欲，勿施于人"，希望别人宽容自己，自己就应该宽容别人，不情愿别人苛求自己，也就不应该苛求别人。学会将心比心，以责人之心责己，以爱己之心爱人，就一定能豁达地宽容别人。

严以律己、宽以待人是成功的人必备的品德，如今有这样一种观点：所谓成功的人，一定是今天比昨天更努力的人，同时也是今天比昨天更宽容的人。如果你能容纳 100 人，你就能当连长；能够容纳 1 万人，你就能当团长；心中有了千军万马，你才能够当将军。

四、"温良恭俭让"

"温良恭俭让"是孔子弟子赞颂孔子的五种道德情操，即温和、善良、恭敬、节俭和谦让。这些品质在现代社会同样具有重要意义，能够帮助我们建立和谐、尊重与理解的人际关系。

温：温和待人，以礼相待。在与人交往中，保持平和的态度，不轻易发脾气或急躁。用温暖的话语和微笑面对他人，即使面对冲突或分歧，也能以平和的心态去沟通，避免激化矛盾。通过展现温和的一面，可以增强彼此之间的亲近感和信任感。

良：心地善良，诚实守信。在人际交往中，要真诚待人，不撒谎、不欺骗。对他人保持善意，愿意帮助他人解决问题，即使在自己困难时也能伸出援手。善良的行为能够赢得他人的尊重和感激，为建立良好的人际关系打下坚实基础。

恭：恭敬有礼，尊重他人。在与人交往中，要尊重对方的身份、地位和意见，不轻视、不嘲笑他人。通过礼貌的言辞和得体的举止，表达对对方的敬意和尊重。这种恭敬的态度能够增强彼此的信任感，促进相互理解和合作。

俭：节俭朴素，不奢不侈。在人际交往中，不追求物质上的奢华和攀比，而是以节俭朴素为美。通过合理的消费观念和节俭的生活方式，展现自己的自律和责任感。同时，也能够引导他人树立正确的价值观，共同营造和谐的社会氛围。

让：谦让宽容，不争强好胜。在与人交往中，要懂得谦让和宽容，不斤斤计较、不争强好胜。面对分歧和冲突时，能够主动退让一步，寻求双方都能接受的解决方案。通过谦让和宽容，可以减少不必要的争执和矛盾，增进彼此之间的友谊和合作。

"温良恭俭让"不仅是个人修养的体现，也是处理人际关系的重要原则。通过运用这些品质，我们可以建立更加和谐、尊重与理解的人际关系，为个人的成长和社会的进步贡献力量。

04 第四章
展现优秀青年之光

一、认识自己

认识自己，这一古老而深邃的命题，自古以来便是智者探索心灵奥秘、追求人生真谛的重要途径。它不仅关乎个人的成长与成熟，更是通向幸福与成功的关键钥匙。

古希腊有一则流传很广的寓言：人面狮身怪兽斯芬克司，蹲在高高的海边悬崖上，谁从这里经过，必须猜它的一个谜语——有一物清晨四条腿爬行，中午两条腿走路，晚上三条腿行走。没猜中者，就要被它吃掉。后来终于有一位叫俄狄浦斯的人猜出了这个谜语，那就是人。斯芬克司于是跳崖自尽了。

一直以来，这个故事传遍各个文明国家，但是很少有人能够正确理解它的深意，仅仅把它看作缪斯智慧的显现，或者是巨人俄狄浦斯和斯芬克司的智斗。事实上，这个故事蕴含着一个深刻的道理。人在没有认识自己之前，只能像动物一样爬行，受着自然万物的统治，命运由自然界来支配；当人认识自己之后，人就会用自己的两脚挺立在天地之间，把两手和头脑解放出来，成为世界的真正主宰，成为世间奇迹和人类文明的创造者；即使到了老年，人仍然会凭借一生的经验和智慧这根拐杖，用两脚稳固地站立在天地之间。古老的寓言，猜到了人的伟大、人的力量、人在世上主宰的高贵！但是，要破解这个谜，需要人类数千年的历史实践，需要人类付出巨大的代价。

庄子与惠子在桥上观看游鱼，庄子说："鱼儿在水中游得多么从容自在，这是鱼的快乐啊。"惠子反驳："你又不是鱼，怎么知道鱼的快乐？"庄子回答："你又不是我，怎么知道我不知道鱼的快乐？"这个故事虽是关于"知"的辩论，却深刻反映了自我认知的复杂性，提醒我们要尊重并探索自己的内心体验。

认识自己就是对自己进行全面的分析，了解自己的特点，对自己进行准确定位的过程，这个过程贯穿每个人生命的始终。认识自己的过程包括了解自己的价值取向、兴趣爱好、气质、性格、学识、技能以及各种组织管理、协调沟通等多方面的内容。

（一）认识自己的重要性

"认识你自己。"这是刻在古希腊德尔菲阿波罗神殿上的一句箴言。从古至今许多先哲伟人都把"认识你自己"看作一种很高的智慧。事实也是如此，人的一生是否能成功很重要的一方面就是能否认识自己，特别是对于风华正茂的青年尤其重要。

诺贝尔物理学奖获得者杨振宁先生在给中国科技大学学生做报告时说过一句很有名的话："必须知道自己是怎样一个人。"杨先生在美国留学时选择的专业是实验物理，可是他当时在中国西南联大时几乎没有动手做过实验，到了美国总是赶不上美国的同学，经过一段时间的努力还是不行，他意识到自己的长处不在实验物理而是在理论物理上，因为自己的理论物理基础打得扎实，理论文章写得也好，于是他下决心转学理论物理。方向调整之后，他的研究工作进展很快，不久他便取得了博士学位。回忆自己的路，杨先生深有感触地说："选择专业的决心，应该随着对自己的了解而变动。如果当时我不离开实验物理，那么也不可能有今天的收获。"杨先生用他的经验告诫我们，只有认识了自己，又能及时调整自己，选择和开发自己的长处，才能促进自身的发展。

认识自己，是一场既漫长又深刻的旅程。它要求我们勇敢地面对自己的不完美，真诚地接纳每一个自我，并在不断的试错与成长中，逐渐勾勒出属于自己的独特轮廓。正如罗曼·罗兰所言："世界上只有一种真正的英雄主义，那就是在认清生活的真相之后依然热爱生活。"愿我们都能在认识自己的道路上，成为自己生命中最勇敢、最真挚的英雄。

（二）认识自己的科学内涵

1. "认识自己"要确立人的思维独立性

普罗塔哥拉说"人是万物的尺度"，而苏格拉底则指出"思维着的人是万物的尺度"。"认识你自己"就是要认识有思想力的人，认识人的理性，从而促进自我认识的觉醒，确立人类的主体性，使人类开始察觉到自身的存在，认识到人才是社会活动的主体，人应该自觉把握自身命运。

鲁迅强调："凡一个人，其思想行为，必以己为中枢，亦以己为终极。"以己为"造物主"，赋予个体以终极性价值，人自己就是存在的依据和原因，不需要到别处去寻找依据和原因。

2. "认识自己"就是"自知自己无知"

在苏格拉底看来，一切知识都是经由概念而来。概念是撇开具体事物的特殊属性而形成的，是普遍的、不变的，所以知识也是普遍的、绝对的、永恒不变的。而人们所谓的知识其实并不是真正的知识，因为它们都是变化的，没有永恒价值的。从这个意义上来说，他认为人是无知的。对苏格拉底来说，"认识你自己"就是"自知自己无知"。"自知自己无知"是指人作为主体在探索真理途中处于无知状态，目的就是去探索知识，追求智慧，把人们的知识从个别提高到一般，超越自己现在的知识。

力学之父牛顿，当初小有成就时，有人称他为"力学泰斗"。牛顿却说："我不知道别人怎么看待我，但我自己认为我不过是一个在海边玩耍的孩子，常常为发现一块美丽的贝壳沾沾自喜，对面前浩瀚的真理的海洋，却全然无知。"正是牛顿意识到还有浩瀚的海洋的真理尚未了解，才使得他在确立了三大定律以后，又发现了万有引力，甚至还在光学以及其他研究上取得了历史性的突破。

牛顿之所以能够取得如此大的成就，很大部分原因在于他对于自己有一个清醒的认识，将自己放在"无知"的境遇下，从而控制自己，改变自己，完善自己，不断发现新的奇迹。

3. "认识自己"要认识到自己的道德理智

苏格拉底认为，认识你自己就是认识真正的"我"，这个"我"是指我的灵魂，即理智。他在年近40岁时立言："照顾自己的灵魂，使臻于至善至美。"苏格拉底在这里所说的"照顾"，就是指培养理性的思考及理性的行为，从而剖析自己，认识自己。他认为一个人应当关心自己的灵魂，因为只有灵魂或理智才能教人明辨是非。一个把自己的灵魂或理智看得至高无上的人，自然能知道什么是"善"，什么是"恶"，并且能做一个有"德性"的人。在他看来，美德即知识，而不道德便是无知的同义语，而最高的知识就是"善"这个永恒的普遍的绝对不变的概念的知识。"认识你自己"就是认识自己的理智，从而达到善，使自己具有美德。所以，一个人只有真正认识了自我，才能成为一个有"德性"的人。

二、认识自己的基本途径

（一）自我意识和自我观察

通过观察在日常生活中的点滴表现，总结自己是一个什么样的人，找出自己的优点和缺点，是我们自己教育自己、自我提高的重要途径。如何总结自己，最常用的手段就是自我观察和自我反思。

总结自己的前提是每个个体都有完整的独立意识。主体意识是指作为认识和实践主体的人对于自身的地位、能力和价值的一种自我认识，是人们自主性、能动性、创造性的观念表现。

法国著名数学家、物理学家、思想家帕斯卡关于思想意识有一个著名论断：人只不过是一根苇草，是自然界最脆弱的东西；但我是一根有思想的苇草。他说：用不着整个宇宙都拿起武器来才能消灭人类，一口气、一滴水就足以置人于死地了。然而，纵使宇宙毁灭了人类，人却仍然要比置他于死地的东西更高贵得多；因为他知道自己要死亡，以及宇宙对他所具有的优势，而宇宙对此却是一无所知。因而我们全部的尊严就在于思想。由于空间，宇宙便囊括了我并吞并了我有如一个质点；由于思想，我却囊括了宇宙。

帕斯卡所说的思想是指能让人区别于沉默与冷漠的无限时空、区别于一块顽石或者一头畜生，从而让人高贵地、有尊严地活着的东西，而世人所想着的却是低俗的、只求感官愉悦与精神刺激的消遣和娱乐活动。所以帕斯卡才劝告人们要认识到自己的思想状况。

对青年人来说，我们要抓住每一次机会来提升我们的思想，让思想指引我们前行。随着思想的提升，我们对自身的认识、对未来目标的设定也会上升到新的层次。因此青年人要打破头脑中旧的条条框框，敢闯、敢试，敢为思想先，敢为天下先。

一般而言，自我观察主要包括以下几方面。一是内心状态和情绪。自我观察可以帮助个人意识到自己的情绪状态，如愤怒、忧虑、悲伤、焦虑等，以及这些情绪对自己的影响。通过自我观察，可以识别情绪感受，发现内心的矛盾和不满意，并寻找解决的方法。同时，自我观察有助于培养情绪控制和调节的能力，更好地应对不同的情境和压力。二是价值观和信念。自我观察还可以帮助个人认识自己的价值观和信念，包括对事物的看法、身份认同、道德观念等。通过自我观察，可以厘清自己的价值取向，认识自己的优点和缺点，发现自己的无意识偏见，并尝试消除这些偏见。这有助于个人更加清晰地了解自己的处境和目标，更好地决策和行动，同时增强自尊和自信心。三是个人行为和习惯。自我观察还包括注意到自己的行为模式和习惯，以及这些行为模式和习惯对自己及他人的影响。个人可以通过自我观察，识别自己的生活习惯、工作习惯、社交习惯等，并对自己的不良习惯进行调整和改进。此外，通过自我观察，个人还可以注意到自己的言行举止是否得体，有效地形成社交技能和文化素质，提高自己的人际交往能力。这些方面共同构成了自我观察的核心内容，帮助个人在心理、情感、行为等多个层面实现自我认知和成长。

（二）对照性反思

他人对个体自我意识的发展具有借鉴和比较的功能。在心理学中，常用"镜中我理论"解释人们自我评价机制。库利认为，个体是在与他人的互动中，体味他人的姿态意味，并从他人的观点中看到自身。他们想象着他人如何评价自己——从中获得自我的形象、自我的感觉、自我的态度。他人的姿态就如同一面镜子，从中可以看到并衡量自己。这正如他们在社会环境中看待并衡量其他事物一样。

每个青年人都要经历"集体生活的年代"，从学校生活到工作生活，在接受他人对自己做出的评价中，人们开始反思自己的行为，对自己做出种种评价，而这种评价是自己从自己身上发现的东西和从他人身上看到的东西不断地进行比较、对照的结果。

青年人还要明白，通过对照反馈改变自己的行为并不是一件羞耻的事情，这是因为一个人的一言一行必然会受到他人或多或少的注意，尤其是自己身上的缺点，自己不容易看到，但可以从他人对自己的态度、反应和评价中认识自己的真实面目。所谓"当局者迷，旁观者清"就是这个道理。古今中外，不少有作为的人，都曾求教于他人，请求名师名家指点，这说明个人的成长、进步和发展时刻需要对照性反思。

（三）求知好学，积极实践

学习是一辈子的事情，成功总是青睐于那些有准备的人，你知道得越多，你的心胸越宽广，你的目光越远大，你的思维越敏捷，你的视角越全面，这能给你带来更大的成功和快乐。

歌德曾说："人怎么能认识自己呢？只通过观察是不可能的，必须通过行动。你去试验完成你的职责吧，你立刻就知道，你是怎样的人。"实现"自我认识"最基本的方法，就是在工作和生活实践中，用自己诸多才能去履行应尽的职责，就其效果加以比较，好坏、优劣分明，自身价值自然而然地得到证实。

工作是每个人实现自我价值的重要手段，以职业为本，不是仅仅为了"向钱看"，而是为了真正读懂生命。马克思在《青年在选择职业时的考虑》中说："选择职业时，我们应该遵循的主要指针是人类的幸福和自身的完美。"

"头顶星空，脚踏实地。"每个青年人都有职业理想，但在追求职业理想的过程中，应当具有不畏艰难、坚持不懈、奋斗不止的精神。必须脚踏实地、勤奋工作，切忌心浮气躁、急于求成，也不可半途而废、轻易放弃，更不能一遇挫折就垂头丧气，一蹶不振。唯有持之以恒，锲而不舍，才能最终到达成功的彼岸，实现美好的职业理想，也只有这样，才能在实践中更加清醒地认识自己。

三、关于自我探索的故事

（一）用坚持不懈叩响生命的大门

江梦南，一个半岁时因药物导致失聪的女孩，面对命运的残酷，她没有选择屈服，而是用坚持不懈书写了属于自己的传奇。在父母的帮助下，她通过读唇语学会了"听"和"说"，这份努力与毅力，让她的世界重新充满了声音。凭借这份坚持，她不仅考入了吉林大学，还顺利完成了本科和硕士研究生的学业，并最终被清华大学录取。江梦南的故事，是对"坚持"二字最生动的诠释。她用行动证明，即使身处无声世界，也能用乐观和坚强奏响生命的强音，传递出昂扬向上的青春力量。

苏炳添，中国田径的骄傲，他的每一次自我超越，都离不开对梦想的执着和日复一日的坚持。在第三十二届夏季奥林匹克运动会上，他创造了9秒83的个人最好成绩，刷新了亚洲纪录，成为第一个站上奥运会男子百米决赛跑道的中国运动员。这背后，是无数次的跌倒与爬起，是汗水与泪水的交织。苏炳添的故事告诉我们，只要心中有梦，脚下就有路。他用实际行动证明了，坚持的力量足以让我们跨越重重障碍，到达前所未有的高度。

蔡永斌，一位盲人 IT 工程师，他的世界虽然失去了光明，但他用坚持和智慧为自己点亮了一盏明灯。6 岁时因意外失明，但他没有放弃对生活的热爱和对知识的渴望。在同学的嘲笑声中，他自学编程，最终独立开发出了针对视障人群上网用的软件"PC 秘书"。蔡永斌的故事，是对逆境中坚持的最好注解。他用实际行动证明，即使身处黑暗，也能用坚持和智慧为自己及他人打开一扇通往光明的大门。

这些青年的故事，如同璀璨的星辰，照亮我们的心灵。他们用实际行动告诉我们，无论面对怎样的困难和挑战，只要坚持不懈，就一定能够叩开生命之门，绽放出属于自己的光芒。坚持，是灵魂的磨砺，是梦想的阶梯，是我们在人生旅途中最宝贵的财富。

（二）在知识的海洋里探索自己

于是之是我国著名的戏曲表演艺术家，曾在《龙须沟》《骆驼祥子》《茶馆》《洋麻将》等剧中成功地塑造了一系列舞台艺术形象。自幼好学的于是之非常喜欢读书，阅读了不少有关中国文学史的书，他未料到当时学的那些东西对他后来做演员有用。他说："学语言学能使人耳朵敏锐，容易抓住别人说话的特点；学绘画能培养人的观察能力，通过人的外形特征窥见内心活动；学文学则更是提高演员素质的重要途径。"

由于总是在学习，他积累了丰富的知识，为他的事业成功奠定了坚实的基础。他说，他的读书特点可以总结为四点：一是求知欲望强，热爱读书；二是善于在实践的夹缝里学习，想方设法读书；三是读书很杂，涉猎很广；四是学以致用，为演戏而读书。于是之从这些知识里受益匪浅，成功地塑造了许多不朽的艺术形象，成为演艺界公认的表演艺术家。

他之所以能够成功，是因为他经过了漫长的磨炼，他不断汲取知识营养，像一粒黑土地里的种子，等待露水甘甜的滋养，等待春风化雨的呼唤，从而破土而出，成就自己的理想。

深厚的知识基础能够为你的不断飞跃提供无穷的能量，它使你才华的根扎在一片营养丰富、永不枯竭的土地上。

（三）在团队协作中找到自己的价值

俗话说"单人不成阵，独木不成林"。个人的力量总是有限的，而团队是力量的泉眼，能源源不断地溢出能量；没有完美的个人，但有完美的团队。21 世纪早已不是单枪匹马闯世界的时代，现在的时代，团队才是引以为傲的资本。一根筷子轻轻被折断，十根筷子牢牢抱成团。个人的力量微不足道，可多个人组成一个团队，每个人把自己的优势发挥出来，那种力量就是巨大无比的。

《西游记》中唐僧师徒就是一个完美的团队，作为团队领导，唐僧目标坚定，善于驾驭、管理下属，且无论遇到什么困难都不放弃、不抛弃；孙悟空是个具有很强个人能力的刺头，但在唐僧的驾驭下，他充分发挥了特长和能力，取经路上逢山开路，遇水搭桥，帮助团队解决了一个又一个的困难；猪八戒虽然贪财好色，但他活泼可爱，有效地充当了团队成员之间的润滑剂，正是由于有了他的插科打诨，西天取经道路才有了烟火气和生气；沙僧承担了大量的基础工作（负责挑担），他忍辱负重，任劳任怨，功不可没。正是因为团队成员通力协作，他们最终才能取得真经，得成正果。

增强团队协作意识，不但有利于更好、更快地适应职业、适应生活，而且对个人迅速成长、走向成功都具有重要意义。

（四）在敬业爱岗中创造奇迹

有一句名言——"世上无难事，只怕有心人"，它很好地阐明了敬业和成功之间的关系。对自己从事的职业虔诚、热爱，能够更好地享受工作，能够更好地享受生活，能够激发出青年人更多的创造价值，并发现自己生命的意义。

陈景润是我国著名的数学家，毕业于厦门大学数学系。1966年发表《大偶数表为一个素数及一个不超过二个素数的乘积之和》（简称"1+2"），成为哥德巴赫猜想研究上的里程碑。而他所发表的成果也被称为陈氏定理。由于对数学事业的热爱，他把数学融入他的生活、他的心、他的血液里。关于陈景润勤奋敬业的例子不胜枚举。

有一天，陈景润吃中饭的时候，摸摸脑袋，头发太长了，应该快去理一理。于是，他放下饭碗，就跑到理发店去了。

理发店里人很多，大家挨着次序理发。陈景润拿的牌子是38号。他想：轮到我还早着呢。时间是多么宝贵啊，我可不能白白浪费掉。他赶忙走出理发店，找了个安静的地方坐下来，然后从口袋里掏出个小本子，背起外文生字来。他背了一会儿，忽然想起上午读外文的时候，有个地方没看懂。不懂的东西，一定要把它弄懂，这是陈景润的脾气。他看了看手表，才中午12点30分。他想：先到图书馆去查一查，再回来理发还来得及，站起来就走了。

谁知道，他走了不多久，就轮到他理发了。理发员大声地叫："38号！谁是38号？快来理发！"陈景润正在图书馆里看书，哪能听见理发员喊38号呢？

过了好些时间，陈景润在图书馆里把不懂的东西弄懂了，这才高高兴兴地往理发店走去。可是他路过外文阅览室，见有各式各样的新书，立马就被吸引去了，又跑进去看起书来，一直看到太阳下山了，他才想起理发的事儿来。他一摸口袋，那张 38 号的小牌子还好好地躺着。

由于陈景润经常沉浸在数学的海洋里而丝毫没有感觉到时间的流逝，甚至因为听不到图书管理员的喊声，他经常被关在图书馆里。为了不惊动别人，他每次都干脆走回座位去读个通宵。

也许陈景润并非数学家里最有天赋的，但是他对数学事业的深深热爱和眷恋使他把一切精力扑到了数学研究的工作中，把数学当成比自己生命还重要的东西。陈景润的生活可以没有一切，但是不能没有数学，这就是他成功的原因。

第二节　规划生涯

一、确立志向

（一）职业理想的内涵

一个炎热的夏天，一群工人正在铁路上工作。远处一列火车缓缓驶来，在前面的站台停下了，一个绅士走下列车，冲着队长喊道："大卫，是你吗？"被称为大卫的人抬起头来："哦，总裁，是你来了啊？是我，大卫。"他们亲热地聊了一会儿，火车开走了。大卫的同事立刻把大卫围了起来："头，原来你认识我们总裁？"大卫笑道："是呀，当年我们俩像你们一样一起在这条铁路上抡铁镐！"

"哦，他是怎么当上总裁的，这么厉害？"一个年轻人问道。

大卫沉思了一会儿："23 年前，我为 1 小时 1.75 美元的薪水工作，而他却是为铁路事业在工作。"

理想的差异决定了现实的差异，也决定了人生的差异。

职业理想是个人对未来职业的向往和追求，是人在职业活动中追求工作、事业发展的动力来源。它是个人渴望达到的职业境界，反映了个人的价值观、职业期待和职业目标。职业理想受社会理想的制约，是实现个人生活理想、道德理想和社会理想的手段。

青年朋友只有树立起自己的职业理想，才能够自觉地把自己的命运、前途与整个社会的需要和发展联系起来，才能重视自己的职业规划，树立坚定的信念并为之努力。

(二) 确定职业理想的路径

1. 与社会需要紧密结合

职业理想从根本上反映的是个体长远的职业愿景。尽管现实中个体的职业需要是复杂多变的，但它总是无法摆脱社会需要的制约。因此，一个人在确立职业理想时，必须充分考虑社会的实际需要，努力将两者结合起来，这样才能确保职业理想具有实现的可能性。

我国著名数学家苏步青教授 17 岁到日本留学。为了给中华民族争光，他刻苦学习，连续发表 30 多篇论文，并获得了理学博士学位。在获得博士学位之前，他已在帝国大学数学系任讲师，他的指导教授还准备聘请他去某大学当教授。这样的机会应该说是不可多得的。但他还是决定回国任教，把学到的知识奉献给祖国和人民。

2. 综合自身情况进行考虑

在现代社会中，职业的种类纷繁复杂，每一职业岗位对任职者的素质都有不同的要求。个体只有根据自身的特长和优势选择相应的职业岗位，达到人与职业的合理匹配，才能顺利而出色地完成本职工作，逐渐地实现自己的职业理想。

筛选择业信息时，主要注意三方面：一是要运用有价值的信息寻找适合自己的工作，二是要对照筛选出的信息找到自己的不足，三是要为他人输送有效的信息。

在追求职业理想的过程中，必须充分认识职业理想实现的长期性、艰巨性和曲折性，努力化职业理想为职业信念。因为职业信念是对职业理想的支持，是人们追求职业奋斗目标的强大动力。一旦人们树立了科学的职业信念，就会激发起强烈的情感和坚定的意志，增强战胜艰难险阻的信心和坚忍不拔的毅力，从而百折不挠地追求职业奋斗目标，直至最终实现自身的职业理想。

二、准确评估

（一）职业评估的内涵

日本人有这样一个习惯，他们每到年末便主动去参加一次测评考试，根据测试结果来判断自己来年的工作去向。一般来讲，经过一年的努力工作，每个人都取得了很大进步，通过测评，他们可以对自己及所能胜任的工作有一个更清楚的了解。这种每年一度的人才测评对他们的就业颇具指导意义。

职业评估，就是企业或者个人通过主客观评价、心理测试、性格测试的手段，考查自身能力和职业情况，从而做出选择的过程。过去，劳动力市场是单一的分配模式，人们无须考虑具体情况，实行"统一分配"和"接班制"，没有科学的职业评估体系。近年来，科学的职业评估的普及，给就业者和企业都带来了更多的选择，使他们有更多的机会发掘人的潜能和寻找最适合自己企业的人才，提高了应聘和招聘工作的针对性和效率，降低了相应的交易成本，进而达到双赢的效果。

（二）职业评估的主要内容

对于职业评估的具体内容，学者们有不同的见解，金兹伯格认为，对职业进行评估主要从三方面进行：一是有关工作活动自身的；二是有关工作报酬的，如薪金及工作所许可的工作方式等；三是有关工作伙伴的，如同事及领导。

在国内，学者对于职业评估的研究也比较分散，朱启臻教授认为职业评估可以从主要工作内容、工作要求、工作环境和工作关系、所需人员资格等角度进行评估；而卢荣远等人提出职业评估要涉及有关工作任务、工作人员、工作环境三方面内容。

无论何种定义或者分类，职业评估的主要内容可以分为两大类，即主观要素和客观要素。

主观要素的评估就是青年人对自己进行全面、深入、客观的分析和了解，以便准确地为自己定位的过程，一般既要分析个人特征，包括人格特质、兴趣、性格，又要考虑自己的能力跟职业的匹配程度，包括知识技能、职业期望、职业认识。

主观要素强调从业者对自己的深度剖析，而客观要素又称外部环境分析，就是要认清所选职业在社会大环境中的发展状况、技术含量、社会地位、发展趋势。当前的热点职业是什么？发展前景怎样？社会发展趋势对所选职业有什么要求？影响如何？

（三）职业评估的方法

1. MBTI 职业性格测试

目前世界上得到最普遍的使用和公认的性格测试是美国的 MBTI 性格类型系统。由美国的心理学家 Katherine Cook Briggs（1875—1968）和她的心理学家女儿 Isabel Briggs Myers 根据瑞士著名的心理分析学家 Carl G. Jung（荣格）的心理类型理论和她们对于人类性格差异的长期观察和研究而著成。经过了长达 50 多年的研究和发展，MBTI 已经成为当今全球最为著名和权威的性格测试，主要应用于职业发展、职业咨询、团队建议、婚姻教育等方面，是国际上应用较广的人才甄别工具。

2. 霍兰德职业兴趣测试

霍兰德职业兴趣测试（Self-Directed Search）是由美国职业指导专家霍兰德（John Holland）根据他本人大量的职业咨询经验及其职业类型理论编制的测评工具。霍兰德认为，个人职业兴趣特性与职业之间应有一种内在的对应关系。根据兴趣的不同，人格可分为研究型（I）、艺术型（A）、社会型（S）、企业型（E）、常规型（C）、现实型（R）六个维度，每个人的性格都是这六个维度的不同程度的组合。

3. 职业锚理论

如果把职业比作航船，而每个人的核心职业价值观，就像是锚。埃德加·H. 施恩（Edgar H. Schein）教授把人们的职业价值观分成八种——技术/职能型、管理型、自主/独立型、安全/稳定型、创造型、服务型、挑战型、生活型，并推出了职业锚测试量表。职业锚测试与其他职业测评不一样，它不是用来测试人的潜能或挖掘潜能的，而是测试人的动机和价值观的。

每个人都渴望一份好的职业，但是对于好职业的看法并没有统一的认识，"仁者见仁，智者见智"。其实，适合自己的才是最好的。青年朋友在选择职业时，一定要认真评估，拨开层层迷雾，综合考虑，认真分析，赢得先机。

三、选择职业

（一）职业选择的重要性

职业选择是指人在自身价值观的指导下，依照自己的职业期望和兴趣，凭借自身能力挑选职业的过程。在这个过程中，主体受到需求动机、自身评价的指导，也会受到社会需求、就业形势的影响。因此，职业选择也是一种从主客观多方面进行综合考虑后做出价值判断的过程。

每个人都需要职业选择。职业是当今社会个体生存的基础：首先，职业劳动是个人获得收入的主要来源，是个人生存和维持家庭生活的基本手段；其次，职业活动是能够使个人某些才能得到发挥和提升，使个人的某些兴趣得到满足，从而促进个性发展或者说促进人的全面发展的必由之路；最后，每个人的职业理想都需要具体的职业来实现。因此，选择什么样的职业，关系到青年人的生存、发展以及理想的实现。

职业选择的好坏决定人生质量的高低。21世纪是一个选择的时代，市场选择人才，人才选择行业。选择不仅是机会，当选择权交到青年人手中时，风险也会发生。对人们而言，最大的挑战莫过于就业与再就业。升迁、离职、下岗、创业等这些问题比以往任何时候都更加强烈地冲击着每一个现代人。人的一生中，绝大多数时间是在职业生涯中度过的，因此职业选择是否成功，直接决定了人生的质量高低。

(二) 职业选择理论

职业选择是迈向职场的第一步,是职业规划付诸实践的第一次,因而具有重要的意义。

早在 20 世纪初,美国的职业指导理论就开始进行职业选择的分析,经过一个世纪的发展,逐渐形成了较为成熟的几种理论流派。其中,被广泛应用和接纳的是人职匹配理论。

人职匹配理论,即关于人的个性特征与职业性质一致的理论。进行人职匹配的前提之一是必须对人的个体的特性有充分的了解和掌握,而人才测评是了解个体特征的最有效方法。所以人职匹配理论是现代人才测评的理论基础。其中最有影响的是"特性—因素论"和"人格类型论"。

1. 特性—因素论

特性—因素论认为个别差异现象普遍地存在于个人心理与行为中,每个人都具有自己独特的能力模式和人格模式,而某种能力模式及人格模式又与某些特定职业存在着相关。每种人格模式的个人都有其相适应的职业,人人都有选择职业的机会,人的特性又是可以客观测量的。帕森斯提出职业指导由三步组成。

第一步是评价求职者的生理和心理特点。通过心理测量及其他测评手段,获得有关求职者的身体状况、能力倾向、兴趣爱好、气质与性格等方面的个人资料,并通过会谈、调查等方法获得有关求职者的家庭背景、学业成绩、工作经历等情况,并对这些资料进行评价。

第二步是分析各种职业对人的要求,并向求职者提供有关的职业信息。包括:①职业的性质、工资待遇、工作条件以及晋升的可能性;②求职的最低条件,诸如学历要求、所需的专业训练、身体要求、年龄、各种能力以及其他心理特点的要求；③为准备就业而设置的教育课程计划，以及提供这种训练的教育机构、学习年限、入学资格和费用等；④就业机会。

第三步是人—职匹配。指导人员在了解求职者的特性和职业的各项指标的基础上，帮助求职者进行比较分析，以便选择一种适合其个人特点又有可能得到并能在职业上取得成功的职业。

特性—因素论强调个人所具有的特性与职业所需要的素质、技能之间的协调和匹配。为了对个体的特性进行深入详细的了解与掌握，特性—因素论十分重视人才测评的作用，可以说用特性—因素论进行职业指导是以对人的特性的测评为基本前提的。

2. 人格类型论

美国职业心理学家霍兰德创立的"人格类型论"对人才测评的发展产生了重要的影响。

人格类型间的一致性与区分性。在人格和职业的关系方面，霍兰德提出了一系列假设。①在现实的文化中，可以将人的人格分为六种类型：实际型、研究型、艺术型、社会型、企业型与传统型。每一特定类型人格的人，便会对相应职业类型中的工作或学习感兴趣。②环境也可区分为上述六种类型。③人们寻求能充分施展其能力与价值观的职业环境。④个人的行为取决于个体的人格和所处的环境特征之间的相互作用。在上述理论假设的基础上，霍兰德提出了人格类型与职业类型模式。不同类型人格的人需要不同的生活或工作环境，例如，"实际型"的人需要实际型的环境或职业，因为这种环境或职业才能给予其所需要的机会与奖励，这种情况即称为"和谐"（Congruence）。类型与环境不和谐，则该环境或职业就无法提供个人的能力与兴趣所需的机会与奖励。

尽管大多数人的人格类型可以主要地划分为某一类型，但个人又有着广泛的适应能力，其人格类型在某种程度上相近于另外两种人格类型，则也能适应另两种职业类型的工作。

根据霍兰德的人格类型论，在职业决策中最理想的是个体能够找到与其人格类型重合的职业环境。一个人在与其人格类型相一致的环境中工作，容易得到乐趣和内在满足，最有可能充分发挥自己的才能。因此在职业选拔与职业指导中，首先就要通过一定的测评手段与方法来确定个体的人格类型，然后寻找与之相匹配的职业种类。

（三）如何进行职业选择

1. 摆正职业心态

北大原校长许智宏在谈大学生职业选择时曾说过："评价一份工作的好坏，并没有统一的标准。美国的哈佛大学既希望他们培养的学生成为各方面的领袖，但同时也鼓励学生从事各方面的工作，包括到社区工作。我们都说行行出状元，北大的学生同样可以做一个普通的劳动者。"这就要求青年人静心看待每一份职业，认真对待每一份工作。

2. 从基础做起

袁隆平，从一名普通的科研人员成长为世界"杂交水稻之父"。他发明的杂交水稻技术，为世界粮食安全做出了杰出贡献，增产的粮食每年为世界解决了 7000 万人的吃饭问题。

3. 敢于挑战，积极创新

创新就是生命，创新就是机遇，"做别人不敢做，想别人不敢想"，这也是很多人成功的关键。20 世纪 80 年代，美国得克萨斯州大学奥斯丁分校举办了一场创业大赛计划，标志着大学生创业活动的开始。著名的雅虎公司就是在斯坦福大学校园创业的氛围中由创业计划直接孵化出来的。

　　青年人要敢于突破"等、靠、要"的传统思想，敢于突破自己，大胆尝试。当然，任何选择，无论是热门还是冷门，无论是就业还是创业，都需要青年朋友充分了解市场，充分调研，避免跟风随大流；另外，要有广博的知识积累，充分掌握信息，一个人掌握的知识越多，将创新点转化为具体行动的可能性就越大；还要在实践中训练自己的思维能力、想象力；最后，还要具备强大的心理承受能力，即使遇到困难和挫折，也不应该灰心丧气、消沉颓废，而应该相信自己的实力，等待"柳暗花明又一村"的到来。

四、设立职业生涯目标

（一）目标的价值

　　1953 年，有学者对美国耶鲁大学应届毕业生进行了一份"你毕业后的目标是什么"的问卷调查，统计结果显示有 3% 的学生有明确的目标，97% 的学生只有大概的目标或者目标尚不清晰。

　　20 年后，有人追踪调查所有参加了问卷调查的学生，结果令人惊讶，那 3% 的人拥有的财富总和比另外 97% 的人拥有的财富总和还多得多。

　　美国哈佛大学也有一项关于"目标对人生的影响"的追踪调查，其调查对象为一群智力、学历、环境条件大体相同的年轻人。调查结果是 3% 的人有清晰的长期目标，10% 的人有清晰的短期目标，60% 的人目标模糊，27% 的人没有目标。25 年后，那 3% 目标明确且 25 年中从未改变过的那群人成为创业者、行业领袖和社会精英；10% 的那批人，不断完成自己预定的短期目标，生活状态不断上升，都生活在社会的中上层，成为各行各业的专业人士，如医生、律师、工程师、高级主管；60%的那部分人，他们只安稳地生活和工作，但都没有什么特别的成绩；而27%无目标的人，他们生活在社会底层，常失业，靠救济为生，常常抱怨社会。

目标对于人生有着巨大的导向作用，目标是指引我们获取生活需求的路标。有了目标，生命才有意义；有了目标，生活才会充实；有了目标，人生才会幸福。

（二）目标设计的原则

其实很多青年都有目标，但是因为目标的确定缺乏对环境和自己的清醒认识，使得目标过大或过小，在实践中，或者半途而废，或者难以到达。因此，每个青年人都应该尝试设计自己的职业目标，目标越具体，它们实现的可能性就越大。

一般而言，设计目标要遵循以下几条原则。

1. 目标要有明确性

也就是说，目标不应该是含混不清的，例如，"我要认真学习"就没有"期末我要取得班级前10名"目标明确。一般而言，目标越具体、越简明，就越容易实现，而目标空泛，行动中就容易陷入盲目或者无所适从。

2. 目标要有可测量性

它要求目标内容包含数量、质量、时间等要素。例如，我今年要考取中级社会工作师资格证，这里面就包含了时间、质量等要素。

3. 目标要有相关性

相关性是要求我们在设立职业目标时，短期目标应该指向中期目标，中期目标应该指向长期目标。短期、中期、长期目标都指向总目标的实现。另外，职业目标还应该与单位目标相关，甚至与行业目标相关，只有那些坚持远大理想、拥有远大职业抱负的人，才能在行业中成为佼佼者。

4. 目标要有集中性

一般而言，一次设定的目标不超过三个，且要有一个突出的重点，其余按照主次依次排列。

5. 目标要有可实现性

这就要求目标合理又有一定的挑战性。合理是指目标符合个人的实际，在个人可控的范围内；有挑战性是指目标要经过一定的努力才可能实现。把目标定高一点，只有你用尽全力才能达到，才能激发潜力，发挥主动性；相反，如果目标很容易达到，只会使我们原地踏步。

另外，还有一些原则也需要注意。如变动性原则，即目标是否具有弹性或者缓冲性，是否能够随着环境的变化而调整？激励性原则，即目标是否能产生内在的激励作用？全程原则，即目标是否综合考虑了职业生涯的整个历程？

（三）常见的职业目标障碍

正如古罗马的塞涅卡所说："如果一个人不知道他要驶向哪个码头，那么任何风都不是顺风。"常见的目标障碍主要表现有：

1. 目标不明

一些人把职业目标和事业混为一谈，以为有了职业就有了目标，就有了事业。虽然只有一字之差，但是概念有着很大的不同。职业是指个人在社会中所从事的作为主要生活来源的工作；而事业是人所从事的，具有一定目标、规模和系统，对社会发展有影响的经常活动。有时候两者可以重合，从事一生的职业就是我们的事业所在。而更多的时候，职业只是事业的初级阶段，我们在目前从事的职业中不断熏陶、不断热爱，从而持续下去，坚持下来，成为热爱的事业。

2. 目标不定

一些人虽然知道有奋斗目标，但是目标不定，朝令夕改，摇摆不定。人是很容易受环境影响的，如果我们生活在散漫堕落的环境中，如果我们周围的人没有生活目标和生活情趣，也必将会使我们失去生活的意义和积极的态度。

3. 目标过多

目标过多等于没有目标。在追逐目标的过程中，只有那些目标专一、一心一意者才能取得成功，万事挂怀只会半途而废，急于求成只会适得其反。

（四）如何设计自己的职业目标

设计具体的职业目标时，我们应该明确几个问题：我的理想是什么？我的兴趣是什么？我最适合做什么？我能做什么？

1. 根据自己的理想设计

职业理想是一个青年人向往的、追求的和设想的，它是职业的中心，是职业目标设计的依据和目标实现的动力源泉。无论是短期目标、中期目标，还是长期目标，都是为了实现自己的理想做的规划和实践。例如，一个管理类的青年想成为一名优秀的领导者，那他的短期目标可能是先成为一名优秀的人力资源师，中期目标是成为优秀的部门经理，再然后成为企业副总经理、总经理。总之，只有埋头苦干，一个一个目标来完成，才能实现自己的职业理想。

2. 根据自己的兴趣设计

获得过诺贝尔物理学奖的丁肇中说过："兴趣比天才重要。"兴趣爱好会直接影响你的职业生涯。你对某种职业感兴趣，你就会对该职业表现出肯定的态度，并积极思考、探究和追求。相反，如果一个人对自己从事的职业没有兴趣，那只会"当一天和尚撞一天钟"，不仅工作上难以有作为，生活中也会失去信心。

3. 根据自己的性格设计

性格，是人们对现实生活的一种稳固的态度，以及与之相适应的习惯了的行为方式。它不仅表现在对他人、对自己的态度上，同时也表现在对职业生涯的目标的选择和态度上。开朗、活泼、热情、温和的性格，一般比较适合从事娱乐、服务、新闻以及其他与人群交往的行业；多疑、好问、严谨的性格比较适合从事科研、教学方面的职业。如果你从事的职业与你的性格相适应，你工作起来就会得心应手、心情舒畅，也容易在工作中取得成就；反之，你就会感到缺乏兴趣，被动并难以胜任，或者感到力不从心、精神紧张。

4. 根据自己的才能设计

能力是一个人顺利完成某种活动所必须具备的心理特征，是影响活动效果的基本因素。你进行任何一项活动，都必须具备一定的能力。同样，你从事任何一种工作，都必须具备相应的能力。

职业分为不同的类型，因此对人的能力有不同的要求。在选择职业的时候，你要注意能力类型与职业类型的匹配：如果你擅长形象思维，就比较适合文学艺术方面的职业目标；如果你擅长运算和手工技术，就适合技术类型方面的职业目标。如果你设计的职业目标与你的能力类型不相适应，甚至相互排斥，你就会感到心情不舒畅，而且难以取得成就。

五、制订行动计划和措施

(一) 制订行动计划的含义

在确定了职业生涯目标后，行动便成了关键的环节。这里所指的行动，是指落实目标的具体措施，主要包括工作、培训、教育、轮岗等方面的措施。而在具体的行动前，要设置清晰的行动计划。例如，为达成目标，在工作方面，你计划采取什么措施提高你的工作效率？在业务素质方面，你计划学习哪些知识，掌握哪些技能来提高你的业务能力？在潜能开发方面，采取什么措施开发你的潜能……这些都要有具体的计划与明确的措施。另外，这些计划需要特别具体、明确，以便于定时检查。

职业计划可以指导具体行动。古人云"凡事预则立，不预则废""人无远虑，必有近忧"。对职业进行详细的考虑和设计，对于青年人的行动以及行动的结果具有指导作用。没有计划，对自己的职业理想、职业目标、职业路线模糊不清，就会在就业中迷失方向。

职业计划可以少走弯路，节约成本。任何一个职业成功者，一定是个有计划的人。对个人而言，如果没有合理的职业计划安排，就会在工作中顾此失彼，在凌乱中不知工作重点。

(二) 制订行动计划的原则

1. 准确的自我认知

对自己要有清醒的认识，认识到自己的个人特质是什么，自己在事业中最渴望的是什么，最有价值的追求是什么。准确的自我认知是制订个人职业行动计划的基础。

2. 计划要切实可行

一方面，个人的职业目标或职业需求，一定要同自己的能力、个人特质及工作适应性相符合，这样，职业行动计划的实现才有可能。另一方面，个人职业目标和获取职业成功之路，要考虑到周围客观环境和条件的允许，断不可冒险突进，一味追求挑战。

3. 个人职业行动计划与组织目标协调一致

员工是要借助于在组织中工作而实现自身职业需求的，其职业计划在为组织目标的奋斗过程中得以实现。离开组织目标，便没有个人的职业进步，甚至难以在组织中立足。所以，从个人职业行动计划制订伊始，就必须与组织目标相协调，保持一致。为此，员工在制订计划之时，应积极主动与组织沟通，获得组织的指导与帮助。

4. 在动态变化中制订与修正个人职业行动计划

每个人的职业生涯都经历了进入组织、职业早期、职业中期和职业后期等不同阶段。青年人应当根据不同阶段的职业任务和个人职业特征，制订不同时期或不同阶段的个人职业目标、需求及行动计划。另外，即使在同一个阶段，职业行动计划也会受到各方面环境的影响。因此计划的制订并非一劳永逸，仍需依据客观实际情况及其变化，不断予以调整、修改和完善，使之可行，且行之有效。

（三）具体行动措施

从空想到付诸实践，是每个刚刚踏上工作岗位的青年朋友必须应对的事情，如何在实践中胜出，就需要我们很好地执行工作计划。否则，计划就毫无意义。

1. 留下好的"第一印象"

一旦我们开始工作，新生活的序幕就算拉开了，正如那句老话

"好的开始是成功的一半"一样，因此，如何顺利度过适应期，如何展现自己优秀的一面，获得同事、领导的认可就显得格外重要。

一位心理学家曾做过这样一个实验：他让两个学生都做对30道题中的一半，但是让学生 A 做对的题目尽量出现在前15道题，而让学生 B 做对的题目尽量出现在后15道题，然后让一些被试对两个学生进行评价：两相比较，谁更聪明一些？结果发现，多数被试都认为学生 A 更聪明。

这就是典型的第一印象，在心理学上又称首因效应，是指人与人第一次交往中留下的印象，在对方的头脑中形成并占据着主导地位的效应。科学家研究表明，与人交往获得的其他信息相比，第一印象作用最强，持续的时间也长，比以后得到的信息对于事物整个印象产生的作用更强。

因此，青年人一定要在第一次与上司面试中、与同事交往中，展现自己最优秀的一面，给他们留下最好的印象，为自己获取职位和赢得生存空间铺设道路。

2. 学会适应职业环境

一个人的成功，取决于他的综合素质，也受所处的环境的影响。适应职业环境的过程是成长的过程，是靠自己摸索、实践、奋斗的过程。

如何适应职业环境呢？

第一，要有充分的心理准备，完成角色转变。

社会角色是社会赋予人的社会权利与义务，是由人们所处的特定社会地位和所处的身份所决定的一系列规范和行为模式，代表着一种社会期望。随着年龄的增长、环境的改变，人们所处的环境、场合及面对的人群都有不同，扮演的社会角色也有所不同，这就需要根据人们的社会任务或者职业生涯的变化而变化，这就是角色转换。

青年人踏入社会，从事工作，就面临着从读书人的角色向社会人的角色的转化，因此一定要做好各种准备，克服各种对社会失望、对学校依恋的心理，克服浮躁、自卑心理，树立信心，正确地认识和评估自己，保持良好的心态，相信自己的能力，做好人生决策。

第二，要主动适应，学会与人相处。

虽然职业中面临着种种竞争，人与人之间的关系也变得复杂和微妙了许多，但是作为集体中的一分子，每个青年人都要善于与不同的人相处，学会用宽容、尊重、学习的态度与人交往，发现别人的优点，看到他人长处，取长补短，获得大家的认可。

3. 积极与人合作，适应团队

和谐的职业团队、良好的人际关系，可以让青年人学习到各种能力，可以提升自己，在与人合作中还能寻找和创造机遇，改善自己的处境，这些都不是在一个人埋头苦干中获得的；更重要的是，在团队的相处中，能够获得一种安全感、归属感，这种精神归属是青年健康心态的关键。

要融入职业团队，必须真诚待人，主动关心他人，积极与人合作。不管我们是普通员工，还是部门领导，只有在与其他成员的接触中，在与其他员工的合作中，才能发现自己的价值，创造更好的业绩。

总之，在具体的实践中，一定要严格执行计划，有效变通，既要分清轻重缓急，从容面对问题，又要抓住机遇，投入有效的劳动；既要按时完成计划安排，又要发挥主动性，积极做出新成绩。

"我们的生活都不容易，但是那有什么关系，我们必须有恒心，尤其要有信心！我们必须相信我们的天赋是要用来做某种事情的，无论代价有多大，这种事情必须做到！"居里夫人的名言激励着我们, 只要有信心, 计划一定能完成, 挫折一定能克服, 成功一定属于我们。

六、评估与反馈

(一) 评估与反馈的内涵

所谓职业评估与反馈, 就是在达成职业目标的过程中自觉地总结经验和教训, 修正对自我的认识和最终的职业目标。

事实上, 大多数人都是在工作的尝试和寻找中, 才了解自己到底适合哪个层面的工作。

(二) 评估与反馈的重要性

1. 评估与反馈是职业生涯规划的重要环节

每个人的职业生涯都是一个螺旋上升的过程, 在管理学上, 被称为 "PDCA 管理循环", 最早由美国质量管理专家戴明提出来, 所以又称为 "戴明环"。PDCA 的含义如下: P (Plan) ——计划, D (Do) ——执行, C (Check) ——检查, A (Action) ——修正。对总结检查的结果进行处理, 成功的经验加以肯定并适当推广、标准化; 失败的教训加以总结, 未解决的问题放到下一个 PDCA 循环里。

在这个循环中, "修正" 是至关重要的一步, 它与其他步骤紧紧相连, 彼此之间都不是孤立存在的, 任何一个新的目标总是以之前完成的目标的效果为背景和基础, 如果前面一个问题没有被发现和解决, 必然会对新的目标造成不良影响。只有通过评估与反馈, 检测有关程序的实施与进行, 提供资料来帮助了解程序所面临的问题和困难, 找到可改善的地方, 并为之付诸实践, 纠正最终职业目标与阶段职业目标之间的偏差，才能实现最终目标。

2. 评估与反馈是个人职业成功的关键

评估与反馈的过程就是不断地审视自我、调整自我、修正策略和目标的过程。因为职业环境是不断变化的，人们认识问题的程度也在实际工作中不断加深，要想保证个人职业生涯规划的有效性，就必须进行评估与反馈。

评估的目的是更好地反馈，而反馈则为职业总目标服务。通过总结经验、教训，修正自己的认知、明确自己的定位，及时采取行动，才能找到最适合自己的职业领域。在这里，反馈可以是调整职业，可以是修正职业发展路线，可以是修订职业发展目标，也可以是变更职业计划和实践方式。

(三) 评估与反馈的步骤

1. 重温职业生涯目标

首先，经常回顾你的行动规划。"制订计划容易，执行计划难"，事实上，很多人都有职业计划，甚至有人花高价请专门的人力资源规划师对自己的职业生涯进行设计，但是总不把计划放在心上，三天打鱼两天晒网，不知道自己的努力方向在哪里。为了保证能随时明确自己的职业计划，我们可以把每天的任务放在显眼的地方，如贴在床头，以起到警醒自己的作用。

其次，在每个职业行动或者职业决定做出之前，都应该考虑一下你的构想和行动规划，确定你的决定符合你的总体目标。

最后，经常性反思。在工作中，我们需要常常问一问："我正在做的是最想做的事吗？""我真的适合这个职业吗？""我是否把工作重心放在最重要的事情上了？"……职业规划的起初，并不需要将自己固定在一个确定的位置，可以设想和尝试不同的职位。

2. 分析当前的实际情况与目标是否吻合

在人生的每一个阶段、工作的每一个阶段，都要检验实际行为效果与期望值的偏差。评估需要结合各类短期、中期预定目标和实际效果进行。一般而言，任何形式的评估都可以归结为自我素质和现实环境的适应性判断，分析自己的现状，特别是针对变化的环境，找到偏差所在。

常见的职业素质短板：一是观念差距，表现在观念陈旧、落伍导致行动失效；二是知识差距，表现在知识面不足或者深度不够导致的行动失败；三是能力差距；四是心理素质差距。

3. 运用结果修正、完善目标

首先是要进行及时、适当的纠正措施。要保证至少每三个月检查一次工作进度，有意识地回顾得失，检查验证前期战略措施的执行效果。

更进一步的工作是：调整策略，改变职业行动。与及时纠正措施相比，职业的重新选择、职业路线的重新修订和职业目标的重新思考需要慎重得多。但是，一旦我们决定改变现状，就需要毫不犹豫，果断采取行动。

青年人在修正职业方向时，一定要树立信心，增强成功意识。这是因为评估过程往往都是自我否定的过程。青年人成功愿望强烈，不愿意受到打击和否定，一旦受到打击和否定往往一蹶不振。事实上，这也是一个自我成长的过程，我们要积极进行自我探索、自我规划、自我成长、自我完善，积极、主动地投入各种成长活动中。

当然，随着科学的职业体系的建立与推广，开始从事求职服务行业的专业人士越来越多。在我们迷茫不知所措的时候，我们可以向他们寻求有效支持和帮助，还可以向亲朋好友、老师、学校寻求支持，帮助我们渡过职业规划难关。

第三节 管理时间

一个人的成功，需要时间的积累，而积累成功的时间则需要有效的管理。在21世纪这个飞速发展的现代社会，如何进行时间管理，往往是决定一个人成败的关键。如何学会管理时间，做自己时间的主人，这对于青年人的成功是一门不可或缺的学问。

一、充分认识时间管理的必要性

（一）加强时间管理是与时俱进的必然要求

在法国著名思想家伏尔泰的哲理小说《查第格》中，记叙了这么一个很有哲理的故事：古巴比伦人平定了一场叛乱后，决定推举一个智勇双全的人出来担任国王，条件是非常严格的，先要经过激烈的比武竞赛，获胜者再解答祭司所出的谜语，解答不出的则被取消资格。结果一个叫查第格的人比武获胜了，大祭司给他出了这么一个奇怪的谜语："世界上哪样东西是最长的又是最短的，最快的又是最慢的，最能分割的又是最广大的，最受重视又是最受惋惜的；没有它，什么事情都做不成；它使一切渺小的东西归于消灭，使一切伟大的东西生命不止。"查第格答道："最长的莫过于时间，因为它无穷无尽；最短的也莫过于时间，因为它的流逝让所有的计划都来不及完成。对等待的人来说时间是最慢的，对作乐的人来说时间是最快的。它可以扩展到无穷大，也可以分割到无穷小。当时谁都不加重视，过后谁又都表示惋惜。

没有它什么事情都做不成。不值得后世纪念的，它使人忘记；伟大的，它使它们永垂不朽。"

这个故事告诉我们时间是何等重要，正如那句名言所说的："世界上有三种永远无法挽回的东西，那就是说出的话、流逝的时间和错过的机遇。"

一个人想取得比别人更大的成就，除了取决于经济物质方面的实力以外，还取决于如何对待时间这笔宝贵的财富。诚如管理学大师彼得·德鲁克所言："时间是最紧俏的资本，如果人们连时间都不会管理，何谈去管理其他？"

青年时代是一个人最为宝贵、最具活力的生命阶段。青年人每天都在以最快的生命速度追逐着自己的梦想。追随时代的步伐不断前进，是每一个青年人的生命旋律。因此，如何管理自己的时间，是与时俱进的必然要求，是一个人追逐成功的必要前提。

（二）管理时间是提高效率的必要保障

在一次讲授时间管理的课上，教授在桌子上放了一个装水的罐子。然后又从桌子下面拿出一些正好可以从罐口放进罐子里的鹅卵石。当教授把石块放完后问他的学生："你们说这罐子是不是满的？""是。"所有的学生异口同声地回答说。"真的吗？"教授笑着问。然后再从桌子底下拿出一袋碎石子，把碎石子从罐口倒下去，摇一摇，再加一些，再问学生："你们说，这罐子现在是不是满的？"这回他的学生不敢回答了。最后班上有位学生怯生生地细声回答道："也许没满。""很好！"教授说完后，又从桌下拿出一袋沙子，慢慢地倒进罐子里。倒完后，再问班上的学生："现在你们再告诉我，这个罐子是满的呢，还是没满？""没有满。"全班同学这下学乖了，大家很有信心地回答说。"好极了！"教授再一次称赞这些"孺子可教也"的学生。称赞过后，教授从桌子底下拿出一大瓶水，把水倒在看起来已经被鹅卵石、小碎石、沙子填满了的罐子里。

当这些事都做完之后，教授正色问他班上的同学："我们从上面这些事情得到什么重要的信息？"班上一阵沉默，然后一位自以为聪明的学生回答说："无论我们的工作多忙，行程排得多满，如果要逼迫自己一下的话，还是可以多做些事的。"这位学生回答完后心中很得意地想："这门课到底讲的是时间管理啊！"教授听到这样的回答后，点了点头，微笑道："答案不错，但并不是我要告诉你们的重要信息。"说到这里，这位教授故意顿住，用眼睛向全班同学扫了一遍说："我想告诉各位的最重要的信息是，如果你不先将大的鹅卵石放进罐子里去，你也许以后永远没机会把它们再放进去了。"

一天中如果不先做最重要的事情，那么重要的事情可能就永远没有机会做了。时间安排要分轻重缓急。

"时间就是生命，效率就是金钱。"这是一个老生常谈的话题。正如上面的故事告诉我们的，对时间的管理和安排，要有明确的思路和计划。对时间的管理一定要服从你当前要达到的目标。

有效的时间管理是提高效率的重要保证，在工作中充分利用每一秒钟去做有价值的事情，才能保证时间的充分利用，从而创造更大的价值。

进行有效的时间管理，能够有条不紊地处理工作，不会把所有事情都积攒到一起，忙得不亦乐乎；进行有效的时间管理，可以减少工作失误，从而提高工作效率，进而减轻工作压力、学习压力和生活压力；进行有效的时间管理，可以获得更大成绩，从而能够接受更高级别的任务，进而更容易达成自己的理想。

反之，不进行时间管理，则有可能导致时间不够用、付出的努力得不到上级的肯定；因为学习或者工作处理不到位，而导致心情烦躁等一系列负面的影响，从而导致工作效率低下，个人的工作成就感降低，也会与自己的理想渐行渐远。

青年人正处在朝气蓬勃的生命阶段，这段时间对每个人来说，只有一次。在这段时间，不管是学业、工作，还是生活，青年人都是以最具活力的面貌推动着社会的发展。正是因为处在这个黄金的生命阶段，青年人更应该珍惜每一分钟，甚至每一秒钟，尽量将时间安排得有条不紊，充实又有价值。因为只有不断完善时间的管理，才能不断提高生命的效率。能否科学合理地管理时间是衡量一个人社会性强弱的一个重要标志。世界上凡有成就的人，一定有个共同特点——惜时如命。

(三) 管理时间是提高生活品质的重要前提

著名的第四代时间管理理论提出者史蒂芬·柯维，通过大量的调查发现，日常的事务可以分为四大类：第一类是重要又紧急的事务，如一些危机、急迫的问题、紧迫的计划、不得不做的事情、有期限压力的或有难度的事情；第二类是重要但不紧急的事务，如运动与健康、了解自己的兴趣等；第三类是不重要却紧急的事情，如某些会议、事件、电话、不速之客的求见等；第四类是不重要也不紧急的事，如一些琐碎的事情、阅读广告等。

通常人们都把时间花在第三、第四类事务上，拥有的是短视近利的人生。把时间花在第一类事务上的人充满了无限的压力，整天忙忙碌碌，收拾残局，应付危机。只有把时间花在第二类的人，才是有理想、有效率、注重生活品质的现代人。

生活的品质就靠在有限的时间里发挥作用。孔子站在河边感叹时间消逝之快如同流水："逝者如斯夫，不舍昼夜。"毛泽东呼吁："一万年太久，只争朝夕。"因此，提高时间利用率就是提升生活品质，延长寿命，提高时间效益就是创造价值。生活的品质不在于生命的长度而更在于生命的广度与厚度。

世间的物质供给都有一定的弹性，我们可以根据供求规律获得尽可能多的资源。而时间的供给，却丝毫没有弹性。上帝对每个人都是公平的，因为上帝每天只给每个人 24 小时的时间。不管对时间的需要有多大，供给绝不可能增加。时间的供需，不像价格规律可以调节，也无法绘制边际成本效用曲线。更有甚者，时间是一种最易腐损的物资，根本无法贮存。昨天的时间过去了，永远不再回来。所以，时间永远是最短缺的东西。

我们不做时间的主人，就要做时间的奴隶；我们若不利用时间，时间就会把我们耗尽。因此，我们要提高我们的生活品质，就一定要珍惜我们所拥有的时间，将其利用好来实现它的价值。也只有这样，我们才可能实现我们想拥有的生活。

青春一去不复返，青年人更应该好好珍惜当下的时光，去追寻美好的事物，让这段青春的岁月尽可能地充满幸福，充满美好。而青年人手中所掌控的时间，正是描绘这段青春岁月的画笔。拥有了它，我们就拥有了描绘我们青春的工具；用好了它，我们就能将我们的青春描绘得多姿多彩；好好珍惜它，我们就能收到岁月回馈给我们的最美好的回忆。

二、把握时间管理原则

（一）科学性原则

世界上最公平的一种东西就是时间，尽管人生有长有短，但每一个人每一天所拥有的时间都是绝对公平的。时间的均等必然为人们提供均等的机会，但由于人们对时间的态度不同，在相同的时间里所创造的价值和得到的收获也大不相同。因此，充分利用时间是成功的一个重要前提。

一个人之所以比别人成功，就是因为他在 24 小时当中做了跟别人不一样的事情。如果我们想要成功，就必须科学地管理时间，从而提升做事的效率。因此，进行有效的时间管理，我们首先要遵循时间管理的科学性原则。

把握时间的科学性，其目的在于知道自己的时间是如何消耗的。如果不善于运用有限的时间，没有科学管理时间的方法和技巧，我们便难有什么成就。因此，要科学地安排时间，把自己精力最好的时间集中起来做最重要的事情。当然，不同的人有不同的特点，精力最好的时间也因人而异。但无论如何，每个人都应该了解自己的生活规律，科学地规划自己的时间，将自己精力最充沛的时间集中起来，专心去处理最费精力、最重要的工作。否则，常常会浪费自己最有效的时间在一些不必要的事情上面，但是在面对最重要的事情的时候，却感叹时间和精力的不足。

成功学家拿破仑·希尔说："利用好时间对于我们是最重要的。一天的时间如果不好好规划一下，就会无目的地浪费掉，就会消失得无影无踪，而我们就会一事无成。"经验表明，成功与失败的分界线在于怎样分配时间。人们往往认为，这里几分钟、那里个把钟头没什么用，但正是这个把小时的积累造就了成功的人，也让平庸的人永远平庸。

在日常生活中，青年人对怎样利用时间和将时间花在什么事情上往往有一些错误的观念。他们往往会觉得自己还很年轻，还拥有很多时间可以分配。可是，"逝者如斯夫，不舍昼夜"，时间往往在不经意的时候从我们的手指间溜走。

因此，青年人更应该对自己的时间进行一次盘点，通过时间利用分析、时间损失分析和耗时因子分析，找出自己学习和工作过程中存在的缺点和浪费时间的原因，对自己管理时间的状态有个正确的评价，将有利于今后对时间进行更有效的管理。

所谓时间利用分析，即将自己平时的时间消耗状况进行详细分析，并列出时间分配表，以便对自己时间的分配有个总体的认识。所谓时间损失分析，就是指在时间利用分析的基础上，将没有有效利用的时间进行总结，以便以后更有效地利用这些时间。所谓耗时因子分析，就是找到自己没有有效利用时间的原因，从而针对性地改正这些原因，以便制定符合自己生活习惯的时间管理办法。

（二）有效性原则

在平常的学习、工作之中，你是否感觉自己忙得焦头烂额却不知道自己到底在忙些什么？你是否感觉自己付出了比别人多一倍的时间，收获却不及别人的一半？管理时间在注重科学性的同时，还要注重时间管理的有效性原则。

提高办事效率、提高工作效率、提高经济效率是今天企业或公司普遍的呼吁。提倡自我价值、期望早日成才、憧憬人生目标是现代人的共同心声和愿望。要求与呼吁，心声和愿望，在向自我挑战的同时，其实又是向时间挑战。掌握科学的时间观念是现代人的基本素质之一，有效地利用时间是现代人成长的基础。

时间管理要遵循有效性原则，就是要不断提高时间的利用率。美国管理学家德鲁克说："有效的管理者知道他必须集中他的自由时间，他知道他需要集中的整批时间。将时间分割成许多小段，等于没有时间，时间如果能集中，即使只有一个工作日的 1/4，也足以办成几件大事。反之，零碎的时间，纵然有 3/4 个工作日，也是毫无用处的。"这就是管理专家们通常所说的帕莱托法则（也叫 80/20 定律）：事物的 80% 的价值集中在 20% 的组成部分上，或者说，少数关键性（大约 20%）的努力通常能产生绝大部分结果（大约 80%）。这些成功的时间管理经验告诉我们，要保持时间利用的相对连续性，集中某一区段的工作时间，是提高时间利用率的最佳途径。善于集中时间，而不把时间分割成零星的碎片的人往往是效率最高的人。

时间的运用以效率为衡量标准。时间运筹的目的在于以最少的时间投入，取得最大的时间效率。讲究效率是利用时间的核心原则，有成就的人们无不是想把握时间、争取效率的高效工作者。

大发明家爱迪生一生中先后获得 1000 多项发明专利。他经常说："人生太短暂了，要多想办法，用极少的时间办更多的事情。"这一点对青年人同样适用。在现实生活中，我们常常看到一些青年人整天处于浑浑噩噩、无所事事的状态之中，把大量宝贵的时间浪费了。我们正处于一个信息社会，丧失时间就会丧失信息、丧失机遇。对我们当代青年来说，节约时间就是使自己的工作更加有效，充分利用时间，就会捕捉到更多的机遇。

在保证时间管理有效性的基础上，我们更要注重时间的创造性利用。创造性地管理和运用时间还要包括灵活性在内。对时间的安排既要有统一的规划，又要有统一中的灵活性，教条式的时间管理常常导致工作的无效。灵活性要求时间的安排要有弹性，既不能过满，亦不能过松。别人有效的时间利用之法对你未必有效，时间掌握在你的手里，你就得创造出最适合自己的时间管理方式。

（三）合理性原则

合理地管理和安排时间，就是要尽量地减少时间的浪费。时间毕竟是个常数，人的精力总是有限的，但青年人只要能够遵循管理的原则，提高时间的有效性，便能争取时间产生巨大的效益。我们知道时间浪费在哪里，从另一个角度就能知道如何避免时间的浪费了。

有些人认为，浪费时间是不可避免的，因为每天总有一些事是与工作目标不相干的，在做每一件事之前不可能总是先仔细地考虑这件事是否值得。

可以说这种观点是不正确的。只要我们能够强化时间的生命观念，时刻记住浪费时间就是浪费生命，我们就能做到尽量避免时间的浪费，从而达到合理地安排时间。

《明日歌》这样写道："明日复明日，明日何其多。我生待明日，万事成蹉跎。"这首诗歌向我们展现的就是时间的浪费。所谓时间的浪费，就是指对实现目标毫无贡献或较少贡献的时间消耗。是否将时间用在与自己目标相关的事务上？如果不是，就表示时间管理没有考虑合理性原则，这时首先应该做的就是：想办法找出自己浪费时间的因素。

合理地进行时间管理，就是需要你找出自己有哪些浪费时间的坏习惯。当你找出自己浪费时间的恶习之后，将需要避免的坏习惯列在清单上，时刻提醒自己。

合理地进行时间管理，就是要培养善用时间的习惯。这样可以使你轻松自由地支配时间，成为时间的主人，好好掌握它、利用它；而不致成为时间的奴隶，被动地受驱使，消极地受时间的控制。

合理地进行时间管理，就是要尽可能地减少时间的浪费。人的一生中时间是固定的，浪费的时间不会通过其他渠道补还给你。因此我们应该做的就是养成善用时间的习惯，克服浪费时间的坏习惯，更高效地利用时间，管理时间。

养成了善用时间的习惯，便可以在最适当的时候做最恰当的事，并取得最为令人满意的效果。于是，生命的价值便在这里得到了更为充分的体现，或者说，有限的生命在合理的时间安排下得到了延长。

青年人在支配自己的时间和精力的时候，更应该注重时间分配的合理性，将一些浪费时间的行为从自己的习惯中剔除掉。一些诸如懒惰、拖沓、混乱的状态应该得到更多的重视。这些状态往往会造成很多不必要的时间浪费。浪费时间，就是浪费生命。

三、合理使用和分配时间

（一）制订计划

进行时间管理，首先要做的就是制订安排时间的计划。会不会利用时间，关键在于会不会制订完善的、合理的计划。计划制订得完整与否，决定了计划执行起来的顺利程度。虽然制订计划会耗费一定的时间，但从时间的总消耗来看，却节省了许多时间，充分利用了每个时间单位。"磨刀不误砍柴工"说的就是这个道理。因此，制订计划对善于利用时间的人而言，是十分重要的。

美国的一位管理者说："我认为计划是时间管理的要旨。每日计划是重要的，月计划和年计划也是重要的。如果能对三种计划进行通盘考虑，时间的管理将取得更大成功，全面管理效能将得到更大的提高。"这段话同样适用于青年人的时间管理。

我们常常能在现实生活中看到这样一些青年人，他们总是在行动前不认真冷静地思考，没有详细的行动计划，工作过程中要么凭习惯办事，要么想当然或随波逐流，不是主动地去请教学习、开展工作，而是消极地应付，学习和工作毫无起色。

有效的时间管理必须有科学的计划，这是时间管理的重要原则。在西方的管理领域，"每日计划法""每日工作时间记录法"相当流行，也卓有成效。这些方法就是将计划具体化、简单化、可操作化，使每天的工作内容更加明确。"每日计划，对于有效地利用个人的时间是必不可少的。它应该于前一天下午或当天开始工作前制订出来，并与近期的目标和活动相一致。"这种观点，已成为许多成功人士的共识。可行性的计划，是控制不必要的时间浪费、提高效率的前提。关键的问题在于如何制订好计划。

制订计划要有如下步骤：确立目标、为每周或每月的工作事项选定最佳途径、编排每周或每月的工作次序并具体执行。有了这种计划性，节省时间就有了保证。制订时间计划的另一个含义是，我们必须学会选择。现实中我们会遇到许多矛盾的事，我们有许多需要满足的要求，但时间是有限的，我们满足其中一种，可能就必须放弃另一种。能下决心从事某种事业是对时间的最好利用，也是成功的前提。

（二）积极行动

当一篇完整的计划出炉，接下来就要按照计划着手行动。再好的计划，如果不行动也只是一张无用的白纸。行动是实施计划的必要手段，是时间管理过程中必不可少的重要环节，是实现目标、完成任务、取得成功的前提。只有将计划转化为行动，才能保证目标的实现。在积极实施计划的时候，也有一定的讲究。

首先，在着手行动的时候，要注意使用时间的先后顺序。我们生活的每一天里都要做很多事情，都要为不同的目标选择不同的行为，安排好每一个阶段的工作次序是管理时间最有决定意义的方法。做事情要有先后次序，就必须有一个明确的选择标准。没有标准，我们就难以确定什么事情要优先去做，什么事情可以往后放一放。确定事情重要程度的标准，必须是看它对于我们实现生命的价值的重要程度如何。我们生命的价值并不在于我们活着，而是在于我们在活着的时候，能够不断地成长，不断地发展和实现自我，并不断地进行创造，为社会做出贡献。因此，我们应当把那些最能促进我们自身成长的、最能展现自我能力的、最能使我们发挥创造力的事情放在首位。而那些对我们没有什么意义的事情，则尽量不做。

其次，要把最重要的工作放在最高效的时间段去做。时间不仅具有数量，而且具有质量，对于不同使用者，每时每刻并不是完全等效的。在人的一生中，时间存在着质量差异。比如，青春是一生中最为闪光的岁月："青春者，人生之王，人生之春，人生之华也。"

一年一天的时间也存在着质量差异，古人云："一年之计在于春，一日之计在于晨。"不同的时间具有不同的效能。时间质量上的差异，要求青年人不能按事用时，即不能按先来后到的次序去做事，而要按质用时，即把最重要、最困难的工作放在最高效的时间段去做，这是赢得时间，提高工作实效的重要技巧之一。

青年人一定要懂得珍惜时间，合理地安排时间。在做事的时候要分清事情的重要顺序，以便在时间的分配上有一定的侧重。从而将最好的精力放在最重要的工作上面，将最重要的工作放在最高效的时间段去做。这样才能尽可能减少时间的浪费，真正做到积极地行动。

（三）适时总结

在行动的过程中，每完成一个阶段的任务，就需要通过总结，对上一阶段的工作进行总分析、总评价，并做出具有指导性的结论，加深对时间管理活动的认识，从中探索管理规律，更好地掌握时间管理，提高对时间管理工作的自觉性、预见性，防止并克服盲目性和主观随意性。适时总结的内容主要包括计划的完成情况、计划的临时变动、时间安排的合理程度等。

　　在总结的时候，首先需要考虑的是计划的完成情况。当完成一个阶段的行动计划之时，要回过头来检验自己在这个阶段是否完整地完成了之前的计划中的内容。如果计划完成得较快，比预设的要快，我们就需要考虑是否之前制订的计划并没有充分规划好时间，从而造成了一些本不需要很多时间去完成的工作却计划了较长的时间的现象出现；如果计划的完成超出了预设的时间，那我们就要考虑，是否存在一些事情的完成时间超出了我们的计划？或者，是否在做事情的过程中，将一些时间浪费在了对计划完成的进度没有任何帮助的事情上面？从这两点出发，将计划的完成情况进行初步的分析。

　　在分析计划的完成情况之后，我们还需针对计划的临时变动情况进行分析。计划只是对未来工作实施的方案途径。在计划的具体实施过程之中，常常会遇到需要临时变更计划的情况。在完成了一个阶段的任务之后，这些计划的临时变动，也需要纳入总结的工作之中。分析计划的临时变更情况，能够让我们更清楚计划在制订过程中没有考虑到的地方，以便我们在今后的行动之中，将这些变动的情况也一并纳入我们的行动计划当中。

　　在完成了以上两方面的分析之后，我们还需要对时间安排的合理程度进行一个大致的分析。我们的计划在实施的过程中，有时候会遇到时间安排不合理的情况，这时会导致一些时间的浪费。我们在利用时间的时候并没有充分地发挥时间的效用，这也是与我们制订时间计划的初衷相违背的。此时，我们需要在时间管理的计划中，针对这种浪费时间的情况，结合我们具体的工作，尽量将造成时间浪费的计划进行优化。

　　以上三个步骤，是前后衔接、相互作用的有机整体。三者作用各不相同，又相互联系，不能完全将其加以分割。时间计划统率着整个管理过程，行动是为了检验计划是否合理，总结则是对计划、行动的总评价，也为下一阶段计划提供依据。

时间管理这三个环节的循环运转，不是一种简单的圆周运动，不是单纯的周而复始，而应该是螺旋式的上升、阶梯式的攀登。每一次循环都应该克服前一阶段的缺点，对存在的问题进行分析，并接受经验教训，力图改进。如此进行，才能不断前进，不断提高。

（四）养成良好的时间管理习惯

实施时间管理计划的目的就是养成良好的时间管理习惯。当然，这种习惯的养成，不是一朝一夕的事情，而是一个长期的、艰苦的过程。时间习惯的培养，就如同种植一株植物。时间观念就如同一颗种子，而计划的实施就是对这一颗种子的精心培育，而最终养成好的习惯就是这株植物的开花和结果。

良好的习惯是通往成功的平坦大道，不良的习惯是走向失败的开始。对青年人来说，现在正值人一生中最风华正茂的时间段，人的一生要有所作为，就一定要养成良好的习惯，而时间管理的习惯无疑是至关重要的。良好的时间管理习惯需要不断被强化，并将其内化成为自己优良品格的一部分。

时间，对每个人来说都是最大的、最宝贵的资产，大凡成功人士都会有效地管理和运用这项资产。时间管理，对每个人来说都是极其重要的课题，因为这将直接决定着人生质量和工作成效，尤其对处于人生最宝贵阶段的青年人来说更是如此。

第四节　反思调整

反思是一个有智慧的人必备的素质。反思是短视到远见的转换器，是形成远见的必备条件。曾子曰："吾日三省吾身：为人谋而不忠乎？与朋友交而不信乎？传不习乎？"反思可以洗涤年轻人内心的浮躁，可以借别人的智慧搬去前行的障碍，可以让别人摔倒的"坑"成为自己"登高望远"的助力器。反思，能让我们少走弯路，让我们看得更远、走得更长。

在人生的每一个阶段，我们都需要及时反思自己的所作所为，及时反思外界对我们的影响。只有这样，我们才能够在反思的基础上，对我们的行为和思想做出及时的调整，以便更好地适应外部世界的发展状况，紧随时代的步伐。

作为一个当代青年，不断地反思自己，不断地调整自己，是与时俱进的必然要求，是我们不断取得进步的前提保证。

一、反思的内涵

反思，又有"反省""反映"等说法，是西方近代哲学的一个概念。原意指光的反射，作为哲学概念，是借用光反射的间接性原理，意指不同于直接认识的间接认识。在不同的哲学家那里，有不同的具体含义。

在 17、18 世纪的西方哲学中，这个概念只是指那些有较高价值的内省认识活动。例如，英国哲学家洛克把离开感觉形成内部经验的心灵活动称为反思，认为反思或反省是人心对自身活动的注意和知觉，是知识的来源之一；人通过反省心灵的活动和活动方式，获得关于它们的观念，如知觉、思维、怀疑、信仰的观念等。荷兰哲学家斯宾诺莎认为，反思是认识真理的比较高级的方式。显然，这时学术界尚未对于反思概念本身做出具体规定。

德国哲学家康德提出了正确规定反思概念的问题，并认为反思是构成表象或概念在联结中归属何种认识能力的主观条件，特别是把审美与合目的性的认识能力明确规定为"反思的判断"，作为联结知性与理性的桥梁。但是，反思概念在康德那里尚未达到辩证的理解。

德国哲学家黑格尔认为反思是从联系中把握事物内部的对立统一本质的概念。他还认为反思具有不同的层次。对于本质的认识，"设定的反思"尚停留在抽象的自身同一阶段，"外在的反思"则进展到把握区别与对立；只有"规定的反思"才能从联系上把握对立面的统一。

这样，黑格尔在反思的认识上达到了一个飞跃，即反思本身也有一个过程。但是，反思只是作为一种从把握外在本质到把握内在本质的过渡。现在，人们通常把反思或反省视为对自己的思想、自己的心理感受等的思考。

二、反思的作用

黑格尔把反思的作用归纳为三点。其一是能够认识到事物之间的一般性和普遍性，从中发现事物发展的内在必然性和规律性。其二是改变感觉的内容。黑格尔认为感觉的内容由于受到人的直观的影响，因而必然会存在片面性，而反思的作用则是消除这种片面性。其三是认识到事物的内在矛盾和相互间的联系。

因而，黑格尔认为，只有借助于反思的作用去改造我们头脑中的错误观念，才能真正认识到事物的真实面貌。人们要想发现事物的真理，单靠对表面现象的观察是不行的，必须发挥思维的主观能动作用，对观察到的事物进行思想加工，从形式上加以改变，也就是把感性形式改变成理性形式。如果不明白反思的作用，便会把这种认识过程看成颠倒的，并且把反思的作用与寻求知识的目的相对立。事实上，两者是一致的。

由此可见，反思是一种发挥思维主观能动性作用的表现。人生需要反思，人生也必须反思。反思昨天是为了明天，反思失败是为了成功。

反思是一种品质，它能使我们清醒。不断地反思，我们会避免犯重复的错误。通过反思，我们可以走在时代的前列，不会错过即将到来的机遇。没有反思就没有新的发现。在痛苦中反思，我们将迎来快乐；在闲适中反思，我们将不再空虚；在奋进中反思，我们就不会偏离目标；在安逸中反思，我们便不会沉沦；在失败中反思，我们就不会气馁；在成功后反思，我们就不会停顿。反思是一个伴随着我们人生脚步前进的漫长过程。每一次反思都是对我们灵魂和行为的剖析和检阅。

人的生命价值在于追求和超越。如果没有反思，对生命的超越无疑是空谈。因为没有认真总结自己的过去，自然无从评价自己的得失。反思是一种审视，更是一种调节。

反思同时也是一种最简单最有效的思考方式和学习方式。古人用"吾日三省吾身""闭门思过""学而不思则罔，思而不学则殆"等典故，提醒我们通过反思这一简单的内省方法可以加强个人思想品德修养，纠正自己的言行缺失。青年人通过反思，可以对学习、工作和生活中的各种问题及产生过程，思考问题的解决方法及处理问题的过程，自己的言语行为进行理性的思考，从而提高工作和学习效率。

自我反思是一种思维方式，同时也是一种学习能力，是一种很重要的学习方法。青年人注重培养反思能力的同时，更要注重激发自己的兴趣、动机、情感等诸多综合素质加以改善，从而有效地提高自己的学习效率，增强自我反思的能力。在日常工作、学习、生活中要有意识地培养自己反思性思维的习惯，这不仅能激发青年人生命的活力，而且有助于增强自己在生活中处理问题的积极性和主动性。只有逐步形成自我反思的习惯，并在工作和学习生活中自觉地、积极地进行反思，从而提高自己的综合素质，挖掘自己的潜能，才能不断地丰富自己的生活，不断地使自己进步。

三、反思的方法

列夫·托尔斯泰是 19 世纪俄国伟大的文学家。但是，他也曾有过一段轻狂的年少岁月。15 岁时，托尔斯泰读大学文科班。然而，他连续两年考试不及格，被学校强迫退学。不过，他并没有因此意志消沉，而是认真思索，进行反思。他把自己的各种缺点都仔仔细细地写在日记本上。以后，他随时对照检查。一旦他意识到自己的老毛病又犯了，就立即改正。从此，托尔斯泰的生活发生了很大的改变。在不断反思自己的过程中，他成为一代文豪。

托尔斯泰的例子告诉我们，反思不是凭空想象，反思不是只动脑子，反思需要正确的方法、正确的途径。只有在思维的指挥下，通过各种途径进行总结的反思才能真正起到应有的效果。

（一）质疑反思

所谓质疑反思，是指秉持一种质疑的态度面对事物，用质疑的态度去进行对事物的反思。

质疑是人的思维走向深刻的开始。对每一件事情我们都需要这样反思："这样做对吗？""这样设计合理吗？""这是最佳方案吗？"要不断地对自己的想法提出疑问，从疑问中找出自己没有考虑到的地方。不能抱着傲慢的态度做事，在任何事物面前都应该秉持谦虚、谨慎的态度。只有不断地对事物提出疑问才会有发现，有发现才会激励自己去进行改变，有进行改变的努力才会有新的进步、新的发展。

（二）归纳反思

所谓归纳反思，是指将过去分散的经历和事件进行总结，并形成一个可以进行分析的整体，从这个整体出发进行反思，得到经验教训。过去的经历一般是在自然状态下零星地存在于我们的记忆之中，而我们一旦将它们回忆、收集、分析、整理、归纳出来之后，就会成为可贵的经验与教训。经过这样的归纳反思，找出了"得"与"失"，也找出了问题的症结，那么我们的经验日积月累就更加丰富，我们面对类似的情况时，失误就会减少，对时间的处理效果就会更好。

（三）换位反思

所谓换位反思，是指跳出固定的思维模式，站在其他的角度进行问题的思考。俗话说："横看成岭侧成峰。"人受自我经历的局限，难免会使自己的认识产生偏颇，有时甚至看不出问题之所在。这时人们应该进行换位思考："如果是我会怎样面对？""他为什么会有这样的想法？"经常进行这样的换位反思，能够改变思维的固定取向，能够得到新的认识。通过跳出自己的思维模式，能够摆脱思维定式的束缚，这样更有利于解放思想，追求真理。进行换位反思，能够更加全面地认识事情的发展和问题的构成，从而帮助我们更好地解决问题。

（四）对比反思

所谓对比反思，是指通过找到事物的对立面，在对立的两方面进行比较的情况下，再进行反思。有比较才有鉴别，人们常常是通过找到某一事物的对立面的特征来发现这一事物的本质属性的。

作为青年人，更需要善于向别人学习，经常听长者、同龄人，甚至比自己年幼的人的意见，特别是针对自己的意见，并以此为镜子来对照自己平时的行为，从而反思自己的行为。

只有通过对比反思，才能发现自己相对于他人而言的不足之处，才能清楚自己应该向他人学习什么，不至于盲目跟从。

(五) 评议反思

所谓评议反思，是指通过接受并听取他人的建议和评价，从而受到启发，学会反思。俗话说，当局者迷，旁观者清。善于学习的成功人士往往不会排斥听取别人对自己的意见和评价，并请教别人如何更好地处理问题，从而不断提高自己解决问题的能力。在反复听取意见的过程中，往往有些既中肯又切中要害的意见浮现出来，这不但能帮助我们认清自我，受到启发和教益，还能使自己不断反思，引以为鉴。

青年人在面对这种反思时，往往会因为内心的浮躁而无法听取他人的意见，这是正常的年龄特点。但这也使很多年轻人失去了很多改变自己的机会。聪明的青年会根据自己的实际情况，有选择地听取他人的意见，在别人意见的基础上对自己的行为进行反思，从而完善自己，不断取得进步。

中篇　青年干部篇

05

第五章
青年干部概述

　　培养选拔优秀年轻干部是一件大事，关乎党的命运、国家的命运、民族的命运、人民的福祉，是百年大计。党的二十大报告也提出"建设堪当民族复兴重任的高素质干部队伍"的重大任务，强调"抓好后继有人这个根本大计"。青年干部作为党和国家的未来与希望，承担着重要的时代责任和历史使命，其选拔任用关乎党的组织建设成效，关乎党和国家发展稳定。选拔任用好一批青年干部，是党的事业兴旺发达的不竭动力。

第一节　青年干部的内涵与使命

一、青年干部的内涵

　　当下，理论界主要从年龄层面和生涯状态层面对于青年干部进行界定，不同时期青年干部的内涵存在不同。从大框架上看，青年干部必须具备青年特有属性，还必须符合干部界定。

　　有学者认为，青年干部有两层含义，第一层是针对未来开展工作所培养的年轻干部，第二层是现实工作开展中的年轻干部。从年龄层面分析，相对于中年和老年干部而言，青年干部是年龄较小的干部群体。毛泽东同志曾提出培养大批新干部是我们的战斗任务。这主要是由于，在新民主主义革命初期，党的力量较弱，成立时间不长，受战争因素制约，党的干部大多是青年群体，因此青年干部在革命时期的年龄跨度较大，年龄下限比较低。

有学者认为，对青年干部的定义不能仅仅以年龄划分，而应赋予新的时代内涵，综合考虑包括精神状态、价值观念等在内的多种要素进行划分。青年干部是干部队伍中最富活力的群体，不能仅指年龄上的低龄化，而应为一批充满活力、富有朝气的干部。因此，在实践中对青年干部内涵进行分析时，应结合时代背景理解年轻化特征，准确把握青年干部内涵。

有学者认为，年轻干部不能简单以年龄画线，应综合多种要素进行选拔。在选拔青年干部时，并不意味着每个干部都是年轻的，这不是要求每个岗位都需要配备年轻干部，也不是要求不同层级的干部任职年龄层层递减，而应该考虑发展前途和能力大小，这既是青年干部广义上的内涵，也是选拔任用青年干部的依据。

还有学者认为，年轻干部主要是指以一定年龄段划分并担任一定领导职务的干部。从理论上而言，青年干部主要是以年龄进行划分；而从实践层面分析，受职务层级影响，青年干部的具体所指略有不同，必须结合实际进行划分。

在界定青年干部年龄的研究中，有学者认为可以从四个层级界定青年干部年龄：第一层是在党中央及中央各部委，以及全国各省、直辖市、自治区党政领导团体中正职干部如果在50岁左右，成员如果没有超过45岁，即为青年干部；第二层是在党中央直属各国家司局以及各省、直辖市、自治区厅局机构和市级党政领导团体中，如果正职干部在45岁左右，成员没有超过40岁，即为青年干部；第三层是在县级行政机关的党政领导团体中，如果正职在35岁左右，或者成员没有超过35岁，即为青年干部；

第四层是所有科级干部如果没有超过 40 岁即为青年干部。另有学者指出，从年龄角度看，青年干部是指和中年干部、老年干部两个群体相对而言的一个年龄较小的干部群体；从生涯角度看，青年干部是指正处于领导干部生涯开始阶段需要得到党组织培养才能走向成熟的党的干部群体，这一群体是党的培养重点，需要到基层或者艰苦工作环境接受历练才能更好地从事党的领导工作；从特质角度看，青年干部年龄整体较小，具有较强的接受新理念、新事物的能力，但是在处理复杂问题上能力有所欠缺，具有很强的创新意识，但是创新能力有所欠缺，正是因为这些特质的存在，党非常关注青年干部的培养问题，青年干部也要自觉接受培养和历练。

综上所述，青年干部的内涵较为丰富，且随着时代发展，不断赋予其新的含义。此外，青年干部在各种文件和文献中，通过"年轻干部""新干部"等概念代替。这一年龄段的青年干部正处于矛盾之中，希望成为当前秩序的组成部分而又存在改变当前秩序的动机。青年干部能够积极参与社会政治生活，为党和国家带来创造力和领导才能，是国家干部队伍的重要组成部分，是影响党的事业和国家前途的未来力量，是党和人民的重要财富和重要力量。

二、青年干部是推进党和国家事业前进的重要力量

马克思和恩格斯站在唯物史观的高度，指出无产阶级青年群体在推动社会变革和历史进步的主体地位，认为"未来比任何时期都更多地取决于正在成长的一代"。恩格斯高度赞扬青年一代是富有朝气、敢于斗争、充满希望、崇尚真理的后继者："相信现代的命运……不取决于老年人习以为常的平庸迟钝，而是取决

于年轻人崇高奔放的激情。"列宁始终重视选拔培养年轻干部来承担领导国家进行社会主义革命和建设的组织任务，认为应该"深入下层，大胆起用新人……造就出年轻的工作干部"，并且"不断提拔他们"。在苏联中心路线转向经济建设之际，列宁强调最主要的任务就是"帮助这些年轻的党员成长，把他们培养成建设共产主义的干部，使他们最有觉悟，能够胜任最重要的职务"。

中国共产党历代领导人十分重视青年和青年干部问题。如在全面抗日战争时期，毛泽东在如何看待新干部的问题上认为，新干部固然有经验不足的缺点，但其优势在于"对于新鲜事物有锐敏的感觉，因而有高度的热情和积极性"，而这一点"有些老干部则正是缺乏的"。中华人民共和国成立以来，毛泽东在青年团二大会议、成都会议、党的八大二次会议等场合多次强调要重视起用年轻有为的干部投身社会主义建设事业，指出"要选青年干部当团中央委员""要充分相信青年人，绝大多数是会胜任的"。党的十一届三中全会使党和国家重心转向现代化建设。邓小平认为："正确的政治路线要靠正确的组织路线来保证。"他高度重视选拔乃至破格提拔年富力强、专业知识过硬的青年干部到重要岗位，认为"四个现代化"事业成败的关键在于大胆起用中青年干部，"没有这样一批干部，'四个现代化'就搞不起来"。中国进入21世纪发展的关键时期，面临深化改革随之即来的新情况新问题，江泽民认为要实现跨世纪的目标，"从长远看，关键在一大批年轻干部的健康成长"。面对国际国内的新形势、新任务和各种挑战，胡锦涛也曾明确指出："抓紧培养选拔优秀年轻干部，造就一大批始终坚持'三个代表'要求，能够跨世纪担当重任的领导人才，是我们党迎接新世纪，全面推进社会主义现代化建设所必需的组织准备。"党的十八大以来，以习近平同志为核心的党中央围绕青年干部成长成才发表了一系列重要论述，特别是

2019 年 3 月以来，习近平总书记多次在中央党校（国家行政学院）中青年干部培训班开班式上讲授"开学第一课"，为把青年干部培养成为堪当民族复兴重任的栋梁之材，提供了根本遵循和科学指导。

第二节　青年干部的选拔、任用与培养

一、青年干部培养是共产主义事业后继有人的战略考量

共产党人的最高理想是实现共产主义，其过程的长期性和艰巨性决定了培养教育接班人的必要性和重要性。在德国社会主义运动陷入低谷时期，马克思、恩格斯就提出培养"理论上的接班人"以等待转机的到来，"物色接班人"以对抗党内的机会主义者。列宁则认为巩固无产阶级专政关键在于增强党的组织基础，认为无产阶级革命的强大之处，在于"它有着无穷无尽的后备力量"，强调把"新的年轻的有朝气的共产主义力量"提拔至更重要的岗位。

新民主主义革命时期，毛泽东从党的事业延续性的高度强调培养新干部的重要性，强调"有计划地培养大批的新干部，就是我们的战斗任务"，否则"我们的事业就会中断"。20 世纪 60 年代，出于对社会主义前途命运的深切忧思，毛泽东提出了"培养和造就千百万无产阶级革命事业的接班人"的战略任务。我国改革开放初期，面对党内干部青黄不接的现状，邓小平把推动新老干部交替看作"保持党和政府正确领导的连续性、稳定性的重大

战略措施"，把培养起用大批优秀青年干部看作关系党和国家前途命运的极其重大的问题，"这个问题不解决好，将来要出大问题，要犯大错误"。人类社会步入 21 世纪，国际形势发生深刻变化，面对又一轮整体性新老交替的重要时期，江泽民认为，必须不失时机地抓紧对年轻干部的培养锻炼，指出这是"保证社会主义江山永不变色，保证党和国家永远兴旺发达"的战略决策。随着经济体制、政治体制、文化体制改革的推进，干部队伍新老交替不断进行，一大批年轻干部走上领导岗位。新变化给党的发展带来了新活力，也提出了许多新挑战。胡锦涛则认为如果不抓好培养选拔年轻干部问题，"党的执政地位和社会主义制度就难以巩固，我们就要犯历史性错误"。进入中国特色社会主义新时代，习近平总书记要求，各级党组织要以高度的政治责任感、历史使命感抓好后继有人这个根本大计，健全培养选拔优秀年轻干部常态化工作机制，从严教育管理监督，源源不断培养造就堪当强国建设、民族复兴重任的可靠接班人。

从根本上说，青年干部作为社会主义、共产主义事业的接班人，对其培养教育是确保党和国家政权掌握在无产阶级革命家手中的根本问题，是关系共产主义事业能否实现的重大战略问题。

二、关于培养青年干部的重要论述

习近平总书记关于培养青年干部的重要论述，内容主要包括四个方面：从共产主义远大理想和中国特色社会主义共同理想两个方面培养信念过硬的青年干部；从增强"四个意识"、坚定"四个自信"、做到"两个维护"，不断提高政治领悟力和政治执行力等方面培养政治过硬的青年干部；同时从政治敏锐、调查研究、科学决策、改革攻坚、应急处突、狠抓落实及群众工作七种能力入手，积极培养能力过硬的青年干部；从对党忠诚、清正廉洁、不负人民、开展批评、敢于斗争、艰苦奋斗和求真务实作风七方面培养作风过硬的青年干部。

（一）培养信念过硬的青年干部

1. 始终坚定信仰共产主义远大理想

党的十八大以来，习近平总书记多次提到信仰信念问题。青年干部有了坚定的理想信念，才能经住各种考验，没有理想信念，或者理想信念不坚定，就经不起风吹浪打。青年干部要在斗争实践中坚定共产主义信仰和中国特色社会主义共同理想。

在百年奋斗征程中，中国共产党人始终坚定对共产主义远大理想的信念，在战争与革命年代中战胜了外部敌人的侵略；在和平年代中迎接着金融危机、新冠疫情等风险的艰巨考验。习近平总书记指出，坚定的政治信念，"就是马克思主义信仰、共产主义远大理想、中国特色社会主义共同理想"。青年干部生长在和平发展的时代，是党和国家建设大业的核心骨干，掌握扎实的本领，不断提升自身水平；树立坚定的共产主义信念和对党无比忠诚的信念；在工作中要发扬实事求是的作风，勇于创新、敢于创新；要坚守党的纪律，以党的规矩严格要求自己，绝不触碰党的纪律底线；必须不断努力才能成长为社会建设需要的人才，才能更好地承担党和人民赋予的神圣使命。青年干部作为青年群体的先进代表和中坚力量，肩负着继承与发展党和国家事业的历史使命，要牢记习近平总书记关于坚定共产主义理想信念的重要论述，将坚定理想信念作为终身课题，常修常炼，信一辈子、守一辈子。

2. 践行中国特色社会主义共同理想

共产主义的宏伟理想应和新时代人民群众对美好生活的追求与期待。共产主义理想与社会主义共同理想实际上就是眼前利益与长远利益的关系。中国共产党不仅代表无产阶级和广大劳动人民的眼前利益，也代表无产阶级和广大劳动人民的长远利益。目前，中国仍处在社会主义初级阶段，青年干部不仅要守住共产主义远大理想不动摇，还要通过工作实践中努力奋斗争取早日实现中国特色社会主义共同理想。邓小平同志就曾经说过，社会主义制度在我国巩固并实现发展，这需要一个历史过程，绝非一代人努力就能实现，很可能需要几代甚至是几十代人坚持奋斗。这个过程是相当漫长的。能够看清这一点，表明中国共产党始终保持着清醒的头脑。广大青年干部应当团结一心为党的事业持续努力奋斗。中国特色社会主义各阶段的目标是环环相扣的，这需要青年干部以扎实的工作作风，做伟大复兴中国梦的参与者、建设者和奋斗者。"革命理想高于天。没有远大理想，不是合格的共产党员；离开现实工作而空谈远大理想，也不是合格的共产党员。"

（二）培养政治过硬的青年干部

1. 增强"四个意识"

第一，青年干部要切实增强政治意识。政治意识体现青年干部看待问题和处理问题的政治角度。习近平总书记将青年干部讲政治提高到党性锻炼的核心位置，对全党同志提出"旗帜鲜明讲政治"的要求。青年干部如果不讲政治，就不会有政治上的清醒和坚定，必然缺乏工作中的政治领导力、政治鉴别力。新时代，存在少数青年干部没有完全做到在党言党、在党忧党、在党为党、在党护党。有鉴于此，青年干部需要深刻学习领悟习近平总书记重要论述，坚定政治理想、政治立场，确保政治方向和政治站位。

第二，青年干部要树牢大局意识。大局意识体现青年分析问题和解决问题的长远眼光。大局意识的本质就是政治意识，二者具有高度的一致性。青年干部只有具备正确的政治方向、政治立场、政治鉴别力和政治敏锐性，才能把握国际、国内、外部、内部总体形势发展变化、基本形势发展变化的基本方向。

第三，青年干部要树牢核心意识。维护党的领导核心关系着党的前途命运，必须成为全体干部的政治自觉和行动标准。青年干部经历少阅历浅，在重大考验面前和在大是大非问题上容易迷失方向、丧失立场，必须加强党性修养、党性教育，在日常工作中能够履职尽责，在关键时刻能够站出来、冲上去，坚决维护党中央的绝对权威。

第四，青年干部要树牢看齐意识。现实当中，一些青年干部由于看齐意识不强，过于看重所谓的"个性"和"民主"。青年干部要不断提高政治站位，自觉做到向党中央看齐，同时以党的理论、政策方针作为最高指引，把看齐意识落实到工作实践中。

2. 坚定"四个自信"

第一，青年干部要坚定道路自信。强化自我修炼、正心明道，贯彻落实党的二十大精神，树立思想标杆，用实际行动和担当精神诠释对党和人民的忠诚。

第二，青年干部要坚定理论自信。把学习当成一种精神追求、一种工作责任、一种生活态度，还要沉下心来学、联系实际学，为日常工作的开展奠定坚实的基础。

第三，青年干部要坚定制度自信。深刻认识到坚持人民民主是社会主义的鲜活源泉，人民当家作主是社会主义民主政治的本质和核心观念。更要在工作中自觉地坚持党的领导，全心全意为人民服务，创新管理方式，使广大人民群众充分感受到社会主义制度的好处，自觉听党话、跟党走。

第四，青年干部要坚定文化自信。不仅要对中华文化有更准确的理解、更高度的认同，也要以强烈的时代责任感和历史使命感，积极推动社会主义文化繁荣兴盛，投身社会主义文化建设这一伟大事业。

3. 做到"两个维护"

第一，青年干部做到"两个维护"要相信群众，相信党。做到"两个维护"，是一个成熟的马克思主义政党站在历史的新起点，在历史的重大转折关头做出的重大政治判断和选择。以"两个维护"作为党的纪律的最高要求，这是实现党政治建设目标的核心任务，更是强化政治规矩的根本保证，也是建立在人民高度认同基础上的党的自觉行为。在已经取得小康社会建设成功之后，党已经带领全国各族人民踏上了建设社会主义强国的征途，不但"四大考验""四个危险"长期存在，还会面临许多意想不到的阻力。而且习近平总书记强调全党必须时刻具有忧患意识，并以"霸王别姬"的典故告诫全党必须清醒地认识到未来征途上可能遇到各种障碍和风险，相信群众，相信党能够迎难而上。

第二，青年干部做到两个"维护"要集全党全民之力，集全党全民之智。我们今天在世界格局大变动下日益全面融入世界发展大潮，未知因素和不确定因素增加，做到"两个维护"，不仅可以最大限度地减少内耗，理顺关系，调动积极性，集全党全民之力共克时艰，而且可以辨识潮流，把准方向，增强自信，集全党全民之智高瞻远瞩，开创未来。

（三）培养能力过硬的青年干部

1. 培养青年干部的政治敏锐能力

从国际背景来看，世界处在百年未有之大变局，世界经济发展动力不足，人与自然冲突加剧，对中国共产党的政治判断力和领导力提出了新时代要求。习近平总书记在 2020 年 12 月召开的中共十九届中央政治局民主生活会上指出，党要发展人民事业，就一定要坚持初心，时刻牢记使命，能够始终以政治的高度去把握全局，增强判断力、领悟力和执行力。每一位青年干部都必须在政治上立场坚定、在思想上高度认同、在行动上坚决执行，从容驾驭复杂局面、全面战胜风险挑战。

2. 培养青年干部的调查研究能力

习近平总书记指出，调查研究是做好工作的基本功。一定要学会调查研究，在调查研究中提高工作本领，调查研究要经常化。现在的青年干部不缺学历，缺的是阅历和经历，应不断丰富充实基层经历，站在广大人民群众的角度思考问题。坚持从群众中来、到群众中去，在实践中提高解决实际问题的能力，才会"曾益其所不能"。青年干部在提高调查研究能力的基础上要勇于直面问题，增强干事创业能力。主动到基层一线和艰苦地区摸爬滚打，到问题集中、矛盾复杂的地方和实际岗位去"蹲苗"历练。

3. 培养青年干部的科学决策能力

第一，青年干部要磨炼科学的战略思维，看得远，想得深。不谋全局者，不足谋一域。习近平总书记在讲话中指出，领导干部想问题、做决策必须心中有数，要根据本国国情进行决策，要有大局意识，切不可被蝇头小利所蒙蔽，少打小算盘，要科学安排地区和部门的工作，将其与党和国家的伟大事业相融合，做到一域争光的同时，也为全局添彩。青年干部要胸怀大局，树立"一盘棋"的战略思维和眼光。

第二，青年干部要提升综合素质，深入研究，科学决断。2018 年 9 月 21 日，习近平总书记在中共中央政治局会议上强调，各级领导干部要着眼提升专业能力和专业精神、培养复合型领导干部。

第三，青年干部要学会善于倾听多方意见，综合评判，科学取舍。善于倾听不同意见，不仅可以避免工作失误，还能够有效检验青年干部的民主作风和胸襟气度。

4. 培养青年干部的改革攻坚能力

第一，青年干部既要有科学的精神，也要有脚踏实地的干劲，确保各项工作措施能够和社会需求相一致，有利于提高工作效率，能够在维护群众利益中切实发挥作用。

第二，青年干部要掌握正确的工作方法，以积极创新的观点针对问题勇敢求变，在遵循事物发展客观规律的基础上大胆改革创新。

第三，青年干部要充分信任群众、尊重群众，相信群众的智慧和力量，各项决策都要充分听取群众的意见，汲取群众智慧，不断提升顶层设计的品质。

第四，青年干部要保持相互合作，协同共进，只有做到这一点，改革政策各项措施才能相得益彰，取得最佳效益，对工作要有全局认识。

5. 培养青年干部的应急处突能力

习近平总书记强调，青年干部必须加快增强自身应对紧急突发事件的能力。

一是提高风险预判能力。风险往往以某种难以被发现或察觉的形式存在。但只要风险要素达到极致，就会爆发，换言之，即风险时刻存在，这就要求青年干部必须具备较强的风险预判能力。

二是提高风险处置能力。青年干部风险处置能力的强弱取决于专业素养和实践经验两个因素。青年干部应通过专业素养的提升来增强其应急处突的底气，在勤奋踏实的工作实践中提高应急处突的胆识和格局。

三是健全风险防控机制，从根本上规避风险。拥有了科学规范、运转高效的体制机制就能避免在应急处突中手忙脚乱、无从下手。而风险防控机制的完成需要在实践中查漏补缺，以使其做到与时俱进，更好地满足时代发展的需求。

6. 培养青年干部的狠抓落实能力

第一，青年干部要坚定信念抓落实。作为青年干部，首先要有"咬定青山不放松"的韧性，要自觉地增强"四个自信"、坚定"四个意识"、做到"两个维护"，以坚定的理想信念作为定海神针和强大精神支撑。

第二，青年干部要懂得创新抓落实。抓好工作落实不等于埋头蛮干、傻干，也不是敢干、苦干，是要青年干部在新时代下干工作要巧干，要懂得在创新中抓好工作落实。

第三，青年干部要有持之以恒的决心。很多工作不可能是一蹴而就，会遇到种种困难，因此抓落实是一个艰苦复杂的过程，抓落实，贵在持之以恒，也难在持之以恒。

抓落实是青年干部在和自己的意志力做斗争，需要他们有水滴石穿、绳锯木断的韧劲和毅力。

7. 培养青年干部的群众工作能力

自觉提升群众工作能力，要把好政治方向。方向不准，南辕北辙，就会背道而驰，永远到不了想去的地方，办不成想办的事情。自觉提升基层和群众联系、做群众工作的各种能力，还要和群众多沟通，虚心向群众求教，汲取群众的才智，听计于民，听政于民，在群众中汲取向上的力量。

自觉提升群众工作能力，要坚持群众路线。从群众中来、到群众中去，是我们党的优良传统，党和人民的事业能在经历各类复杂局面、艰难曲折后走向胜利，根本原因是党从未脱离群众。年轻干部要自觉继承和发扬党的优良传统，保持根植群众，保持为人民谋利益。

自觉提升群众工作能力，要秉持求真务实作风。作风建设马虎不得，年轻干部要摒弃形式主义、官僚主义、作风漂浮。党和人民的事业需要脚踏实地，一步一步走稳走实，不允许凌空虚步，沙地上建高楼，云彩里织罗裳。年轻干部只有扣好人生的第一粒扣子，拥有踏实的作风，才会在今后的道路上一帆风顺。

（四）培养作风过硬的青年干部

1. 培养青年干部对党忠诚的作风

对党忠诚就是要不断增强守初心、担使命的思想自觉和行动自觉，做到对党忠诚一辈子、为民奉献一辈子，以实际行动践行"红心向党、与党同行"的铮铮誓言。青年干部要把对党忠诚内化于心、外化于行，在困难面前、关键时刻、危难关口，担当作为、迎难而上，奋勇争先、砥砺前行，勇于攻坚克难，勇担时代重任，做起而行之的行动者，不做坐而论道的清谈客，把对党绝对忠诚融入一言一行当中。

2. 培养青年干部清正廉洁的作风

2019年3月1日，习近平总书记在中共党校（国家行政学院）中青年干部培训班开班仪式上的讲话中提出，年轻干部"要牢记清廉是福、贪欲是祸的道理，树立正确的权力观、地位观、利益观"。年轻干部成长在稳定和平的现代社会，都受过良好的教育，但是有学历水平不代表就有实际工作能力，掌握了知识不代表就有坚定不动摇的定力，没有经历过革命斗争的考验和艰苦生活的锻炼，年轻干部的人生经历还不够丰富，很容易受到各种腐朽思想的诱惑，如果定力不强就会动摇信念。因此年轻干部必须严格要求自己，经常警醒自己，才能保证在正确的方向上不断前进，不断成长。

3. 培养青年干部不负人民的作风

广大青年干部要正确认识人民群众的聪明智慧，虚心向人民群众求教。要始终牢记我们党全心全意为人民服务的宗旨，要将自己的工作和为人民谋幸福结合起来，将为民族谋复兴作为工作的最高目标。工作中始终要和群众建立亲密关系，积极为群众解决实际问题，不断增强人民群众的幸福感和获得感，营造和谐融洽的社会氛围。百年来，我们党从诞生到发展壮大，整个过程充满艰辛苦难却又光辉伟大，多少中青年党员用他们的热血服务于人民群众。青年干部需要经常以党章、党规和党的各种先进理论、党中央的各项部署对照自己的实际工作，寻找自身的不足。主动检视自我，绝不任由小毛病发展为大问题，培养和增强自我约束，始终将人民放在首位。干净做事，老实做人。

4. 培养青年干部开展批评的作风

习近平总书记指出："年轻干部要有'检身若不及'的自觉，经常对照党的理论、对照党章党规党纪、对照初心使命、对照党中央部署要求，主动查找、勇于改正自身的缺点和不足。"党和国家领导人明确指出，党员具有的党性是其经常进行自我批评的动力，这也是中国共产党对人民高度负责的集中体现。青年干部要练习大格局大气度，保持胸襟开阔，旗帜鲜明地同不良风气做斗争，更要在斗争中学会斗争，在斗争中成长提高。我们广大的青年干部在新时期、新时代要接过革命先辈的传家宝和接力棒，加强思想作风建设，彰显新时代的青年担当。

5. 培养青年干部敢于斗争的作风

第一，青年干部要发扬"越是艰难越向前"的斗争精神。面对违法乱纪以及违反党纪党规的不良现象敢于亮剑，面对复杂的矛盾局面敢于迎难而上，面对工作中的失误敢于承担责任。

第二，青年干部要涵养"踏平坎坷成大道"的斗争意志。斗争意志需要经受严格的思想淬炼、政治历练、实践锻炼，在复杂严峻的斗争中锤炼而成。在实现中华民族伟大复兴的前进道路上，青年干部必须毫不动摇地坚定理想信念，正确认识对待前进道路上的曲折与困难，以"踏平坎坷成大道"的斗争意志，勇敢地面对奋斗路上的每一次挑战，圆满完成工作任务，维护改革开放的稳定局面。

第三，青年干部要练就"狭路相逢勇者胜"的斗争本领。斗争本领不是与生俱来的，是在大风大浪甚至惊涛骇浪中去接受历练，锤炼出能干事、善干事的能力。全面实施"五位一体"部署和"四个全面"布局，以新时代发展理念为指导，坚决打赢三个攻坚战，保持国内经济稳步发展态势，将改革开放推向更深层次，达成社会结构布局调整目标，切实改善人民生活水平，增强社会抵御重大风险的能力，诸多工作都需要继续发扬老一辈优良革命斗争精神，不断增强斗争的本领。

6. 培养青年干部艰苦奋斗的作风

第一，青年干部要自觉形成俭朴的美德，以此修身兴业。虽然现在的生活水平提高了，但是也绝不能放弃艰苦奋斗的精神。党员及领导干部必须以为人民服务为工作宗旨，要有坚定的理想信念，要清正廉洁，有担当精神。

第二，青年干部要有奋斗精神，要敢于真抓实干。在前进的道路上我们一定还会遇到更多的困难和更大的挑战，相比过去风险水平也不会降低，实现社会主义现代化的任务需要克服更多的困难。

第三，青年干部要有为党分忧的志向和精神，要积极主动承担重担，不好高骛远，以脚踏实地的精神更好地为人民服务。青年干部要紧握艰苦奋斗的接力棒，为实现人民富裕、国家富强的伟大目标不懈奋斗。

7. 培养青年干部求真务实的作风

目前我国正处于社会主义现代化建设的重要阶段，加强青年干部思想政治教育，培养其科学的工作观，使其建立求真务实的工作作风，不仅是青年干部自身党性修养提升的内在需要，更是党在复杂的国内外形势中全面实施建设中国特色社会主义战略部署的必然要求。青年干部要有所作为，就一定要有求真务实的工作作风，增强党性观念，在政治上与上级党中央保持高度一致，在工作中保持清醒的头脑，善于从实际出发，在任何情况下都要稳扎稳打，经得起组织的考验。

06

第六章
青年干部的素质修炼

第一节 时代精神与预见能力

一、时代感与预见性

习近平总书记在纪念马克思诞辰 200 周年大会上的讲话中明确指出，"我们要坚持用马克思主义观察时代、解读时代、引领时代"。马克思主义是我们立党立国、兴党兴国的根本指导思想，也是确保党和国家事业沿着正确时代方向前进的根本所在。坚持用马克思主义观察时代，才能科学认识时代，准确把握时代潮流和发展大势；坚持用马克思主义解读时代，才能深刻理解时代各要素之间的内在联系，精准概括时代演进的基本规律；坚持用马克思主义引领时代，才能确保方向不变、道路不偏、力度不减，为时代发展凝聚起强大力量。马克思主义关于时代的立场观点方法是青年干部观察和解决时代问题的思想指南。

经过长期努力，中国特色社会主义进入了新时代，这是我国发展新的历史方位。这一重大论断从中国特色社会主义事业发展角度，赋予当前时代以新的历史方位。一方面，当前时代是"中国特色社会主义"的新时代。习近平总书记强调，"中国特色社会主义是社会主义，不是别的什么主义""这个新时代是中国特色社会主义新时代，而不是别的什么新时代"。新时代要求我们既不走"封闭僵化的老路"，也不走"改旗易帜的邪路"，而是坚定不移走中国特色社会主义道路。另一方面，当前时代是"新"时代，不同于中国特色社会主义以往发展阶段。新时代之"新"体现在我国社会主要矛盾发生新变化，体现在党的理论创新实现新飞跃，体现在党和国家事业确立新目标。

习近平总书记在接见回国参加 2017 年度驻外使节工作会议的全体使节时指出，放眼世界，我们面对的是百年未有之大变局；在党的二十大报告中进一步指出"世界百年未有之大变局加速演进"，深刻表明了世界所处时代的特征。"和平与发展仍然是时代主题"，这是在深入分析世界百年未有之大变局、国际力量对比深刻调整以及人心走向的时代形势后得出的科学判断，指明了现阶段世界演变的总体趋势，坚定了中国人民维护世界和平与发展的信心。大变局"不限于一时一事、一国一域，而是深刻而宏阔的时代之变。时代之变和世纪疫情相互叠加，世界进入新的动荡变革期"。大变局是对资本逻辑主导下旧有国际政治经济秩序的重建，势必触发多领域、多方面变动，世界形势的不确定性和复杂性增强。"黑天鹅"和"灰犀牛"事件增多引发的全球性多元动荡变革，并非时代发展的局部危机，而是波及全人类的全面风险，要时刻警惕和应对可能对和平与发展造成的冲击和破坏。

历史大势不可阻挡，时代大潮浩浩荡荡。习近平总书记在庆祝改革开放 40 周年大会上的讲话中指出："只有顺应历史潮流，积极应变，主动求变，才能与时代同行。"坚持积极应变，主动求变，才能始终跟上时代潮流、掌握历史主动、保持战略定力、抓住时代机遇，方能不负时代、不负人民。更好统筹中华民族伟大复兴战略全局和世界百年未有之大变局，深刻洞察时与势、危与机，积极识变应变求变，关键是要继续全面深化改革开放。

当今的世界已经不再是我们父辈年轻时的模样。世界正以前所未有的速度发展着，好像一列飞速行驶的列车，轰鸣着前进着。在那沿途越来越快映入眼帘的风景中，我们看到了社会的发展与变革、科技的日新月异、知识的不断完善、信息的空前丰富、空间距离带来的阻隔日益缩小以及生活水平的不断提高。前所未有的进步和前所未有的问题，这就是我们生活的时代。

如何才能接受这份馈赠成为历史的幸运儿，如何能够更好地顺应时代的发展，解决时代带来的问题，是我们生活的时代给当代青年人出的一道难题。

众所周知，与时俱进已经不只是当今中国发展的主旋律，同样也是当今世界发展的主旋律。在时代洪流滚滚向前的时候，具备时代感与预见性似乎已经成为每一个人必须具备的基本素质之一。

改善我们的时代，是与时代共同成长的当代青年人实现自我价值的必由之路，同时也是当代青年人不可推卸的责任。如果你想要成为时代的宠儿和青年人中翘楚的青年干部，拥有时代感与预见性则是你成长道路上必须具备的素质。

了解了我们的时代，接下来我们就要来了解时代感。

面向我们生活的时代，结合时代的特点，形成属于我们自己的关于世界的看法，在理性思考中升华成为认识，最后由认识来指导我们的行为。一切行为的起点都来自我们生活的时代，这个就是时代感。

预见性是领导能力的关键要素。1945 年 5 月 31 日，毛主席在《在中国共产党第七次全国代表大会上的结论》中指出"没有预见就没有领导""预见就是预先看到前途趋向"，一并阐述了马克思主义的预见性与克服盲目性的方法和重要性。

毛主席指出："什么叫作领导？领导和预见有什么关系？预见就是预先看到前途趋向。如果没有预见，叫不叫领导？我说不叫领导。"斯大林说："没有预见就不叫领导，为着领导必须预见。整个人类在马克思主义产生以前对于社会的发展历来没有预见，或者没有很清楚的预见。"

"所谓预见，不是指某种东西已经大量地普遍地在世界上出现了，在眼前出现了，这时才预见；而常常是要求看得更远，就是说在地平线上刚冒出来一点的时候，刚露出一点头的时候，还是小量的不普遍的时候，就能看见，就能看到它的将来的普遍意义。"

毛主席指出："战略指导者当其处在一个战略阶段时，应该计算到往后多数阶段，至少也应计算到下一个阶段。尽管往后变化难测，愈远看愈渺茫，然而大体的计算是可能的，估计前途的远景是必要的。那种走一步看一步的指导方式，对于政治是不利的，对于战争也是不利的。走一步应该看那一步的具体变化，据此以修改或发展自己战略战役计划，不这样做，就会弄出冒险直冲的错误。然而贯通全战略阶段乃至几个战略阶段的、大体上想通了的、一个长时期的方针，是决不可少的。不这样做，就会弄出迟疑坐困的错误，实际上适合了敌人的战略要求，陷自己于被动地位。须知敌人的统帅部，是具有某种战略眼光的。我们只有使自己操练得高人一等，才有战略胜利的可能。"

习近平总书记强调，领导干部要懂得看"桅杆顶"，要有"草摇叶响知鹿过、松风一起知虎来、一叶易色而知天下秋的见微知著能力"。

工作预见性是指对工作大势和大局的预判，它要求以战略眼光审视工作，认清机遇和挑战，做好预案，趋利避害，最终赢得工作的主动权。具体而言，预见性体现在善于从繁杂问题中把握事物的规律性、从苗头问题中发现事物的趋势性、从偶然问题中认识事物的必然性，始终做到方向明确、头脑清醒、应对有方、行动有力。

凡事预则立。面对世界百年未有之大变局，面对强国建设、民族复兴的使命任务，只有加强工作预见性，未雨绸缪，居安思危，才能有效应对各种新形势、新情况、新问题，做到"早认识、早主动、早解决"，从而防范化解风险挑战；才能在迅速变化的时代大潮中抓住机遇谋划发展，从而开创新局面，闯出新天地。

实际工作中，青年干部应如何切实增强工作科学性、预见性、主动性、创造性？

增强工作科学性、预见性、主动性、创造性，首要的也是最基础的，就是厚植理论功底。对青年干部来说，马克思主义这个看家本领掌握得越牢靠，政治站位就越高，政治判断力、政治领悟力、政治执行力就越强，观察时势、谋划发展、防范化解风险就越主动。只有掌握科学的态度、科学的立场、科学的思维，在探索和认识规律、遵循和利用规律时尊重历史前进的必然性和客观性，又发挥好历史主体的主动性和创造性，才能在历史发展中取得新的更大成就。

要树立正确政绩观。一是要完整、准确、全面贯彻新发展理念。青年干部要把思想和行动统一到新发展理念上来，弄清新发展理念所要求的政绩是什么样的，进而强化使命担当，找准发展路径。同时，相关部门要充分发挥政绩考核的指挥棒作用，引导青年干部更加自觉地落实好新发展理念。二是要保持历史耐心和战略定力。要发扬"功成不必在我、功成必定有我"的精神，放眼长远、戒浮戒躁、怀抱耐心，充分尊重事物发展的客观规律，踏踏实实做好当下的事。

要厚植人民情怀。孔繁森说过："一个人爱的最高境界是爱别人，一个共产党员爱的最高境界是爱人民。"要对群众有感情，真正把自己当作群众的一员、把群众的事当作自己的事。有了人民情怀，才能有"时时放心不下"的责任感，才能有以苦为乐的担当，才能有百折不回的勇气，才能有不断精进的动力，才能真正把好事办好、实事办实。这就要求青年干部真正做到把"人民至上"内化于心、外化于行，抓好调查研究成果转化，解决群众急难愁盼问题。

要按规律办事、按规矩做事。习近平总书记指出："党员干部干事创业必须实事求是、求真务实，来不得半点虚浮。按规律办事、按规矩做事，是党员干部必须坚守的原则。现实中，有的干部干事热情很高，但缺乏科学精神、求实态度，结果不仅没有出业绩，反而带来了一堆问题。"规律把准的是方向，规矩守定的是底线，二者都是干事成事的重要保证，缺一不可。按规律办事、按规矩做事，就要发扬实事求是的作风，秉持科学严谨的精神，坚持一切从实际出发，深入调查研究，加强科学论证，防止拍脑袋决策、拍胸脯蛮干。实践证明，做好调查研究是增强科学性、预见性、主动性、创造性最有用的方法之一。任何预见归根结底要建立在世界本来面目的基础上，任何主动、创造以及决策、措施都不能与客观事物的本质相违背。这就要求青年干部在调查研究的基础上，找出事物的本质和必然联系，进而做出科学决策。同时，还要遵守工作规程和行为准则，担当作为、廉洁自律，确保各项事业在纪律和规矩的轨道上运行，以工作的规范性增强工作的科学性。

要解放思想，积极探索创新。推进工作的过程，是一个不断探索、不断创新、不断进步的过程。要做到解放思想，就要有担当精神，有信心，有主见，敢负责；就要坚持解放思想和实事求是有机统一，在吃透上级精神、掌握当地实情、借鉴已有经验的基础上，脚踏实地，大胆探索，开拓创新。当然，探索创新不是盲目蛮干，不是想当然地"拍脑袋"。真正的创造性必须坚持马克思主义的立场观点方法，尊重实际，尊重规律，尊重科学，确保创造性不跑偏。

二、在预见中把握方向

有预见能力的领导往往能够对事物的形势和发展趋势做出正确判断和预测，并且适时地抓住机遇，做出科学的决策。在瞬息万变的现代社会，青年干部应具备敏锐的洞察能力，审时度势，预见未来，这样才能跟上时代的步伐和未来的发展要求。

预见未来，是毛泽东认识世界、改造世界的重要内容。他把科学预测、预见这种认识手段叫作"合理地设想"、"预先认识"、"预定"、"原定"、"预断"、"预期"、"预想"、给未来"描画轮廓"、给实践绘制"图样"，等等。

第一次大革命失败后，中国革命处于低潮，而反革命力量却异常强大，红军在强敌会剿下处境险恶。面对这种敌强我弱、敌大我小反差悬殊的严峻局面，红四军第一纵队司令员林彪以及中共党内其他一些同志对红军的前途进行预测，做出了"红旗到底打多久"的预见，不相信革命高潮有迅速到来的可能。

针对这种情况，毛泽东科学地分析、预测了中国的政治状况及其发展趋势，从中引出规律性结论。1930 年 1 月 5 日，他给林彪写了一封信，否定了林彪和其他同志的悲观的错误预见，做出了"星星之火，可以燎原"这一高瞻远瞩、振奋人心的科学预见。他指出，中国革命"现在虽只有一点小小的力量，但是它的发展会是很快的"。"中国是全国都布满了干柴，很快就会燃成烈火。"他号召大家要坚信，"工农武装割据"的巩固和扩大，形成农村战略基地，一定能促进全国革命的高潮。

抗日战争初期，面对日本帝国主义发动的全面侵华战争的强大攻势和国民党军队的节节败退，我国不少人都对这场战争的进程和结局进行预测，做出了种种预见。其中有两种预见影响较大。一种认为中国会灭亡，另一种认为中国会速胜。

毛泽东为了正确指导这场战争，写了《论持久战》。其中用自己的科学预测驳斥了这两种唯心论和机械论的错误预测、预见，鲜明地提出了令人叹服的战略预见："抗日战争是持久战，最后胜利是中国的——这就是我们的结论。

第二次世界大战结束不久，美帝国主义支持蒋介石发动反人民的内战。拥有美式现代化兵器装备的430万国民党大军大举进犯解放区。在军事力量、经济实力以及外援方面都拥有绝对优势的蒋介石，杀气腾腾地宣示自己对这场战事结局的预见："只需三个月至六个月即可击破共军主力。"在此种严峻关头，仅仅统率着127万人民解放军以"小米加步枪"迎击国民党军队的"飞机加坦克"的毛泽东，于1946年8月6日和美国记者安娜·路易斯·斯特朗谈话，对国共双方谁胜谁负的结局做了预测、预见："一切反动派都是纸老虎。""蒋介石和他的支持者美国反动派也是纸老虎。""我们所依靠的不过是小米加步枪，但是历史最后将证明，这小米加步枪比蒋介石的飞机加坦克要强些。""这些反动派总有一天要失败，我们总有一天要胜利。"

科学的预见能避免和客观实际相悖的决策盲目性，特别是当今社会生活节奏加快，各种情况瞬息万变，决策者只有具备远见卓识，站得高，看得远，才能适应这一新的时代，跟上时代的步伐。

第二节　国际视野与战略眼光

一、全球化与战略性

国际视野，简而言之，是指一个人对全球事务的理解和认识，以及能够在不同文化、社会和政治背景下进行有效交流和合作的能力。它不仅包括对世界各地发生的事情有所了解，更重要的是能够从全球的角度思考问题，尊重多元文化，以及在多元环境中工作和学习的能力。具体来说，国际视野包括以下方面。

（1）对不同国家的文化、历史、地理位置、政治格局、经济状况和社会结构等方面的了解和认识。

（2）对国际形势和全球发展趋势的洞察力，包括了解大国关系、地区热点问题、国际组织和国际法等国际规则的认识。

（3）以开放、包容、协作的精神来看待世界，尊重他国的独立、自治和文化多样性，从多元化、全球化的视角出发，明确自身利益和发展方向。

（4）往往更多关注发达国家及与发达国家相关联的热点事件。

就像《世界是平的》这部书中描写的，空间的阻隔正在变得越来越小，这是科学技术的进步带给我们的最重要的礼物之一。无论是在经济、政治、文化、教育、体育还是艺术领域，全球化的趋势都变得越来越明显，好像时代的前进一样无法阻挡。

社会生产力的不断进步，各种新思想、新文化、新观念的形成，正深刻地改变着人们生活的面貌。国家，作为人类社会政治的核心，也发生了改变。合作和交流正在逐渐取代对立和隔阂，每个国家在探索自己发展道路的同时，也与其他各国人民共同致力于使整个人类的物质财富不断增加，精神追求不断提升。在面对全人类共同面对的问题时，国家之间也体现出了一种"团队精神"。其中，一些比较著名的组织，如亚太经济合作组织，成立之初是一个区域性经济论坛和磋商机构，经过三十几年的发展，已逐渐演变为亚太地区重要的经济合作论坛，也是亚太地区最高级别的政府间经济合作机制。它在推动区域贸易投资自由化、加强成员间经济技术合作等方面发挥了不可替代的作用。

即使是这样，政治交流的增进也没有经济全球化势头到来的那样强劲。经济全球化，有利于资源和生产要素在全球的合理配置，有利于资本和产品在全球的流动，有利于科技在全球性的扩张，有利于促进不发达地区经济的发展。虽然在经济全球化的过程中还存在着类似经济实力薄弱和科学技术比较落后的发展中国家如何公平地参与到竞争中，如何建立新的公平合理的经济秩序这样的问题，它仍然是人类发展进步的表现，是世界经济发展的必然结果。

经济全球化主要体现在生产国际化、产品国际化、投资金融国际化、技术开发与利用国际化、世界经济区域集团国际化等方面。

生产国际化主要是指国际生产领域中分工合作及专业化生产的发展。以著名的飞机制造商波音公司为例，它制造的波音 747 飞机有 400 万个零部件，由分布在 65 个国家的 1500 家大企业和 15000 多家中、小企业参加协作生产。还有德国拜耳公司与 35000 多家国内外企业建立了协作关系，拜耳公司向它们提供中间产品，由它们加工成各种最终产品。

　　产品国际化也就是生产总额中出口生产所占的比重大大提高，世界上几乎所有的国家和地区以及众多的企业都以这种或那种方式卷入了国际商品交换。如 2022 年全球贸易总额为 28.5 万亿美元，中国国际贸易总额为 6.06 万亿美元，占全球贸易总额的比例为 21.26%。简单地说，就是你可以在自己的城市购买到来自全国乃至全世界其他地区生产的产品。像著名的快餐连锁公司肯德基那样的大型餐饮连锁机构会在很多国家和地区开设连锁机构，给当地居民提供服务。同时，我们今天可以更方便地外出留学，即使在国内也可以看到越来越多的来自其他国家的留学生，可以通过互联网看到一些外国著名大学的公开课程，看到其他国家作家的文学作品，听美国艺术家的唱片，看日本漫画家的漫画，欣赏法国设计师的时装设计，这就是文化、教育和艺术的国际化。

　　投资金融国际化主要体现在以下几方面。金融市场国际化：一国的金融市场活动超过本国的物理边界，资本和金融业务能够在国际范围内运行，为境内外参与者同时提供金融服务。高度国际化的金融市场通常具有以下特征——集聚的金融机构、丰富的跨境金融产品、齐全完备的跨境基础设施、高水平的多样化金融人才和一流的营商环境。金融交易国际化：金融交易不再局限于国内，而是跨越国界，涉及多种货币和资产类别。跨境资本的自由流动是国际金融中心的基本条件，例如，新加坡和中国香港通过允许跨境资本自由流动来推动其金融中心的发展。金融机构国际化：金融机构开始在其他国家设立分支机构或开展业务，以服务于全球客户。金融机构的集聚度增强，形成全球性的金融服务网络。金融监管国际化：各国金融监管机构在国际标准和规则下合作，实现监管的国际化和规范化。监管框架和标准趋于统一，以降低跨境金融业务的风险。金融人才国际化：培养和吸引具有国际视野与能力的金融人才，以支持金融国际化的发展。金融中心通常拥有更多持有国际认证（如 CFA）的金融专业人士。营商环境国际化：改善和优化金融营商环境，包括法律法规、监管执行、监管质量、政务公开度和经济自由度等方面。减少跨境金融数据流动的障碍，提高金融市场的效率和透明度。这些方面共同构成了投资金融国际化的框架，推动全球金融市场的发展和融合。

技术开发与利用国际化，科技创造了更多的价值，促进了全世界经济的发展。一方面由于各国在科技发展水平上的不平衡，而企业又为了获得先进的科技成果，因而各国间设立研究与开发据点便成了一种趋势，以至于许多企业形成了全球范围内的研究与开发网络，从而促进了研究与开发组织体系的国际化。另一方面，由于现代科技发展以高科技开发为中心，而高科技研究开发投入高，风险大，使很多企业感到力不从心，所以形成了越来越多的国际联合开发。简单地说，就是不同国家的人们通过交流各自的技术和联合开发新技术来解决各自和共同面对的问题。

世界经济区域集团国际化则是基于经济的政治全球化。

在这样的情况下，想要成为一名合格的青年干部，就一定要具有面向全球的眼光。世界正在变得越来越小，而可能属于你的空间正变得越来越大。你所接触的人群不仅仅来自你身边，而你面对的对手也可能来自这个世界的每一个角落。知己知彼方能百战百胜，所以，闭门造车注定是要失败的。我们必须以宽阔的胸襟和宽广的眼界去观察世界，认识世界，必须勇敢地面对现实，利用时代赋予我们的一切手段大胆学习和借鉴人类社会创造的一切优秀的文明成果。

二、由"中国制造"走向"中国创造"

由"中国制造"走向"中国创造"，汽车狂人李书福是典型的例子。

　　与许多创业青年一样，李书福一早就怀着远大的创业冲动，希望在某个领域做出成就。1984 年，年仅 21 岁的李书福与人合伙开了一家作坊式的小厂，替一些大冰箱厂加工小配件。到了1986 年，不满足于小打小闹的李书福逐渐向下游产业渗透，成立了北极花电冰箱厂，开始制造成品冰箱。当时由于刚经过长期计划经济体制的制约，冰箱市场正呈如饥似渴的状态。北极花冰箱在很多市场纷纷脱销，品牌逐渐得以建立，李书福也完成了最初的资本积累。而接下来摩托车项目的成功更是让他如虎添翼，资本实力增大的同时，他的梦想也在随之膨胀——他将目光瞄准了汽车领域，他不仅要造车，而且要造"人人都买得起的轿车"。

　　与宗庆后打破"世界二乐"垄断中国饮料行业、张瑞敏第一次让中国品牌真正走向世界一样，在李书福心中同样蕴藏着一种救赎中国产业的情结，他所憧憬的就是在外资品牌、合资品牌完全垄断的汽车领域中，插上中国自主品牌的旗帜。

　　李书福 1997 年正式进入汽车领域后，1998 年年底第一辆两厢"吉利豪情"车上线。李书福把"吉利豪情"的市场价定位在4.79 万元，成为当时中国最便宜的"电喷车"。

　　从创立伊始，李书福就以一种与时俱进的理念推动吉利以超常规的速度发展，不仅成功挑战了外资品牌与合资品牌一统中国汽车市场的局面，而且用实力证明了中国自主汽车品牌同样可以获得出色的发展业绩。

　　在外资品牌、合资品牌纵横中国汽车市场的当下，横亘在吉利面前的不仅仅是强大对手的重重包围，还有消费者对自主品牌的认可程度以及对汽车核心技术的把握。从某种程度上讲，吉利的整个发展历程就是中国汽车工业从挑战到突破的缩影，而吉利的梦想就是中国汽车工业朝着自主方向发展的梦想。

最能体现李书福战略眼光的一幕就是其蛇吞象地收购了沃尔沃轿车。吉利很早就想收购沃尔沃，但在早期的接触中，吉利几乎完全被沃尔沃的东家福特所忽视。不过，随着时间的推移，李书福锲而不舍的追求以及国际知名投行的极力引荐，加上当时经济环境的变化，使福特最终于2010年3月28日将沃尔沃卖给了吉利。在国内外的开疆拓土中，吉利很好地利用了资源，让自己仅用不到30年就实现了跨越式的发展。

李书福的成功，是一个敢于突破自我、放眼世界的中国企业家的成功。作为青年人，不仅要有中国人的眼光，还要有世界的眼光。新时代青年遵循世界发展中的文明进步主流、依照世界发展的先进标准、结合世界发展的竞争动态，来衡量、要求、审视我们未来的发展。

第三节　处变不惊与驾驭局势

一、平衡感与驾驭性

青年干部的品质中不仅有"百炼钢"，也有"绕指柔"。而所谓的"绕指柔"，有时候比"百炼钢"需要更多的智慧和更宽广的胸怀。平衡局势，就是这样一种特质。

平衡，指的是维持一种稳定的状态。局势，则指的是周围环境的一种发展趋势。平衡局势，作为青年干部的一种特质，通俗地说就是一个人通过自己的行为，或者自己的影响力，将环境和环境将来可能发展形成的样子，维持在一个相对平衡的状态。不会过于激烈，也不会过于萧条。我们的目的是创造一个稳定的环境，减少出现意外和突发状况的可能性，降低我们实现目标和解决问题的难度。比如一杯水，杯子能装多少水，就是我们可以接受的范围，我们要做的就是始终让杯子中有水，但是又绝不让杯子中的水溢出来，这就是关于平衡局势的更直接的比喻。

当今世界，瞬息万变，在这样一个各种关系错综复杂、互相影响的时代，"牵一发而动全身"。我们追求的平衡局势，其实是一种动态的平衡，而不是绝对的此消彼长。想必大家小时候都玩过这样一个关于乒乓球的游戏，用球拍端着乒乓球，球在光滑的球拍上滚动却没有掉下来，是因为我们持着球拍的手不断改变着角度。通过自己的力量或者借助其他力量来维持平衡，是平衡局势的关键。

平衡局势，包括平衡周围环境的局势，无论是集体外部的还是集体内部的环境，还有自己的"局势"。人组成了群体或者组织，人也组成了社会，每个人的思想都是不同的，那么每个人都有和你意见相悖的时候。所以，我们的工作不可能被每一个人认可，可能面对来自方方面面的阻力。这些阻力可能来自个人，也可能来自组织和群体，还有可能来自整个社会。这些阻力，对于我们工作的开展的影响可能是十分巨大的。作为一名青年干部，我们需要疏导这些阻力，减少它们对我们工作的阻碍。通过沟通和这些压力进行"良好的人际交往"，获取宝贵的意见，消除误解和偏见，从而达到减少阻力甚至将阻力转化成助力的目的。

同时，在局势对我们不利的时候，要将局势引导着向于我们有利的方向前进，为我们的工作创造更好的外部环境。当局势对我们十分有利的时候，又要培养那些和我们意见不一致的"另外一种声音"，他们的意见对我们有十分重要的指导意义，因为他们通常可以看到我们自己看不到的问题。他们的声音，可以有效地帮助我们，从而更好更快地达到我们的目标。

对于一个集体是这样，对青年干部个人来说，平衡同样重要。平衡让我们不极端，不会进入思维的"死胡同"，这样，我们的思想才更完整，才能更加周全地思考问题；同时让我们的情绪不极端，在顺境中不放松警惕，在逆境中不自暴自弃、怨天尤人。所以我们说，平衡局势是青年干部必不可少的特质之一。

（一）处理突发状况的能力

生活中，总有一些突发状况与我们"不期而遇"。它们打乱我们的计划，让我们措手不及；它们改变当下的局势，让我们变得被动；它们带走近在咫尺的成功，让我们失望。这些痛苦状况好像生活对我们做的恶作剧，关键是它的"神出鬼没"，让我们疲于应付。

作为一名青年干部，如何跨过突发状况，如何感知突发状况，又如何利用突发状况？

突发状况，最大的特点就是突然性，"毫无预兆"地出现在我们面前，尤其是那些出现在我们毫无准备的时候的最棘手的意外，往往会造成灾难性的后果。越是在不知所措的时候，我们越需要做到处乱不惊和头脑清醒，将突发状况当作一个普通的问题，才能合理地解决它。面对突发状况，既不能阵脚大乱，也不能无动于衷。无论是"以不变应万变"，还是通过改变适应状况，目的只有一个，那就是解决问题。当情势扭转，我们变得被动的时候，我们需要时刻保持一个清醒的认识，时刻记得自己的目标是什么。这样才能决定我们应该怎么应对突发状况。

那么，如何培养自己应对突发状况的能力？

首先，要让自己具有忧患意识。我国最早的儒家经典《周易大传·系辞传下》中说："君子安而不忘危，存而不忘亡，治而不忘乱，是以身安而国家可保也。"简单地说就是要居安思危，在没有出现突发状况的时候时刻警惕，在没有出现突发状况的时候预见可能出现的问题。你可能会有这样的疑问：在状况没有出现的时候，我怎么知道什么时候会出现什么样的状况？世界瞬息万变，但是事物间始终存在联系的事实是不会改变的。通过事物间的联系，利用预见性的思想，发现可能出现的状况是可能的。所以，没有考虑到问题，不代表不能考虑到这些问题。要训练自己对潜在问题的敏感性，找到那些蛛丝马迹的联系。有一句话是这样说的，"永远战战兢兢，永远如履薄冰"，就是这样一个道理。政府定期会进行应对火灾或者地震的演习，火灾和地震就是政府需要面对的突发状况，这些演习可以让政府提前了解到突发状况可能造成的损失，以及采取哪些措施可以减少损失。这么做的主要原因是规避突发状况，当出现的突发状况已经在你的考虑之中，你就不会感到那么突然，自然也就可以妥善地处理问题。"知己知彼，百战不殆"，说的就是这样一个道理。

其次，要以积极和负责任的态度面对突发状况。"态度决定一切"，盲目的乐观和悲观都不能帮助我们有效地认识问题。只有冷静和清醒才能帮助我们在状况突发之后解决它，做好善后工作。

最后，突发状况的身份不一定只是敌人，也许会是我们的朋友。古语有云"祸兮福所依，福兮祸所伏"，"危机"这个词也是由危险和机会组成的，它的身份是由我们对待它们的方式决定的。冷静地发现事物背后的规律，在危险中找到机会，打一个漂亮的翻身仗，将突发状况为我们所用。

（二）战胜逆境的能力

生活不可能一帆风顺，有顺境，也有逆境。大多数时候，我们无法选择自己的环境。当我们挣扎在逆境中，面对各种各样的问题，我们很可能在被逆境击败之前先被自己击败。烦躁和慌乱让我们无法正确地分析问题，问题消磨着我们的自信和勇气。方寸大乱的时候，就是你被逆境打败的时候。

作为一名青年干部，如何不被逆境挟持，又如何战胜逆境，战胜自己？

人的一生中，总会有各种各样不幸的遭遇出现，在这个世界上，也没有谁是一帆风顺的，但除了经历种种困难，身边美好的画面也从未断过，如果我们的一颗心总是被灰暗的尘土所覆盖，干涸了心泉、黯淡了目光、失去了生机、丧失了斗志，那么，我们的人生轨迹又岂能美好？作为一名青年干部，如果能保持一种健康向上的心态，即使我们身处逆境、四面楚歌，也一定会有"山重水尽疑无路，柳暗花明又一村"的那一天。

亨利曾写过这样的诗句："我是命运的主人，我主宰自己的心灵。"只有你才是自己命运的主人，只有你才能把握自己的心态，而你的心态则塑造着自己的未来，这是一条普遍的规律。我们能够把扎根于人的心灵中的思想和态度转化成有形的现实，不管这种思想和态度是什么。我们能很快地把贫穷的思想变成现实，同样也能很快地把富裕的思想变成现实。而且，就现实的情形而言，悲观失望的人一时的呻吟与哀号，虽然能够得到短暂的同情与怜悯，但最终只能得到别人的鄙夷与厌烦；而乐观上进的人，经过长久地忍耐与奋斗、努力与开拓，最终赢得的将不仅仅是快乐与掌握，还有那些饱含敬意的目光。所以战胜逆境的答案就是，越是面对困难时，越要冷静，越要清醒地认识问题，分析问题，否则就无法解决问题；越是面对困难时，越要调整心态，积极乐观，否则消极的情绪将先把你击倒。

"逆水行舟，不进则退"，在逆境中的不作为，就是把自己推向失败的谷底。我们面对的问题那么多，那么复杂，同时也给我们出了另外一道难题，那就是如何作为。我们最需要的就是冷静。无论是一个问题，还是很多问题，对待它们的方法只有一个，那就是解决问题。可是为什么当我们面对很多问题同时出现的时候会觉得比解决一个问题要困难呢？那是因为我们自己先慌了，所以首先要克服的就是慌乱情绪，要清楚地认识到，慌乱和烦躁对解决问题无济于事。如果不着手解决问题，那么问题就永远还是问题，逆境不会自己离开。深呼吸，让自己冷静下来。客观地、科学地分析问题，权衡取舍，找到那个你需要最先解决的问题，就好像找到解开一团乱麻的那个线头。一个好的开始，就是成功的一半。解决了第一个问题，你才有可能解决接下来的问题。拿破仑说过，"最困难之日，就是离成功不远之日"，经过了逆境的历练，才能收获自己的成长。

情绪就是我们的喜怒哀乐，无论是成功带来的喜悦还是失败带来的痛苦，都是我们情绪的体现。美国哈佛大学心理学教授丹尼尔·戈尔曼认为："情绪意指情感及其独特的思想、心理和生理状态，以及一系列行动的倾向。"而我们因为逆境而产生消极情绪，也是合情合理的。但是我们不能放纵自己的情绪，管理自己的情绪是我们严格要求自己中十分重要的组成部分。情绪不可能被完全消灭，但可以进行有效疏导、有效管理、适度控制。情绪无好坏之分，一般只划分为积极情绪、消极情绪。由情绪引发的行为则有好坏之分、行为的后果有好坏之分，所以说，情绪管理并非消灭情绪，也没有必要消灭，而是疏导情绪并合理化之后的信念与行为，这就是情绪管理。简单地说，就是用对的方法，用正确的方式，探索自己的情绪，然后调整自己的情绪，理解自己的情绪，放松自己的情绪。这点在逆境中十分重要，当消极情绪主导你的时候，你就无法做出正确的判断，更加无法着手解决问题，这个时候打败你的不是逆境，而是你自己。美国作家布莱克说过，"水果不仅需要阳光，也需要凉夜。寒冷的雨水能使其成熟。人的性格陶冶不仅需要欢乐，也需要考验和困难"，逆境锻炼了我们的情绪。

如何有效地调整和管理我们的情绪？首先，我们要对自己的情绪特征有清楚的认识，就是观察自己，观察自己情绪的波动。人有思想，就一定会有情绪，不要简单粗暴地压抑自己的情绪。人与人的情绪也不尽相同，它和它的主人的经历和环境有直接联系，要调整自己的情绪就先要懂得自己的情绪。其次，你需要适当地表达自己的情绪，这是一门艺术，需要用心去体会，不要被自己的消极情绪暗示，认为一切都没有希望，更不要让自己的消极情绪影响甚至伤害其他人。最后，在适当的时候，我们也需要用适当的方式纾解情绪。换句话说，就是发泄自己的情绪，倒掉那些消极情绪，才能轻装上阵，直面逆境。作为一名青年干部，不仅需要管理和调整自己的情绪，也需要管理和调整青年人的情绪。

逆境困扰我们，同时也在磨砺我们。只有在逆境中，在遭受失败和挫折后，才能真正发现自己的不足。人生有喜有悲，有顺势必有逆势，凡顺势不要骄傲，盲目乐观，而应该未雨绸缪。面对痛苦状况和逆境，处乱不惊、头脑清醒，才能帮助我们度过严冬，迎来春天。这是我们最需要学习的，也是成长为一名青年干部的必由之路。每个人的生活都不可能是一帆风顺的。就像天将降大任于是人也，只有顶住压力，战胜逆境，才能增长才干。

二、遇急不乱，遇险不惊，遇辱不怒

晚清政治家翁同龢，写过这样一副对联："每临大事有静气，不信今时无古贤。"总结出古今成大事者共有的一个特征：临危而不乱，遇险也不惊。的确，纵观古今，不难发现，凡是能成大事者，都是遇急不乱，遇险不惊，遇辱不怒。

古语有云："每遇大事，必有静气，静则神明，疑难冰逝。"意思是：当突发大事，一定要静下心，不慌不乱，不急不躁。只有镇静，你的心神思维才会不受事态的影响，从而做出正确的判断。疑难和危险也会像冰化水一般渐渐消融。

人生无常，谁都不敢保证自己的生活中不会出现突如其来的一些不好的事情，唯有学会用从容笃定的态度去应对，才能稳定住局面，进而让事态转危为安。当我们面临大事、坏事时，只有静下心，才能保持自己有个理智的头脑。只有在冷静中观察、思考，审时度势，才能做出合乎理性的判断，生出化解危难的智慧。急躁焦灼，只会添乱。以静制动，才是上策。先静而后谋，先谋而后动，那么问题就可以迎刃而解，化险为夷。《大学》中说："知止而后有定，定而后能静，静而后能安，安而后能虑，虑而后能得。"的确如此。

当生活中突发险情时，越是焦躁恐慌，事态就会越乱。只有静下心思考，才能想出万全之策，将事情解决。

王阳明的一个典故就说明了"静能生智"的道理。在宁王叛乱期间，曾派大批兵力追杀王阳明。得此消息，王阳明麾下军士个个不知所措。但王阳明却临危不乱，斟酌了一会儿，决定让大家逃往吉安。大家连忙七手八脚地收拾东西，准备坐船出逃。半路上换乘小渔船，大家又手忙脚乱地转移大船上的东西。正在渔船将要开动时，王阳明问："东西都齐了吗？可有遗漏？"随行答道："全都齐了。赶紧走吧！"

王阳明却用手一指大船舳前的罗盖说道："你们都忘了最最重要的东西。"然后命人拆下罗盖，放到渔船上。原来罗盖在当时是身份的象征，如果没有罗盖，他们到达吉安也进不了城门。在逃亡之中，众人都惶恐不安，心急火燎，唯有王阳明不急不躁，静下心审时度势，考虑周全，所以才让众人化险为夷。由此可见：险境切莫慌，急情切莫乱。因为焦躁恐惧，就会思绪混乱。头脑乱了，不但不能解决问题，还更容易出错。唯有平心静气，才能想出解决问题的大智慧，也可以避免出现遗漏后患。

曾国藩曾说："心静则体察精，克治亦省力。"的确，一个人心绪越静，越能洞察事物的本质，找出精髓所在。抓住了关键点，处理事情也能事半功倍，那些看似紧迫棘手的问题也会迎刃而解。

鬼谷子曾说："遇横逆之来而不怒，遭变故之起而不惊，当非常之谤而不辩。"

纵观古今中外，那些了不起的人，之所以能做出常人难以做出的成就，就是因为他们无论身处何种境地都能保持稳定的情绪。尤其在面临突如其来的事情时，他们能够控制自己不产生焦躁、恐慌、愤怒等负面情绪，还能够在瞬息万变的世事中做到宠辱不惊，应付自如。

第四节　善于倾听与虚心学习

一、静得感与虚怀观

倾听，是接收口头及非语言信息、确定其含义和对此做出反应的过程。善于倾听是一种重要的沟通技巧和个人修养，它涉及以下几个关键方面。

（一）倾听的重要性

在职场和日常生活中，倾听不仅是接收信息的过程，更是表达尊重和理解的方式。有效的倾听可以帮助我们更好地理解他人，从而做出更恰当的回应。

（二）倾听的技巧

（1）目光接触、适时回应。通过一些非语言的信号，如表示同意的点头、恰当的面部表情，让对方知道你正在认真倾听。

（2）有效重复，了解对方所说的话的实质意义。捕捉对方想法，适当简短重复其谈话重点或实质性内容，以确认自己的理解是正确的。

（3）进一步了解对方对于当前问题的情绪和感受之后，给予确认和认可。倾听者会以不批判的方式体谅和认可这些情绪，并且给予对方支持。

（4）抑制要争论的念头，不要立即下判断，注意自己的偏见。好的倾听者绝对不会随意抢走话题，好让自己或者自己的问题成为讨论的主题。

（5）良好的倾听能力不仅仅是在对方说话时保持沉默那么简单。

（三）倾听的益处

善于倾听能够加深人际关系，因为它显示了对他人的关注和尊重。倾听可以帮助我们更好地理解他人，从而在决策时考虑到更多方面。在处理冲突和解决问题时，倾听往往能够找到双方都能接受的解决方案。

（四）倾听的艺术

倾听不仅仅是听，更是一种艺术。它要求我们在听的过程中保持开放的心态，尽可能地从对方的角度理解问题。倾听时，我们可以通过反馈来表明我们在听，例如，通过提问或简单的肯定词。

善于倾听是一种能够显著提升个人社交能力和人际关系的技巧。通过有效的倾听，我们可以更好地与他人沟通，建立更和谐的社会关系。

我们从出生就开始倾听，你也许会说，这有什么难的，但是你真的会倾听吗？你的倾听算是有效的倾听吗？

有效的倾听包括三方面：听到的内容；观察说话的人除了语言之外的其他行为，比如，眼神、神态、肢体语言、声调或者语气等，并且注意他的潜台词是否和他说的话表达的意思一致，也就是他是不是"话里有话"；做出回应，让说话的人知道我们在听，并且听懂了。

能够倾听，能够有效地倾听，是青年干部气质的一部分。

第一，你要愿意倾听他人，不能因为说话的人不如自己就不肯倾听。"三人行必有我师"，"闻道有先后，术业有专攻"，无论你是不是所有领域的全才，不肯倾听他人，你就是管理自己这个领域的"蠢材"。你也不能因为和对方意见相左就拒绝倾听，"我不同意你说的话，但是我誓死捍卫你说话的权利"，有些时候不同的意见能让我们看到更完整的自己，反而是我们最好的老师。

第二，有效的倾听，使你获取重要的信息。通过调查，通过倾听获得的信息量占40%，大于通过交谈获得的占35%的信息量。在这个信息主导的时代，信息就是力量，信息就是财富，信息可以帮助你获得先机，也可以帮助你防患于未然。俗话说"祸从口出"，倾听不是交谈，减少了"闯祸"的可能，同时如果你听到的内容是你未曾涉及或者很少涉及的领域的时候，倾听则是一个比交谈更好的学习过程。善听才能善言，倾听不是在阻碍你的表达能力，反而是在锻炼你的表达能力，只不过是以另外一个方式进行锻炼。

第三，当你作为一个倾听者的时候，你可以站在倾听者的立场上思考问题，思考如何发言能够更吸引对方；通过倾听，你也可以发现一些发言中存在的问题然后加以改正。倾听还可以激发对方的谈话欲望，作为一名青年干部，沟通能力十分重要，沟通既包括发言也包括倾听，通过有效的倾听，可以降低对方的防备心理，提高他们讲话的自信。这样一来，无论是建立良好的人际关系，还是为了增强青年人的自信心，都是十分有裨益的。

第四，当对方愿意跟你滔滔不绝地交流，而你们又恰恰意见不统一的时候，通过倾听，你能发现说服对方的关键。各抒己见的时候，我们往往在一遍又一遍地重复自己的观点。两个人都在陈述自己观点的结果就是谁也无法说服谁，将宝贵的时间浪费在争执上。当你换一个角度，从对方的话语中找到可以巩固自己想法的观点，对方的观点也就不攻自破，令对方心服口服，我们也就可以更快地投入工作中，执行我们的决策。

第五，通过有效的倾听，可以获得友谊和信任。更多的时候，我们倾听不是为了驳斥对方，而是为了进行沟通，通过沟通消除不必要的误会。

当你把注意力集中在他人所说的内容的时候，你就已经成为一个倾听者。当你把谈话时重要的观点在头脑中进行勾画，并考虑提出问题或提出观点进行质疑的时候，你就成为一个主动的有效倾听者。带着理解去倾听，用耳朵、眼睛、心灵和你全部的感知能力去听取对方的感受、含义和行为。这并不意味着你同意别人的观点，而意味着你完全理解和重视对方的感受、内容和信仰。作为一名青年干部，更加需要学会有效倾听，这可以培养你的领导气质，提高你的影响力和凝聚力，还可以在你的周围铸造一个相互理解、相互信任、高效运行的集体。

作家莫里斯说：要做一个善于辞令的人，只有一种办法，就是学会听人家说话。真正高层次的沟通，是懂得倾听。真正成熟的人，都懂得倾听，这不仅是一份善良，还是一份教养，更是一种了不起的情商。

"善言者，能赢得听众；善听者，才能赢得朋友。"心理学家马斯洛把人的需要分为五个层次，其中尊重需要是人们高层次的需求。生活中，每个人都有或快乐或悲伤的事，无论是分享快乐还是倾诉悲伤，都渴望自己被真诚倾听、被真切理解。能够被人倾听，会让我们的心灵在某种程度上得到满足。

一个高情商的人，不光会说话，更会懂听话。所谓高情商，不是世故圆滑，不是故作讨好，而是能站在对方的角度，懂得倾听他人的感受。善于倾听是一种修养，这种修养是发自内心深处的与人为善和尊重理解。

会听，是一种难得的处世智慧。倾听，比千言万语更能打动人心，比滔滔不绝更有力量、更加温暖。很多时候，人们聊天不是为了寻求一个答案，而是需要一个听众。有时候，说得再多，都不如静静倾听，多少沟通技巧都比不上倾听时的真诚。适时的点头微笑、应声附和，都能让对方感受到尊重和理解、认可和接纳，从而产生一种互相信任的亲和力和感染力，使内心的苦闷、烦恼和迷茫被倾听悄无声息地治愈。生活中，在对待他人的痛苦时，学会倾听也是一种关怀，更是一种默默支持的力量。这种力量，对于那些处在绝境的人，就仿佛是一种灵魂的救赎，救他们于孤独，救他们于困惑。倾听是一种能力，是一种思考、判断和共情的能力。

善于倾听的内核是共情。所谓共情，就是感同身受、换位思考，就是能设身处地体验他人处境，从而达到感受和理解他人情感的目的。共情绝不是虚情，而是真情；不只是嘘寒问暖的客套，而是推己及人的真诚。

虚心学习则是学会倾听的另一面。在人生的广阔舞台上，习惯的力量往往塑造着我们的命运轨迹。好的习惯，可造就美好一生；坏的习惯，则徒然浪掷生命。

如何塑造好习惯？在知识经济迅猛发展的今天，虚心学习不仅是个人成长的阶梯，更是扩展习惯领域、实现自我超越的基石。

虚心学习是解锁习惯领域的钥匙。在快速迭代的现代社会，唯有保持一颗虚心学习的心，我们才能紧跟时代的步伐，不被淘汰。IBM 因成功而自满，忽视了个人电脑革命的浪潮，最终错失了市场领导地位，这一案例深刻警示我们：傲慢是摧毁成功根基的罪魁祸首。因此，虚心学习不仅是获取新知的途径，更是我们心态上的一种归零与放空。它要求我们将过去的成就与经验置于一旁，以开放的心态接纳新知识、新观念，正如一个空杯，方能容纳更多甘霖。

为了将虚心学习落到实处，有三个关键方向。首先，明确学习目标。无论是长期还是短期的规划，都能为我们的学习提供明确的方向和动力。正如航海中的灯塔，指引我们穿越知识的海洋。其次，将学习融入日常，使之成为一种习惯。正如行业高手所展示的，持续不断地学习习惯，为他的职业生涯注入了源源不断的活力。最后，建立学习标杆。通过向榜样学习，我们不仅可以汲取他们的智慧和经验，更能在遇到困难时找到解决之道，从而不断提升自我。

在这个日新月异的时代，虚心学习不仅是我们适应变化的法宝，更是我们开启新境界的"重生之门"。通过不断学习新知识、新技能，我们可以不断拓展自己的习惯领域，增强自身的竞争力和适应能力。正如电脑软硬件的不断升级带来了性能的提升，我们的习惯领域也需要在不断学习中得到扩展和深化。只有这样，我们才能在生活中拥有更多的选择和可能性。

二、倾听的力量

《俞伯牙与钟子期》中，俞伯牙是一位著名的琴师，他的琴声优美动听，但他却感到孤独，因为没有人能够真正理解他的音乐。有一天，俞伯牙在船上弹琴，突然听到了岸上有人高喊"好"。他出来一看，是一个樵夫，于是便邀他入船舱，先弹一曲赞美高山的曲调，樵夫说道："真好！雄伟又庄重，好像高耸入云的泰山一样！"再弹一曲表现奔腾的波涛时，樵夫又说："真好！宽广浩荡，好像看见滚滚的流水、无边的大海一般！"俞伯牙高兴极了，他激动地说："知音，你真是我的知音。"两人从此成为知己。这个故事告诉我们，倾听是一种理解，也是一种尊重。只有当我们真正倾听别人的声音，才能够理解他们的内心世界，也才能够建立起真正的友谊。

《卡耐基的晚宴》中，有一天卡耐基参加一场重要的晚宴，在晚宴上，他碰到一位知名植物学家。卡耐基从始至终都没有与植物学家说上几句话，只是全神贯注地听着。然而等到晚宴结束以后，这位植物学家向主人极力称赞卡耐基，说他是这场晚宴中"能鼓舞人"的一个人，更是一个"有趣的谈话高手"。其实卡耐基没怎么说话，只是让自己细心倾听，却博得了这位植物学家的好感。这个故事告诉我们，倾听是一种沟通，也是一种表达。只有当我们真正倾听别人的声音，才能够与他们建立起良好的沟通和交流，也才能够让他们感受到我们的关注和尊重。

07

第七章
青年干部的能力提升

2020 年 10 月 10 日，习近平总书记在中央党校（国家行政学院）中青年干部培训班开班式上以"提高解决实际问题能力"为题，为全体学员讲授了第一课。在"开学第一课"上，习近平总书记提出，党的十八大以来，党和国家事业取得历史性成就、发生历史性变革，其中一条很重要的经验就是坚持问题导向，把解决实际问题作为打开工作局面的突破口。提高解决实际问题能力是应对当前复杂形势、完成艰巨任务的迫切需要，也是青年干部成长的必然要求。

对怎么提高解决问题能力，习近平总书记详细列出了干部特别是青年干部需要提高的七种能力：政治能力、调查研究能力、科学决策能力、改革攻坚能力、应急处突能力、群众工作能力、抓落实能力。这七种能力，是青年干部解决实际问题的基础和保障。政治能力是第一位的，是核心能力；调查研究能力是基本功，也是基本素质；科学决策能力直接关乎决策效果；改革攻坚能力彰显担当意识与开拓精神，弥足珍贵；应急处突能力考验干部坚持原则能力与应变水平，不可或缺；群众工作能力是看家本领，必须掌握；抓落实能力是根本，工作实效关键看落实。这七种能力，是时代的呼唤，是发展的需要，更是人民的期待。

第一节　政治能力

一、政治能力的基本概念

政治能力，就是辨别政治是非、保持政治定力、驾驭政治局面、防范政治风险的能力，是把握方向、把握大势、把握全局的能力。从呈现形式上看，"三个把握"的能力是从宏观层面强调了政治能力的方向性和全局性，而辨别政治是非、保持政治定力、驾驭政治局面、防范政治风险的能力则是从微观层面明确了应对各种风险挑战须具备的能力和素养。从内容构成上看，习近平总书记指出，我们党要始终做到不忘初心、牢记使命，把党和人民事业长长久久推进下去，必须增强政治意识，善于从政治上看问题，善于把握政治大局，不断提高政治判断力、政治领悟力、政治执行力。

政治判断力是指青年干部在错综复杂的政治环境中，对政治现象、政治事件、政治形势等做出正确评估和决策的能力。它是青年干部政治能力提高的前提和基础。政治领悟力是指青年干部对党中央战略部署和重大决策进行准确把握和深刻理解的能力。它是青年干部政治提高的关键，直接关系政治判断是否准确、政治执行能否到位，在青年干部能力体系中占据着举足轻重的地位。政治执行力是青年干部对政治要求的落实能力，即将党的路线方针政策及党中央重大决策转化为实际行动并高效执行的能力。它是青年干部政治能力提高的最终落脚点，也是衡量青年干部是否恪尽职守、尽职尽责的重要标准。

政治能力是一个多维度、多层次的复杂体系，占据核心地位的政治判断力、政治领悟力、政治执行力无疑是这一体系中的关键要素，但政治认知力、政治鉴别力、政治驾驭力等能力，在实践中同样发挥着不可或缺的作用，这些能力相辅相成、互为补充，共同构成了政治能力的基本内容。

二、新时代青年干部提高政治能力的价值意义

（一）青年干部提高政治能力的时代要求

一是落实全面从严治党的本质要求。政治建设是全面从严治党的根本性建设，加强党的政治建设需要落实主体责任。抓准"关键少数"这一实践主体，发挥青年干部的政治引领和表率作用。提高青年干部的政治能力，是确保青年干部始终坚守党的政治本色、践行党的初心和使命的关键，更是推动全面从严治党向纵深发展的内在动力。二是提高青年干部执政能力的必然要求。新时代青年干部的能力必须是全面且综合的。在众多能力中，政治能力是青年干部各项能力的基石与核心，对其他能力的性质和发展方向起着决定性作用。提高新时代青年干部的政治能力，不仅是青年干部履行职责、引领发展的根本保障，更是有效凝聚民心民力、提升党的长期执政合法性的关键。三是回应当前社会主要矛盾的现实需要。随着新时代社会主要矛盾的转化，人民对美好生活的需求日益多样化、个性化。青年干部需具备更高的政治敏锐性和决策能力，以洞察社会变化、化解风险和破解难题。加强政治能力建设是确保青年干部准确把握主要矛盾转化特点的关键，更是有效满足人民期望，倾听群众声音，制定科学合理政策

的现实之需。

（二）青年干部提高政治能力的时代价值

提高青年干部的政治能力，不仅是个人的素质提升，更是加强干部队伍建设、优化团队结构的重要途径。青年干部只有不断学习新知识、新技能，才能适应时代发展的需要。这不仅是青年干部保持党的先进性和纯洁性的内在要求，更是其履行职责、担当使命的重要支撑。

青年干部需具备坚定的政治信念和强烈的使命担当，才能始终保持对事业的热情和执着追求，确保各项任务能够按时按质完成。青年干部良好的政治形象能够赢得广大群众的信任和支持，反之则会削弱青年干部的凝聚力和号召力，影响党和国家事业的顺利发展。提高青年干部的政治能力，要求青年干部塑造起坚定、清廉、务实的政治形象，展现出敢啃硬骨头、敢于斗争、善于斗争的政治品质和精神风貌，更好地引领和团结群众干事创业。

三、新时代青年干部提高政治能力的实践路径

（一）把握正确的政治方向

政治方向是党生存发展第一位的问题，事关党的前途命运和事业兴衰成败。政治方向问题就是最根本的问题，我们决不能在根本问题上出现颠覆性的错误。中国连绵几千年发展至今的历史从未中断，21 世纪的马克思主义在中国生机盎然，中国特色社会主义发展道路一枝独秀，中国特色社会主义彰显的制度优势，都充分说明了中国特色社会主义不是凭空产生的，而是根植于中华民族 5000 年的历史文明，发轫于中国共产党人带领中国人民进行

的伟大革命、建设、改革实践，内生于马克思主义与时俱进的真理力量、道义力量、创新力量和实践力量，是适合中国国情的实现中华民族伟大复兴的必由之路。中国共产党100多年的辉煌历史、中华人民共和国70多年的伟大变迁、改革开放以来40多年的伟大实践，充分证明了中国共产党领导是中国特色社会主义最本质的特征，是中国特色社会主义制度的最大优势。在坚持党的领导和中国特色社会主义制度这个决定党和国家前途命运的重大原则问题上，各级领导干部必须保持高度的政治自觉、思想自觉、行动自觉，丝毫不能动摇。领导干部特别是青年干部要把握正确政治方向，凡是有利于坚持党的领导和我国社会主义制度的事就坚定不移地做，凡是不利于坚持党的领导和我国社会主义制度的事就坚决不做。

（二）炼就政治慧眼

领导干部特别是青年干部要不断提高政治敏锐性和政治鉴别力，观察分析形势首先要把握政治因素，特别是要能够透过现象看本质，做到眼睛亮、见事早、行动快。这不仅是中国共产党从诞生、发展到壮大、强大的经验教训总结，也是针对一些青年干部存在政治敏锐性和政治鉴别力薄弱的问题提出来的。青年干部增强政治敏锐性和政治鉴别力，就要炼就火眼金睛，做到"眼睛亮"，在政治是非面前保持清醒的政治头脑和正确的政治方向，有效抵制腐朽思想文化和各种错误思潮的侵蚀和影响，确保改革开放和经济建设健康、顺利地发展；要明察秋毫、见微知著，做到"见事早"，及时发现一些潜在性、隐蔽性、苗头性问题；要举一反三、未雨绸缪，勇于担当，敢于负责，做到"行动快"，切实把问题和矛盾解决在萌芽状态，有效防范和化解政治风险，确保国家长治久安和人民幸福安康。

（三）加强政治历练

领导干部特别是青年干部要对党的政治纪律和政治规矩怀有敬畏之心，自觉加强政治历练，增强政治自制力，始终做政治上的"明白人""老实人"。要牢记自己"共产党员"的第一身份，做到知行合一，时刻保持头脑清醒、立场坚定，始终听党话、跟党走，做到坚持党的领导、拥护党的纲领、执行党的决定，任何时候都不含糊、任何情况都不动摇。要始终把讲政治摆在首位，谋事多想政治标准、办事多想政治要求、处事多想政治影响，在贯彻执行党中央决策部署上不打折扣、不搞变通，决不能当"人前一套人后一套"的两面派，不能以改革创新之名自行其是，更不能背离中央要求另搞一套，要始终做到中央提倡的坚决响应、中央决定的坚决执行、中央禁止的坚决不做，确保各项决策部署落地见效。要在实践磨炼中强化政治担当，敢于担当、履职尽责，以"咬定青山不放松"的干劲抓工作、谋事业，以"抓铁有痕、踏石留印"的韧劲攻难关、克险阻，危急关头敢挺身、困难面前敢碰硬、阻力面前敢担当，逢山敢于开路，逆水继续行舟，多接一接"烫手的山芋"，多当一当"热锅上的蚂蚁"，经风雨、苦心志、壮筋骨，方能练就一颗"大心脏"、磨出一手"硬茧子"、锻造一身"硬身板"，把自己锻炼成为烈火真金。

（四）深化理论武装

理论上清醒，政治上才能坚定。坚定的理想信念，必须建立在对马克思主义的深刻理解之上，建立在对历史规律的深刻把握之上。领导干部特别是青年干部要注重提高马克思主义理论水平，学深悟透，融会贯通，做马克思主义的坚定信仰者、忠实实践者。只有学懂弄通了马克思主义立场观点方法，才能心明眼亮，深刻认识和准确把握共产党执政规律、社会主义建设规律、人类社会发展规律，才能始终坚定理想信念，在纷繁复杂的形势下坚持科学指导思想和正确前进方向，带领人民走对路，把中国特色社会主义不断推向前进。习近平新时代中国特色社会主义思想是二十一世纪马克思主义、当代中国马克思主义。在经过实践检验正确的理论和战略问题上，我们要有理论自信和战略定力。要自觉用习近平新时代中国特色社会主义思想武装头脑，做到全面系统学、及时跟进学、深入思考学、联系实际学，坚持读原著、学原文、悟原理，往深里走、往实里走、往心里走，做到学、思、用贯通，知、信、行统一，坚定"四个自信"。要在通过学习不断改造主观世界的过程中，通过实践不断改造客观世界，通过历练不断提高政治能力，不忘初心、抖擞精神，担当使命、砥砺作为，保持革命精神、革命斗志，勇于把我们党领导人民进行的伟大社会革命继续推进下去，为坚守共产党人的精神家园、实现历史使命不懈奋斗。

第二节　调查研究能力

调查研究既是中国共产党人遵循辩证唯物主义实践论来认识客观事物的基本方法，又是中国共产党人在各个历史时期做好领导工作和群众工作的传家宝，更是新时代做好党的各项工作的基本功。我们党领导 14 亿多人民在当代中国全面实现社会主义现代化必须具备强大的执政能力和领导能力；而当代青年干部的调查研究能力关系未来 30 年党的执政能力和领导水平的提升。"当前，干部队伍能力不足、'本领恐慌'问题是比较突出的"，"要教育引导广大党员干部了解民情、掌握实情，搞清楚问题是什么、症结在哪里，拿出破解难题的实招、硬招"，"青年干部要提高调查研究能力"。

一、调查研究能力的基本内涵

调查研究既是各国政党的精英成员和国家公务员认识社会所普遍使用的研究方法，也是世界各国社会科学研究工作者普遍使用的研究技术，因此，各国公务员和社会科学的研究人员都需要具备一定的调查研究能力。考察我们党在历史上经常使用的"调查研究"概念发现，中国共产党人所使用的"调查研究"概念是在马克思主义认识论和实践论以及唯物史观、群众路线的指引下吸收借鉴人类学、民族学、社会科学调查研究的理论和方法所形成的特定概念，因而具有特定的内涵，其实质和主要目的是解决马克思主义普遍原理与中国的具体实际有机结合或马克思主义在中国具体化的问题。同样，中国共产党人所指的调查研究能力也有了特定的含义和比较高的标准要求。所谓青年干部的调查研究能力是指青年干部在工作特别是领导工作中通过走群众路线，科学运用调查研究方法，认识和把握客观事物的真实状况和发展变化的规律，反映群众的利益愿望诉求，为制定和执行政策提供真实信息的本领。

青年干部要搞好调查研究，必须坚持从群众中来，到群众中去，既要广泛听取群众的各方面意见，又要在人民群众的实践中检验调查研究的成果。因此，深入实践走群众路线的能力是青年干部培养提高调查研究能力的价值取向和检验标准。青年干部一方面，只有具备调查研究的能力才能走好党的群众路线；另一方面，也只有走好党的群众路线才能做好调查研究工作。

　　调查研究的目的是掌握第一手材料。青年干部为了掌握世情国情党情民情的第一手数据资料，必须学会综合运用包括现代信息技术在内的各种调查研究方法技术。青年干部既要学会综合运用我们党在长期实践中积累的有效方法，又要提高学会运用问卷调查、统计分析、抽样调查、专家调查、网络调查和大数据技术等现代科学调查方法的能力。

　　青年干部提高调查研究能力的直接目标是提高科学制定政策和执行政策的能力，其最终目的是实现和维护好人民群众的根本利益。为此，就必须通过全面系统、科学深入的调查研究，全面认识和把握客观规律与人民群众的利益愿望要求。因此，青年干部的调查研究能力比较集中地体现了青年干部追求真理和维护实现发展人民利益的价值立场，体现了追求真理与追求价值有机统一的能力。

二、新时代青年干部提高调查研究能力的价值意义

　　调查研究不仅是一种工作方法，而且是关系党和人民事业得失成败的大问题。未来 30 年我国处于新发展阶段，青年干部调查研究能力的高低问题也是关系到能否"贯彻落实好新发展理念、构建新发展格局、推动高质量发展"的大问题。青年干部由于受其自身工作经历和生活阅历的限制，认识和把握世情国情党情民情的全面性系统性科学性程度也受到限制。因此，青年干部在持续做好调查研究工作的过程中不断提高调查研究能力也就具有重要政治价值和实践意义。

（一）调查研究能力是青年干部提高政治能力的保障

　　当前青年干部迫切需要通过调查研究不断提高政治判断力、政治领悟力和政治执行力。这是因为客观事物是不断发展变化的，

新矛盾新问题每日每时都在出现，我们所肩负的任务是不断变化的，干部队伍也在不断进行新老交替和调换岗位，调查研究必须经常持续地进行。只有坚持调查研究常态化，才能正确认识不断变化的客观形势，始终保持政治上的清醒和坚定，不断增强政治判断力。青年干部只有不断提高调查研究能力，"始终坚持"和"不断加强"调查研究工作，才能在贯彻执行党的路线方针政策方面防止发生"左"或右的错误，提高执行党在社会主义初级阶段的基本路线的能力。

（二）调查研究能力是青年干部提高决策能力和执行能力的基本前提

开展调查研究，掌握真实情况，把握客观规律，是做到实事求是的必然要求。调查研究是谋事之基、成事之道。习近平总书记指出，正确的决策离不开调查研究，正确的贯彻落实同样也离不开调查研究；不了解真实情况，拍脑袋做决定，是做不好工作的。这就深刻地阐明了青年干部提高调查研究能力并认真开展调查研究工作对青年干部决策和执行政策的重要性。因此，没有调查，就没有发言权，就没有决策权。凡是制定涉及群众切身利益的重要决策方案和政策措施，必须事先开展调查研究、广泛听取群众意见。

（三）调查研究能力是青年干部克服本领恐慌的法宝

中国作为一个大国，国情复杂、各地差异大，必然要求各级干部通过调查研究掌握全局情况。提高调查研究能力是青年干部克服本领恐慌的法宝。只有不断开展调查研究和理论学习，才能避免陷入少知而迷、不知而盲、无知而乱的困境，才能克服本领不足、本领恐慌、本领落后的问题。毛泽东在 1961 年总结自己的领导工作经验时说："凡是忧愁没有办法的时候，就去调查研究，一经调查研究，办法就出来了，问题就解决了。"正因如此，毛泽东同志从年轻时期开始就始终重视调查研究。他在进行寻乌调查时，开展了为期20余天的社会调查，对多地进行了实地走访，对寻乌的阶级状况进行了深入了解，掌握了大量第一手资料，并亲手完成了近8万字的调查报告。他的《中国社会各阶级的分析》《湖南农民运动考察报告》《寻乌调查》这些历久弥新的经典名篇，无不产生于其扎实的调研过程。在新时代，青年干部同样需要不断提高调查研究能力，才能适应在不同的地方、部门、岗位担负领导责任。

三、新时代青年干部提高调查研究能力的实践路径

（一）青年干部应提升政治意识，切实增强调研思想自觉

习近平总书记深刻指出，"各级干部特别是领导干部要善于从政治上看问题，站稳立场、把准方向"。围绕中心任务、服务大局，是调查研究工作的目的所在、价值所系。这就要求新时代青年干部要提高政治站位，切实把思想和行动统一到党中央决策部署上来，深学细悟党中央关于大兴调查研究的重大决策，准确把握新时代新形势下对于调查研究工作的新要求新任务，瞄准战略性、全局性、前瞻性重大课题，不断增强开展调查研究的政治自觉、思想自觉和行动自觉。习近平总书记多次强调调查研究是做好工作的基本功。回顾我们党的百年奋斗历程，重视调查研究是中国共产党人鲜明政治品格的突出体现，是中国共产党取得重大历史性成就的重要法宝，也是中国共产党人践行群众路线的有力举措。调查研究是开展好其他各项工作的前提和基础，因此，

新时代青年干部应提升政治意识，坚持问题导向，继承中国共产党人善于运用调查研究解决问题的优良传统，结合本地区本单位情况，广泛听取各方面意见，探究制订调查研究的具体计划，深入开展调查研究，用好这个传家宝。

（二）青年干部应践行群众路线，切实转变调研工作作风

调查研究是密切联系群众、发现突出问题、科学进行决策的重要方式。新时代青年干部应坚决践行党的群众路线，既要坚持弘扬优良传统，做到眼睛向下，多采取"四不两直"方式进行调查研究，又要与时俱进，走好新时代网上群众路线。第一，弘扬优良传统，走好群众路线。群众路线是党的生命线，青年干部要在调查研究过程中经常性审视情况实不实、问题准不准、措施行不行，把好调查研究的"第一关"，杜绝闭门造车、坐而论道。既要主动"沉下去"，怀揣责任走进基层一线，带着感情深入田间地头，充分掌握第一手素材资料；又要主动"请上来"，有针对性开展"一对一"访谈，力争把情况吃透、把症结摸清、把对策找准。第二，强化互联网思维，走好新时代网络群众路线。在新媒体时代，互联网已成为群众表达诉求、参与社会治理的重要渠道。因此，青年干部要充分利用互联网技术和平台，通过发放网络调查问卷、公布热线电话和邮箱等形式，动员广大群众通过网络参政议政、反映诉求、贡献智慧，走好网上群众路线，构筑网上网下同心圆。网络问政畅通了沟通渠道，聚焦群众急难愁盼问题，搭建与群众的"连心桥"，打通服务群众"最后一公里"。

（三）青年干部应遵循科学方法，切实提高调研履职本领

事必有法，然后可成。调查研究是一门致力于求真的学问，

一种见诸实践的科学，也是一项讲求方法的艺术。第一，青年干部要找准调研重点，着眼解决实际问题。带着问题开展调查研究，合理确定调研时间、地点、课题等，切实将问题和情况摸清楚。坚持深入基层、深入实地、深入群众，到困难较多、情况复杂、矛盾尖锐的地方开展调研，摸清实情、分析症结，研究提出改进工作的思路和举措，真正掌握基层工作实情。第二，青年干部要改进调研方法，提高调研履职本领。践行"以人民为中心"的发展思想，带头开展调查研究，要严肃调研纪律，坚持不影响基层工作、不增加基层负担。要接地气、注重蹲点调研，一竿子插到底，不设调研路线，直接接触群众，充分运用问卷调查、座谈访谈、随机走访、一对一访谈等调查研究工作方法，创新调研方式、丰富调研手段、拓宽调研渠道，以点带面驱动调研工作扎实高效。

(四) 青年干部应有效转化成果，切实形成调研长效机制

调查研究要注重实效，使调研的过程成为加深对党的创新理论领悟的过程，成为保持同人民群众血肉联系的过程，成为推动事业发展的过程。调查研究的价值在于能够将深入基层、实地、群众所获取的宝贵信息及时转化为推动工作、指导实践的具体思路、办法和政策举措，进而实现调研成果向解决问题、促进发展的工作成效转化。因此，新时代青年干部要做深做实做细调查研究的"后半篇"文章，并常态长效地推动调查研究工作走深走实。第一，青年干部要在了解实情、找准问题、剖析根源的基础上，有针对性地提出对策和建议，将调研中发现的一系列问题转化为推动开展工作的抓手。要坚持系统思维，提高从碎片化的调研素材中总结有效信息的能力，及时将好做法、好经验进行总结提炼，运用到工作实践中去，真正实现调研成果价值最大化。第二，青年干部要推动调研常态化，形成长效机制。把推动落实的

目标导向贯穿于调研始终，对一时能解决的问题，制定"任务清单"，立行立改，解决"如何高效干"；对一时解决不了的问题，制定"节点清单"，解决"干到什么程度"，明确完成时限，及时跟踪调研结果的转化运用。同时，为了确保调研成果的有效转化和持续推动问题解决，建立回访反馈制度至关重要。这一制度能够及时回应和解决调研中基层干部群众集中反映的问题，进一步巩固调研成果，确保解决老问题、及时发现新问题，全力推进问题整改落实，将一张张"问题清单"转化为"成果清单"，用实际行动扎实推进中国式现代化。

当前，世界百年未有之大变局加速演进，各种困难及挑战比以往更加复杂严峻。对青年干部而言，形势越复杂，任务越艰巨，越是要坚定信心、保持定力。唯有用好调查研究这个传家宝，才能更好地运用习近平新时代中国特色社会主义思想研究新情况、解决新问题、总结新经验、探索新规律。

第三节　科学决策能力

一、科学决策能力的基本内涵

科学决策也称理性决策，是指在科学的决策理论指导下，以科学的思维方式，应用各种科学的分析手段与方法，按照科学的决策程序进行的符合客观实际的决策活动。科学决策是一种较之经验决策更为高级的决策形式，它是现代人类社会决策的主要形式。科学决策有如下几个特点。

一是科学性原则。简言之，科学决策就是要按客观规律办事。亦指科学决策要从实际出发，务求实事求是，按照科学的思维、科学的方法、科学的程序去收集有关情况、做出有关判断、罗列有关方案，最后精心选择最佳方案。如此，可以从本质上避免、减少社会管理决策过程中出现不必要的失误和偏差，使得科学决策更有利于经济社会高质量发展。

二是众智性原则。俗话说，三个臭皮匠，顶个诸葛亮。现代社会发展日新月异，使得现代社会管理过程中决策的难度不断加大，要做出科学决策只靠某一个人的智慧很难实现，充分发挥集体智慧的作用尤其重要。当下，流行的"高手在民间"也是这个道理，决策过程中也有必要"问计于民"、集思广益。

三是择优性原则。虽然，解决经济社会发展过程中产生问题的办法有很多，有时候甚至是"条条道路通罗马"，但是，我们应当从经济、时间、人力、物力、效果等方面全面综合考虑，选择解决问题和推动发展的最佳方案，追求最高性价比的"罗马之路"。

四是程序性原则。当下，行政管理有一种理念是"结果重要，程序更重要"。初步选择好最佳方案后，提交班子会集中研究过会，既是现代管理中民主集中制的具体体现，也是推动工作过程中统一思想认识的需要，有利于"最佳"方案更完善，更高质量推动工作落地见效。

五是及时性原则。决策的正确和错误总是和一定的时间界限相联系着的，科学决策强调比较强的时间观念，特别是在瞬息万变的现代社会中，每一个决策者都应牢记"机不可失，时不再来"，否则，坐失良机，"过了这个村，就没有这个店"，甚至会出现"当断不断，反受其乱"的不良局面。

新时代新征程，我们面临的机遇和挑战错综复杂，迫切需要青年干部锤炼过硬的决策能力、决策素质，通过科学决策应对挑战、解决问题、推动发展。

科学决策要怀着对党的赤诚之心，确保每一项决策都符合党和人民的利益。这就要求青年干部，在学深悟透习近平新时代中国特色社会主义思想上下功夫，原汁原味读原著、学原文、悟原理，不断筑牢理想信念根基，任何时候任何情况下都不改其心、不移其志、不毁其节。

科学决策要坚持实事求是，做到有的放矢、靶向施策。青年干部做决策、抓工作必须脚踏实地，来不得半点的虚假和马虎，否则必然造成决策不到位、工作不落实，甚至出现失误、造成损失。

科学决策要用全面视角，算好资源账、算细产出账、算明长远账。科学决策离不开对形势的准确判断、对困难的充分估计、对风险的全面评估。要扎实开展可行性研究，运用"交换、比较、反复"的辩证方法，围绕影响决策的各种因素进行全面、系统的分析，看事情是否值得做、是否符合实际，防止拍脑袋决策、拍胸脯蛮干。

科学决策要坚持为民情怀，把好事实事做到群众心坎上。很多决策事项都事关民生，与群众切身利益息息相关，要牢记"为民造福是最大政绩"，坚持以人民为中心的发展思想，把好事实事做到群众心坎上。

二、新时代青年干部提高科学决策能力的价值意义

青年兴则国家兴，青年强则国家强。青年干部是年轻人群体的优秀代表，他们的科学决策能力如何，对社会健康发展具有举足轻重的意义。

（一）科学决策让青年干部干事创业更加高效

一方面，磨刀不误砍柴工，科学决策是干事创业的计划书和作战图，按照精心"三思"的部署规划而"后行"，干事创业过程中心有底气脚有力气，能把力使在刀刃上，更有可能事半功倍。另一方面，在关键节点上做出科学决策，"当断则断"，"理则顺，剪则断"，正当其时，恰到好处，既能最大限度止损，降低不必要的影响，又能使事物积极高效发展。

（二）科学决策让青年干部以民为本更富成效

全心全意为人民服务是共产党员的宗旨。青年干部在行使行政决策过程中务必要坚持人民至上，一切以人民为中心，尽可能维护群众利益，尽可能帮助百姓解决急难愁盼问题，尽可能满足人民对美好生活的需要。所以，在科学决策过程中，要以民为本，问需于民、问计于民、问效于民，不断增强群众的获得感和幸福感。

（三）科学决策让青年干部推动发展更有质效

古语道："差以毫厘，失之千里。"若是随性拍脑袋，方案缺乏合理性，可行性和可操作性不强，决策随随便便，一定会严重影响甚至阻碍经济社会的发展。所以，有些有识之士说，决策的失误是最大的失误。反之，科学决策的工作方向明、工作思路清、工作策略实，能避免"摊大饼"式盲目地发展，也能避免"翻烧饼"式折腾着发展。简言之，科学决策能最大质效地助推经济社会发展。

科学决策能力是一种高阶能力，更是一种高层次综合素养，不可能与生俱来，也不可能一蹴而就，更不可能无中生有。人在世上练，刀在石上磨。科学决策能力培育培养的过程，就是锤炼青年干部素养、提升青年干部过硬本领的过程。青年干部要珍惜每次决策机遇，在做好每一次决策的同时，不断提升科学决策能力，促使自己成事成才。

三、新时代青年干部提高科学决策能力的实践路径

（一）把握科学决策规律

科学决策的目标是要保证决策的科学性，从而使决策达到一个较高的层次。

一个科学的决策往往具有以下特征。一是理性。即决策者要杜绝被情绪左右，要用理性的态度参与决策。二是宏观。即决策者要跳出问题本身思考问题，用长远的眼光和广阔的视角做出决策。三是果断。决策者在适当时机要当机立断，排除一切阻碍，勇敢做出决定。科学决策要做到科学性和目的性的统一，使决策既符合客观规律，又能实现决策的目标。科学决策要做到目标与方法的统一，既要确定目标，又要计划好实现目标的路径；科学决策要做到可能性与可行性的统一，既要看到成功的希望尽力而为，又要立足现有条件量力而行；科学决策要做到定量与定性的统一，要尽量用数据进行定量分析，还要在定量分析后做出定性的结论；科学决策要做到全局与局部的统一，既要兼顾整体利益，又要兼顾局部利益。青年干部要准确把握科学决策的客观规律，才能实现由经验决策向科学决策的转变。

（二）掌握科学决策方法

一般而言，科学决策方法有以下几种。

一是现状调查法。由于不同的决策是根据不同的内部条件、外部环境和具体的时间、空间提出的，因此，决策之前必须经过周密的调查研究，弄清决策对象系统各要素之间的现实情况。调查材料必须真实、具体、全面、可靠。信息的全面性是决策准确性的前提，信息失灵必然导致决策失败。

二是对比优选法。对获得的资料和提出的方案进行分析，结合时间、地点等因素对方案价值进行评定，权衡各类方案的利弊、影响和后果，综合考虑各方案所需的人力、物力、财力等条件，从种种方案中选定最佳方案。

三是全面系统分析法。把决策过程当成一个全面的系统进行研究，把决策系统与外部环境的相互关系作为变量进行分析，明确目标，寻求目标达成的途径和方法，进而选择最优方案。

四是模拟模型法。把科学决策转化为模型，再把模型转化为局部实验，实验成功后再全面推广。

五是未来预测法。综合判断各类信息，对未来趋势进行预测，并依据预测做出决策。

青年干部可通过学习和实践，不断掌握科学决策方法，最终实现科学决策目的。

（三）培养科学决策素养

培养科学决策素养，是指培养科学决策的素质和修养，既要注重外在科学决策能力的提高，又要注重内在科学决策心态的养成。青年干部要提高科学决策素养，可从以下几方面着手。

一是用马克思主义立场观点方法分析解决问题。具体而言，就是用习近平新时代中国特色社会主义思想武装头脑、指导实践。习近平总书记指出："做到科学决策，首先要有战略眼光，看得远、想得深。领导干部想问题、作决策，一定要对国之大者心中有数，多打大算盘、算大账，少打小算盘、算小账，善于把地区和部门的工作融入党和国家事业大棋局，做到既为一域争光、更为全局添彩。要深入研究、综合分析，看事情是否值得做、是否符合实际等，全面权衡，科学决断。作决策一定要开展可行性研究，多方听取意见，综合评判，科学取舍，使决策符合实际情况。"

二要站稳人民立场。要牢记共产党人的初心和使命，把人民放在心中最高位置，坚持以人民为中心，把人民拥护不拥护、赞成不赞成、高兴不高兴、答应不答应作为衡量一切工作得失的根本标准，遇到拿不准的问题，要以是否有利于保护人民人身权、财产权、人格权为标准进行决策。

三要深入调查研究。青年干部要将调查研究作为决策过程中常态化、制度化的必经方法和程序，做到深度调研、综合调研、全面调研，为科学决策提供充分、扎实、有力的支撑。

四要强化法治意识。法治是治国理政的基本方式，是科学决策的重要保障。我国日趋完善的法律体系本身就是一个科学的系统，依法做出的决策具有稳定性、规范性，即使与目标有偏差，也不会犯重大错误。青年干部要提高依法决策、依法行政能力，从内心深处形成对法治理念、法治价值的认同和对法律的敬畏，充分运用法律方式处理公共事务、化解社会矛盾、维护公民的合法权益。

五要坚持学习。要建立自身合理的知识结构体系和广泛的知识积累。要不断学习所在岗位的专业知识，同时也应当学习经济、政治、文化等领域的知识，还要努力补充管理学、心理学等多方面的知识，保证自身的知识水平满足岗位工作需要。现代科学技术日新月异，青年干部对某方面、某领域的事物不熟悉，遇到这类问题，可以向专家学者、人民群众和具有这方面知识和实践的咨询机构、智囊团学习请教，弄懂弄清所以然，然后再讨论决策，切忌为了面子而盲目决策。

六要积累经验。实践是检验真理的唯一标准。青年干部要争先恐后到改革发展的主战场、维护稳定的第一线、服务群众的最前沿，接一接"烫手山芋"、当几回"热锅上的蚂蚁"，经受吃劲岗位、重要岗位的磨炼。要抓住锻炼机会，在实践中多看、多听、多想、多干，边实践边总结，不断提高自身科学决策能力。

（四）营造科学决策氛围

决策是一个从感性到理性的过程，很多决策是在领导者和下属的互动过程中完成的。当领导比较果断有力（强势）时，决策总是出自领导一方；当下属素质较高时，决策则出自集体的可能性较大。

做出决策的模式大概有三种：一是领导直接做出并公布决策，下属无参与决策的机会；二是领导提出计划，允许下属提出想法、建议，领导与下属协商做出决策；三是领导提出问题，由下属制订解决方案，领导最终决策。青年干部担任领导职务时，应综合考虑下属的知识、能力和素质，多给下属发表意见和建议的机会，建立容错纠错机制，培养下属参与决策的能力。青年干部是一般干部时，应视领导的知识、经验、个性、价值观、对下属的信任程度等因素适时参与决策，不越位、不缺位。无论青年干部是否担任领导职务，都要上下左右沟通到位，以"身在兵位，心为帅谋"的责任与担当，围绕大局出谋划策、贡献智慧，共同营造群策群力、民主集中、高效运转的科学决策氛围。

第四节 改革攻坚能力

一、改革攻坚能力的基本内涵

改革攻坚能力是指在深化改革过程中，面对复杂问题、矛盾和挑战时，能够有效解决问题、化解矛盾、解决历史遗留问题，并创造性地开展工作的能力。这种能力不仅要求有坚定的决心和勇气，还需要高超的策略和方法，以及在实际工作中能够不断进取、敢为人先的干事创业氛围。改革攻坚能力彰显担当精神和开拓意识，是青年干部的一项重要能力，在很大程度上决定着党和国家各领域各方面改革的进度与成效。具体内涵包括：

（1）投身改革的政治自觉：推动转型的具体举措，走在前列的扎实作风，谋战胜战的实际行动。

（2）敢闯敢试、创新突破：在矛盾面前敢于啃硬骨头、敢于涉险滩，在风险面前敢于作为、敢于承担。

（3）高标准、大努力、快速行动：树起比别人更高的标准，付出比别人更大的努力，拿出比别人更快的行动，干出比别人更好的成绩。

（4）攻坚克难的担当：彰显了攻坚克难的担当，体现了化危为机的成效，贯彻了人民至上的理念。

（5）创新、创业、活力：创新成为第一动力的发展，创业兴业蔚然成风的发展，创造活力竞相迸发的发展。

（6）精益求精、破解难题：精益求精干好每一项工作，披荆斩棘破解一个个难题，抖擞精神打好一场场硬仗。

改革就是改变、革新、创新的能力。改革攻坚不同于寻常工作措施，它是指对重大问题、难点问题的特殊应对，是在逆水行舟、不进则退形势下的必然举措。钱锺书说过："革命在事实上的成功就是革命在理论上的失败。"改革没有完成时，改革永远在路上。旧的问题解决了，新的问题又会产生，因而改革不可能一蹴而就，也不可能一劳永逸。邓小平同志认为，改革是中国的第二次革命。"不谋全局者，不足谋一域。"改革是对既有利益的调整，触动的是深层次的矛盾，涉及的是根本性的利益，牵一发而动全身。习近平总书记强调：把"是否给人民群众带来实实在在的获得感，作为改革成效的评价标准"，"把改革方案的含金量充分展示出来，让人民群众有更多获得感"。改革攻坚能够增强人民群众的获得感，把人民群众放在心中最高位置。

二、新时代青年干部提高改革攻坚能力的价值意义

青年干部是党和国家事业的新生力量，要自觉担负起党和人民赋予的时代重任，努力成为改革攻坚的生力军，在大有可为的新时代大有作为。

（一）提高青年干部改革攻坚能力，是顺应时代发展大势之需

古人云："天下之治，有因有革，期于趋时适治而已。"意思是说，治理天下的方法，有继承有变革，但都是为了能合乎时代需要，达到治理的目标而已。全面建设社会主义现代化强国，需要青年干部具有改革攻坚思维。

邓小平同志曾经说过："没有一点闯的精神，没有一点'冒'

的精神，没有一股子气呀、劲呀，就走不出一条好路，走不出一条新路，就干不出新的事业。"

习近平总书记指出："生活从不眷顾因循守旧、满足现状者，从不等待不思进取、坐享其成者，而是将更多机遇留给善于和勇于创新的人们。青年是社会上最富活力、最具创造性的群体，理应走在创新创造前列。"

当今的世界，正处于世界百年未有之大变局。世界经济重心在变，世界政治格局在变，全球治理角色在变，科技与产业在变。这种种变局既是机遇也是挑战。不管是机遇还是挑战，都需要青年干部具有改革攻坚的精神，才能顺应时代之大变局。

美国密歇根大学的丹尼逊教授在调查研究的基础上，将人才分为七等。丹尼逊教授认为：一等人才具有高度的创造性和想象力，经常想出机智的方法来解决问题；二等人才善于用首创方法来解决问题，并提出许多好的意见；三等人才比一般人有较多的好意见；四等人才能发挥别人的见解；五等人才在搞一项新工作时，经常向同事求教；六等人才无明显的首创性，很少提出新见解；七等人才满足于让干什么就干什么。这里，丹尼逊把是否具有改革创新能力，作为区别一流领导和末流领导的重要标准。丹尼逊的划分标准是有道理的。因为领导活动在相当大的程度上就是一种创造性的活动。青年干部只有具有改革创新的能力，才能适应工作的需要，也才能开创工作的新局面。

"危中有机，唯创新者胜。"青年干部只有勇于改革创新，才能在激烈的国际国内竞争环境中脱颖而出，勇立潮头，勇往直前，行稳致远；青年干部只有勇于改革攻坚，才能在危机中发现契机，以大无畏的精神迎接危机的挑战，化解危机，并变危机为契机，立于不败之地。

（二）提高青年干部改革攻坚能力，是实现国家治理能力现代化之需

2020年10月，习近平在谈到提高改革攻坚能力时明确了贯彻新发展理念、推动高质量发展和构建新发展格局"三项任务"；明确干事热情要与科学精神相结合，使出台的各项改革举措"符合客观规律、符合工作需要、符合群众利益"；同时明确改革的各项举措之间的"系统性、整体性、协同性"。这里的"三项任务""三个符合""三大特性"为提高青年干部改革攻坚能力提供了指南。

1. "三项任务"是提高改革攻坚能力的新动因

问题与时代总是关联的，问题是时代矛盾的集中反映，人们始终只能提出自己能够解决的问题，这些问题的解决必然是由时代的任务而催生的。作为社会共同体的国家，由于在不同时期所要解决的主要任务或主要问题不尽相同，因此，青年干部的能力建设必须与时俱进，必须紧紧围绕社会或国家所面临的主要任务进行。随着改革的进一步推进、新任务的不断产生，这必然为改革攻坚能力提高提供新动因。新发展理念的贯彻、高质量发展的推动、新发展格局的构建三项任务的实现，要通过以全面深化改革添加动力，求得突破。

2. "三个符合"是提高改革攻坚能力的新使命

实事求是，一切从实际出发，既是我们党的思想路线，也是共产党员党性的最高体现。正如习近平总书记所指出的，坚持从实际出发、实事求是，不只是思想方法问题，也是党性强不强问题。我国"十四五"开局之年，开启了全面建设社会主义现代化国家的新征程。在经济发展提质增效、政治道路成熟稳健、文化自信不断彰显、治理水平持续提升以及生态环境有序恢复的新时代，青年干部想问题办事情要从实际出发，这是我们工作的根本

出发点。只有从实际出发，才能使我们出台的改革举措符合客观规律、工作需要以及群众利益，"三个符合"体现了实事求是的思想路线。全面推进改革，必须坚持一切从实际出发来研究和解决问题，才能使主观符合客观，才能透过现象看到本质，才能发挥主观能动性，进而在全面深化和推进改革工作中取得成功。

3. "三大特性"是提高改革攻坚能力的新要求

人类社会是由诸多要素构成的一个大系统。任何一项改革不仅是合力的结果，同时任何一项改革举措都会对其他改革产生重要影响。因此，在改革时"必须更加注重改革的系统性、整体性、协同性"，将这"三大特性"放在提高改革攻坚能力中进行强调，既是改革方法论思想的前后贯通、一脉相承，也是对如何提高改革攻坚能力提出的新要求，这也充分说明改革攻坚需要各领域相配套，需要其他领域相配合，需要在整体推进的同时重点突破，需要各项举措相促进，从而形成强大的改革攻坚合力，使全面深化综合改革行稳致远。

三、新时代青年干部提高改革攻坚能力的实践路径

（一）坚持问题导向，提高决策科学性

贯彻落实党的二十大确定的目标任务，全面建设社会主义现代化国家，要坚持问题导向谋划推进重大改革，瞄准高质量发展卡点瓶颈、科技创新能力短板弱项、产业链供应链安全、防范化解风险、民生和社会建设等重点领域存在的困难和问题，在破除体制机制弊端、调整深层次利益格局方面攻坚克难。坚持解放思想、实事求是，以自我革命的精神状态推进全面深化改革。运用好调查研究这一党的传家宝，强化战略预见、集思广益、权衡决

断，不断提高决策科学性。

在决策过程中善于集思广益既是一种领导能力，也是一门领导艺术。集思广益式决策可分解为五大步骤：第一步"屈群策"，坚持问题导向，主动收集改革发展所需和人民群众急难愁盼的重点难点问题；第二步"集众思"，将来自方方面面的意见和建议汇集梳理形成改革举措初步方案；第三步"广纳言"，广泛征求党政部门、管理服务对象和专家学者等利益相关者的意见建议，吸收采纳符合实际的真知灼见；第四步"合意决"，坚持民主集中制原则，通过议事规则凝聚共识形成改革方案，经由法定程序审议通过后付诸实施；第五步"告四方"，将改革方案和具体举措广而告之，把推进改革的道理讲清楚，调动各方面工作积极性，凝聚改革共识、形成改革合力。

（二）领悟精神实质，提高改革攻坚力

全面深化改革，从来都是有方向、有立场、有原则的。新时代改革攻坚，是在以习近平同志为核心的党中央集中统一领导下、在习近平新时代中国特色社会主义思想指导下的改革攻坚。在不否定首创精神和各方积极性的情况下，任何改革攻坚，都应当增强"四个意识"、坚定"四个自信"、做到"两个维护"，而不能偏离中央精神的大方向、大原则。但是，改革攻坚又并非机械照抄照搬中央精神，因为中央精神是管全局管整体的，并非为哪个地方或部门"量身定做"，不顾地方或本部门实际照抄照搬中央精神必然难以取得好的效果。照抄照搬是不愿动脑、不敢负责的一种表现，是一种特殊形态的形式主义、官僚主义，是新时代党和国家事业发展的隐性障碍。正是在这个意义上可以说，提高改革攻坚能力以对中央精神的深刻领悟为前提；缺乏对中央精神的深刻领悟，想要很好地推进改革攻坚是不可能的，领悟吃透中央

精神是提高改革攻坚能力的基础。干部要提高政治领悟力，主要就是从增强能动思考、科学认知等方面向广大党员干部提出的要求。吃透中央精神，就如同获得了改革攻坚的"心法"，其持也正，其进也锐，其守也坚。如此就可以更好地推进各项政策举措落实，就可以抵御来自各方面的诋毁和攻击而立于不败之地。

（三）发扬斗争精神，提高改革执行力

不讳言斗争，勇于进行斗争，切实开展斗争，是新时代治国理政的一个突出特点。党的十八大以来，以习近平同志为核心的党中央不但准备进行而且实际上已经进行了许多"伟大斗争"，为推进伟大事业、建设伟大工程、实现伟大梦想扫清了障碍、开辟了道路、创造了条件。党的十八大以来的伟大斗争实践，对于青年干部为什么和如何在工作中增强斗争精神斗争本领，做出了教科书式的示范。

青年干部要深刻认识到，勇于并善于进行伟大斗争，实际上也是提高改革攻坚能力之必需。从一般原理上看，社会是在矛盾运动中前进的，有矛盾就会有斗争。认识和把握社会矛盾运动规律，坚持斗争、敢于斗争、善于斗争，在斗争中发展自己、壮大自己、成就自己，这是中国共产党人的光荣传统，也是事业成功的一条经验。从工作现实看，改革攻坚所碰到的难题，一般都是"动奶酪""拆藩篱"的事情，不可能是皆大欢喜、一帆风顺的。当工作矛盾复杂严峻到一定程度，就迫切需要发扬斗争精神增强斗争本领。习近平总书记指出："如果对矛盾熟视无睹，甚至回避、掩饰矛盾，在矛盾面前畏缩不前，坐看矛盾恶性转化，那就会积重难返，最后势必造成无法弥补的损失。"另外，从政治上说，只讲同一性而不讲斗争性，只讲和谐而不讲斗争，就会犯形而上学的错误。非斗争的手段也好，斗争的手段也好，都是发展

中国、强大中国必须具备的基本手段。仅仅会使用非斗争手段，而忘记甚至害怕斗争，必定难以推进改革攻坚。

第五节　应急处突能力

一、应急处突能力的基本内涵

应急处突能力，强调的是青年干部必须具备的防范风险挑战、处置突发事件的能力。关于风险，它代表的是一种不确定性，本质上是突发事件的潜在状态。而突发事件，是已经发生的事情，需要人们采取及时有效的应对措施去妥善解决。《国家公务员通用能力标准框架》将应对突发事件能力总结为四方面：有效掌握工作相关信息，及时捕捉带有倾向性、潜在性的问题，制订可行预案，并争取把问题解决于萌芽之中；正确认识和处理各种社会矛盾，善于协调不同利益关系；面对突发事件，头脑清醒科学分析，敏锐把握事件潜在影响，密切掌握事态发展情况；准确判断果断行动，整合资源调动各种力量，有序应对突发事件，逐步解决突发事件缩小损失范围。应急处突能力主要包括监测预警能力、快速反应能力、协调控局能力、决策处理能力和经验总结能力五方面。

从世界的物质性原理及其发展规律来看，世界的本原是物质。同时，物质又处在不断的运动、发展、变化过程中。从这个哲学角度来说，任何风险和突发事件都是客观存在的，并且都处在一个不断产生、发展、演变的过程中。从方法论上来考虑，要求对待各种风险和突发事件必须坚持一切从实际出发，认清各种风险和突发事件的性质定位，科学研判它们的趋势和发展走向，从而认真做好应急处突的多手准备。从对立统一规律来看，矛盾无时不在、无处不在。事物存在多种矛盾，其中既有主要矛盾，也有次要矛盾，但是主要矛盾起决定性作用。这就要求青年干部在应对突发事件的过程中，绝对不能回避矛盾，同时，还要把握矛盾的特殊性。要坚持具体问题具体分析，坚持"两点论"和"重点论"，一分为二地去看待和分析问题，找准主要矛盾和矛盾的主要方面，从重点处、关键处下手，抓住问题的"牛鼻子"，并且不能忽视次要矛盾，要做到统筹兼顾。从质量互变规律来看，量变积累到一定程度会引起质变的发生，质与量的统一就是度。对突发事件来说，它从表面上看是突发的，其实也是渐发的过程，就是风险不断从量的积累到质的飞跃的转变过程。总体上看，会经历一个从事前孕育潜伏、事中爆发持续到事后衰减平息的生命周期。事前，是指突发事件将要发生的酝酿状态；事中，是指突发事件已经发生的持续状态；事后，是指突发事件的善后阶段。在不同的发展阶段，需要我们相应采取有效的措施进行应对处置。从突发事件的整个生命周期来看，能否控制住它的发展态势，这是严峻考验。因此，面对各种风险和突发事件，青年干部必须坚持一切从实际出发，做到正视矛盾，而不是回避问题，要抓住问题关键，坚决守住底线，把握好"度"的原则，尽可能地防止突发事件发生。

二、新时代青年干部提高应急处突能力的价值意义

提高青年干部应急处突的能力既可以促进国家应急治理能力的总体提升，又可以保障人民安居乐业、社会安定和谐，还可以

促进青年干部完善在实际工作中的综合实力。

（一）提高国家应急治理能力

青年干部的应急处突能力水平体现了国家的应急治理能力水平。青年干部作为国家治理体系的组成部分，青年干部的应急处突能力与国家的长治久安密切相关，我国始终把防范化解重大风险作为重大课题，放在治国理政突出的位置。当前正处于"十四五"时期，我国已经进入新发展阶段，处于重要的战略机遇期，然而目前国际国内局势动荡不安，国内突发事件频发。面对当前复杂的现实环境，提高青年干部应急处突能力问题显得尤为突出。青年干部如果能在应急处突中发挥积极作用，既可以减少我国突发事件的发生，又可以在突发事件发生后采取有效措施，控制突发事件的发生范围和蔓延速度，降低突发事件对国家经济和国家稳定带来的损害，还可以提高对突发事件经验总结和预警预防的重视。

（二）保障社会秩序安定祥和

青年干部应急处突能力是社会安定祥和的基础保障。面对突发事件对人民和社会的危害，应急处突能力的提高具有必要性，青年干部是社会发展的动力，是社会治理的重要力量，青年干部应急处突能力提高是提高行政能力的重要基础，是构建和谐社会的重要组成部分，应对并处理好突发事件，是我们党执政为民的重要表现，是进一步强化执政能力的重要方面，是捍卫生命至上的人民中心理念的必然要求。青年干部只有不断提高对突发事件的处理能力，才能更好地肩负起新时代的职责使命，保障人民的生命安全和财产安全，维护社会秩序的安定祥和。

（三）强化青年干部综合实力

青年干部应急处突能力的提高是青年干部综合能力的完善。青年干部是各领域各部门的紧要岗位和关键力量，是推动国家经济发展的生力军，只有青年干部提高应急处突能力，才能在发展的道路上排除万难，肩负起民族复兴的重担。提高青年干部的应急处突能力是对青年培养的进一步深化，是对青年干部综合能力的培养，应急处突需要结合多方面的知识，多角度培养青年干部的应急思维、应急速度、应急经验、应急知识等，符合新时代对青年培养的内涵。

三、新时代青年干部提高应急处突能力的实践路径

（一）常抓思想理论武装，精心下好"先手棋"

一方面，要提升政治素养。正确应对风险和处置各种突发事件，必须以正确的立场、观点和方法去认识和对待，要强化理论学习。重点就是要认真学习习近平总书记关于应急管理工作的重要论述，做到系统学习、全面认识、深刻领悟，掌握贯穿其中的辩证唯物主义世界观和方法论，并且要强化历史思维，从党的防灾减灾史、安全生产史中总结经验、获取滋养，不断强化自身理论武装。另一方面，要积累专业知识。应急处突是一门新兴学科，其专业性和实操性很强。要重点学习《中华人民共和国突发事件应对法》《突发公共事件总体应急预案》《突发公共卫生事件应急条例》《中华人民共和国消防法》《中华人民共和国安全生产法》等法律法规、规章制度，强化应急处突的专业知识储备。通过相关理论学习，从思想上真正认识到树立安全发展理念的极端重要

性，站稳人民立场，增强风险意识，做到统筹发展和安全，从根本上避免或者减少突发事件的发生。

（二）锻造防范应变之能，合力打赢"主动战"

从本质上看，各个突发事件都会经历一个潜伏、爆发和平息的过程。青年干部要根据事前、事中、事后的生命周期，全过程地提高应急处突的十大核心能力。

1. 风险管控能力

风险并不可怕，可怕的是没有风险意识，缺乏预见性。要坚持关口前移，做到精准预判风险。"精"，是要做到敏锐观察，深入分析，不忽视一个风险，不放过一个隐患。特别是对于可能会发生的一些风险隐患，一定要高度重视，做到严密防范。"准"，就是要求抓住关键，找准事情发生的主要诱因，把握风险造成的主要损失和次生灾害。

2. 应急准备能力

坚持底线思维，凡事要坚持从最坏处准备，提前做好应急预案，做好思想准备和工作准备，确保重要资源"备得有、找得到、调得快、用得好"。

3. 监测预警能力

在突发事件"将发未发、一触即发"的窗口期，要善于运用大数据等现代科技手段，对情况进行动态监测、调查研判、及时预警。

4. 事态研判能力

突发事件发生后，必须在第一时间到达现场，判明现场情况，做好事态研判与分析，特别是要敏锐察觉对全局发展变化具有重要影响的情况，做到"对症下药"，防止发生次生灾害。

5. 信息报告能力

信息是决策的前提依据。各级部门一定要按规定和相关要求，及时、客观、真实地报送信息，坚决防止漏报、误报、瞒报，影响事故应急处置。

6. 决策部署能力

面对复杂局面，必须做到临危不惧、抓住要害、找准原因、果断决策、科学部署，根据事件特点和现场情况，快速进行目标取舍，尽快确定应急处置措施，做到运筹帷幄之中，决胜千里之外。

7. 组织指挥能力

各级部门要坚持统一领导、统一指挥、统一行动，整合各方力量、科学排兵布阵，有力有序有效地开展救援。要善于引导组织群众，向人民普及应急技能，实现社会共治。特别是面对一些重大的自然灾害等事件发生时，人民自身的力量显得更为重要、更为有效。因此，平时要坚持群众观点，要及时向人民普及安全技能，实现社会共治。

8. 舆论引导能力

这一能力更是贯穿整个事件发展的要求。领导干部尤其是分管领导一定要加强平台监管，准确发布相关信息，回应社会关切，防止谣言产生、事态扩大。

9. 总结反思能力

加强总结反思，改进工作方式，防止事故再次发生。对于一些重大的自然灾害、事故灾难，要做好恢复重建，实现长远可持续发展。

10. 复盘完善能力

对提高能力来说，最好的老师就是自己亲身经历的实践。要从每一次经历的应急处突实践过程中，总结经验，吸取教训，提高复盘能力。

（三）完善考核体系，织密管理监督"防护网"

一是优化考核评价机制。一方面，要科学设置指标、细化考核内容、完善考核方式，客观反映青年干部在应急处突中担当作为的真实表现。另一方面，要突出"量才适用"原则，将考察识别的结果真正落实到"用"上。二是优化激励和容错纠错机制。建立有效激励机制是增强青年干部防范化解危机能力的重要举措，为想干事、能干事、干成事的青年干部提供制度保障。而容错纠错机制，能最大化为青年干部在应急处突中担当作为赋能，通过松绑鼓励青年干部大胆探索和创新。三是优化监督问责机制。贯彻落实监督问责机制有利于增强青年干部在其位、谋其政，任其职、尽其责的自觉性。要建立主体责任清单，精准识别工作领域的权责关系，厘清权力边界，明确工作责任，加强监督问责，不断激励青年干部在化解危机中担当作为。

第六节　群众工作能力

群众工作能力是青年干部必须具备的最基础、最核心的能力。习近平总书记指出：青年干部"要心中有群众，时刻把群众安危冷暖放在心上，认真落实党中央各项惠民政策，把小事当作大事来办，切实解决群众'急难愁盼'的问题"。面对新时代背景下群众的新诉求与新期待，青年干部需要进一步提高群众工作能力，才能真正获得群众的理解和信任。

一、群众工作能力的基本内涵

群众工作，是党的各项工作的基础。群众工作是指宣传教育群众，尊重依靠群众，组织引导群众，提高群众的思想政治觉悟，调动群众的积极性、创造性，动员群众参加党所领导的各项工作。人民群众是中国共产党的来源，也是依靠的力量和服务的对象。党和政府各项工作的推进无一不需要人民群众参与、支持和配合，群众工作能力强，党和人民的事业就能够顺利推进，相反，不能调动人民群众的积极性、组织人民群众积极参与、发挥人民群众的首创精神，社会主义事业就会受阻。群众工作能力是中国共产党领导力的重要力量与源泉。

青年干部不仅要有做好群众工作的愿望，要坚持群众立场想问题、做决策，还要具备群众工作能力。习近平总书记指出："领导干部要得到群众的信任，决不是靠权力，而是要靠工作能力、工作业绩和人格魅力，靠做群众工作的方法和本领。"青年干部做群众工作的能力是一个由多种要素构成的系统，具体可以将之看作由内而外三个层次组成的整体，即价值理念层、思维方式层与工作方法层。价值理念是做好群众工作的核心，思维方式是做好群众工作的基础，工作方法是达到目标的手段。价值理念、思维方式及工作方法三者的相互作用决定了青年干部群众工作能力的强弱。

价值理念也可称为"德"，是群众工作能力结构中最为核心的层次。价值理念即青年干部的群众观、工作观，是青年干部群众工作能力的内在动力及潜质。青年干部做群众工作的能力怎么样，首先取决于其是不是树立了牢固的群众观点。群众观是一个人和一个政党如何对待群众的观点总和，是世界观和方法论在群众问题上的具体表现。刘少奇指出："一切为了人民群众的观点，一切向人民群众负责的观点，相信群众自己解放自己的观点，向人民群众学习的观点，这一切，就是我们的群众观点。"习近平总书记强调，人民对美好生活的向往，就是我们奋斗的目标。青年干部只有树立了正确的群众观和工作观，才有可能真正具备做好群众工作的能力。

思维方式是青年干部在解决实际问题时遵循的一整套与群众观点相一致的思维习惯和方式。这些思维方式包括民生优先的思维方式、民主协商的思维方式等。毛泽东指出，要得到广大群众真心实意的爱戴和拥护，"就得关心群众的痛痒，就得真心实意地为群众谋利益，解决群众生产和生活的问题，盐的问题，米的问题，房子的问题，衣的问题，生小孩子的问题，解决群众的一切问题"。

工作方法是青年干部做群众工作时所需要的理解群众、尊重群众、说服群众沟通协调的具体方法与措施。在做决策时，要广泛搜集、全面听取各方面的意见。语言表达是青年干部做工作的重要方法，也是青年干部思维能力的直接反映。做群众工作，尤其需要在语言表达和说话方式上下功夫。语言表达能力是青年干部说服和赢得群众理解与支持的重要方法，也是调节和化解各种冲突与矛盾的关键方法。

二、新时代青年干部提高群众工作能力的价值意义

（一）提高青年干部群众工作能力是基于历史的经验教训

纵观我们党的奋斗和发展历程，从革命战争年代到社会主义建设时期，从改革开放到全面建设社会主义现代化国家的新征程，我们党始终能够注重不断提高党员干部的群众工作能力，始终坚持群众路线，以人民为中心，与人民群众紧密地联系在一起。依

靠人民群众这一社会变革的决定力量攻坚克难，不断推进中华民族和中国特色社会主义事业发展。

20世纪90年代，世界上第一个社会主义大国苏联轰然倒塌。尽管苏共亡党亡国的原因众多，但最根本原因就是苏共背离了群众路线，与人民群众离心离德，导致苏共在生死存亡之际被广大人民群众所抛弃。当人民群众认为这个政党已经不能代表他们的利益，就失去了捍卫这个政权的热情和决心。

以史鉴今，人心向背决定着党和人民事业的兴衰成败。

（二）提高青年干部群众工作能力是加强党的作风建设的必然要求

面对复杂严峻的国际国内形势，我们党一直能够勇于直面矛盾解决问题，坚持把提高党员干部的群众工作能力作为加强党的作风建设的重点，体民情察民意惠民生。好作风促进了好党风，人民群众生活水平和幸福指数不断提升，立党为公执政为民深入人心。

习近平总书记指出："各级领导干部要坚持工作重心下移，经常深入实际、深入基层、深入群众，真诚倾听群众呼声，真实反映群众愿望，真情关心群众疾苦，拜群众为师，向群众问计，从群众的实践中汲取营养、增长智慧，不断提高新形势下做好群众工作的本领。"实践证明，党员干部的群众工作能力强，党性修养和宗旨意识就高，群众工作推进和落实就越扎实，党的作风建设就能取得实效，党群干群关系就融洽，人民群众就会真心实意地拥护党的领导，中国特色社会主义事业就能乘风破浪不断发展。

（三）提高青年干部群众工作能力是实现共产党长期执政的现实需要

1945 年 7 月，毛泽东同志在延安与民主人士黄炎培进行了一次深刻的交谈。黄炎培说："一部历史，政怠宦成的也有，人亡政息的也有，求荣取辱的也有，总之没有能跳出其兴也勃焉、其亡也忽焉的周期率。"毛泽东同志说："我们已经找到新路，我们能跳出这周期律。这条新路，就是民主。只有让人民来监督政府，政府才不敢松懈。只有人人起来负责，才不会人亡政息。"

实行人民民主专政、让人民当家作主是跳出"历史周期率"的唯一途径，也是我们党长期执政的必然选择。因而，提高青年干部的群众工作能力，不断推进基层民主发展，保障人民群众的民主政治权益和物质利益，也是我们党实现人民民主专政与迎接考验化解危险的基本要求和现实需要。

三、新时代青年干部提高群众工作能力的实践路径

（一）思想上破冰，着力提高政治站位

青年干部要善于打破"认知瓶颈"，在深化认识中提高站位。一要认识到提高群众工作能力事关执政生命。群众路线是党的生命线和根本工作路线。苏共亡党亡国的原因尽管是多方面的，但执政党严重脱离人民群众是其中的一个重要原因。前车之鉴，后事之师。回顾我们党 100 多年的历史，群众工作是我们取得革命、建设和改革开放巨大成就的重要法宝，人民群众是我们党的生存之本、力量之源和发展之基。二要认识到提高群众工作能力事关初心使命。中国共产党人的初心和使命，就是为中国人民谋幸福、

为中华民族谋复兴。提高青年干部做群众工作能力的关键，是要始终牢记并准确回答"我从哪里来，工作应为谁而做"这一重大问题。在任何时候任何情况下，与人民群众同呼吸共命运的立场不能变，全心全意为人民服务的宗旨不能丢。三要认识到提高群众工作能力事关安身立命。青年干部身处中华民族伟大复兴战略全局和世界百年未有之大变局，在全面建设社会主义现代化国家新征程上干事创业、奋斗出彩，离不开深入扎实的群众工作，群众工作能力是青年干部必须具备的基础、核心的能力。

（二）行动上突围，着力增强工作本领

做好新形势下的群众工作，既需要不断提高认识，更需要持续付诸行动。一要增强观察的本领，让眼界更加开阔。青年干部要主动地、经常地走进街头巷尾，体验群众的生产生活，感受群众的喜怒哀乐，善于聚焦群众反映强烈的社会热点和难点问题，准确了解和掌握群众的思想动态变化和生产生活需求。二要增强沟通的本领，让嘴巴更加善言。青年干部要把和群众拉家常放在"必修课"的位置，善于学习群众语言，主动学习群众听得懂的"土话"，"接地气、沾土气"，"除官气、去洋气"，在与群众零距离接触中真正做到同频共振。三要增强调研的本领，让脚步更加稳健。知屋漏者在宇下，知政失者在草野。青年干部必须深入基层一线，实事求是地进行调查研究，切忌走马观花、"到此一游"。不仅要做到"身入"基层，更要做到"心入"基层，善于从带有泥土气息的意见中倾听群众真正的诉求。

（三）制度上保障，着力完善体制机制

一要建立青年干部下基层常态化机制。各级党委和组织部门要注重在基层一线培养锻炼干部，对没有基层经历的青年干部，

要分批次、有计划地选派到基层进行挂职锻炼，重点安排在改革攻坚、应急处突最前沿，使其在急难险重的吃劲岗位上积累基层工作经验，掌握领导工作方法，在与群众接触中增长才干。二要建立干部代际之间传帮带机制。青年干部应当多向老同志学习，既要学习他们的业务知识，也要学习群众工作的方式方法。各级党委和政府应当多与青年干部集中座谈，与所传帮带青年干部谈心谈话，帮助其提高化解矛盾和应对复杂局面的能力。三要落实青年干部培训机制。依托各级各类师资做好青年干部的培训工作，重点加强对基层青年干部的培训。在培训内容的设置上，进一步增加关于党的群众路线的相关课程，帮助青年干部掌握群众工作的方法和技巧。

第七节 抓落实能力

一、抓落实能力的基本内涵

抓落实，就是要把习近平新时代中国特色社会主义思想转化为推进改革发展稳定和党的建设各项工作的实际行动。青年干部在深刻领会中央文件、上级精神、各项政策精髓基础上，要密切联系广大群众，通过充分沟通协调，根据所在岗位实际情况，锐意进取、开拓创新，因地制宜制订落实方案、细化实施细则，采取任务分解、明确责任、加强督查等措施，保证各项方针、政策、精神落到实处。

马克思在《〈黑格尔法哲学批判〉导言》中提出了"批判的

武器"和"武器的批判"这对哲学概念。"批判的武器"指理论，"武器的批判"指无产阶级对现实社会的认识及改造，即实践。抓落实的过程便是对现实社会的认识及改造过程，抓落实的前提是具有透彻到位的政治判断力、政治领悟力、政治执行力。作为一项系统工程，需要运用系统思维，跳出抓落实本身，来看正确的意识变为科学的理论指导社会实践运动的巨大作用。决策正确才能执行通畅、有力，脱离科学的、符合人类发展规律的决策部署，就抓落实来研究抓落实，无疑是无源之水、无本之木。同时，马克思主义实践观认为，实践是人有目的、有意识改造世界的客观物质活动，是人所特有的主观见之于客观的对象性活动。强化青年干部抓落实能力建设无疑充分体现了马克思主义的基本立场观点方法。抓落实能力建设，是党员干部队伍建设乃至党的建设的重要内容。

二、新时代青年干部提高抓落实能力的价值意义

（一）抓落实是中国共产党卓越领导力和执行力的集中体现

中国共产党取得的伟大成就充分证明，中国共产党具有强大的领导力和执行力。中国共产党始终坚持以人民为中心，注重自身建设、自我革新，善于理论联系实际、与时俱进，将自身锻造为具备强大组织力、行动力和生命力的政党，是各国政党学习的榜样。美国著名作家托马斯·弗里德曼在其著作《世界又热又平又挤》中呼吁：中国领导人的执行力让世人印象深刻，"我希望美国能做一天中国，（仅仅一天）就好"！新加坡《联合早报》刊文认为："环顾世界，没有任何一个国家能够像当今中国这样，

以一种说到做到、只争朝夕的方式全面推进改革进程。这就是中国特色的、以政治自主性为保障的全面深化改革。……对整个世界都有正面示范效应。"

（二）抓落实是确保党中央重大决策部署得以贯彻的重要保证

抓落实是将习近平新时代中国特色社会主义思想转化为推进党的路线方针政策落地生根的实践行动，是理论和实践相统一的探索过程。毛泽东一贯强调要把党的各项工作落到实处，收到实效。1929 年，毛泽东在《关于纠正党内的错误思想》中指出："党的各级机关解决问题，不要太随便。一成决议，就必须执行。"邓小平在领导改革开放的过程中，一贯强调党和国家的路线方针政策必须得到落实。他强调："社会主义国家有个最大的优越性，就是干一件事，一下决心，一做出决议，就立即执行……这方面是我们的优势，我们要保持这个优势，保证社会主义的优越性。"习近平总书记多次强调抓落实的重要性。党和人民的事业之所以能够不断取得伟大成就，在全国各族人民中我们党之所以能够享有崇高的威望，靠的就是把马克思主义基本原理同中国具体实际结合起来形成的正确的理论和路线方针政策，靠的就是全党同志团结带领人民群众一步一个脚印地把党的路线方针政策变成认识世界和改造世界的巨大精神力量与物质力量。实践证明，只有提高抓落实能力，党和国家的路线方针政策才能贯彻到实际中去，党和国家制定的各项目标任务才能实现，党和国家的各项事业才能蓬勃发展，党带领人民群众创造美好生活的奋斗目标，才能成为现实。

（三）抓落实是检验青年干部政治品质的重要尺度

旗帜鲜明讲政治是我们党作为马克思主义政党的根本要求，

是党的建设对每一位领导干部的基本要求。邓小平说："政治路线确定了，要由人来具体地贯彻执行。由什么样的人来执行，是由赞成党的政治路线的人，还是由不赞成的人，或者是由持中间态度的人来支持，结果不一样。"能不能抓落实、以怎样的标准抓落实，不仅是工作态度、工作作风和工作方法的问题，更是衡量干部讲不讲政治的重要标志。抓落实是对党忠诚的试金石。对党绝对忠诚是青年干部的基本政治要求，是青年干部的生命线，是青年干部的首要政治品质。对青年干部来说，讲政治必须抓落实，抓落实就是最大的讲政治。在实际工作中，抓落实的过程就是把讲政治具体化实践化的过程。

三、新时代青年干部提高抓落实能力的实践路径

（一）抓落实必须有坚如磐石的职责定力

"臣心一片磁针石，不指南方不肯休。"诗句出自宋朝诗人文天祥所作的《扬子江》，表达了诗人虽身陷囹圄，仍心向大宋、宁死南归的爱国之情。作为青年干部，应当学习这种恪尽职守的忘我境界。不论从事什么岗位，身处什么职位，都应时刻将"忠诚"牢记于心。对工作、对组织始终怀有一颗永不磨灭的"赤诚之心"。不做思想的"墙头草"、组织的"背叛者"。不忘初心，践行誓言，时刻牢记是新时代党的组织路线的践行者，是符合新时代要求的人民公仆。要始终做到忠于工作，兢兢业业；诚于组织，本本分分，不抛弃人民，不放弃信仰。

（二）抓落实必须有扎实过硬的能力素质

"问渠那得清如许，为有源头活水来。"诗句出自宋朝儒学大

师朱熹的《观书有感》，原意是说方塘的水之所以这般清澈，是因为有源头活水不间断地注入。它给予青年干部的启示是必须不断增强基本素质，为更有效地抓好工作落实、推动工作思路创新，提供源源不断的能力支撑。作为青年干部要始终坚持"无一事而不学，无一时而不学，无一处而不学"的勤奋积累，始终把学习当作立身之本、成事之基。青年干部要想凭实力说话，就要"比、学、赶、帮、超"，做到分管领域精钻研，周边领域多接触。要克服"本领恐慌"，不断加强学习，从知识中吸收营养，从群众中汲取智慧，在摸爬滚打中增长才干，在层层历练中积累经验，练就一身敢抓落实善抓落实的真本领，锻造一副敢担事能成事的宽肩膀。

（三）抓落实必须有锲而不舍的工作劲头

"黄沙百战穿金甲，不破楼兰终不还。"诗句出自盛唐边塞诗人王昌龄的《从军行七首·其四》，歌颂的是前方将士英勇奋战、磨穿铁甲，不消灭入侵之敌誓不还乡的斗志。诗句的启示是要有"功成不必在我"的精神境界和"功成必定有我"的历史担当，锲而不舍确保工作任务圆满完成。作为青年干部，要立足长远，甘于奉献，不图一时之名，不贪一时之功，以"咬定青山不放松"的韧劲和"长风破浪会有时"的干劲盯住难落实的事，以"努力到无能为力，拼搏到感动自己"的工作态度，打好每一场攻坚战役；以"事不过夜、案不积卷"的工作激情使每项任务落实都掷地有声。

（四）抓落实必须有较真碰硬的工作作风

"粉身碎骨浑不怕，要留清白在人间。"诗句出自明朝于谦所作的《石灰吟》，抒发了诗人坚贞不屈，誓与腐朽势力斗争到底的高尚情怀。诗句警示我们要始终坚守道德阵地，做到心有所畏、言有所戒、行有所止，始终做到公道用人、公正处事。作为手握权力的青年干部，要时刻牢记自己的权力是人民赋予的，要为人民办事，为群众谋利益，始终保持同人民群众的血肉联系，把权力用到人民群众中去；不仅要保持清正廉洁的操守，而且要有敢于较真、勇于碰硬的品格，做到讲真理不讲面子、讲党性不讲关系、讲纪律不讲人情，以敢于"自我开刀""刮骨疗毒"的勇气，带头自我剖析、带头揭短亮丑、带头抓好落实；杜绝工作落实"只向下看"、检查督导"欺软怕硬"、处理问题"分类指导"，做到不凭感情亲疏、不靠主观臆断、不以好恶取舍，扎实推动工作任务的落实。

大道至简，实干为要。青年干部是党的事业生机勃发、薪火相传的"新生力量"，要做起而行之的行动者、不做坐而论道的清谈客，以逢山开路、遇河架桥的勇气，以滴水穿石、绳锯木断的韧劲，强化担当，扛起使命，在抓工作落实中勇做斗争"战士"、勇挑最重担子、敢啃最硬骨头、善接最烫山芋，用知重负重、攻坚克难的实际行动在狠抓落实中提高抓落实能力。

下篇　青年工作篇

08

第八章
青年工作概述

第一节　青年工作的发展与使命

　　青年是祖国的未来、民族的希望。青年工作事关党的事业薪火相传、事关中华民族永续发展。中国共产党自创立之日起，就始终把青年看作推动历史前进和社会发展的生力军，坚持把青年工作作为党的一项极为重要的工作。在革命、建设、改革和中国特色社会主义新时代的各个时期，中国共产党坚持从实际出发探索青年工作的实施路径，创造性地提出了一系列独具中国特色的青年工作方法，积累了丰富的经验。

一、青年工作的发展历程

（一）革命时期中国共产党青年工作的初探

　　中国共产党在建立之初就非常重视青年工作，派出许多党员到各地团的早期组织去指导工作，研究社会主义青年团的创立事宜，并下发了我国最早的青年工作政策性文件《关于建立和发展党团工会组织及宣传工作的决议》。1922 年，中国社会主义青年团第一次全国代表大会在广州召开，创立了中国历史上第一个以马克思主义为指导的青年组织，中国青年运动从此有了自己的核心，也标志着中国共产党青年工作的初步确立。

1936年，为了抗击日本帝国主义侵略者，党中央做出《关于青年工作的决定》，提出应改造青年团及其组织形式，并加强对入党积极分子的培养，设立中共中央青年工作部作为党指导青年工作的重要部门，将青年团改造为各种抗日救国青年团体，这些青年组织用马克思主义教育和改造了广大青年，党的青年工作机构和制度初步确立，为党的青年工作奠定了基础，也为抗战胜利做出了巨大贡献。

1949年，党中央发布《关于建立中国新民主主义青年团的决议》，召开了中国新民主主义青年团第一次全国代表大会，中国青年运动又有了自己的核心组织。在革命时期，中国共产党对青年工作进行了初步探索，确立了以马克思主义作为指导思想，以青年团为核心开展青年工作的组织方式，明确了中国共产党对青年团的领导，通过理论教育和宣传对青年学生和农工青年"双管齐下"，引导中国青年不断走近党、走近马克思主义理论，带领中国青年走上新民主主义革命的征程，也促进中国青年在追求民族独立的过程中获得了自身的觉醒与独立。

（二）社会主义建设时期中国共产党青年工作的突破

1953年，毛泽东同志作了《青年团的工作要照顾青年的特点》讲话，强调"青年团在配合党的中心工作当中，要有自己的独立工作"，深入浅出地阐述了党团关系的基本问题，同时指出"青年团的工作要照顾青年的特点"，要求党和团在做青年工作时要根据青年的特点开展，科学处理了共产党、青年团、青年三者之间的关系，为新中国青年工作体系的构建指明了方向，也为创造性开展青年工作注入了充足动力。

在党中央的号召和鼓舞下，青年团积极响应参与祖国的建设事业，开展了规模空前的植树造林活动，青年们成立青年垦荒队，向荒山秃岭进军；青年团在各地建立青年扫盲队开展扫盲活动，向科学进军，为民众普及文化教育；团中央还发起"争取做一个社会主义建设积极分子"和"为社会主义建设立功"活动，全国青年兴致高涨，建设祖国的积极性和创造性在这次活动中得到极大的发挥，涌现出了大批青年积极分子。除此之外，青年团还组织开展了青年突击队、青年监督岗、义务劳动教育等各式各样的青年组织和活动，在全国掀起了创造性开展青年工作的热潮。

新中国成立后，中国共产党以执政党身份领导青年工作，突破了革命时期以来党的青年工作以培养革命青年为核心内容、以政治运动为基本形式的传统模式，充分发挥共产党人的创造力，开始将青年工作延伸至生活领域，使青年在一定程度上获得全面发展，激发青年投身祖国建设的报国热情，实现了从"青年解放社会"到"社会发展青年"的转变。

（三）改革开放时期中国共产党青年工作的创新

1978 年，党的十一届三中全会拉开了改革开放的序幕，也对党的青年工作提出了新的要求，需要创新青年工作的形式和方法，在激发广大青年改革激情的同时，培养求真务实的科学精神，使青年成为经济社会发展中的生力军和突击队。1979 年，共青团开展"争当新长征突击手活动"，把劳动竞赛与青年学技术相结合，组建了各种"青"字号组织，鼓励广大青年为社会主义现代化建设建功立业，在"比、学、赶、帮、超"的竞赛热潮中提高了广大青年建设社会主义现代化国家的技能本领。1981 年，为了提倡社会主义精神文明，帮助青少年树立正确的三观，团中央发出倡议，在全国范围内开展"五讲四美三热爱"活动，这是共青团首创的群众性活动，既提高了广大人民的道德水平，又增强了青少年为社会服务的意识。

改革开放是一场新的伟大革命，对我国的经济、政治、文化等多领域都产生了深远的影响，党的青年工作乘着改革的春风重装出发，不断深化对青年工作体制机制的探索，把围绕党的中心任务和服务青年成长相结合，创新青年工作模式。从邓小平创造性地提出培育"四有"新人的要求，到江泽民提出"四个统一"的殷切期望，再到胡锦涛"四个新一代"的培养目标，中国共产党的青年工作方向越发清晰，逐步建立起由中国共产党领导、以中国共青团为核心的青年工作体系，青年工作日益常态化和专业化。

(四) 新时代中国共产党青年工作的新发展

党的十八大以来，党和国家各项事业取得全方位、开创性成就，党的青年工作也进入了"建功新时代、共筑中国梦"的新篇章。习近平总书记指出："为实现中华民族伟大复兴的中国梦而奋斗，是中国青年运动的时代主题。"2013 年起，共青团在全国各地开展"我的中国梦"主题教育实践活动，用行动响应总书记的"中国梦"动员令，并在此活动的框架下，密切关注时事热点，根据青年身心发展的特点，开展了"奋斗的青春最美丽""青春心向党·建功新时代""让青春为祖国绽放"等活动，各地团组织积极探索多样化、立体化的宣传教育模式，不断扩大团日活动的影响力，帮助青年树立远大理想，为实现中国梦奉献青春力量。

(1) 新时代呼唤共青团新作为，服务青年是共青团工作的生命线。2016 年 6 月，《共青团中央改革方案》印发，从工作内容到工作方式共 99 条改革措施，从大局视野、历史眼光、问题意识出发，让共青团离青年更近、对青年的服务更实。青年是国家和民族的希望，青年工作是事关党和国家前途命运的战略性工作，在纷繁复杂的国内外环境下，做好青年工作的发展规划至关重要。2017 年 4 月，《中长期青年发展规划（2016—2025 年）》正式印发，这是新中国历史上第一部青年发展规划，构建了涵盖 10 个发展领域、44 项发展措施和 10 个重点项目的青年发展政策体系。在该规划的指导下，中央各部委齐抓共管青年事务，地方青年工作联席会议机制进一步完善，青年工作大格局日趋形成。

（2）理想指引人生方向，信念决定事业成败。作为在新时代成长起来的广大青年，亲历了新时代的伟大成就，更能够自觉用习近平新时代中国特色社会主义思想武装头脑、指导实践。团中央准确地把握了新时代青年的精神需求，推出了"青年大学习"主题团课和系列活动，构建"导学、讲学、研学、比学、践学、督学"相结合的学习体系，组建"青年讲师团"等各种形式的青年宣讲队下到基层学校、社区授课宣讲，推进青年学习新思想常态化。在党中央的坚强领导和习近平总书记关于青年工作的重要思想指引下，党的青年工作必将承继百年传统、焕发时代活力，带领广大中国青年为实现中华民族伟大复兴而不懈奋斗。

二、青年工作的职责使命

（一）准确把握职责使命是坚持党的青年工作正确方向的必然前提

方向决定道路，道路决定命运，中国共产党青年工作 100 多年的实践证明，只有准确把握住青年工作的职责使命，才能确保青年工作朝着正确的方向前进。国家和人民的需要是青年前行的动力，也是把握青年工作职责使命的基本遵循。在革命战争时期，党的青年工作旨在培养为民族独立和人民解放而奋斗的革命青年；在社会主义革命和建设时期，党的青年工作围绕培养又红又专的社会主义劳动者展开；在改革开放时期，党的青年工作目标是培育"四有"新人；在党的十九大报告中，提出了培养时代新人的新要求。100多年来，党始终坚持从人民立场出发，准确把握青年工作的职责使命，培养了一代又一代服务人民、奉献祖国的杰出青年，为中华民族永续发展奠定了坚实基础。

（二）要培养担当民族复兴大任的时代新人

"培养担当民族复兴大任的时代新人"是新时代党的青年工作最根本的职责使命，也是青年工作又一次与时俱进的新飞跃。生在大有可为的新时代，可谓生逢其时、重任在肩，青年一代应当在政治立场、理想信念、道德品质、文化水平、实践能力等多方面同新时代要求相契合，立鸿鹄志，把个人理想融入祖国和民族的事业中。要造就好时代新人，就要引导青年学习了解近代以来中国人民和中华民族的光荣历史和伟大历程，充分认识到中国共产党是人民和历史的选择，坚定跟党走的信心决心，勇担中华民族伟大复兴的时代使命。

（三）要培养与人民一同奋斗的时代新人

习近平总书记指出："新时代中国青年要……同亿万人民一道，在实现中华民族伟大复兴中国梦的新长征路上奋勇搏击。"人民群众是推动历史发展和社会进步的根本力量，人民立场是中国共产党的根本政治立场，党的青年工作要始终坚守人民立场，厚植新时代青年的人民情怀，引导青年在面对各种风险挑战时敢于亮剑，坚持捍卫人民利益。奋斗是青春最亮丽的底色，要在基层实践中砥砺青年的奋斗精神，强化青年艰苦奋斗的决心、培养吃苦耐劳的品质，融入人民、依靠人民、服务人民，同人民一道拼搏奋斗。

第二节　青年工作的目标与任务

一、大力加强青年思想政治引领

筑牢广大青年坚定不移听党话、跟党走的信仰之基，是共青团的首要职责。必须坚持全团抓思想政治引领，紧紧围绕培养社会主义建设者和接班人这个根本任务，深刻认识青年思想意识形成规律，准确把握青年政治认同基本逻辑，充分发挥共青团实践育人特色，坚持全领域发展、全流程参与、全战线统筹、全形态展现，着力实现思想政治引领工作从影响广泛到引领有力的全面提升。

坚持不懈用习近平新时代中国特色社会主义思想武装青年，用真理之光点亮青春之路；深化成就教育，引导青年深刻认识新时代伟大变革的里程碑意义。坚持常态化开展党史学习教育，切实增强对党的政治认同、思想认同、理论认同、情感认同。深化"三下乡"、"返家乡"、研学考察、夏冬令营等活动，引导青年在实践中感知社会、了解国情；弘扬以伟大建党精神为源头的中国共产党人精神谱系，引导青少年培育和践行社会主义核心价值观，明大德、守公德、严私德，充分展现向上向善的精神风貌；广泛开展"艰苦奋斗 强我中华"青年主题文化活动，引导青少年感悟劳动创造财富、奋斗成就人生、奉献彰显价值，自觉抵制惰气、暮气、邪气，始终充盈青春应有的蓬勃朝气与奋斗精神。全面加强国防教育和国家安全教育，深化军地团组织共建共育长效机制，擦亮少年军校、少年警校活动品牌，引导广大青少年在敢于斗争、善于斗争中经风雨、见世面、壮筋骨、长才干；一体化设计共青团、少先队组织教育基本内容，加强与学校思政课配合衔接，着力构建共青团员、少先队员阶梯式成长激励体系，使青少年在常态化、接力式的团、队组织生活中接受红色教育、赓续红色血脉。

二、组织青年争当中国式现代化建设的生力军

党的二十大对全面推进中国式现代化做出战略部署，全团要牢牢把握围绕中心、服务大局的工作主线，胸怀"国之大者"，找准工作切入点、结合点、着力点，组织动员广大青年矢志建功立业，争当伟大理想的追梦人，争做伟大事业的生力军。

青年人才是国家战略人才力量的源头活水。要始终突出政治引领，坚持德才兼备、又红又专，深入实施新时代青年人才培养行动；持续深化新时代青年岗位建功行动，丰富拓展"队、号、手、岗、赛"等品牌项目时代内涵，强化政策保障、阵地依托、资金扶持、项目示范、典型选树，引领广大青年在贯彻新发展理念、构建新发展格局中带头攻坚克难、创先争优；正确引导青年政治参与热情，把关心切身利益与关心人民整体利益、国家民族长远利益结合起来，畅通有序参与渠道，提高表达质量。要广泛开展群众性青年文化活动，实施"书香青春"全国青少年新时代悦读计划，持续深化国风音乐节、中国华服日等活动，引领广大青年传承和弘扬中华优秀传统文化，提高科学文化素质，打牢深

厚持久的文化自信，助力建设中华民族现代文明。深化中国青年志愿者行动，优化实施重点项目，健全完善制度和工作体系，活跃基层青年志愿者组织，大力弘扬奉献、友爱、互助、进步的志愿精神。组织动员青少年积极践行绿色低碳的生产方式和生活方式，从绿色出行、节水节电、垃圾分类等身边小事做起，积极参与节能降碳技术研发和推广应用，让"绿水青山就是金山银山"的理念入脑入心。

三、竭诚服务青年成长发展

共青团作为党联系青年的桥梁纽带，必须大兴调查研究，充分依托党赋予的资源和渠道，深入了解青年所思所盼，在青年急难愁盼处、遇到困难时提供实实在在的帮助，用竭诚服务的暖心为党赢得广大青年的人心。紧扣服务青年的工作生命线，以实施中长期青年发展规划为统揽，以维护青年普遍性发展权益为重点，始终立足最大多数的普通青年，既加强政策推动，又扩大社会动员，尽心竭力促进青年全面发展，更好履行巩固和扩大党执政的青年群众基础这一政治责任。

坚持党管青年原则，建立健全与经济社会发展规划相衔接的青年发展规划工作机制，更好发挥规划实施工作部际联席会议和地方各级青年工作联席会议作用，着力推动形成上下贯通、左右协同、齐心协力促进青年发展的工作合力；深入分析青年分散化、多样化需求背后的普遍性、紧迫性诉求，大力创新服务理念、工作机制、技术手段，不断提升有限资源约束下服务青年的实效；共青团是青年人自己的组织，必须为维护和实现青少年合法权益鼓与呼。要大力推动未成年人保护法、预防未成年人犯罪法等青少年相关法律法规落实，加快完善青年发展领域法律法规体系。

深化维护青少年权益岗创建。高度关注青少年数字安全，切实维护青少年数字隐私、防止数字沉迷、弥合数字鸿沟。

四、巩固和扩大青年爱国统一战线

团结就是力量，团结才能胜利。实现海内外中华儿女大团结、汇聚同心共圆中国梦的强大合力，必须巩固和扩大青年爱国统一战线。要高扬爱国主义、社会主义旗帜，坚持大团结大联合，坚持一致性和多样性统一，把海内外中华青年紧密团结起来，形成共同致力于民族复兴的生动局面。

充分发挥党领导下的以共青团为主导的青年组织体系统战功能，更好发挥青联组织枢纽作用，着力构建共青团大统战工作格局；新兴青年群体极具活力，是发展中的力量。要敏锐把握青年群体分化趋势，及时将活跃在经济社会各领域的新兴青年群体纳入工作视野和组织体系；引导各民族青少年铸牢中华民族共同体意识。推动青少年民族团结进步教育更加有形有感有效，促进各民族青少年深度交往交流交融，切实增强对伟大祖国、中华民族、中华文化、中国共产党、中国特色社会主义的认同；全面准确、坚定不移贯彻"一国两制"方针，加强港澳青少年爱国主义教育，深化"港澳青年看祖国"主题交流活动，推动港澳与内地青少年广泛交往、全面交流、深度交融；支持港澳青年参与粤港澳大湾区建设，建好港澳青年实体服务机构，落实服务港澳青年在内地学习、就业、创业、生活的政策举措，为港澳青年融入祖国发展创造良好条件，不断增强国家意识和爱国精神。

五、汇聚起构建人类命运共同体的青春力量

青年是国家的未来，也是世界的未来。推进人类社会进步、

创造世界美好未来，中国青年责无旁贷。要坚持胸怀天下，积极投身新时代中国特色大国外交，更加主动地向全世界展现新时代中国和中国青年的良好风貌，在携手构建人类命运共同体的生动实践中展现青春担当。

积极配合元首外交拓展青年领域交流活动，高质量实施党和国家领导人倡议的青年交流项目，不断夯实中外关系的青年民意基础。积极倡导青年优先发展理念，主动引领国际青年议程，响亮发出中国青年声音，大力提升在国际青年事务和国际青年运动中的影响力、引领力。深入实施中国青年全球伙伴行动，多领域、多渠道、多层次设计开展系列项目载体，让外国青年倾听中国、走近中国、行知中国，为构建全球伙伴关系搭建青年友谊之桥。

第三节 青年工作的政策与法规

一、国家层面青年工作政策概述

（一）《中长期青年发展规划（2016—2025 年）》

2017 年 4 月，中共中央、国务院颁布实施《中长期青年发展规划（2016—2025 年）》，首次明确提出"坚持党管青年原则"。这是对马克思主义青年观的丰富与发展，是对中国青年运动实践探索的深刻总结。

《中长期青年发展规划（2016—2025 年）》分为三大板块：第一板块是总论，包括序言和指导思想、根本遵循、总体目标；

第二板块是分论，包括发展领域、发展目标、发展措施和重点项目；第三板块是组织实施。

新时代，统筹协调实施《中长期青年发展规划（2016—2025年）》，具体包括以下五方面。一是坚持党管青年原则。建立健全与经济社会发展规划相衔接的青年发展规划工作机制，更好发挥规划实施工作部际联席会议和地方各级青年工作联席会议作用，着力推动形成上下贯通、左右协同、齐心协力促进青年发展的工作合力。二是践行青年优先发展理念。聚焦青年在毕业求职、创新创业、社会融入、婚恋交友、老人赡养、子女教育等方面的操心事、烦心事，着力推动出台更多普惠性、标志性青年发展政策。三是扎实推进青年发展型城市建设。着力推动"城市对青年更友好，青年在城市更有为"融入城市发展理念，使青年发展规划更好落地生根。四是持续健全青年发展统计监测机制。研究设计青年发展指标体系，着力提升规划实施科学化、专业化水平。五是积极探索青年参与的评估机制。使青年满意度成为衡量规划实施成效的重要标准，做好新一轮中长期青年发展规划编制论证工作。

当下，探索新时代青年发展规划，对每一位青年工作者而言，最重要的就是要适应社会新形势，提高对青年工作科学性、前瞻性与战略性的认识，这并非简单的工作方式上的转变，而是一个理念更新、内容再造、逻辑转换的系统过程，要有顶层设计眼光，在工作理念与战略上要高瞻远瞩，在工作战术与方法上要实用高效，关注全局而非局部，关注长远而非短期，也要有科学的手段、工作技巧、机制设计，进一步发挥各类青年服务机构与青年组织的积极性与主动性，并激发青年群体为实现中国梦而不懈奋斗。

（二）青年就业创业支持政策

党的十八大以来，以习近平同志为核心的党中央继承和发扬党的优良传统，开创了"党管青年"的青年工作根本原则，高度重视青年群体的培养工作，为青年的成长成才提供了优渥的社会环境。党的十八大以来党的青年政策主要遵循"为实现中华民族伟大复兴的中国梦培养人才资源"这一主线。在具体政策方面，党和国家也相继出台了推动青年发展、鼓励青年进步的政策措施。如结合我国创新驱动发展战略的实施，国务院于 2015 年 6 月发布了《关于大力推进大众创业万众创新若干政策措施的意见》，明确规定了青年大众在创业创新工作方面的优惠福利和相关政策，鼓励青年群体努力创新、积极创业，为社会主义现代化事业贡献青年一代的力量。

中国共产主义青年团是我国先进青年的群团组织。共青团组织出台的青年相关政策和规定，是在党和政府青年政策总目标、总原则的指导下进行的，同时根据《中国共产主义青年团章程》中对团的性质、团的任务的规定来进一步明确政策所涵盖的领域和所针对的方向。

共青团制定有关青年工作的文件和规定，是青年政策最广泛的形式，如 2014 年 1 月下发的《关于加强共青团促进青年创业就业服务体系建设的实施意见》，将创业作为吸纳就业的重要方式，以创业带动就业，缓解近年劳动力市场供给失衡困境，在一定程度上解决大学生就业问题；2014 年 7 月，共青团中央联合中国邮政储蓄银行共同下发《关于合作开展促进青年创业就业工作的通知》，通过"创业贷款""创业大赛""交流挂职""与各级青年协会组织合作"等多种方式为促进城乡青年创业就业提供了金融支持和发展平台。除此之外，还有涉及青年的"计划"类政策，如 2003 年 6 月由团中央牵头，教育部、财政部、人力资源部和社会保障部共同组织实施的"大学生志愿服务西部计划"（以下简称"西部计划"），该计划的主要内容是号召普通高等学校应届毕业生投身到西部贫困县的乡镇从事教育、卫生、农技、扶贫以及青年中心建设和管理等方面的志愿服务工作。从"西部计划"的主旨思想看，它既是"西部大开发"人才战略的重要举措，也是引导大学生面向基层、到艰苦地区工作的就业新模式。再如团中央、原中央国家机关工委、全国学联联合启动实施的"扬帆计划·中共和国家机关大学生实习"项目，该项目从实践育人的角度出发，帮助青年学生了解国情社情，在实习中坚定理想信念，同时搭建中央和国家机关与青年学生的交流平台。同时团中央还联合人社部等六部委，开展三年百万青年见习计划。这一系列惠及广大青年群体的政策，为促进青年成长发展提供了支撑，使青年真真切切地感受到了政策的温暖、有力，进而增进青年在整个过程中的获得感和幸福感。

（三）青年教育与培训政策

为深入贯彻习近平总书记关于干部教育培训的重要论述，落实全国组织工作会议和全国干部教育培训工作会议精神，增强团干部教育培训的时代性、系统性、针对性、有效性，2024 年年初，共青团中央印发了修订后的《中国共产主义青年团干部教育培训工作条例》（以下简称《条例》）和《全国团干部教育培训规划（2024—2028 年）》（以下简称《规划》）。

团干部教育培训是建设高素质团干部队伍的先导性、基础性、战略性工程。《条例》的修订，全面贯彻习近平新时代中国特色社会主义思想，认真落实新时代党的建设总要求和党的组织路线，总结团干部教育培训实践的经验成果，注重同党章、《干部教育培训工作条例》和团章等法规制度相衔接，同共青团工作实际相结合，进一步提高新时代新征程团干部教育培训工作的科学化、制度化、规范化水平，对于培养造就忠诚干净担当的高素质团干部队伍具有重要意义。修订后的《条例》形成总则，教育培训对象，教育培训内容，教育培训方式方法，团干部教育培训机构，师资、课程、教材、经费，考核与评估，纪律与监督，附则共 9 个章节，条文总数共 43 条。

新一轮《规划》坚持把习近平新时代中国特色社会主义思想作为团干部教育培训的根本遵循和主题主线，深入贯彻习近平总书记关于党的建设的重要思想和习近平总书记关于青年工作的重要思想，聚焦提升团干部政治能力、理论素养、群众工作本领，系统谋划未来五年团干部教育培训工作。《规划》共 8 个部分、设置 9 个专栏，明确了团干部教育培训的总体要求，对开展习近平新时代中国特色社会主义思想教育培训、加强政治训练和履职能力培训作出专门部署，对团干部教育培训资源建设、网络培训体系建设、教育培训改革创新深化和组织领导等方面做出部署安排。

二、地方及行业青年工作政策案例

（一）打造青年发展型县域，让青年与城市共成长

福建上杭县坚持以习近平新时代中国特色社会主义思想为指导，认真贯彻落实习近平总书记关于青年工作的重要思想，围绕《关于开展青年发展型城市建设试点的意见》提出的"7+5"政策领域建议，立足上杭城市发展和青年工作实际，把青年发展融入城市规划、建设、运营等过程中，推动出台一批青年友好政策、实施一批青年民生实事项目、搭建一批青春建功平台，持续做好"吸引和留住青年"文章，提升上杭的城市竞争力。

坚持"一条主线"，明确青年发展主攻方向。上杭县委、县政府高度重视青年发展工作和试点工作，制定并印发《上杭县青

年发展型县域试点实施方案》。多次召开县委常委会，研究部署青年发展型县域试点工作，并写入县政府工作报告和县委常委会工作报告，纳入绩效管理考评，制定考评细则。成立由县委、县政府主要领导任第一召集人的试点建设工作领导小组，组建工作专班和六个专项工作组，建立"一月一报"制度和微信工作群，召开现场推进会和部门座谈会，加强沟通会商、调度推进。

聚焦"双创赋能"，构筑青年发展新高地。出台政策，打造结构合理的青年人才梯队。出台《关于实施"智汇上杭"聚才计划推进新时代人才强县战略的办法》等促进就业政策，编制印发《青年发展一揽子政策汇编》及口袋书，实施"四大人才工程"，打造"上杭五优、人才无忧"服务品牌，每年安排3000万元人才专项经费。2023年引进国家级重大计划人才1名，占全市100%；拟入选省"百人计划"专家2名，占全市100%；省高层次ABC类人才38名，占全市51.35%；省工科类青年专业人才35名，占全市60.3%。

创新机制，促进青年精准就业。创新促就业机制，成立上杭县青年人才联络站（上杭一中站），深化校政企三方合作，创新"预就业""顶岗学习""学徒制"等就业模式，在厦门、广州等地设立招才引智服务社，推动青年家门口就业。2023年吸引350名毕业生来杭实习，230多名留杭就业，发放补助资金630多万元，回引岩籍优秀青年人才651名，上杭县作为唯一县（市、区）代表在全省高校毕业生等青年就业创业工作视频会上做典型发言。

搭建平台，助推青年创新创业。搭建促进就业平台，对入驻上杭科创园等平台"双一流"高校大学生创业项目给予一次性安家补助，实现"拎包创业"，近年来，入驻青年人才180余人，孵化项目40余个。鼓励参加创新创业大赛，上杭企业德尔科技、晶旭半导体先后获科技部全国颠覆性技术大赛总决赛最高奖，创福建省企业参加全国性大赛最好成绩。福建鼎晶新材料科技有限公司获得第十届"创青春"全国赛科技创新专项银奖。

建设"一园三区"，打造青年发展友好之城。打造青年友好园区。吸引吉利集团、巴斯夫等世界500强企业落户上杭，将青年配套设施纳入园区标准化建设，延揽全国优秀青年来杭就业。目前蛟洋工业区已有460套职工宿舍投入使用，正在新建职工公寓（一期、二期）项目10栋1800余套职工宿舍。打造青年友好社区。依托上杭红色资源，上线"红色古田"主题大型实景真人活动，吸引青少年沉浸式体验别样红色教育，依托"青年会客厅"等阵地，开展"一月一主题"活动，搭建青年沟通交流平台，打造社区（村居）为青年喜爱的"网红村""打卡地"。打造青年友好街区。在上杭县瓦子街历史文化街区引进非遗、地方美食、文化创意等业态，举办开街、非遗文化展、客家美食节等活动，广泛吸纳青年企业家、创业者进行商铺经营、摆摊创业等商业活动。打造青年友好商区。建成并启用龙岩市县级首家万达广场，目前共有145家品牌入驻，带动近1万个就业岗位，汇集年轻新业态，开展"青年创意集市""五一青年消费节""妙趣派对"等活动。

实现"六个优化"，激发青年发展蓬勃活力。提升教育教学环境。促进城乡教育均衡发展，建设26个乡村复兴少年宫，开设147个特色活动项目，制订阳光招生计划，指定8所公办学校为进城务工人员随迁子女入学定点学校。2022年以来累计新增中小学、幼儿学位7519个，高中阶段教育毛入学率达97.93%以上。实施青年教师"三段九年"进阶式培养工程，促进青年教师专业发展。推动医疗卫生事业有序良性发展。加大医疗卫生基础设施建设，完成县医院、乡镇卫生院改建，大力培养中青年骨干医疗人才，加强与名医专家团队的交流互动，2023 年，福建医科大学附属协和医院陈良万教授团队名医工作室落户上杭。完善青年住房保障体系。发展保障性租赁住房，将新就业青年、进城务工青年列入保障对象，加大购房补贴发放，截至目前，累计发放购房补贴 1215 余万元。优化青年婚恋生育养育环境。出台《上杭县落实生育友好城市建设工作的若干措施》等生育友好政策，建成250 余个养老服务设施，完成上杭县育才托育中心改扩建，新增托位 105 个。促进青少年身心健康成长。有序推进县体育中心综合体育场等项目，在城镇社区实现 15 分钟健身圈全覆盖。全县21 个乡镇均已完成乡镇心理服务站建设，配备专兼职人员开展心理服务工作。维护青少年合法权益。持续开展公益助学行动，实施"希望工程·圆梦行动"，引入东润公益基金会奖教助学公益项目。成立联防联控护学岗，选派 32 名专业法官、法官助理担任中小学法治副校长或法治辅导员，推进"法治进校园"常态化、长效化。

紧扣"中心大局"，拓宽青年发展实践平台。构筑青少年思想引领高地。完成古田全国中小学研学实践教育营地项目，研发精品研学线路 30 余条，开展"客家讲坛"和"红色文化讲坛"。打造城区 15 分钟阅读圈，打造郎官第杭川书房、北大路杭川书房网红打卡点，吸引青年读者阅读和学习。打造青年接力传承非遗阵地。推动非遗项目传承人与学校结对教学，建设县非遗展示中心、非遗传习所、传承人工作室等，为青年人才提供学艺、传艺阵地。搭建青年交流平台。开展上杭县第七期"青年·杭川梦——共话青年发展，共商上杭未来"青年发展论坛，拓宽反映青年心声渠道。增进在杭台青交流交往，协调帮助台青子女在杭就学就医，做好台湾青年在杭就业创业帮扶，紫金矿业等企业向台湾青年征集工作岗位，2021 年以来累计发放省、市台湾青年创业就业项目补助资金49.5万元。拓展青年志愿服务载体。完善"8+N"志愿服务队伍，建成专业志愿服务队13支，组建青年突击队93支，助力重点项目百日攻坚、疫情防控、防汛救灾等，动员各级青年文明号集体开展优质服务示范活动。

（二）念好"高、常、实"三字经，切实加强支持青年发展的制度机制保障

一是聚焦一个"高"字。保定市委、市政府主要负责同志共同担任试点建设工作领导小组组长，多次研究调度试点工作，撰写署名文章进行推介。青年发展型城市建设和青年民生实事连续三年写入政府工作报告、纳入政府民生实事项目清单。市党代会将青春友好城市作为"金名片"重点打造。

二是实现一个"常"字。依托青年工作联席会议机制，与成员单位常态化合作，共同建成一批"青年+"品牌。比如，打造"青年+文旅"品牌；以青年赛事为依托，打造以马拉松、"青BA"为代表的"青年+体育"品牌；创新夜经济活动，打造"青年+消费"新场景。同时，建立市深改办年终考核、市审计局专题评估、市两办督查室联合督导、市纪委监委监督问效的"四位一体"保障机制。

三是追求一个"实"字。出台保定市青年发展专项规划，将青年发展纳入国土空间总规等七项城市专项规划。加入全国试点以来，共出台惠青利青政策32项，在青年养老育幼、就业创业、住房安居、社会参与等方面优化了更实举措，吸引10.4万名大学生来保留保就业。实施51项青年民生实事项目，打造含有98处运动场的青年运动廊道，建成1500余处青春友好空间。

三、青年权益保护法律法规

（一）青年劳动权益保障

《中华人民共和国劳动法》（以下简称《劳动法》）于 1994 年 7 月 5 日在第八届全国人民代表大会常务委员会第八次会议上通过，自 1995 年 1 月 1 日起施行。《劳动法》是保护劳动者合法权益，调整劳动关系，建立和维护社会主义市场经济的劳动制度，是促进经济发展和社会进步的重要法律。《劳动法》的颁行实施，为劳资双方的行为提供了法律依据，对用人单位招聘和大学生就业有深远影响。

《劳动法》第十五条规定了我国法定的最低就业年龄为 16 周岁，16 周岁以下的未成年人不具有劳动者主体资格。根据第十五条规定，我国禁止用人单位招用未满 16 周岁的童工从事劳动。消除童工从事劳动不仅仅是保障青年人受教育权的重要内容，更是发展青年人未来投身国家建设、参与社会生活的重要举措。近年来，青年大学生在校期间勤工助学已成为一个普遍现象。虽然大学生的年龄已经超过 16 周岁，然而，根据原劳动部《关于贯彻执行〈中华人民共和国劳动法〉若干问题的意见》第十二条规定：在校生利用业余时间勤工助学，不视为就业，未建立劳动关系，可以不签订劳动合同。这主要是为了贯彻国家教育方针政策，确保青年大学生在校期间以学业为主业，接受系统的学校教育，培养有理想、有道德、有文化、有纪律的未来的社会主义建设者。

《劳动法》第五十八条、第六十四条、第六十五条规定了未成年工的劳动禁忌以及定期体检制度，确保未成年工在劳动领域的职业健康安全。第五十八条规定了年满 16 周岁未满 18 周岁的劳动者为未成年工。第六十四条规定不得安排未成年工从事矿山井下、有毒有害等禁忌从事的劳动。第六十五条规定了用人单位应当对未成年工定期进行健康检查。劳动领域限制未成年工的使用是国际社会的普遍共识。这是因为 16～18 岁的青年正处于身心发育的关键时期，对于青年身心健康以及教育权的保障不仅有利于每一个青年个体，更有利于整个国家和民族的长远发展。用人单位应当承担必要的社会责任，为青年们的安全和健康负责，避免青年的身心健康在劳动过程中受到任何损害。

《中华人民共和国劳动合同法》第四十一条经济性裁员是用人单位生产经营发生困难，减少冗员、恢复生机的重要举措之一。经济性裁员第二款"优先留用"条款从保障"老员工"和保护"家庭顶梁柱"的角度，规定优先留用"家庭无其他就业人员，有需要扶养的老人或者未成年人的"的劳动者，充分保障青年及其家庭的生存权，构建和谐劳动关系，为青年的成才成长成功提供更好的空间、平台、环境、条件。

（二）青年网络权益保护

《未成年人网络保护条例》是为营造有利于未成年人身心健康的网络环境，保障未成年人合法权益，根据《中华人民共和国未成年人保护法》《中华人民共和国网络安全法》《中华人民共和国个人信息保护法》等法律，制定的条例。《未成年人网络保护条例》经 2023 年 9 月 20 日国务院第十五次常务会议通过，自 2024 年 1 月 1 日起施行。

该条例是我国出台的第一部专门性的未成年人网络保护综合立法，体现了党和国家对未成年人成长成才的高度重视和亲切关怀，为未成年人在网络空间的健康成长提供了坚实的法治保障。该条例共七章，分别为总则、网络素养促进、网络信息内容规范、个人信息网络保护、网络沉迷防治、法律责任和附则。重点对促进网络素养、保护个人信息和防治网络沉迷等方面做出了规定：

任何组织和个人不得通过网络以文字、图片、音视频等形式，对未成年人实施侮辱、诽谤、威胁或者恶意损害形象等网络欺凌行为。

未成年人的监护人应当加强家庭家教家风建设，提高自身网络素养，规范自身使用网络的行为，加强对未成年人使用网络行为的教育、示范、引导和监督。

新闻媒体应当通过新闻报道、专题栏目（节目）、公益广告等方式，开展未成年人网络保护法律法规、政策措施、典型案例和有关知识的宣传，对侵犯未成年人合法权益的行为进行舆论监督，引导全社会共同参与未成年人网络保护。

网络游戏、网络直播、网络音视频、网络社交等网络服务提供者应当采取措施，防范和抵制流量至上等不良价值倾向，不得设置以应援集资、投票打榜、刷量控评等为主题的网络社区、群组、话题，不得诱导未成年人参与应援集资、投票打榜、刷量控评等网络活动，并预防和制止其用户诱导未成年人实施上述行为。

网络游戏、网络直播、网络音视频、网络社交等网络服务提供者应当采取措施，合理限制不同年龄阶段未成年人在使用其服务中的单次消费数额和单日累计消费数额，不得向未成年人提供与其民事行为能力不符的付费服务。

网络游戏服务提供者应当通过统一的未成年人网络游戏电子身份认证系统等必要手段验证未成年人用户真实身份信息。

网络服务提供者为未成年人提供信息发布、即时通信等服务的，应当依法要求未成年人或者其监护人提供未成年人真实身份信息。未成年人或者其监护人不提供未成年人真实身份信息的，网络服务提供者不得为未成年人提供相关服务。

网络直播服务提供者应当建立网络直播发布者真实身份信息动态核验机制，不得向不符合法律规定情形的未成年人用户提供网络直播发布服务。

任何组织和个人不得在专门以未成年人为服务对象的网络产品和服务中制作、复制、发布、传播本条例第二十三条第一款规定的可能影响未成年人身心健康的信息。

网络产品和服务提供者不得在首页首屏、弹窗、热搜等处于产品或者服务醒目位置、易引起用户关注的重点环节呈现本条例第二十三条第一款规定的可能影响未成年人身心健康的信息。

个人信息处理者应当严格遵守国家网信部门和有关部门关于网络产品和服务必要个人信息范围的规定，不得强制要求未成年人或者其监护人同意非必要的个人信息处理行为，不得因为未成年人或者其监护人不同意处理未成年人非必要个人信息或者撤回同意，拒绝未成年人使用其基本功能服务。

未成年人用户数量巨大或者对未成年人群体具有显著影响的网络平台服务提供者，应当按照国家规定建立健全未成年人网络保护合规制度体系，成立主要由外部成员组成的独立机构，对未成年人网络保护情况进行监督。

（三）青年心理健康服务支持

党的十八大以来，以习近平同志为核心的党中央高度重视和关心广大学生的身心健康和全面发展，强调要"培育理性平和的健康心态，加强人文关怀和心理疏导"，党的二十大报告提出要"重视心理健康和精神卫生"。《国务院关于实施健康中国行动的意见》（国发〔2019〕13号）提出："实施中小学健康促进行动。中小学生处于成长发育的关键阶段。动员家庭、学校和社会共同维护中小学生身心健康。"

为了更好地服务青少年成长需求，为青少年提供有力有效的心理支持，共青团"12355热线"通过电话咨询的形式，着力解决青少年在成长过程中可能遇到的人际关系、学习压力、自我探索、考试焦虑、家庭关系等方面的困惑，为具有同类问题的青少年提供科学、专业的心理支持，为自身权益受到侵害的青少年提供法律援助。

《广州市中小学生心理健康促进条例》（以下简称《条例》）已于2024年8月30日经广州市第十六届人民代表大会常务委员会第三十次会议表决通过，于2024年9月26日经广东省第十四届人民代表大会常务委员会第十二次会议批准，并于2024年11月1日起施行。这是全国首部促进中小学生心理健康的地方性法规。《条例》明确了政府、学校、家庭、社会等主体的责任，以立法形式在全国率先回应了中小学生心理问题"怎么预防""怎么发现""怎么诊治"和健康促进工作"怎么保障"等难点问题。

《条例》重点明确各级人民政府及相关部门、人民团体及社会组织开展支持中小学生心理健康工作的具体职责，做了以下规定：

一是明确市、区人民政府应当建立心理健康促进工作联席会议制度并将相关工作纳入履职评价范畴。

二是明确市教育行政主管部门负责本市中小学生心理健康促进工作，组织实施本条例。

三是除在总则规定人民政府相关部门应当在各自职责范围内开展中小学生心理健康促进工作外，还在分则部分对专业团队支持、部门团体联动、医校诊疗协作、网络文化监管中相关部门的职责做了特别规定。

四是发挥人民团体、社会组织、志愿服务组织作用，协助人民政府及其有关部门开展中小学生心理健康促进工作。

为解决中小学生心理行为问题预防困难的问题，《条例》从实践中总结经验，尝试从五方面寻求解决路径：

一是市教育行政主管部门应当设立并公告热线电话、相关部门团体运用本系统热线电话提供服务，对于无法通过电话和线上解决问题的个案主动转介线下咨询。

二是要求学校及时向中小学生的父母或者其他监护人反馈中小学生在校期间学习生活情况，对学校各个岗位教职工提出不同的具体工作要求。

三是对学校心理健康课的主题和上课频次做了具体要求。

四是强化家长参加家庭教育和配合学校共同促进中小学生心理健康的责任。

五是对中小学生规范使用手机等智能终端产品和预防学生欺凌或者其他侵害未成年学生犯罪问题做了专门具体规定。

为解决中小学生心理行为问题发现困难的问题，《条例》着力提升全社会发现中小学生心理行为问题的能力，做了以下规定：

一是完善学校、父母或者其他监护人、中小学生本人发现心理行为问题的要求。

二是明确卫生健康部门应当为中小学生发现心理行为问题提供专业指导并配合主管部门为学校配备兼职卫生健康副校长。

三是各区人民政府应当建设专业队伍为中小学生提供心理疏导、情感支持等，互联网信息、公安、民政等部门应当建立长期有效机制协同发现中小学生心理行为问题。

《条例》回应落实党中央、国务院对中小学生心理健康和成长发展的关切，通过地方立法健全心理行为问题诊疗体系：

一是规定父母或者其他监护人应当及时带孩子到专业机构接受心理咨询或者就诊，孩子本人有就诊意愿的，父母不得阻拦。

二是规定父母或者其他监护人拒不履行监护责任的，未成年学生所在学校应当立即采取措施并可以报当地公安机关依法将其送往医疗机构进行精神障碍诊断。

三是卫生健康部门会同中小学校主管部门建立健全医院与学校定点联系、定期沟通的协作机制。

四是建立健全中小学生休复学机制，社区可以聘请心理咨询师或者通过精神科执业医师对存在严重心理行为问题的中小学生提供随访服务等。

要加强中小学生心理健康促进的保障措施，《条例》做了以下规定：

一是明确规定所有教师都应当接受心理健康教育培训并取得相应证书，学校应当按照规定的师生比例配备专职心理健康教育教师，按照相关标准和要求建设、管理心理辅导室。

二是广州市教育基金会等慈善组织应当设立中小学生心理健康关爱基金帮助患有精神障碍且家庭经济困难的中小学生。

三是公安、文化广电旅游、出版管理、互联网信息等部门应当依照各自职责对网络及文化产品进行监管。

四是明确规定学校、心理健康服务机构和其他相关单位及其工作人员应当遵守工作伦理，做好保密工作。

09

第九章
青年工作的思路与途径

习近平总书记在纪念五四运动100周年大会上强调，党旗所指就是团旗所向。共青团要毫不动摇坚持党的领导，增强"四个意识"、坚定"四个自信"、做到"两个维护"，坚定不移走中国特色社会主义群团发展道路，不断保持和增强政治性、先进性、群众性，坚持把培养社会主义建设者和接班人作为根本任务，把巩固和扩大党执政的青年群众基础作为政治责任，把围绕中心、服务大局作为工作主线，认真履行引领凝聚青年、组织动员青年、联系服务青年的职责，不断创新工作思路，增强对青年的凝聚力、组织力、号召力，团结带领新时代中国青年在实现中华民族伟大复兴中国梦的进程中不断开拓创新、奋发有为。

第一节　引领凝聚青年

一、引领凝聚青年概述

（一）引领凝聚青年工作的意义

青年是最活跃、最积极的社会力量。中国共青团作为党的助手和后备军，在新时代的重要使命和职责就是将青年紧紧引领凝聚在党的周围，带领青年在深化改革开放、促进经济社会发展的伟大建设中发挥生力军作用。

回顾中国共青团的光辉历程，我们可以看出，作为党领导的先进青年的群团组织——共青团，担负着团结组织青年的伟大而又光荣的历史使命，它以青年中的先进分子为骨干，去引领凝聚青年的力量，集中青年的意志和行动，从而带动整个青年一代共同前进。它就好比一座大熔炉，在不断地熔炼和铸就着一代又一代青年。

共青团的引领力、凝聚力是其吸引力和战斗力的基础。共青团有引领力，才会对青年有吸引力；共青团有凝聚力，才会在团结的基础上形成战斗力。要把团组织在广大青年中是否具有引领力、凝聚力作为团组织生命力、战斗力的衡量标准，要明白共青团最本质的影响力、战斗力和生命力，不仅仅是在报纸电视上，也不只是在一次活动有多少人参加上，而是在团员青年心中、在团员青年作用的发挥上。

由此可以看出，增强共青团对广大青年的引领力和凝聚力具有十分重要的意义，具体表现在：

1. 国家发展的需要

青年是一个国家发展的中坚力量，是国家和民族的未来。引导青年勤奋学习、刻苦实践，帮助青年施展才华、建功立业，是国家发展的需要，也是青年成长的需要。邓小平同志曾指出："青年一代的成长正是我们事业必定要兴旺发达的希望所在。"因此，对青年的引领力和凝聚力将影响整个国家现在和未来的发展。

2. 培养高素质青年骨干的需要

培养高素质的青年骨干是培养青年人才的重要内容之一。培养一大批政治强、作风好、懂业务、会管理、敢创新、有实绩的青年骨干，也是青年人才培养的目标。一个国家能不能可持续发展，有没有可持续的核心竞争力，最终取决于青年。引领凝聚青年就是汇聚希望、拥抱未来。

3. 青年自我成长的需要

青年具有学习能力强、富于创新、善于学习、勇于挑战等典型特征。综合分析青年自我发展需求与国家发展需求之间的对应关系，不难发现，引领凝聚青年的工作是青年成才需要与国家改革发展的结合点，同时可以使青年的优势为之所用，使青年在国家提供的资源和机会中实现自我发展。

共青团要发挥作用，根本就在于提升团结引领凝聚青年的广度和深度。引领凝聚青年有广度，共青团才能为一代青年的健康成长发挥作用；引领凝聚青年有深度，共青团才能引领一大批青年把个人发展融入中国特色社会主义事业当中。如果共青团对青年没有引领凝聚力，那么，青年就会选择其他能够满足自身成长需求的组织；如果共青团引领凝聚青年没有广度和深度，那么，就会大大削弱党执政的青年群众基础和共青团广泛的社会基础。从这个意义上说，共青团必须大力加强引领力、凝聚力建设，为青年多办实事、多解难事、多做好事，为促进青年发展发挥有效作用，努力成为青年心目中的第一选择。

（二）引领凝聚青年工作的不足

调查研究表明，引领力和凝聚力强的组织有以下特征：成员间意见沟通快，信息交流频繁，互相了解较为深刻，民主气氛好，关系和谐；组织对每一个成员有较强的吸引力、向心力，成员愿意参加团体活动，无论是生产还是其他活动出席率都较高；组织成员愿意承担更多的推动组织工作的责任，时时关心组织，并注意维护组织的利益和荣誉；组织中每个成员都有较强的归属感、尊严感、自豪感。

建设一个有引领力和凝聚力的共青团，解决自身存在的突出问题，是共青团组织自身发展的重大课题。

面对青年思想观念和价值选择日趋多元多变、影响因素更加纷繁复杂，共青团思想引领的穿透力仍显不足，需要尽快实现从"影响"到"引领"、从"亮眼"到"润心"的转变；面对青年结构分化加深、社会流动频繁，聚集方式和组织机理发生深刻变化，共青团在城市社区和农村的组织功能亟待增强，把新兴青年群体组织起来的方式方法还不够丰富有效；面对青年需求层次不断提升、差异性显著加大，共青团服务青年的专业化精细化水平亟须提升，政策服务的兼容性有待加强；面对中国式现代化进程中一系列新战略新任务，共青团传统品牌的时代内涵有待挖掘，新品牌的契合度贡献度亟待提升；面对社会治理中不断出现的新情况、新挑战，城乡基层在治国理政中的战略意义日益凸显，共青团的组织机制、运行机制、工作机制还无法完全实现灵敏感知社会、高效动员青年，团在社会领域的工作和建设亟待加强；面对新一轮科技革命和产业变革突飞猛进，人工智能、虚拟现实、区块链等新技术对青年影响不断加深，共青团迫切需要全方位革新工作理念、工作方式、技术手段；面对国内外形势深刻复杂变化对青年工作提出的新要求，全团的斗争精神、斗争本领亟待提高，在严峻环境下开展青年工作的思想准备和行动准备仍显不足；面对党对群团干部的高标准严要求，一些团干部的精神状态、能力素质、工作状态亟须提升，急功近利、作风虚浮，不思进取、患得患失等不良倾向仍然存在。全团必须认清形势、迎难而上，解放思想、保持定力，推动共青团事业在守正创新中实现新的更大发展。

（三）引领力和凝聚力的评价体系

要了解及分析一个组织引领力和凝聚力的大小，可以进行心理测量。测量引领力和凝聚力有多种方法。比如，可以请组织的每一个成员评定自己对其他成员的感情，然后把这些评定汇总在一起；也可以让组织成员评价整个组织或他们的归属感。其中，测定组织中人际关系的社会测量法是测定组织凝聚力的一种主要方法。我们也可以将它应用到团组织的引领力和凝聚力的测评当中去。

成员的同质性。组织的同质性指组织成员之间的共同点和相似性。例如，组织成员有共同的奋斗目标、理想、信念，相同的需要、动机、兴趣与爱好，相同的民族及文化背景，相似的个性倾向性及个性心理特征等都是组织的同质性。一般来说，同质性有相互吸引的作用，同质性越强，组织的引领力和凝聚力就越强。

外部社会影响。一个组织面对外部压力越大，凝聚力就越高。例如，一个国家民族矛盾尖锐，受到外来侵犯时，阶级矛盾便趋于缓和，会出现团结起来一致对外的局面；一家企业面临激烈竞争的威胁，为了在竞争中求得生存和发展，也需要团结一致、齐心协力，增强组织的引领力和凝聚力。

成员对组织的依赖性。个人参加某组织是因为他觉得该组织能满足其经济、政治、文化、社会和心理需求。因此，一个能满足其成员个人重大需求的组织，对成员才有巨大的吸引力，其凝聚力才强。

组织的地位。某组织在诸组织中的地位、等级越高，其引领力和凝聚力就越强，如组织被人尊重，有较快的升迁机会，有更多的经济报酬，有更大的发展可能性等，组织凝聚力就强。

目标的达成。有效地达成目标会使其成员产生自豪感，增强引领力和凝聚力，而引领力和凝聚力反过来又会促进目标的达成。

信息的沟通。信息沟通渠道越畅通，引领力和凝聚力就越强；相反，相互间越缺乏联系，则引领力和凝聚力就越弱。

领导者和领导方式。领导者是组织的核心，领导班子自身是否团结一致，齐心协力，是否坚强有力，会直接影响组织的引领力和凝聚力。如果领导班子自身不团结，互相扯皮、拆台，组织便失去核心，因而引领力和凝聚力将受到很大影响。如果领导班子是团结的、协调一致的，而主要领导者有较强的权力性和非权力性影响力，众望所归，那么组织成员就会紧密地团结在他们的周围，使组织产生较强的引领力和凝聚力。

通过对以上几项评测标准的分析，我们可以总结出：引领力和凝聚力强的团组织的特征是具有较强的同质性、一定的外部环境压力、能够满足团员青年的合理诉求、较高的组织地位、合理的工作目标、畅通的信息沟通渠道、团结的领导班子和科学的领导方式。

二、用信仰引领凝聚青年

（一）信仰与组织信仰

传说神在造人后，发现泥做的人总是软软的，一经风雨就会倒下，于是神在人的背上插了根脊梁，这根脊梁在人遇到无论多大的风雨、多深的坎坷时，总可以让人类屹立不倒。这根脊梁就是信仰。

对于信仰的定义，不同的人有着自己不同的理解，《现代汉语词典》对"信仰"是这样解释的："对某人或某种主张、主义、宗教极度相信和尊敬，拿来作为自己行动的榜样或指南。"也就是说，信仰是指人们对某种理论、学说、主义的信服和尊崇，信仰就是内心对一个观念、一种思想、一种主义等产生认同，并把它奉为自己的行为准则和活动指南，它是一个人做什么和不做什么的根本准则和态度。

那什么是组织信仰呢？所谓组织信仰，就是组织信任、信奉并坚持的一种信念。这种信念是传承组织文化、落实组织规范的内在动力。

《中国共产主义青年团章程》在总则中有这么一段表述："中国共产主义青年团坚决拥护中国共产党的纲领，以马克思列宁主义、毛泽东思想、邓小平理论、'三个代表'重要思想、科学发展观、习近平新时代中国特色社会主义思想为行动指南。中国共产主义青年团坚决贯彻党的基本理论、基本路线、基本方略，解放思想，实事求是，与时俱进，求真务实，团结全国各族青年坚定不移跟党走，为把我国建设成为富强民主文明和谐美丽的社会主义现代化强国，为最终实现共产主义而奋斗。"这就是我们团组织背后熊熊燃烧着的信仰。

信仰在组织管理中究竟有什么作用呢？

第一，组织信仰具有引领作用。俗话说得好，"不是一家人，不进一家门"。组织和家庭一样，也需要寻找到认同"自己这个组织"的人。一个组织拥有什么样的信仰，就能引领拥有同样信仰或者认同同样信仰的人进入这个组织。而基层团组织的任务之一就是要用马克思主义中国化的最新成果教育好广大青年，努力培养一大批坚定的青年马克思主义者，坚持用党的先进性吸引广大青年，为党源源不断输送新鲜血液。

第二，组织信仰具有凝聚作用。组织是一个很多人的集合，这些人集合在一起，不是为了单纯展示每个人的多姿多彩和个性，而是为了一个很强烈的、共同的目标，其中既有个人的发展，也有组织的利益。因为是为了共同的目的，所以大家的努力就必须是叠加的。那么是什么促使大家心往一处想、劲往一处使，从而形成强大的凝聚力，产生了团队的威力呢？是信仰。因为信仰是发自内心的，所以最持久、最稳定、意识最强烈。有了信仰，才能统一思想，引导大家统一行动，才能利于组织目标的实现。基层团组织要努力把广大青年紧紧团结在党的周围，引领广大青年，为了我们美好的明天贡献他们的智慧和力量，就要发挥信仰的凝聚作用。

第三，组织信仰具有激励作用。真正激励人们百分之百投入的动力，不是金钱等组织提供的外部条件；使人们忘记痛苦不断前行的，是其内在的信仰。因为信仰是一种高层次的原动力，是自发的而不是被迫的，是深入成员内心的，是更持久更有效的。当信仰被注入组织成员心中，所有的能量就被激活，促使成员发挥出各自的能力。

共青团组织的信仰可以激励广大团员青年建立责任心、集体荣誉感和自觉意识，时刻以身为一名共青团员而骄傲和自豪，并以身作则，自觉按规章制度要求自己。

第四，组织信仰具有规范作用。如果组织成员拥有高度的组织信仰，他自己就会判断什么是对、什么是错，什么是进步、什么是后退，什么对组织有利、什么对组织有害，只要看是否与组织的信仰相符就可以判断，这种判断就会对他产生强烈的规范作用。

（二）信仰号召

"没有船过不了河。"信仰只能在贴近中生根，在感召中升华。新形势下的信仰教育应注重两方面：首先让有信仰的人讲信仰，要让有品行、有口碑、有人格魅力的人走上讲台；其次要用

"青言青语"，信仰教育要适应"接受者"的需求，细水长流，润物无声。

同时，信仰又并非仅凭一堂课、一席话就能自动生成，而是需要时间的积累、实践的打磨。让信仰成为每个团员青年的内生动力，关键要通过实践来增强对信仰的感悟和领悟，让大家感觉信仰"有用"，能解决实实在在的问题。

当前，共青团事业的发展处在新的历史起点上。青年群体的流动和分布多元，思想和观念多元。在这个日新月异快速发展的社会里，我们的引导方式也要进行创新，才能引来青年人的积极参与，并取得实效。

1. 进行分类引导

这里的分类引导，是指根据不同年龄段、不同时期青年的身心发展和成长规律进行有效的分时引导，根据不同领域青年的职业背景和社会阅历进行有效的分类引导。比如说，根据大学生、进城务工青年、企业青年、农村青年等不同类别青年群体的特点和差异进行分类引导，确定不同层次、不同侧重、不同形式的引导内容和引导方法，将思想引导工作落实到不同特点的青年群体身上，增强引导青年工作的针对性和实效性。

对于大学生，要着重引导他们认真了解在党的领导下我国社会主义现代化建设取得的成就，正确认识世情、国情、党情，理性认同爱国主义、社会主义、党的领导的有机统一。在方法上，要注重探索系统的、有理论说服力的、有实践支持的方式，注重运用历史的、现实的、学术的逻辑开展思想引导，注重将思想引领与成长服务相融合。

对于进城务工青年，要着重引导他们充分认识党和政府对进城务工人员的关怀，正确理解工业化、城镇化进程中一些不可逾越的阶段性特征，增强自信心、进取心。在方法上，要注重表达上的言简意赅、生动形象、通俗易懂，注重人文关怀和心理疏导，注重与帮助解决实际困难和问题结合起来。

对于企业青年，要着重引导他们充分认识我国经济体制改革特别是国有企业改革取得的成就，正确认识我国的基本经济制度，把个人成长与企业发展和国家建设的目标更好地统一起来。在方法上，要特别注重结合企业实际和岗位特点，把党团组织的"大道理"转化为青年易于接受的"小道理"，关注企业生产经营和职工成长发展中的"小事"，帮助青年职工解决思想困惑和现实问题。

对于农村青年，要着重引导他们学习党的各项惠农政策和党对乡村振兴的相关要求，把农民生活的变化与党的领导更加紧密地联系起来。在方法上，要注重运用生活化的语言和摆事实的逻辑，注重帮助他们解决生产发展、创业就业中的实际问题。

对于其他领域的青年，要紧密结合所在组织的社会功能和青年具体的思想问题，合理确定引导侧重点和引导内容，注重采用符合青年具体特点的引导方法。

2. 用青年喜欢的方式引导青年

现在的年轻人都有自己的想法，有个性、有主张，各级团组织在做引导工作的时候需要充分考虑青年的语言体系、思维逻辑，充分照顾青年接受水平和审美情趣，让青年喜闻乐见，不断提高引导工作的时代特色和吸引力、感染力。共青团组织要提高运用微博、微信公众平台、知乎、B站、网易、小红书、抖音和快手等新媒体矩阵，积极占领手机、互联网等新媒体阵地，运用互联网和手机等载体，紧密结合青年在学习生活、就业创业、休闲娱乐等方面的需要，对青年进行引导、帮助和服务。这也需要团组织发现和培养青年活动骨干，紧密联络和有效影响各类青年自治组织负责人，发挥青年骨干在引导普通青年群众中的作用。

3. 重视引导的效果

只是"念念文件、读读报纸"的方式并不能很好地发挥引导作用，可以开展富有特色的主题团日活动，像文艺体育、志愿服务、娱乐生活、社会实践等类型的团日活动都很受青年人的欢迎。要紧密结合团的品牌活动，如"队、号、手、岗、赛"，还有青年志愿者、青年驿站、青年夜校等。信仰的宣传教育不能脱离这些已经形成的重点工作和品牌活动孤立开展，而要融入这些行之有效的做法中去，使其深入基层、深入青年。还要创新活动的形式和内容，赋予传统团的活动方式以崭新的时代特征，使之更贴近青年人需求，更能调动起团员青年的参与热情和积极性，使团的各项工作和活动都能够影响和引导全体团员青年不断践行信仰。

三、用榜样引领凝聚青年

（一）榜样的力量

古人云："以铜为镜，可以正衣冠；以古为镜，可以知兴替；以人为镜，可以明得失。"所谓榜样，就是楷模，是值得学习的人或事，是一种典型。榜样的力量是巨大的，树立一个榜样，就等于立起一面镜子，高扬一面旗帜。站队列时，人们会向排头兵看齐；生活工作中，人们会向榜样看齐。列宁曾说："榜样的力量是无穷的。"托尔斯泰也曾讲："全部教育，或者说千分之九百九十九的教育都归结到榜样上。"榜样，到底具有什么样的价值和教育意义？

在中国，许许多多的优秀人物在历史的长河中灿若星辰，成为中华民族的脊梁，成为中国人民奋发图强的榜样。我们党一贯高度重视培育、树立和宣传榜样。毛泽东在谈到榜样时就指出：

"这种先锋分子是胸怀坦白的，忠诚的，积极的与正直的；他们是不谋私利的，唯一地为着民族与社会的解放；他们不怕困难，在困难面前总是坚定的，勇往直前；他们不是狂妄分子，不是风头主义者，而是脚踏实地富于实际精神的人们。他们在革命的道路上起着向导的作用。"

进入改革开放时期，邓小平同志号召广大干部群众向模范人物学习，"做有理想、有道德、有文化、有纪律的共产主义新人"。他还多次强调："身教重于言教。"

江泽民同志指出："学习先进模范人物的活动，是社会主义精神文明建设的重要组成部分，要贯穿于我国现代化建设的全部进程……要在全社会始终倡导和保持学习先进、争当先进的良好风尚，让先进模范人物的崇高精神发扬光大、代代相传。"

在 2010 年全国劳动模范和先进工作者表彰大会上的讲话中，胡锦涛同志强调："榜样蕴藏无穷力量，精神激发奋斗意志。爱岗敬业、争创一流，艰苦奋斗、勇于创新，淡泊名利、甘于奉献的伟大劳模精神，是中国工人阶级崇高品格的生动体现，是我们时代的宝贵财富，是激励全国各族人民团结奋斗、勇往直前的强大精神力量。"

2015 年 9 月 2 日，习近平总书记在颁发"中国人民抗日战争胜利 70 周年"纪念章仪式上的讲话中指出："天地英雄气，千秋尚凛然。"一个有希望的民族不能没有英雄，一个有前途的国家不能没有先锋。包括抗战英雄在内的一切民族英雄，都是中华民族的脊梁，他们的事迹和精神都是激励我们前行的强大力量。党的十八大以来，习近平总书记多次表达过对英雄的崇敬之情，并号召全社会都要崇尚英雄、捍卫英雄、学习英雄、关爱英雄。

一个榜样，就是一本鲜活的社会主义核心价值体系教科书，革命战争年代的张思德、董存瑞，和平建设时期的雷锋、王进喜，改革开放时期的张海迪、孔繁森，进入 21 世纪后的王顺友、郭明义、杜富国等先进人物，都成为推动时代发展进步的旗帜和灵魂。他们用自己的实际行动告诉我们，充满活力的社会主义核心价值体系总是融入我们的言行举止、日常生活之中，总是与人民群众保持着血肉联系。而正是一个个榜样的积极实践，使抽象的社会主义核心价值体系变得生动具体，让民众看得见、摸得着，让核心价值接上了"地气"，充满了活力和生机。

榜样的力量是无穷的。树立一个好榜样，这对广大青年来说，是非常现实、非常直观的教育和引导，具有强大的说服力和凝聚力。而在人们身上，都有不甘落后、积极上进的自尊心和进取心。人的进步当然取决于本人的觉悟、能力、奋斗，取决于自我觉醒、自我评价、自我控制和自我努力等内在因素，但外在因素的作用是绝不能忽视的，尤其是先进人物的精神、事迹，作为榜样的影响和带动作用，能够触动人们的心灵感知，从而在思想上形成共鸣，在行动上形成效仿，对一个人的成长进步会起到关键性的作用。

（二）榜样号召

发挥榜样的力量，就是发挥先进青年典型的示范作用。先进青年典型，既是组织发展的青年骨干力量，又是青年群体成长发展的榜样。基层团组织要适应发展需要，加大培养和树立青年典型的工作力度，充分发挥青年典型的模范带头、示范引领作用。以青年典型进行示范引领就是要把先进的生产力、生产生活方式和社会意识通过一个个优秀青年的具体行动表现出来，并借助一定的活动方式使其在更大范围的青年中普遍化，从而将个体行为变成群体行为。基层团组织在发挥先进典型的示范作用，以及用榜样引领凝聚青年时，需要注意以下三方面。

1. 要注重青年典型选树

美国心理学家、社会学家班杜拉认为，学习者倾向于选择模仿与自己在性别、年龄、生活经历、家庭背景等方面类似的榜样，是为"有效榜样"。我们将这类榜样称为"身边的榜样"。

青年榜样世界中不能没有曾经影响人类社会发展、改变中国命运的时代伟人，不能没有为了人类美好理想和民族振兴而牺牲自我的历史英雄，但更不能缺少来自青年生活世界中更现实、更贴近的生活典范。虽然他们没有伟人的丰功伟绩、没有英雄感天动地的事迹，但他们生活在我们身边，比伟人更亲切、比偶像更感人。"身边的榜样"因其平凡而更加真实，因其真实而更显真诚，因其真诚而更易拉近彼此的心距，从而更加可信可学，成为青年成长路上的一个个路标。所以要注重发掘和选树那些既具有时代性又具有广泛群众基础的青年典型，这样的榜样才能具有鲜活性、生动性、亲切性，具有极强的感染力和影响力。利用同辈资源，发挥同侪优势，塑造青年身边可亲、可敬、可学的榜样，让青年看得见，听得见，认识到榜样就在他们中间，能与他们一同思考、一同困惑、一同探索、一同进步，更能起到激励作用，更易形成学榜样的良好氛围。

选树的青年典型除了应具备优秀的个人素质外，还应该体现组织信仰，这也是典型示范的根本目的和意义所需。基层团组织在选树青年典型时，要做到胸中有全局、手中有典型。只有这样，典型才能找准，才能发挥出引领凝聚青年的作用。

2. 要重视宣传推广

榜样的生命力在于真实。榜样只有具有真实性，才能成为人们认同、效仿的对象。对当代青年来说，"高、大、全"式的人物刻意塑造的成分太重，不太能被接受。宣传榜样应实事求是，不溢美、不浮夸，让大众感到身边的先进典型真实可信。自2003年至今，有一档节目被称为"中国人的年度精神史诗"，它的名字叫《感动中国》。20多年来，节目陆续推出了很多位感人至深的人物，他们的名字，他们的事迹，他们的道德感召力，会在感动的泪水中被更多人记住。但这种感动得以有效传递的关键，在于还原了他们真实而全面的生活。当代青年认为信息只有全面才可信，美德基于人情才值得感动。真正的感动是"感而动之"，让青年确实感到典型事迹他们也学得上、做得到。

榜样的宣传需要多样化。随着高科技的迅猛发展和信息时代的到来，青年的生活方式和思维方式发生了深刻的变化，榜样教育要根据当代青年的生活方式和思维方式的变化，充分利用高度发达的电视、广播、报刊、网络等大众传播媒介，以高科技手段为载体，建立榜样教育的舆论阵地，让榜样形象占领影院、舞台、会场，充实青年的精神世界。同时要重视榜样教育的环境熏陶，利用各种公共设施如车站、路标等，充分展现榜样形象，大力弘扬榜样精神，强化榜样教育的渗透性，实现榜样教育的经常化、普及化、形象化；也可以通过微博、网络交流、宣讲等方式让典型与青年进行互动，以取得更直接的效果。

3. 要使典型"保鲜"

在广阔的时代变迁图景中，新的领域总会产生新的榜样，共同汇聚成奔腾不息的榜样大潮。一个榜样立起来不容易，榜样树立不倒，甚至立而弥坚更不容易。基层团组织在成功推出一个青年典型后，要认真思考后续工作，及时跟进。

基层团组织要在力所能及的范围内给予青年典型更多的生活关心和人文关怀，为青年典型提供更多的丰富理论知识、提升技能等级、提高业务水平等方面的学习、培训机会。要用更先进的人和事、更高的要求来使青年典型看到差距，从而使自己的思想政治水平始终站在时代发展的前沿，保持先进性，经得起时间和重大事件的考验。

同时，团组织还要发挥党联系青年的桥梁纽带作用，及时将一些青年典型推荐给党组织，使党政领导认识、熟悉继而信任青年典型，为他们创造良好的工作环境和发展机会。

第二节　团结组织动员青年

一、国家建设需要青年

我们中华民族历来是一个敢于担当、善于担当的民族，而这一点在青年人身上体现得最为明显。何谓青年？陈独秀先生在《敬告青年》中说道："青年如初春，如朝日，如百卉之萌动，如利刃之新发于硎，人生最可宝贵之时期也。青年之于社会，犹新鲜活泼细胞之在人身。新陈代谢，陈腐朽败者无时不在天然淘汰之途，与新鲜活泼者以空间之位置及时间之生命。人身遵新陈代谢之道则健康，陈腐朽败之细胞充塞人身则人身死；社会遵新陈代谢之道则隆盛，陈腐朽败之分子充塞社会则社会亡。"青年是一种当仁不让、舍我其谁的精神，是一种心忧天下、悲天悯人的情怀。青年人是"早晨八九点的太阳"，朝气蓬勃；青年人是满弓的箭矢，蓄势待发；青年人是草原上自由驰骋的骏马，一马当先、舍我其谁。青年是人生最宝贵的时期。青年是一个社会中最具有生机的组成部分，对社会承担着重要的责任。

中国共产党第二十次全国代表大会，是在全党全国各族人民迈上全面建设社会主义现代化国家新征程、向第二个百年奋斗目标进军的关键时刻召开的一次十分重要的大会。大会的主题是：高举中国特色社会主义伟大旗帜，全面贯彻习近平新时代中国特色社会主义思想，弘扬伟大建党精神，自信自强、守正创新，踔厉奋发、勇毅前行，为全面建设社会主义现代化国家、全面推进中华民族伟大复兴而团结奋斗。这一壮丽事业和伟大工程与当代青年有着千丝万缕分不开的密切关系。习近平总书记在党的二十大报告中强调："青年强，则国家强。当代中国青年生逢其时，施展才干的舞台无比广阔，实现梦想的前景无比光明。全党要把青年工作作为战略性工作来抓，用党的科学理论武装青年，用党的初心使命感召青年，做青年朋友的知心人、青年工作的热心人、青年群众的引路人。广大青年要坚定不移听党话、跟党走，怀抱梦想又脚踏实地，敢想敢为又善作善成，立志做有理想、敢担当、能吃苦、肯奋斗的新时代好青年，让青春在全面建设社会主义现代化国家的火热实践中绽放绚丽之花。"

青年不仅代表着祖国的未来，也越来越多地成为当下经济社会发展中的主体力量。在社会风尚、生活面貌、消费趋势等方面的迅猛变化和更迭中，青年是主要的发动者、参与者和影响群体；在社会关注的基础教育、高等教育和其他教育领域，青年人数占压倒性的比例。这样一个充满生机和活力、处于社会变动前沿的庞大群体，不可避免地会将自己对文化形态、价值观念、行为方式、生活目标的新理解和新创造带到社会生活中来，影响整个社会的道德规范、人际关系和社会心理，影响社会生活的方方面面。因此，青年无疑将成为建设社会主义现代化国家的中坚和主体力量。当代中国青年的思想道德状况、科学文化素质、人文精神和创新能力、与社会现实的互动关系，都将成为影响未来中国走向的重要因素。

青年不仅是未来的力量，也是现实的力量；不仅是传承的力量，也是变革的力量；不仅是国家和民族的希望，也是执政党的希望。每个时代的青年都必须对社会承担一定的责任，时代不同，青年应承担的社会责任也就不同；在社会主义建设时期，把我国建设成为富强民主文明和谐美丽的社会主义现代化强国，是我国每个青年应尽的社会责任；青年人是社会主义事业的建设者和接班人，肩负着伟大的历史重任。把前辈人开创的事业继续推向前进，实现中华民族伟大复兴，这是时代赋予当代中国青年的崇高使命。在推动社会发展的历史进程中，共青团要发挥好政治性、先进性和群众性，团结好、组织好、动员好青年的力量。

马克思主义青年观告诉我们，青年从来都不是一个独立的政治力量。由于青年的未定型和可塑性，青年总是在发展中走向成熟，在成熟中走向分化并分别融入相应的阶级和阶层，所以青年历来是各阶级各阶层争夺的有生力量。历史也证明，党从诞生之日起就一贯主张教育青年、争取青年、赢得青年，以便使他们成为促进现实社会发展进步的力量，成为国家与民族的未来。

因此，作为党的助手和后备军，共青团在参与社会建设方面肩负着光荣职责，具有独特的优势，应当而且能够发挥不可替代的重要作用。围绕党在各个历史时期的中心任务，把最广大的青年紧密团结在党的周围，用青春的能动力和创造力激荡起民族复兴的澎湃春潮，是共青团服务改革发展稳定大局的必然要求，是共青团服务青年成长发展的重要途径，也为共青团加强自身建设提供了宝贵机遇。

二、共青团组织青年参与国家建设的光辉历程

（一）投身改革开放的大潮

党的十一届三中全会之后，共青团组织响应国家号召，要求广大团干部进一步解放思想，真正做到实现指导思想上的转变，

切实把共青团的工作重心转移到社会主义现代化建设上来。

1979 年新长征突击手活动迅速在全国各行各业展开。到 1981 年全国县级以上获得表彰的新长征突击手已达 100 万人之多。广大团员和青年通过参加这个活动，在各自岗位上为贯彻国民经济"调整、改革、整顿、提高"的方针和发展国家经济、科技、教育与文化事业做出重大贡献。

1982 年 9 月，在北京召开的中共十二大向全国人民发出了"全面开创社会主义现代化建设新局面"的号召，为全国人民指出了一条建设中国特色社会主义的道路，向全国青少年展示了一个光辉灿烂的美好前景，同时热切期望中国共青团和全国青年在这个伟大的历史进程中做出新的更大的贡献。全团立即行动，以朝气蓬勃、富有生气的生力军姿态加入经济建设和改革开放的大进军中。

青年是社会上最活跃、最有生气、最少保守思想的社会力量。根据青年的这一特点，团中央发动青年参加"小发明、小创造、小革新、小设计、小建议""五小"智能杯竞赛活动，组织青年开展"为重点建设献青春，争当新长征突击手"竞赛活动，岗位练兵技术比武活动和文明经营示范活动，极大地焕发了工交、基本建设及财贸战线团员和青年的工作热情。

在广大的农村地区，共青团组织积极适应农村经济改革的形势，紧紧把握农村青年最关注的"热点"开展工作。共青团首先在农村开展以勤劳致富报告团和发展青年专业户、科技示范户为内容的"一团两户"活动，然后在此基础上倡导建立青年经济联合体，将这个活动发展为"两户一体"活动。这类活动为促进农村产业结构调整、发展商品生产做出了积极的贡献。在党的领导和团中央各级组织的配合下，20 世纪 80 年代中期在农村青年中掀起了一个劳动致富的高潮，有力地配合了农村经济体制的改革，促进了农业生产的发展。

到了20世纪80年代中后期，全团各级组织已经初步摸索出一套在经济建设领域发挥作用的办法和途径。80年代初期兴起的"五小"发明活动，这时已经直接进入企业的生产领域，变成广大青年职工立足本职岗位锐意创新、顽强攻关的具体行动，有效地促进了青年工人素质的提高。共青团组织的生产突击竞赛活动，已经被纳入企业生产活动有序轨道，竞赛活动的辐射面得到扩大，竞赛内容也变成以"优质、高效、低耗、安全"为核心。1989年9月至1991年4月由共青团组织倡议发起的"青春在旅游业中闪光"主题活动，不仅促进了国家旅游业的发展，而且充分展示了新一代旅游业青工的精神风貌；而1990年10月由共青团组织会同有关部委举办的为期一个月的首届青工技术大赛，则有效地把广大青年工人的注意力和兴奋点转移到学知识、学技术上来。在各级团组织的不懈努力和有关部门的协助下，从1988年下半年开始的农村"青年星火带头人"活动，在不到5年的时间里取得了多方面显著的效益，遍布乡村的40万"青年星火带头人"成为科技兴农的骨干力量。

团中央倡导和支持的"东西互助"活动和"脱贫致富小开发"活动，以及在活动中产生的700万个"脱贫致富小开发"项目，为老少边穷地区带来了告别贫困落后的希望之光。据不完全统计，1984—1991年的8年中，每年有2亿多青少年参加植树造林活动，共建设有一定规模的青年绿化工程5500多个，绿化面积达2300多万亩。其中3000千米长的青年防护林，以及长江中上游地区青年造林绿化工程，更是充分展示了青少年在绿化造林重点工程建设中的生力军作用，同时成为在祖国大地上矗立起的绿色丰碑。

由于共青团能够主动在改革全局中进行自身改革的探索，所以团的各方面工作都得到了普遍的发展。事实充分说明，改革为团的建设和团的事业发展开辟了广阔的空间，带来了良好的机遇。

（二）迈入波澜壮阔的新世纪

1992年10月召开的中国共产党第十四次全国代表大会全面回顾和总结了社会主义改革开放和现代化建设的发展历程，科学地分析了国内外形势，确定了20世纪90年代加快改革开放、推动经济发展和社会全面进步的主要任务，同时提出了建立社会主义市场经济的经济体制改革的目标，为全党和全国人民规划了20世纪90年代继续前进的正确航程，进一步展现了中华民族实现伟大理想的壮丽前景。

共青团十三届二中全会后，全团按照《在建立社会主义市场经济体制进程中我国青年工作战略发展规划》的要求，握紧拳头，形成合力，有步骤、有重点地启动和推进跨世纪青年文明工程和跨世纪青年人才工程。具有光荣传统的共青团在中共十四大路线和方针的指引下，开始向着21世纪迈出了坚实有力的步伐。

1993年12月中旬，团中央和全国铁道团委组织2万余名铁路青年志愿者在京广铁路沿线率先开展志愿服务活动，拉开了"中国青年志愿者行动"的帷幕。接着，在1994年1月2日团中央又组织广大青年学生掀起"中国大中学生志愿者94新春热心行动"的高潮。全国百万大中学生志愿者走上车站和街道，义务进行铁路春运服务和社区服务。2月中旬，团中央、全国青联实施"为科学家、教育家、老干部献爱心"青年志愿者行动。3月5日和6日是全国实行新工时制后的第一个双休日，团中央、全国青联、全国学联在传统的"学雷锋活动日"发起了"青年志愿者学雷锋奉献日"活动，并以此为开端，青年志愿者行动开始走上更加经常、更为规范的轨道，青年志愿者的队伍从此遍布神州大地。

哪里有需要，哪里就有青年志愿者。北京等地的青年志愿者在第六届"远南"运动会、第四次世界妇女大会等大型活动中的出色表现，向世界展示了当代中国青年崭新的精神风貌。哪里有险情，哪里就有青年志愿者。广西柳州、云南丽江等地的青年志愿者在抗洪抢险、抗震救灾中，锻炼成为抢险救灾中一支招之即来、能打硬仗的生力军。成人预备期志愿服务、志愿者社区公益服务、大中学生扫盲与科技文化服务、扶贫接力计划和扶贫服务团"三下乡"活动等全国性项目的实施，进一步扩大了志愿服务的参与面和社会覆盖面。

1994 年 2 月 8 日，共青团中央、国家经贸委和劳动部联合发出《关于在全国企业青工中开展青年岗位能手活动的通知》，奏响了实施跨世纪青年人才工程的序曲。继之，在 7 月 8 日，中国青年科技园奠基仪式隆重举行。这是团中央、全国青联推进跨世纪青年人才工程的一项具体行动。8 月 9—10 日，团中央又召开了跨世纪青年人才工程研讨会，围绕实施跨世纪青年人才工程的战略意义、跨世纪青年人才的时代素质和成长机制、跨世纪与青年工人培养战略等专题进行了讨论，达成了共识。9 月 2 日，团中央、国家经贸委、劳动部举办的"首届中国青工技能月"活动开幕。在这为期一个月的活动中，青年技术能手推广先进操作法，在全国 3000 多家企业开展绝活表演，有 2000 多万青工参加岗位练兵活动，1000 多万青工参加拜师学艺等系列活动。1994 年 12 月 22 日团中央在北京召开了跨世纪青年人才群英会，120 名全国各行各业有突出贡献的青年英模在主席台上就座，首都各界青年 3000 余人参加大会。这次大会的召开，标志着跨世纪青年人才工程全面启动。此后，这项既服务于青年成长成才的根本需求，又服务于经济和社会发展对人才的迫切需求的活动迅速在全国各行各业全面推开。

在各类企业中，跨世纪青年人才工程主要围绕"青年岗位能手"活动展开。"青年岗位能手"活动是一座宽阔的桥梁，召唤着千百万有志有为的青年走向成功，走向成才，走向21世纪。

在广阔的农村，跨世纪青年人才工程则围绕"培养青年星火带头人"活动展开。这个活动以农村基层团组织为依托，以共青团员为骨干，以农村青年为对象，通过加强对农村青年的实用技术培训，造就了一代新型农民，促进了农村商品经济的发展。

跨世纪青年人才工程实施以来，紧紧围绕党和国家工作大局，以开发青年人力资源为着力点，大力推动青年创新创业，为经济建设做出积极贡献；围绕农业和农村经济发展，以服务农村青年增收成才为主线，广泛开展青年农民科技培训，积极实施示范推广科技项目，带动大批农村青年增收致富；围绕国有企业改革和发展，大力开展青年创新创效活动和青年岗位能手活动，引导青年职工熟练掌握职业技能，投身创新实践，促进了企业经济效益的提高；围绕科教兴国战略，深入实施中国青年科技创新行动，通过青年专家科技服务团、科技创新论坛、大学生"挑战杯"科技竞赛、海外学人回国创业等形式，充分发挥青年人才在科技进步和经济发展中的作用；围绕可持续发展战略，1999年4月推出了保护母亲河行动，动员组织青少年参与生态保护和建设，完成工程项目882个，植树造林280多万亩，增强了青少年的生态环境意识；围绕西部大开发战略，开展博士服务团、青年企业家西部行、少数民族团干部培训等活动，为西部地区提供了信息、技术、人才等多方面服务。

在全面建设小康社会和构建社会主义和谐社会的进程中，共青团组织以科学发展观为指导，积极引导广大团员青年发挥生力军和突击队作用，在促进经济又好又快发展中做出了新的贡献。围绕社会主义新农村建设，全团实施了青春建功新农村行动，以

"新农村、新青年、新风采"为主题，以培养新型青年农民、发展农村青年文化、促进公共事业发展、创新青年组织形式为着力点，引导团员青年在社会主义新农村建设中建功立业。围绕建设创新型国家，各地团组织深入开展了青年科技创新行动、青年创新创效活动、青工技能振兴计划，举办了青年精英论坛和海外学人回国创业周，为青年的创新实践提供舞台，为创新项目与市场的对接搭建桥梁，促进创新型人才脱颖而出，积极引导青年参与科技创新，为建设创新型国家做出了新的贡献。围绕建设资源节约型、环境友好型社会，团中央大力推进保护母亲河行动，以"保护母亲河，齐心促和谐"为主题，积极弘扬生态环保文化，建设生态环保示范工程，实施长江流域、辽河流域、"三江源"、"绿色奥运"等青少年生态环保实践活动，建设青少年绿色家园和各种纪念林。

进入中国特色社会主义新时代，共青团积极投身伟大斗争、伟大工程、伟大事业、伟大梦想波澜壮阔的实践，坚持守正创新、踔厉奋发，全面深化自身改革，团结带领广大团员青年在脱贫攻坚战场摸爬滚打，在科技攻关岗位奋力攀登，在抢险救灾前线冲锋陷阵，在疫情防控一线披甲出征，在奥运竞技赛场奋勇争先，在保卫祖国哨位威武守护，在党和人民最需要的时刻冲得出来、顶得上去，展现出自信自强、刚健有为的精神风貌。"清澈的爱，只为中国"，成为当代中国青年发自内心的最强音。伟大梦想，伟大使命，广大团员青年自觉担当重任，深入基层一线，让青春在实现中华民族伟大复兴的中国梦中绽放异彩，为党和国家事业取得历史性成就、发生历史性变革贡献了青春、建立了重要功勋。

三、开发青年人力资源

（一）我国青年人力资源开发的现状

在当今世界的四大资源——物力资源、人力资源、财力资源、信息资源当中，最能动的人力资源已经成为推动经济社会发展的第一动力，而人力资源中最具有能动性的又是青年人力资源。所谓人力资源，通俗地讲就是指把人也当成一种社会资源来看待。所谓青年人力资源开发是指把青年中蕴含的巨大潜能转化为现实生产力。青年是人力资源中最具潜力和活力的资源。

当代青年具有四大优势。一是体力优势。青年时期是人的一生中精力最旺盛、最具活力的时期。二是知识优势。当代青年接受了最现代的教育，掌握了最前沿的知识，他们特别在高新技术领域体现出其他年龄段的人所不能替代的独特作用。在以知识为核心的行业中，青年对经济增长的贡献率远远高于其他群体，发挥着主导作用。三是思想解放的优势。青年最少保守思想，最能与时代同步。四是流动意识强的优势。当代青年的流动意识是其他年龄段的人所不能比的。人力资源的流动，必然伴随着物质、资本和信息的流动，它通过带动其他三种资源的重组来促进经济的增长。

中国特色社会主义新时代，是中华民族发展史上具有里程碑意义的伟大时代，也是中国青年成长成才、建功立业的最好时代。共青团以青年为工作对象，青年人力资源开发应当成为共青团的工作主题。广阔的市场经济发展空间使当代中国青年成为新中国成立以来最有可能大有可为的一代青年。他们迫切需要实现自我价值，具有强烈的需求意识；他们生逢其时，党和政府出台了加快培养青年人才的相关政策，无时无刻不在激发着青年的创造热情；他们大多接受过良好的教育，更容易接受来自各个方面、各个层面的开发。这一代青年人有理想、敢担当，希望中华民族强大和振兴，愿意在伟大的创业实践中贡献与成才。这是青年人力资源开发的优势所在。

（二）共青团开发人力资源的基本途径

青年人力资源开发就是把青年的智慧、知识、经验、技能、体能、创造性、积极性当作一种资源加以发掘、培养、发展和利用的一系列活动，是一项复杂的系统工程。这一概念包括四方面的内容。第一，开发的对象是青年的才能，即青年的聪明才智。它是一种看不见、摸不着的存在于头脑中的思维能力。第二，青年人力资源开发借助于教育培训、激发鼓励、科学管理等手段进行，目的是提高青年的才能和积极性。第三，青年人力资源开发活动是无止境的。青年永久存在，对青年才能的开发就会无止境地进行下去；而从理论上讲，青年大脑的思维能力是无限的，因而青年才能的开发也是无止境的。第四，青年人力资源开发是一项复杂的系统工程。复杂性表现为青年有时是开发的主体，有时又是被开发的客体，一身两任。复杂性还表现在青年人力资源开发要受到多种因素的影响。

开发青年人力资源反映了青年的愿望、青年的呼声、青年的内在要求。共青团组织要树立"以人为本"的意识，为青年创造各种能充分调动青年人力资源积极性、主动性、自觉性的条件，提供各种能充分施展其才能的机会，使青年从"要我开发"转化为"我要开发"，让每个青年都能在一种和谐的环境中尽其所能，实现人力资源自主开发。

1. 指导和帮助青年进行职业生涯规划

职业生涯规划是指明确自身基本素质与能力，合理预测和推断未来发展情况，并为达到发展目标而设置的一系列能力素质提升计划。职业生涯规划对于引导青年重视自身发展，提升自身能力与素质具有极强的导向和推进作用。指导和帮助青年全面认识自己，合理制订职业生涯规划，是共青团深入青年、走进青年、引导青年人力资源自主开发的重要途径。

首先，共青团要与相关部门合作，向青年讲解职业生涯规划的含义和作用，引起青年的重视。其次，共青团可以通过不同途径和工具帮助青年了解自身的优势劣势、兴趣爱好及特长，充分挖掘自身潜力。再次，应当将社会发展目标及对青年的要求明确清晰地传达给青年，帮助青年了解自身在社会中的位置，合理设定职业生涯目标。最后，帮助青年分析达到目标需要提升的素质和能力，促使青年重视自身发展，制订达到目标的能力素质提升计划，并予以自觉执行等。

2. 培养青年的学习能力，推动青年全面提升素质与能力

学习能力是青年赢得竞争的关键能力，也是青年人力资源自主开发成败的重要因素。共青团应当根据用人单位需要，不断创造和创新方法，积极引导青年变被动学习为主动学习，提升自身综合素质与能力。实践中，咨询对话法、新老帮教法、专题论辩法、榜样激励法、自学成才法、实验磨炼法、主动请教法、顺境成长法、逆境成长法等使用得比较广泛。

3. 为青年成才提供具体、有形的帮助

青年人才是国家战略人才力量的源头活水。要始终突出政治引领，坚持德才兼备、又红又专，深入实施新时代青年人才培养行动。瞄准国家现代化建设的战略方向和迫切需求，遵循青年人才成长规律，助力科技、技能、经营管理、乡村振兴、文化、公益等领域青年人才更好更快成长。紧紧抓住青年人才发现、使用、举荐、激励等关键环节，不断优化服务机制，搭建展示舞台，为

青年人才成长赋能，着力促进各领域青年人才脱颖而出、竞展才华。

持续深化新时代青年岗位建功行动，丰富拓展"队、号、手、岗、赛"等品牌项目时代内涵，强化政策保障、阵地依托、资金扶持、项目示范、典型选树，引领广大青年在贯彻新发展理念、构建新发展格局中带头攻坚克难、创先争优。深入开展"小平科技创新实验室"、少年科学院、青年科学家进校园等科技实践活动，发挥中国青少年科技创新奖引领作用，培养青少年科学素质；以挑战杯、创青春等品牌活动为牵动，通过组织青年科技成果直通车、揭榜挂帅架设产学研合作桥梁，鼓励青年争当青创先锋，踊跃投身科技自立自强和创新创业浪潮。深化实施乡村振兴青春建功行动，持续开展共青团参与易地扶贫搬迁安置社区治理工作，积极推进共青团定点帮扶和东西部团组织结对帮扶工作，着力动员青年以多种方式参与和支持乡村发展。完善共青团对口支援西藏、新疆工作格局，助力民族地区加快发展。

四、新中国成立以来共青团组织动员青年的经验方法

(一) 坚持思想政治教育引导为核心

青年动员的核心是思想动员，根本目的是筑牢青年思想根基，提升社会主义意识形态在青年中的认同度。团组织在开展青年动员时，无论是新中国成立初期的政治化动员，还是后来的社会化动员，始终将青年思想政治教育贯穿全过程、各方面，坚持用马克思主义的观点和中国特色社会主义理论武装青年思想，指导青年实践。新时代，青年动员工作必须始终坚持思想政治教育为核

心。习近平总书记指出："只有理论上清醒才能有政治上清醒，只有理论上坚定才能有政治上坚定。"面对复杂的国内外环境，青年价值观受到多元文化的冲击，容易出现政治信仰模糊、政治立场不坚定等问题，更需要不断加强理想信念教育和价值观教育，贯彻落实青年马克思主义者培养工程，持续推进"青年大学习"等主题教育，不断探索新的多元化动员方式。同时，要善于运用新媒体开展动员工作，将网络打造成为青年思想政治教育的重要阵地，以青年人喜闻乐见的形式，加强党的意识形态教育，将其内化为青年认同的价值观念。

（二）坚持内生动员与外在动员有机结合

实践证明，以共青团为主导的青年动员在号召青年、引领青年、凝聚青年方面取得了非常显著的成效。在各时期发起的集体会议、学习讨论、报纸杂志、标语口号等各种形式的动员活动中，青年积极响应和参与，为国家和社会发展做出了突出的贡献。例如，在抗美援朝运动中，志愿军的青年比例高达60%以上；围绕打赢脱贫攻坚战和乡村振兴战略部署，有许多青年投身到服务"三农"、医疗卫生、基层青年工作、基层社会管理等工作中。

新时代青年思想活动的独立性、选择性、多变性、创造性明显增强，团组织的外在动员必须深入青年群体中，关注青年发展需求，激发青年的主动性，引导青年由接受客体转变为动员主体，将内在认同转化为外在行动，自发开展动员。

（三）坚持全面组织动员与典型示范协同发力

纵观共青团组织动员青年的历程可以发现，组织化动员往往是以中央到地方的层层落实深入的方式进行，覆盖的对象是全体青年。新时代，社会发展更加需要广大青年团结在一起，全面动员行动所具备的组织性、广泛性优势是不可替代的。例如，党的十八大后陆续开展的"我的中国梦""争做向上向善好青年""青年好声音"等主题教育，都是由共青团中央牵头，各级基层团组织具体实施的，全国范围内的团员学习与实践，对青年发展发挥着不可或缺的作用。在全面动员的基础上，选拔优秀、树立典型能够弥补大范围青年动员所忽视的一些问题，例如，如何加强宣传力度，如何激励青年，如何提升动员效果等，能够在青年群体中产生强烈的共鸣和示范效应。因此，要构建立体化、全方位的青年动员机制，发挥国家全面动员与地方典型示范的协同力量，通过"地方团委发掘典型，团中央认同并推动，党中央重视，新闻媒体助推，全国兴起"的方式，选树各领域优秀青年典型，宣传一批与祖国共奋进的青年模范，为广大青年树立青春榜样，引导青年确立远大理想并不懈奋斗。

（四）坚持组织动员青年工作与时俱进

面对不同社会阶段和历史方位的变化，共青团在不同时期的青年组织动员内容、话语、主体和方式都彰显出鲜明的时代特色。在动员内容上，青年动员由新中国成立初期的政治化向社会化转变，由侧重于大规模的政治运动转向贴近青年、符合青年发展利益的社会活动；在动员话语上，由强调革命话语向凸显生活话语转变；在动员主体上，始终坚持团组织的主体地位不动摇，更加注重社会各组织的多元互动与相互配合，着力发挥青年自组织的内生动员力量；在动员方式上，转变传统单一的宣传动员，结合新时期青年特点，运用媒体动员、竞争动员、参与动员等多样化手段，重点强调新媒体的效用发挥，使动员工作从学习工作向生活场域渗透，提高动员效果。可以看出，共青团青年动员的价值取向始终立足于时代特征和青年发展需要。面向新时代，青年动员必须与时俱进，回应时代呼声，把握青年特点，顺应青年多样化、自主化的需求，不断探索动员要素的转型，努力调整和创新动员的机制、思路、模式，推进青年工作可持续发展，为党和国家建设凝聚强大的青年力量。

第三节　联系服务青年

一、青年事务的形成和发展

（一）国际青年事务的形成和发展

青年事务的概念正是相对于青年运动而提出的。青年事务是指围绕青年成长成才、生产生活等基本需求和青少年群体生存发展的状况，依照有关法律、法规，在行使青少年教育、监督、管理、保护、发展等职能过程中所涉及的综合性服务事项。

在很长的时间里，联合国关于青年的文件都会出现一个重要概念——"青年运动"，20世纪90年代以后，相关的概念才被改为"青年事务"。在社会与青年的关系上，联合国的主要思想也由单方面强调对青年的教育和规范的防范意识，转为提倡社会为青年发展提供完善的条件和平台，让青年积极发展自我、服务社会，最终推动青年与社会共同发展的共赢意识。也正是在这种背景下，联合国发布了一系列关于青年社会福利基本原则的文件，世界各国的青年事务也逐渐转化为以构建青年福利政策体系、搭建青少年均等的服务机制、整合服务青年的社会资源、管理青少年服务机构等为主要内容。

国际青年事务的形成过程反映了国际社会从把青年当作政治人到把青年当作社会人的视角转变。其主题经历了青年人权保护、青年参与、青年发展等不断充实和拓展的过程。

20 世纪 60 年代以来，伴随着世界青年事务的形成与发展，青年事务得到了国际社会的广泛关注。从 1965 年联合国大会通过"关于在青年中促进各国人民之间的和平、相互尊重和了解的理想的宣言"，到 1985 年全世界庆祝"国际青年年"，再到 1995 年联合国大会通过《到 2000 年及其后世界青年行动纲领》，青年事务正逐步成为各国政府关注的重点。

与各国政府对青年事务关注相适应的是，20 世纪 80 年代以来，越来越多的国家和地区政府开始将青年事务作为自身的职能来对待，成立了管理和协调青年事务的专门机构。

1985 年"国际青年年"庆祝大会和讨论青年政策与方案的专门会议的召开可以说是此项工作的一块基石，"青年年"的确立促使国际社会开始以新的思路关注青年问题并成为国际青年事务发展进程中的里程碑，许多国家为庆祝"国际青年年"而成立了国家委员会，并逐渐转变为政府处理青年事务的常设机构。此次大会之后，越来越多国家和地区政府在青年事务的管理上开始凸显政府职能的特征。

（二）我国青年事务的基本内容

早在 1953 年 6 月 30 日，毛泽东在接见共青团第二次全国代表大会主席团时就发表了关于《青年工作要照顾青年的特点》的谈话，指出青年团的工作能围绕党和国家的中心工作是很好的，但是只围绕党和国家的中心工作还不够，青年工作还必须照顾到青年的特点，照顾到青年的特殊需求。令人深思的是，毛泽东同志在多年前的讲话精神，竟与 1995 年联合国制定的《到 2000 年及其后世界青年行动纲领》总的精神实质如出一辙，即关心青年的发展和参与，从世界历史的进程和青年的立场出发来考虑有关青年事务和政策问题。

青年工作关乎未来，这是社会共识。但青年工作也关乎社会稳定，这是近年世界各国社会运动给我们的新启示。当前，世界百年未有之大变局加速演进，新一轮科技革命和产业变革深入发展，正影响着当今世界各个地方人民的生活，特别是影响着最易受到冲击的青年生活。中国改革开放 40 多年来，社会发生了复杂且深刻的变化。社会的变革、时代的变化集中地、鲜明地、适时地在青年身上反映和表现出来。做好青年事务是共青团完成政府委托任务、参与社会管理的根本途径。

青年事务本质上属于社会公共事务范畴。青年事务的主要内容是教育、服务与管理。一般来说，青年事务包括七方面的内容。

第一，青年政策与法律体系构建。推动有关青年的立法进程和青年政策的制定，为青年成长发展创造良好的法律政策环境，历来是青年事务的核心任务之一。

第二，制订青年发展规划。宏观上，在全社会范围设计用于青年的社会资源的分配方案，这既包括对整个社会资源在青年问题上投入比率的设计、对用于青年事务的资源的具体划分，也包括在社会建设规划中设立具体的青年项目等。

第三，青年服务体系建设与管理。青年事务管理机制的有效运行是依靠一系列行之有效的青年工作服务体系来完成的，需要在对青年事务的管理过程中，建立科学合理的青年服务的组织结构与工作分配机制，在全社会整合青年工作部门和机构的力量，划分职能范畴，实施管理和评估，促进青年事务管理机制高速运转。

第四，青年发展状况研究与公示。调查和研究国内外青年发展现状及问题，为国家制定政策提供决策参考，是各国青年事务的重要目标之一。只有对青年发展状况诸如思想状况、生存环境、婚姻状况、就业问题、闲暇生活、犯罪问题等进行准确的分析和评估，才能做出有效的决策。

第五，青年成长环境建设。青年群体作为社会上的一个特殊群体，自身是充满矛盾的。这一群体既试图努力融合于现存社会，又是变革社会的力量；既代表着社会的未来和最大希望，又是一个社会高危群体，没有确定的未来。需要通过政策和法律法规以及各种途径，对青年成长环境进行监督和管理，进而为这一群体创造有利于其健康成长的大环境。

第六，青年公民教育。任何国家的青少年事务都要从国家发展需要出发，注重教育引导青少年认同政党、国家的发展目标，这体现了青少年事务的国家取向。青年事务的核心任务之一是对本国青年进行公民教育，将公民教育活动渗透于青年事务工作中，将青年一代培养成符合社会需要的接班人。

第七，青年对外交流。作为民间外交的重要组成部分，青年外交在加强与各国青年的对话与了解，沟通国家及政党之间的联系，增进相互之间的理解与信任，减少双边及多边领域中的分歧，维护国家利益和国家外交的整体形象，以及促进国家国际地位不断提升等方面都有着独特的优势。

（三）共青团推动政府改善青年事务的主要内容

1. 推动制定实施有关青年的法律和政策

政策法规具有导向性、稳定性、制约性、权威性和保障性的功能。推动有关青年的立法进程和青年政策的制定，能够为青年成长发展创造良好的法律政策环境，是共青团代表和维护青年具体利益的重要途径。从司法的角度看，阐述党和国家关于青年事务的基本立场和总体构想，明确包括青年和青年组织团体应享有的社会地位、权利和义务，各级政府及社会各界所应承担的责任和义务，处理青年事务的办法规定等，可以使青年工作有所遵循，并且使团组织拥有保护自身和青年群体合法权益的法律武器。

2. 推动良性运行的青年事务协调机制

青年时期是人的一生中发展变化最为迅速的时期，呈现出多样性和复杂性的特点，因此，青年事务的内容广泛且丰富，涉及社会的方方面面。从职能上划分它既有政府计划、司法、劳动、教育、文化等部门的部分职能，又有社会组织的相关职能，同时还与企事业单位和其他群团组织的工作内容相交叉，因此需要各部门协调配合。

建立青年事务协调机制，能够协调政府相关部门和社会组织，形成管理青年事务的合力，更好地促进青年成长发展。应当利用人大、政协中青年委员的优势，围绕青年事务中的项目和问题，提出专题议案，为各级政府决策和促进相关工作提供参考依据；争取在政府内设立类似具有青年事务协调委员会、青年议事会职能的机构，如《中长期青年发展规划（2016—2025年）》明确提出"在党中央统一领导下，设立推动规划落实的部际联席会议机制，共青团中央具体承担协调、督促职责。各地区各部门要高度重视青年工作，关心、支持青年事业的发展，形成工作合力。县级以上党委和政府建立青年工作联席会议机制，负责推动本规划在本地区的落实，协调解决规划落实中的问题，县级以上团委具体承担协调、督促职责"。全国各县级青年工作联席会议机制现已实现全覆盖；在基层大力扶植青年工作委员会、青年事务署、青年法律咨询服务中心、行业协会等形式多样的中介机构，依法办事，逐渐形成门类齐全的服务体系。

3. 构建青年发展状况的监测体系

构建青少年发展指标体系，事关提高青少年生存与发展水平、改进青少年社会工作、完善青少年政策法规、促进青少年与社会良性互动等，是一件应当做、值得做，也需要下大力气才能做好的事情。它既是一项庞大的社会系统工程，又是一项精密细致的具体工作，需要众多的社会机构和专业研究人员共同参与、竭诚合作，形成合力。因此，广泛的社会动员、科学的工作程序和参与人员的专业素养缺一不可。

二、共青团联系服务青年的路径方法

共青团自成立起就内含为青年服务的职能。《关于建立中国新民主主义青年团的决议》指出："青年团应在最大多数人民的最大利益的基础上，经常地注意和努力为青年群众的特殊利益与切身需要而服务。"不过，在社会主义革命和建设时期，共青团在工作职能上主要以政治社会化为主。改革开放后，随着国家与社会关系的转变，共青团传统的政治社会化功能受到挑战，共青团在功能结构上发生了从以政治社会化为轴心向以维护青年权益、服务青年为轴心的转变。

中国共产主义青年团第十九次全国代表大会报告指出，共青团作为党联系青年的桥梁纽带，必须大兴调查研究，充分依托党赋予的资源和渠道，深入了解青年所思所盼，在青年急难愁盼处、遇到困难时提供实实在在的帮助，用竭诚服务的暖心为党赢得广大青年的人心。紧扣服务青年的工作生命线，以实施中长期青年发展规划为统揽，以维护青年普遍性发展权益为重点，始终立足最大多数的普通青年，既加强政策推动，又扩大社会动员，尽心竭力促进青年全面发展，更好履行巩固和扩大党执政的青年群众基础这一政治责任。统筹协调实施青年发展规划。坚持党管青年原则，建立健全与经济社会发展规划相衔接的青年发展规划工作机制，更好发挥规划实施工作部际联席会议和地方各级青年工作联席会议作用，着力推动形成上下贯通、左右协同、齐心协力促进青年发展的工作合力。践行青年优先发展理念，聚焦青年在毕业求职、创新创业、社会融入、婚恋交友、老人赡养、子女教育等方面的操心事、烦心事，着力推动出台更多普惠性、标志性青年发展政策。扎实推进青年发展型城市建设，着力推动"城市对青年更友好、青年在城市更有为"融入城市发展理念，使青年发展规划更好落地生根。持续健全青年发展统计监测机制，研究设计青年发展指标体系，着力提升规划实施科学化、专业化水平。积极探索青年参与的评估机制，使青年满意度成为衡量规划实施成效的重要标准。做好新一轮中长期青年发展规划编制论证工作。千方百计为青年办实事、解难事。深入分析青年分散化、多样化需求背后的普遍性、紧迫性诉求，大力创新服务理念、工作机制、技术手段，不断提升有限资源约束下服务青年的实效。着力服务青年就业，抓住高校毕业生这一重点群体，扎实推进共青团促进大学生就业行动，深化拓展西部计划、扬帆计划、社区实践计划等，力争每年扶持 5 万名青年创业，帮助 10 万名以上一般院校低收入家庭毕业生找到工作，组织 100 万名大中专学生参与就业实习，提高社会化能力，树立正确择业观和奋斗观。着力服务青少年身心健康，倡导开展形式多样的群众性文体活动，动员专业力量帮助青少年缓解工作、学习、生活中面临的心理压力，涵养自信达观、积极向上的心理素质。着力助力青少年享有公平而有质量的教育，推动新时代希望工程提质升级，聚焦助学育人目标，以拓宽视野、提升素质、结对帮扶为重点，每年为 20 万名需要帮助的青少年提供新助力、播种新希望；发动中小学团、队组织协助做好学生课后服务，用好青少年宫等阵地，深化"红领巾学堂"、四点半课堂等项目，主动配合"双减"政策落实。着力服务青年婚育和家庭需求，组织开展形式多样、富有实效的联谊交友活动，加强婚恋观、生育观、家庭观引导，深化拓展养老托育志愿服务。着力服务农村留守儿童、进城务工青年随迁子女等重点群体，深入实施"童心港湾"等关爱项目，提供亲情陪伴、开展自护教育、消除安全风险，让他们感受党的温暖。切实维护青少年合法权益。共青团是青年人自己的组织，必须为维护和实现青少年合法权益鼓与呼。要大力推动未成年人保护法、预防未成年人犯罪法等青少年相关法律法规落实，加快完善青年发展领域法律法规体系。深化维护青少年权益岗创建。高度关注青少年数字安全，切实维护青少年数字隐私、防止数字沉迷、弥合数字鸿沟。推进12355青少年服务台转型升级，创新服务方式、增强服务实效，努力让青少年在遇到困难时想得起、找得到、靠得住。认真落实侵害未成年人合法权益强制报告制度，主动响应、稳妥处置青少年权益热点事件。

《中长期青年发展规划（2016—2025年）》将青年发展分为十个领域——青年思想道德、青年教育、青年健康、青年婚恋、青年就业创业、青年文化、青年社会融入与社会参与、维护青少年合法权益、预防青少年违法犯罪、青年社会保障，这也就意味着共青团的服务职能主要体现在这十大领域中，可以概括为青年的就业创业、身心健康、成长成才、婚恋生育服务这四大领域。下面主要从这几个领域来看共青团联系服务青年的实际情况。

（一）服务青年就业创业

青年就业关乎民生，事关党和国家"稳就业""保就业"的工作大局。国家统计局于 2024 年 8 月 16 日发布 7 月分年龄组失业率数据。数据显示，我国 2024 年 7 月城镇不包含在校生的 16 ~ 24 岁劳动力失业率为 17.1%，比上个月高出 3.9 个百分点。相关调研发现，一般院校（"双非"院校）低收入家庭学生受到的就业挤压现象比较突出，在就业形势比较严峻的情况下，就业空间向下挤压不可避免。而且，当前大学生的社会化能力较低，存在着大学高中化现象，为了抵抗不确定性，他们追求工作稳定，考试成为他们的一种路径依赖，考公、考编、考研成为大多数学生的选择。近年来，共青团着力服务青年就业，抓住高校毕业生这一重点群体，着力于提高大学生的社会化能力，帮助其树立正确的择业观和奋斗观。2018 年，团十八大提出"就业 10 万+"工作目标，截至 2020 年年底，全团募集社会资金 6.73 亿元，资助建档立卡贫困家庭学生 26 万名，帮助 22.7 万名建档立卡贫困家庭学生找到工作，联系扶持 15.6 万名青年扎根贫困地区创业。2021 年年底共青团中央启动"共青团促进大学生就业行动"，通过一般院校低收入家庭学生就业帮扶计划、大学生乡村创业帮扶计划、大学生志愿服务西部计划、大学生就业实习扬帆计划、大学生社区实践计划等锻炼大学生的实践能力，实现大学生的就业和创业。共青团以"创青春·中国青年创业行动"为统领，着力塑造"创青春"工作品牌，打造中国青年创客服务体系，举办青年创新创业系列大赛，包括"紫光阁计划"、"领头雁计划"、中国青年创新创业大赛、"挑战杯"等。各种创新创业大赛不仅仅是一个比赛，还是一个项目展示、人才汇聚、信息交流、投融资对接的综合平台。共青团以搭建创新创业教育互动平台和综合服务平台为载体，为青年实现从创业点子起步到创业企业成长发展提供全方位、全程化、一体式的服务。平台整合创投机构、创业园区、创投基金、创业导师等资源，不断帮助青年创客培养创业意识，增强创业能力，提升创业成功率，为广大青年的创新创业做出积极的贡献。

（二）服务青少年身心健康

青少年身心健康是践行"健康中国"战略的基石，关乎培养青少年成为堪当民族复兴重任的时代新人这一重大课题。

青少年健康成长是一项长期复杂的系统工程，共青团在党的领导下协同政府、学校、社区、家庭、医院等其他机构共同保护和促进青少年健康成长。逐步形成了体育相关部门牵头、教育相关部门组织、共青团宣传引导的协同工作机制，合力打造出"阳光体育大会""奔跑吧·少年"等诸多青少年体育活动品牌。共青团中央联合其他部委深入开展大学生"走下网络、走出宿舍、走向操场"主题群众性课外体育锻炼活动，帮助大学生在体育锻炼中增强体质、健全人格。共青团中央依托12355青少年服务台，组织专业力量为青少年提供心理服务，为青少年解答心理困惑、排解焦虑情绪。全团实施"童心港湾"农村留守儿童关爱保护项目。2016年以来，全团广泛开展青年志愿者关爱农村留守儿童"七彩假期"志愿服务项目。

（三）服务青年成长成才

青年人才是党的人才队伍的重要组成部分，是国家战略人才力量的源头活水，服务青年成长成才对于确保党和国家事业薪火相传、后继有人具有重要的战略意义和现实意义。

2022年6月，共青团中央印发《共青团做好新时代青年人才培养工作的行动计划》，构建了以青年政治人才培养为核心，统筹加强青年科技、技能、经营管理、乡村振兴、公益人才培养的"1+5"工作格局。青年成长成才不仅要学习书本知识，还要向实践学习。习近平总书记高度重视实践在青年成长成才中的作用，强调要坚持知行合一，注重在实践中学真知、悟真谛。共青团服务青年成长成才的独特优势在于实践育人，共青团通过不同主题的社会实践活动，把书本知识落到行动中，实现共青团的实践育人功能。为落实科教兴国战略、人才强国战略、创新驱动发展战略，共青团持续推进"青少年科技创新攀登行动"、"挑战杯"全国大学生课外学术科技作品竞赛、"小平科技创新实验室"建设，深入开展"三下乡""返家乡"社会实践活动、中国大学生社会实践知行促进计划等大学生实践教育，不断推进高校"第二课堂成绩单"。通过组织开展社会实践活动，将共青团服务青年成长成才落到实处。

（四）服务青年婚恋生育

当前青年的婚育观发生变化，他们不再将结婚生子作为人生的必选项，而是作为可选项，对于婚恋对象有着更高的情感需求。婚恋成本的高昂、生活交际面的狭窄、学习工作的繁忙等都制约了当代青年的婚恋选择，使他们面临情感焦虑。而在生育方面，青年面临着无人帮忙照料、养育教育成本太高、工作繁忙没有时间陪伴等困境，从而导致他们不敢生、不愿生。共青团一直以来坚持服务青年婚育和家庭需求，组织开展联谊交友活动，引导青年树立积极健康的婚恋观和家庭观。共青团搭建线上和线下交友信息服务平台，在青年社交、情感辅导、婚庆活动等工作领域，为青年提供婚恋服务。共青团服务青年婚育和家庭需求发生以下转变。一是从提供服务到做好平台的转变。通过搭建线上线下交友平台，整合相关资源。二是从被动向主动转变。中国当前面临着人口生育率持续下降的问题，人口问题具有重要的战略意义，共青团在青年婚育方面应主动作为。三是从服务向引领的转变。

共青团在提供婚恋交友等服务时并不仅仅局限于此，而是在服务中引导青年树立积极健康的婚育观念。

总体而言，共青团主要通过以下方式加强对青年的联系服务。

第一，以政策法规推动共青团服务青年工作进一步深化。2017 年，新中国历史上第一部青年发展规划《中长期青年发展规划（2016—2025 年）》印发（以下简称《规划》），为共青团协调争取资源提供强有力的顶层设计。推动《规划》落实见效也就成为服务青年成长、维护青少年合法权益的根本抓手。为了贯彻落实好《规划》，建立了从中央到地方的青年工作联席会议机制和青年发展规划体系，建立党委和政府领导、相关部门共同参与、团组织具体运作的青年事务议事协调机制，形成党管青年原则下各部门协同促进青年发展的工作格局。全面推进青年发展型城市建设，并配套出台相关的政策举措。青年工作联席会议机制的建立以及青年发展型城市建设实现了组织化嵌入政府序列，为协调解决青年事务提供了正式制度方式，使青年工作的重要性进一步提升。

第二，在移动互联网时代，共青团积极构建"互联网+共青团"的运行机制。共青团的品牌项目强化互联网思维，坚持组织化、社会化、网络化相结合的动员机制，运用新技术手段提升社会公众参与的可及性和便捷性。

第三，通过联系、服务、引导青年社会组织，不断延伸团组织的服务能力。青年社会组织日益成为服务青年的重要力量，他们具有灵活性、公益性、民间性等特征，能够及时回应青年的需求。面对青年需求层次的不断提升以及需求的多样化，共青团服务青年的专业化水平、规范化水平也不断提高，通过政府购买服务等形式将青年社会组织纳入共青团服务体系的构建中。

10

第十章
青年工作的创新与模式

第一节 数字化时代的青年工作创新

习近平总书记在中央党的群团工作会议上指出："群众流动频繁、分布不断变化，群团组织设置必须及时调整。要巩固已有的组织基础，加快新领域新阶层组织建设，形成完善的组织体系，实现有效覆盖。工会、共青团、妇联要探索以多种方式构建纵横交织的网络化组织体系，做到哪里有群众、哪里就要有自己的组织，怎么有利于做好工作、就怎么建组织。"可以说，21 世纪是信息网络的时代，信息网络技术的发展、应用和普及极大改变了人们的生活方式和生产方式，人们的日常生活无不渗透着"数字化"的元素和信息技术的影子。生活因技术而发生改变，世界因网络而更加精彩。在数字化的时代背景下，共青团工作的外部环境也在发生着深刻的变革，共青团只有积极主动适应这种变革的趋势，只有依托互联网、用好新媒体，才能占领网络空间中团工作的制高点，网络新媒体对共青团工作方式创新而言，不仅是挑战，更是机遇。

一、共青团网络工作的新环境

哪里有青年，团的组织就要覆盖在哪里；哪里有青年，团的活动就要影响到哪里。网络新媒体技术的广泛应用和普及极大改变了共青团组织的存在空间，共青团的活动范围由现实社会延展到虚拟社会，由现实的个体延展到虚拟的个体，青年和青年组织在网络空间越发活跃，把握好网络新媒体环境下共青团工作的网络环境十分重要。

第一，共青团建设进入数字化信息时代。在现代信息网络技术的影响下，共青团建设的技术手段发生根本性变革，共青团建设迈入数字化信息时代。青年们喜爱的、易于接受的新媒体和文艺形式更趋于多样化。在新媒体场域下，团讯影响不单要求彰显主流价值导向，更要体现覆盖面，广泛传播，最重要的是要强调精益求精，注重效果。这是网络新媒体场域下共青团把握新媒体时代脉搏，努力实现团的青年工作目标的关键。

第二，网络信息多元化增加了共青团网络青年工作的难度。虚拟网络社会是一个没有边界的社会形态，多元信息在网络社会中得以快速传播并渗透在网络社会的各个角落。网络是信息的集合体，网络一方面为青年拓宽了信息选择的渠道，同时也为不良信息、有害信息的传播提供了可乘之机。移动互联网技术的快速扩张，使得网络新媒体在青年群体中普遍应用，呈现出"人人、处处、时时上网"的生活状态，这既为传播主流思想舆论提供了形式多样的载体和平台，也使互联网成为思想舆论斗争的主阵地、主战场。网络媒体已对青年的思想观念、生活方式、表达方式等带来全面影响。网络空间日益成为历史虚无主义、新自由主义、民粹主义等社会思潮传播的阵地，由于青年对信息真伪性的判断能力还不成熟，对有害信息的鉴别能力还不强，这在一定程度上增加了共青团网络青年工作的难度。

第三，网络新媒体改变了共青团的组织生态。新媒体的及时性、交互性、扁平化等特征对共青团科层体制、属地管理、工作模式等带来了挑战，传统的逐级单向链条式联系组织模式与新媒体时代的网络模式存在天壤之别，之前的分层联系方式转变为多方交互网络联系。从共青团的层级顶端到原子化的青年个体，在新媒体时代都被拉平了，他们进行跨区域、跨级的联系，既在纵向上为团员青年提供了直达路径，也在横向上为地方团组织跨区域合作提供了便利。例如，网络新媒体技术的介入，共青团与青年和青年学生组织的物理距离大大缩小，青年及青年学生可以直接与团组织甚至团省委、团中央产生关联、表达意愿、提出建议，共青团组织的内部生态和外部生态由此发生改变。

（一）共青团对青年网络话语体系的把握

话语体系建设是评价共青团网络青年工作有效性的重要维度。复旦大学邱柏生教授认为，符号及术语、意义预设及诠释、言说方式是构成话语体系一般内涵的三个要素。符号及术语是话语体系存在的首要因素，众多符号之间也存在一定的内在逻辑，任何符号都具有意义，意义预设、意义诠释、意义组合、意义引申、意义更新、意义再造等是意义加工的基本方法。运用符号诠释意义的表达方式或叙述方式就是言说方式。符号、意义、言说方式三者彼此关联，相互影响，统一于话语体系之中。

从符号与术语维度来看，共青团网站的符号与术语可以划分为核心符号与术语以及一般符号与术语。核心符号与术语在符号体系中起核心地位与统摄作用，在表征形式上决定着共青团网站的青年属性和共青团属性，如团旗、团徽、团歌标志，组织体系标志，共青团口号标志，价值理念体系，团属电子刊物等。一般符号与术语在符号体系中发挥一般性介绍、解释与说明作用，是对核心话语体系标志的展开与二次呈现，如共青团文字新闻与图片、共青团视频影音材料、共青团文件等。其中，通过对共青团网站名称符号的分析，我们可以解读出两种不同的命名逻辑：一种是以共青团的组织名称作为网站名称，如以学校名称命名的共青团网站，名称简明扼要、严肃庄重，但在情感维度上似乎与青年学生之间产生了一定距离；另一种是把共青团的组织、群体和社会属性抽象出来，以概念形式命名共青团网站，如"未来网""青年网""扬思网"等，这些网站名称无不凸显"青春"二字，生动彰显了共青团网站联系、服务、引领青年的鲜明特征，蕴含着深刻的象征意义。

从意义预设及诠释维度来看，共青团网站的意义预设与诠释功能在于促进意义共识的形成以及语义与语境的契合。对前者而言，意义活动不是一桩纯粹的精神空间的思辨活动，也不是虚无缥缈的概念建构的尝试和体验，它表达着对社会事实的个体认知以及对历史经验的价值判断，生活与历史是意义建构的全部内容和生命所在。从此意义上说，青年在网络空间中的意识表达不仅仅是一种文本的呈现，更是一种具有历史、社会和制度特性的阐述和诠释，话语体系受价值判断因素和情感因素的共同作用而形成不同样态，信仰与信念成为支撑话语体系与时俱新的重要支撑。意义诠释还涉及语义与语境的契合问题。也就是说，在网络社会背景下，语义呈现方式要更契合青年的语言和接受习惯，大胆使用网络语言和生活俗语，丰富语义形式，更新语义组合方式，借以青年之力、修辞之力、图像之力、影音之力，机动灵活地将共青团所要传达的信息搬迁到虚拟网络社会之中。

从言说方式维度来看，共青团网站既有文字叙述方式，也有影音播放方式，还有图表呈现方式。有的严肃认真，有的生动形象，有的风趣幽默，有的清新雅致。言说方式是意义诠释的形式和叙事方式，意义体系本身决定了选择何种言说方式。

通过对共青团网站建设的话语分析，不难发现，现阶段共青团能够把握青年在网络场域中的表达特点与接受途径。

（二）共青团构建新媒体话语体系的新理念

当前社会化媒体蓬勃发展，特别是以微博、微信为代表的社交软件已经积累了大量的用户。其中，微信公众号具有即时通信以及闭合性的特点，成为政府机关、社会组织以及市场企业进行信息传播的首选，当然也成为共青团联系青年群众、扩大影响力、提高在青年群众中的话语权的一条崭新路径与渠道。事实上，传播有效性是微信公众平台的重要优势，原因在于，一方面微信通过建立熟人关系网获取了更加真实的受众群，能够实现"点对点"的传播路径；另一方面，微信公众号涵盖了问题、图片、声音、小视频等丰富的传播形式。可以说，共青团在开展工作的过程中，运用微信公众平台可以快速地拉近团组织与青年的距离，扩展青年与团组织的互动方式，从而提高共青团的话语权。那么，如何利用微信公众号这种新型渠道来构建共青团话语，达到影响与引导青年行为的目的，就成为共青团需要思考的问题。

一是运用视觉形象释放共青团公众号的青春气息。视觉形象会给公众号的浏览者以强烈的冲击力和感染力。形象是通过艺术概括所创造出来的具有一定思想内容和艺术感染力的生动具体的图画，是感性与理性的统一、内容与形式的统一、思想与情感的统一、一般与个别的统一。一方面，要善于以艺术形象的方式表达共青团组织的"人格特性"，例如，用卡通形象表现共青团组织，用 LOGO 或特殊符号表现共青团公众号等；另一方面，要善于运用图表形式阐释或解读较为严肃的政治性、理论性话语内容，例如，"一张图读懂中国梦""一张图读懂团代会""一张图读懂十九大"等。简言之，公众号在网页图像设计、文字设计、色彩设计等方面要充分考虑青年思想独立、求新求变的特点，达到既适合青年的审美情趣，又能吸引和凝聚青年的效果。

二是搭建网络空间思想对话的互动平台。马克思指出："语言和意识具有同样长久的历史。语言是一种实践的、既为别人存在因而也为我自身而存在的、现实的意识。语言和意识一样，只是由于需要，由于和他人交往的迫切需要才产生的。"文字和语言一样，都是个体意识的最直观体现。个体思想交往和情感对话的需要启示我们，在共青团网站设计上要大胆开辟青年思想对话的平台和渠道，鼓励引导青年在微信公众号空间开展思想讨论；同时，鼓励团课教师、思政工作者、共青团干部实名参与网络讨论，正本清源、大胆亮剑、理性解读，在互动交流和彼此对话中增进共识和理解。

三是用生活化、青年化的语言讲述青春故事。当前，共青团话语体系应将政治性、严肃性的语言风格与生活化、大众化、青年化的语言风格相结合，立足青年的语言逻辑和情感需求，说青年人能听懂的话，讲青年人能知会的道理。因此，就要求共青团要持续改进"网络文风"，在语言表达中渗透青春的气息、时代的气息，将语言风格建立在生动开放的生活世界和丰富多彩的情感世界上，紧密联系青年实际的生活与学习的生活化教育方式、渠道，在主体语言互通、理解共生中，为共青团网络青年工作的顺利有效开展提供先决条件。

二、社交媒体在青年工作中的应用

21 世纪以来，随着微型计算机设备的普及、Web 技术和用户生成内容模式日新月异的发展，微博、微信、抖音、B站与小红书等社交媒体逐渐融入百姓的生活世界。作为伴随当代数字化和社交媒体技术的发展而成长的一代，从通信交流到在线学习或工作，从搜索引擎到在线购物，从在线音乐、游戏、电影等娱乐到远程医疗、虚拟现实与沉浸式体验，社交媒体技术已经深入大多数青少年的生活中，并以"润物细无声"的方式影响着他们的思维、情感、行为和决策。

根据中国少先队事业发展中心等单位发布的最新调查报告，中国青少年拥有社交媒体账号的比例非常高，90.59%的青少年拥有社交媒体账号。以上数据表明，社交媒体在中国青少年中非常普及，并且多数青少年拥有多个账号。这一现象反映了社交媒体在青少年中的高渗透率和广泛使用。青少年日益成为社交媒体主要的信息生产者、服务消费者、技术推动者，深刻影响着数字时代的发展潮流。事实上，青少年在社交媒体和现实生活之间无缝移动，虚拟/在线和物理/离线在他们的生活和经历中密不可分地交织在一起。社交媒体深刻塑造了青少年，青少年也深刻影响了社交媒体。

（一）新媒体矩阵是共青团工作与时俱进的应然体现

1. 顶层设计

国家有关部门从群团工作发展、青年发展、高校思想政治教育改革、政务新媒体发展等角度进行总体规划，充分研究外部技术环境和内部发展需要，重视媒介技术对于社会发展和建设的正面作用。2015年印发的《中共中央关于加强和改进党的群团工作的意见》提出："要加强网宣队伍建设，综合运用维权热线和网络论坛、手机报、微博、微信等新媒体平台进行网上引导和动员。"2016年全国高校思想政治工作会议中，习近平总书记强调：

"要运用新媒体新技术使工作活起来。"2017 年，中共中央、国务院印发《中长期青年发展规划（2016—2025 年）》提出："把互联网作为开展青年思想教育的重要阵地，团结、带动和壮大网上积极力量，大力开展正面宣传，实施'青年好声音'系列网络文化行动，增强网络正能量，消解网络负能量。提升网络舆情分析和引导能力，疏导青年情绪，澄清误解和谣言，引导青年形成正确认知。在青年群体中广泛开展网络素养教育，引导青年科学、依法、文明、理性用网。"2017 年，中共中央、国务院印发的《关于加强和改进新形势下高校思想政治工作的意见》中提到："运用大学生喜欢的表达方式开展思想政治教育。"2018 年，国务院办公厅印发《关于推进政务新媒体健康有序发展的意见》提出"推动各类政务新媒体互联互通、整体发声、协同联动"，提出"构建整体联动、集体发声的政务新媒体矩阵"。《共青团 2020 年工作要点》提出"进一步完善工作体系，拓展方式载体，办好网上团课，着力加强党的科学理论的青年化阐发，推动团员青年政治学习制度化、日常化"，提出"持续深化阵地建设、内容建设、队伍建设，着力提升网络舆论引导的影响力、引领力"等。

2. 用户需求

麦克卢汉预言的地球村早已成为现实，区域与区域之间的界限消失，信息的全球化流动已不受限制。智能手机、平板电脑等移动端的普及使得青少年的触网越来越便捷，触网年纪越来越小，触网人数与日俱增。因网络信息具有流动性、匿名性、节点性等特征，部分违法犯罪分子违背伦理道德在网络空间传播凶杀、暴力、色情等信息，既污染了网络空间，又污染了青少年的心智。青少年因三观尚未定型，容易受到外界影响。如果不及时进行引导疏导，或将引发青少年的生理和心理问题。据《青少年蓝皮书：中国未成年人互联网运用报告（2019）》显示，未成年人面临着网络违法侵害、不良信息影响、个人隐私泄露、网络沉迷成瘾四方面的网络风险。2017年，"蓝鲸游戏"因在俄罗斯教唆多名青少年自杀而引发关注，该游戏经互联网传入我国，在QQ平台上出现了许多执行该游戏的群，极大地危害未成年人的身心健康。"共青团中央"在微博上发布了捕鲸计划，提醒用户警惕该游戏并积极举报可疑信息。维护青少年合法权益是"共青团中央"的四项基本职能之一。移动互联网时代，"共青团中央"跟随时代召唤与青年需求，将工作场景转移到网络赛博空间，尽心地履行自身职能。

（二）共青团新媒体矩阵的构成与发展

互联网媒体的兴起开始倒逼政府转型，从政务网站、政务微博、政务微信、政务客户端到时下的政务抖音和政务快手，政务新媒体改变了官方与民间对话的方式，开创了政民互动新格局。"两微一端"成为早期政务部门构建新媒体矩阵的主要阵地，共青团新媒体矩阵的实践活动也从"两微"开始。"共青团中央"从2013年12月开始布局新媒体矩阵，截至2019年5月，已经形成了包括社交媒体平台、自媒体平台、问答平台、二次元社区、音乐平台、短视频平台、音频平台、漫画平台等在内的多平台传播矩阵。2013年12月27日，"共青团中央"发布了第一条微博，标志着"共青团中央"官方微博上线。同天，"共青团中央"官方微信公众号也正式上线。2013年入驻"两微"是共青团中央搭建新媒体矩阵的成功尝试。2016年年底，"共青团中央"新媒体矩阵的版图开始迅速扩张。

2016年12月1日，"共青团中央"在知乎发表《知乎？我们来了！》一文，宣布正式进驻知乎。2017年1月2日，共青团中央在微信公众号上发布文章《真当团中央不上B站？2017，在这里等你!》一文，宣布"共青团中央"正式入驻 B 站。2017 年 4 月 22 日，"共青团中央"开通 QQ 号，入驻 QQ 空间。2017 年 7 月 18 日，"共青团中央"承包了网易云音乐的开屏，"共青团中央"在网易云音乐发布了第一条动态，高调宣布入驻。2018 年 4 月 18 日，"共青团中央"在微博和 QQ 空间宣布入驻微视 APP，并策划抽奖活动进行宣传。2018 年 10 月 1 日，"共青团中央"正式入驻抖音和快手。2019 年 5 月 4 日，"共青团中央"在快看漫画开始连载第一部作品《镜诰卿年》，正式成为快看漫画签约作者。截至目前，"共青团中央"新媒体矩阵包括微博、微信、今日头条、知乎、B 站、QQ 空间、网易云音乐、微视、抖音、快手、喜马拉雅、快看等多个平台。

(三) 共青团新媒体矩阵的传播策略

1. 视觉识别系统个性化

视觉识别（Visual Identity）与理念识别（Mind Identity）和行为识别（Behavior Identity）共同组成了企业形象识别系统 (Corporate Identity System)。视觉识别系统是企业形象识别系统的重要组成部分。它是在理念识别（MI）和行为识别（BI）的基础上，通过一系列形象设计，将企业经营理念、行为规范等，即企业文化内涵，传达给社会公众的系统策略，是企业全部视觉形象的总和。企业视觉识别系统包含基本要素系统和应用要素系统，企业名称、企业标志、企业色彩、企业吉祥物等都属于基本要素系统。"共青团中央"虽不以营利为主要目的，但是其与企业一样存在着塑造良好组织形象的共同诉求。以"共青团中央"新媒体矩阵为例，理念识别应包含"共青团中央"的组织规范、价值准则和服务理念等，视觉识别如账号名称、账号头像、"团兔"卡通形象等都应该统一服务于理念识别。视觉识别将规范、价值、理念等抽象化概念具象化，具有直观、易懂、简洁明了等特点，"共青团中央"新媒体矩阵运用独具特色的视觉识别系统如名称、头像、"团兔"卡通形象等可以消除用户与组织之间的陌生感，让用户迅速产生关于组织的联想记忆。

账号名称与组织相一致。账号名称，相当于品牌名称。品牌名称往往包含着产品或服务的基本特征、品牌属性与象征意义等，是品牌传播中最直接与最基础的工具。账号名称与组织形象、用户记忆等传播效果密切相关。2018 年印发的《关于推进政务新媒体健康有序发展的意见》中提到："政务新媒体名称应简洁规范，主办单位在不同平台上开设的政务新媒体名称原则上应保持一致。"该意见的出台正是从视觉识别层面规范政务新媒体良性发展，避免野蛮生长。如果政务新媒体账号的名称不与主办单位直接挂钩，则用户需要点击认证信息才能知道账号属性，提高了用户获取信息的代价，也削弱了信息传播的效力。"共青团中央"新媒体矩阵已认证的所有平台上的账号统一命名为"共青团中央"，与组织名称保持一致，有利于用户迅速反应过来账号的官方性质，帮助用户快速完成识别与辨认。进行传播活动时，各平台账号名称相一致利于发挥矩阵的联合效果。

2. 账号头像凸显青年特质

账号头像，可以类比企业标志，企业标志的设计应该简练，具有独特的个性和强烈的视觉冲击力，要反映企业理念。"共青团中央"头像简洁清晰，传达寓意明确，由红和黄两种色调构成，包含一面五星红旗和两张青年的面庞，两位青年侧脸齐齐看向五星红旗，面庞映在红旗之上，传达了青少年群体朝气蓬勃的爱国主义精神。"共青团中央"的头像既有内在的一致性，又有外在的差异性。中国红是很多政务部门在视觉识别时会采用的主色调，"共青团中央"也不例外，但是"共青团中央"又很巧妙地将青年这一元素融入进去，更加贴近服务对象，明确自我定位。

图片相较于文字，有更强的感召力和凝聚力。列奥纳多·达·芬奇曾说过："距离感官最近的感觉反应最迅速，这就是视觉，所有感觉的首领。"当用户在抖音、快手和快看平台看到"共青团中央"的头像时，脑海中会迅速联想起其他平台的"共青团中央"头像，从而完成对这一组织形象的独特识别。

3. "团兔"形象加深用户记忆

"团兔"形象，类比企业造型，也称企业吉祥物，指将合适的人物、动物、植物等形象做成插图形式，打造属于企业的造型识别符号，通过这些平易近人、活泼可爱的造型，让人产生深刻的记忆和印象，主要用于强化企业的性格特质。"共青团中央"塑造的"团兔"形象采用卡通画风，有着圆圆的脸蛋，头顶两颗五角星，姿态表情千变万化，但始终秉持着青春活力的核心主旨，"团兔"卡通形象的出现意味着"团团"从此有了具体样貌。

"团兔"卡通形象来源于 B 站国创漫画《那年那兔那些事儿》，片子讲述了一群兔子如何通过自身努力与奋斗，将一穷二白的种花家发展成为蓝星五强之一的故事。"种花"取自"中华"谐音，片子将每一个国家比喻为一种动物，其中"兔子"指代"中国"。《那年那兔那些事儿》的弹幕中经常看到"湖南兔""广东兔"等类似的说法，充分说明这一形象深入人心。片中的台词以及用户二次创作的弹幕引发了无数人的共鸣，比如，"每一只兔子都有一个大国梦""此生无悔入华夏，来世还生种花家"。"团兔"卡通形象沿用了漫画中既萌软又热血的兔子形象，漫画中兔子具备的自强不息、无所畏惧、积极进取以及强烈的爱国主义精神也自然映射到"团兔"卡通形象。

"共青团中央"新媒体矩阵对于"团兔"卡通形象的运用主要分为两类：一类是围绕"团兔"形象制作的各类图片或 GIF 类

表情包，主要运用在日常的内容推送中；另一类则是对于"团兔"卡通实物的运用，例如，"青年大学习"每期的主讲人手上都会拿"团兔"实物，还有"共青团中央"入驻微视时，举行了转发抽奖送"团兔"的活动。线上线下都有了"团兔"的身影，有利于用户将卡通形象与"共青团中央"关联，卡通形象具有的生机勃勃、青春活泼也会被投射在"共青团中央"身上，无形中塑造了组织形象。

4. 各有侧重的差异化传播

新媒体矩阵具有有序性的特征，账号或平台不是机械复制或叠加，平台与平台之间的定位存在差异，平台用户之间的信息消费习惯也存在差异，因此构成矩阵的每部分都依据以上差异进行传播活动，明确功能定位。下面以"共青团中央"的微博、微信、知乎、B站、抖音为例，以观端倪。

微博：侧重内容广度，提供资讯。"共青团中央"官方微博贴合社区特点和用户信息消费习惯，致力于内容广度，提供资讯，取得了不错的传播效果。新浪微博口号为"随时随地发现新鲜事"，时效性是微博的一大特征。微博用户已经形成了颇具特色的阅读习惯，不停地下滑不停地接收新信息，运营者为了更多地出现在用户浏览页面，就必定要保证更新频率。"共青团中央"通过高频率更新来保障内容的新鲜度与曝光度。微博用户的信息消费习惯与其平台特征紧密相连，呈现"短、平、快"的信息消费特点。"共青团中央"官方微博的主要内容呈现形式有三种：文字+短视频、文字+图片和文字+长文章。文字发挥着提要作用，短视频、图片或长文章发挥着补充文字信息的作用，除了长文章需要深度阅读，短视频和图片都以碎片化传播为主。短资讯的更新频率远高于长文章，因短资讯生产难度更小，更符合微博时效性特征和用户"短、平、快"的信息消费特征。"共青团中央"

官方微博内容广泛，涵盖了科技、政经新闻、萌宠、政策报告、生活/工作技巧、心灵鸡汤、互动话题、军事、典型人物、体育、社会民生、科普、历史、国际外交等方方面面。

微信：侧重内容深度，引发思考。微信公众号包括订阅号、服务号和企业号。服务号每月仅可发布4条消息，订阅号每天都可以推送消息。通过观察得知，"共青团中央"微信公众号日推送频率在5次左右。微信公众号的更新频率决定了其区别于微博号的定位，微博可以随时随地追更热点资讯，微信则侧重深耕内容。即使讨论热点事件，"共青团中央"微信公众号也注重深层解读和深度挖掘。区别于微博的广场式传播，微信属于圈群化传播，其封闭性和私密性更好，所营造的阅读环境也与微博有所差异。微信文章的篇幅普遍长于微博，微博要求140字说清一个消息，微信则可以展开讨论，提供沉浸式阅读体验和思考。以"共青团中央"微信公众号优秀原创栏目"青听"为例，这是一档夜间栏目，既有音频形式，也有文字形式，聚焦青年学习、生活、社交、健康、工作、婚恋、消费等方面，针对青年成长成才过程中出现的问题，将三观和道理融入故事之中，为青年群体提供思考方式和看问题的角度。

知乎：输出优质回答，分享见解。知乎的口号是"有问题，上知乎"，其定位是高质量问答社区。"共青团中央"知乎号共有七个内容分区，包括回答、视频、提问、文章、专栏、想法、收藏。平台聚集了大量知识分子，这群人注重自我表达，就感兴趣话题进行深度讨论和创新发散。"共青团中央"知乎号的个人简介为"不删评论的团团"，以此承诺尊重社区成员自由发言的权利，也是融入社区的一种示好行为。

B站：二次元表达风格，迎合喜好。B站全称为哔哩哔哩，是中国年轻世代高度聚集的综合性视频社区，也是一个文化社区和视频平台，以 ACG（动漫、漫画、游戏）为主要内容，聚集了一群具有相同爱好的用户，是典型的基于兴趣的二次元社区。"共青团中央"紧扣 B 站属性和社区用户特征，发布的作品善用二次元群体追崇的表达风格，迎合社区用户喜好。B 站又称弹幕网，弹幕指发在视频内容上，横穿视频内容的所有评论，不计其评论数量亦不涉其评论的内容。弹幕依托视频存在，视频仍然是 B 站最具影响力的传播形式。B 站不同于爱、优、腾等以影视综艺为主的网站，也不同于抖音、快手、秒拍等短视频平台。B 站的综合性最强，既有影视综艺纪录片等专业内容，也有无数 up 主剪辑发布的短视频。"共青团中央"所发布的视频时长跨度非常大，既有几小时的直播回放，也有几秒钟的短视频。B 站用户不仅年轻化，而且是基于对二次元文化的喜爱而聚集。"共青团中央"在 B 站发布的作品风格新颖，形式上迎合社区用户喜好，例如吐槽、说唱等。

抖音：突出音乐特色，引起共鸣。"共青团中央"在抖音的传播活动利用平台特色，突出对音乐的挑选和使用，引起用户情感共鸣。媒介之间的杂交、化合不仅可以产生新的媒介形式，而且在糅合中一方会利用或者释放另一方的威力。抖音的定位是音乐短视频社区，背景音乐作为主要创作元素与短视频相结合，致力于带给用户极致的视听感受。抖音官方提供歌单分类如流行、原创、国风、影视等供创作者加以选择，背景音乐的使用成为平台一大特色。背景音乐（Back Ground Music，BGM），是指为营造一定环境氛围而播放的音乐，也被称为"环境音乐""墙纸音乐"，其功能和作用一方面是掩盖环境噪声，另一方面是创造与环境相适应的气氛。基于平台特征，抖音用户习惯这种声色兼备，极具感染力和调动性的传播形式。

三、新时代青年网络素养培育与引导

网络文明是社会主义精神文明的重要内容，是网络强国建设的重要领域，是中华民族现代文明的重要组成部分。习近平总书记高度重视网络文明建设，明确要求"做强网上正面宣传，培育积极健康、向上向善的网络文化，用社会主义核心价值观和人类优秀文明成果滋养人心、滋养社会，做到正能量充沛、主旋律高昂，为广大网民特别是青少年营造一个风清气正的网络空间"，不断引领和推动网络生态更加天朗气清、网络文化更加繁荣发展、网络文明更加惠风和畅。

"青年是社会中最有生气、最有闯劲、最少保守思想的群体，蕴含着改造客观世界、推动社会进步的无穷力量。"新时代青年是生逢盛世、肩负重任的"强国一代"，也是网络空间的"原住民"。作为网络空间最活跃的参与者、网络文化最有力的传播者、网络创新最积极的推动者，青年在持续演进的网络生态中发挥着越来越重要的作用、扮演着越来越重要的角色。提升青年网络文明素养，塑造网络空间好青年，既是弘扬时代新风、培育时代新人的必然要求，也是引领网络强国建设、维护意识形态安全的必然要求，更是推动物质文明与精神文明相协调、全面推进中国式现代化的必然要求。健全网络生态治理长效机制，要充分发挥青年在塑造和净化网络空间中的积极作用。

（一）网络素养

网络素养作为互联网的专业术语，特指在互联网条件下的媒介素养，其内涵由传统的"媒介素养"运用而生，是指人们在面对媒体各种信息时的选择能力、理解能力、质疑能力、评估能力、创造和生产能力以及思辨的反应能力。上述定义主要是指在传统媒介时期，即单纯的消费人群。所以，他们更多地关注于受众对信息的选择、理解、判断和解释的能力。随着互联网加入大众媒介，最令人振奋的特点是将大众传播者的部分权利分给了受众。在互联网环境下，受众不再只是一个单纯的消费群体，而是一个主动参与媒介活动的主体，同时也是信息传播的提供者。所以，我们应该把对网络素养的理解扩展到设计者和制造者的层面。随着互联网的日益普及以及大众在网络媒体活动中参与度的提高，对网络素养的认识程度也不断加深。

首先，网络素养是指人们能够习得基本的网络知识，掌握基本的网络技能，从而进行识读网络和合理利用网络的一种能力。这一能力是指互联网用户在利用网络进行学习工作和人际交往过程中所要掌握的必备技能和技巧。如在人类成长过程中掌握的识字认字、看书阅读、写字撰文的能力，在这一过程中特别强调文字符号的掌握和使用，网络素养是顺应网络社会发展和自主学习所必备的基本素质和基本条件。

其次，网络素养还包含人们对获取的信息进行去伪存真，去粗取精地甄别乃至合理地使用，能够分辨"媒体世界"和"现实世界"的界限，能够增进对网络传播信息的理解，规范自己的网络行为和对网络信息的处理能力。

最后，网络素养指网络资源、观念意识形态精神上的升华。对网络资源不仅有批判思维的精神，更能将网络资源用于帮助解决自身实际问题和为自身成长发展服务的能力。

开展青年网络素养教育，既要提高青年主动使用媒介的能力，又要增强其对社会作用的能力。进入信息时代，网络和网络衍生品已经成为思想文化的聚散地，网络素养不仅是公众一方制衡网络媒介不良表现的力量，网络素养还要强化公民的传播权，发挥公众在网络传播过程中的正面作用和所承担的社会责任。网络素养要求青年具有网络安全意识、网络法律法规意识、网络道德伦理观念，遵守网络法律法规，做到不造谣、不传谣、不盲目跟风，树立正确的意识形态，传播积极健康的主流价值观。因此，网络素养是一种应用在网络时代，个人在具备一定网络知识技能、道德品质与法律意识的前提下，正确理解和使用网络达到为自身服务目的的一项综合能力，其中包括对网络信息的获取能力、分析判断能力、加工处理能力及创造信息和传播信息的能力。人们可以通过网络让自己更好地认识世界和思考世界，最终实现自身的飞跃和发展。

（二）网络素养培育

网络素养培育，就是传授和学习网络媒介相关知识，提高网民网络素养的教育实践活动，是针对网络媒介对人的影响而提出的一种新的教育思想和教育方法。网络素养培育应包括内涵、教育目标、内容、路径和评价方式等。

随着网络技术应用和发展的日新月异，网络素养培育的内涵、教育目标、内容、路径和评价方式也应做出相应调整和改变。在互联网初期，我们对网络素养的培育多集中在公民如何正确使用媒介和有效利用媒介等方面，这是公民生活在信息时代所必须具备的一项基本技能。但随着网络技术的进步和发展，"互联网+"时代的到来，网络与我们的工作学习和日常生活进行了深度的融合，从而加剧网络生活的多样性和不确定性，至此社会对公民网络素养的要求也越来越高。随着互联网的迅猛发展，其内容也由最初的"技术维度"转变为"伦理维度"。相对于以往侧重于基本的认知操作水平的"网络素养培育"，现代网络素养的培养应当包含以下几方面：提高网络安全意识、提高网络技术水平、养成良好的网络守法自律习惯、高尚的网络道德情感，引导群众参与网络建设，营造一个良好的网络空间。当代网络素养培育是以培养有知识、有辨别力、讲道德、懂法律、会创造的合格的互联网用户为目标的一种教学实践活动。具体表现为教育主体向教育客体进行网络媒介知识的传授，使其具备获取信息、识别信息、分析信息、利用信息和开发信息，并自觉遵守法律，融入社会的发展之中的能力。

（三）新时代青年网络素养培育引领的路径方法

党的二十大报告指出，"统筹推动文明培育、文明实践、文明创建，推进城乡精神文明建设融合发展"。党的二十届三中全会通过的《中共中央关于进一步全面深化改革、推进中国式现代化的决定》提出，"健全网络生态治理长效机制"，这些都为加强网络文明建设、提升青年网络文明素养指明了方向、划定了目标。如何用好网络空间引领青年、团结青年、凝聚青年、服务青年，培塑青年网络文明核心素养，让更多青年成为网络文明建设的中坚力量，争做网络文明的倡导者、传播者、实践者、维护者，这既是一项重大的历史使命，又是一个崭新的时代课题。

1. 壮大青年声音，打造网络文明"先锋队"

围绕网络文明建设，加强顶层设计，加大投入力度，建强网上引领阵地，培育网络青年榜样，主动设置话题，引导青年知道什么可以做、什么不可以做，旗帜鲜明表达青年立场、展现青年担当，在斗争亮剑中明辨是非、健康成长，净化网络生态环境。对广大青年来讲，要具有"网络兴亡、匹夫有责"的斗志，自觉抵制低俗、庸俗、媚俗等不良风气，未经查证的事情不传，个人主观猜忌的现象不转，泄私愤的负能量不发，让网络空间更加真实、清朗。只有"建强网上阵地+个人行为自觉"双向发力，打造青年网络文明的"先锋队"，才能筑牢网络文明的生态堤坝。

2. 契合青年特点，激扬网络文化"正能量"

近年来，网络技术的蓬勃发展，为多元传播和文化宣传提供了新方法，传播效果也成倍增长。《党课开讲啦》、青年大学习、网上革命纪念馆等触手可及，一个个红色故事呈现在大众面前，红色精神不断催人奋进；宣传好人事迹、点赞好人事迹，一个个鲜活的好人形象不断呈现在人们的视野中，好人队伍得到不断壮大、好人文化得到发扬光大；传承中华优秀传统文化，中国智慧、中国故事不断创造性转化、创新性发展，通过网络的传播，让世界认识中国……要贯通网上网下"大思政课"，融合"行走"的和"指尖"的思政教育，用先进理论占领网络空间，以社会主义核心价值观滋养青年，使健康网络文化在青年中有形有感有效。

3. 广纳青年智慧，培育网络治理"生力军"

从《中华人民共和国网络安全法》的实施到持续推进依法治网，从网络信息基础设施的建设和完善到网络安全制度的规定，从开展网络安全宣传到网络文明建设的规范性文件配套，一系列加强网络文明建设的举措架起了网络安全的"四梁八柱"，持续强化制度保障和教育引导，推动文明网络空间蔚然成风。要积极引导青年当好政策举措的落实者，对"饭圈乱象""流量造假"等现象"出重拳"整治，防止负面、低俗内容"大行其道"，对群众反映强烈的网络安全问题深挖症结、铲除根源，共同推进网络安全法的落地，激浊扬清、扶正祛邪，筑牢网络安全"底线"，为互联网健康有序发展注入"先锋力量"。

4. 汇聚青年力量，筑牢网络生态"压舱石"

当前，信息发展迈入"快车道"，网络的环境更加开放，用户的角色也在不断增加，视频直播、互动社区等领域成为网络传播秩序维护的重点领域。面对新发展阶段网络空间面临的风险和挑战，要加强青年人才培养，赋予青年在网络中提升自我、发展自我的权利，为青年人才在互联网搭建用武之地和梦想舞台，引导青年以"我先行"的自觉弘扬向上向善的正能量，以把网络空间守护好、发展好为己任，正确使用网络，以更加积极的姿态成为维护网络安全、清朗网络生态的骨干力量。

第二节　青年工作与社会治理现代化

随着社会的快速发展和变革，社会治理面临着前所未有的挑战。共青团作为党的助手和后备军，肩负着培养新时代青年的重任，同时也积极参与到社会治理的实践中。

一、青年参与社会治理的途径与机制

近年来，我国越发重视"社会治理"在国家社会生活中的作用。党的十八届三中全会通过的《关于全面深化改革若干重大问题的决定》，共24次提到"治理"一词，并且首次使用了"社会治理"的表述，明确指出全面深化改革的总目标是完善和发展中国特色社会主义制度、推进国家治理体系和治理能力现代化。党的十九大报告10次提及"社会治理"，提出了加强和创新社会治理，打造共建共治共享的社会治理格局，到2035年现代社会治理格局基本形成的目标要求。党的十九届四中全会通过的《中共中央关于坚持和完善中国特色社会主义制度　推进国家治理体系和治理能力现代化若干重大问题的决定》，多次提及"社会治理"，

进一步提出"坚持和完善共建共治共享的社会治理制度",将"社会治理格局"上升到"社会治理制度"的新高度。党的二十大报告中也多次提及"社会治理",提出"发展壮大群防群治力量,营造见义勇为社会氛围,建设人人有责、人人尽责、人人享有的社会治理共同体"。社会治理已经成为我国发展过程中的一件大事,事关人民群众的幸福生活。

(一) 社会治理的定义和内容

1. 社会治理的定义

习近平总书记指出:"治理和管理一字之差,体现的是系统治理、依法治理、源头治理、综合施策。"党的十九届四中全会决定明确提出,坚持和完善共建共治共享的社会治理制度,完善党委领导、政府负责、民主协商、社会协同、公众参与、法治保障、科技支撑的社会治理体系,建设人人有责、人人尽责、人人享有的社会治理共同体。社会治理是以增进人民福祉和人民共同享有发展成果为目的,在党的全面领导下,由政府具体负责,依据法律法规,依靠科技支撑,通过民主协商,市场、社会、公众等各方主体有序参与,采用德治、法治、自治等方式处理公共事务、配置公共产品、协调社会关系、增进社会和谐的综合活动。

2. 社会治理的内容

总的看,社会治理可以分为两大类:其一是解决社会问题,其二是提供公共服务。具体而言,又可分为以下几方面。第一,矛盾化解和协商调解。开展协商调解、化解矛盾,通过权益保障、诉求表达、利益协调、人民调解、心理服务等各项机制,努力在基层将矛盾予以化解。第二,社会治安和平安中国。通过工作联动、群防群治等机制,增强社会治安防控力度,努力提升社会治安水平，创建平安中国。第三，公共安全和应急管理。通过预防管理、排查隐患，提升应急管理和提高防灾减灾救灾能力。第四，国家安全和政治安全。提高百姓国家安全和政治安全意识，研判、防范、化解国家安全风险。第五，道德建设和公益慈善。深入宣传贯彻习近平新时代中国特色社会主义思想和社会主义核心价值观，宣扬道德模范，弘扬优良家风家教，推进基层志愿服务。第六，其他方面。包括弱势群体关爱、流动人口服务，市容、物业管理，社会组织培育等方面。

社会治理的核心是"共建共治共享"，具有以下特点：社会治理的目标是共享，理念是共建，关键在共治。社会治理的客体是社会事务，重心在城乡基层，并呈现出治理主体多元化、治理模式法治化、治理机制系统化、治理过程科学化等特点。

（二）青年参与社会治理的载体和模式

1. 青年参与社会治理的载体

（1）通过设立青年驿站、社区青年之家等平台，为青年参与社区治理提供阵地。这些平台不仅丰富了青年的社区生活，还增强了他们的责任感和归属感。将青年融入社区网格，实现团组织管理的全面覆盖。

（2）成立各类青年志愿服务队，如助老爱幼服务队、普法宣传服务队等，引导青年在志愿服务中参与社会治理。这些服务队不仅为社区提供了实际帮助，还增强了青年的社会责任感和团队协作能力。

（3）利用微博、微信、抖音等社交媒体和网络社群，搭建青年参与社会治理的线上平台。这些平台不仅便于青年表达意见和诉求，还促进了政府与青年之间的沟通和互动。

2. 青年参与社会治理的模式

（1）"党建带团建"机制。坚持党的领导，将团建工作融入党建工作之中，实现党建与团建的有机结合。通过党建引领团建，增强团组织的凝聚力和战斗力，为青年参与社会治理提供坚强保障。

（2）"团干+社工+志愿者"机制。依托社区团组织阵地，整合团干、社工和志愿者等力量，形成合力共同参与社会治理。这种模式不仅扩大了共青团的服务半径，还提高了社会治理的效率和效果。

（3）"项目化运作"机制。将青年参与社会治理的工作项目化运作，明确项目目标、任务和责任分工。通过项目化管理，确保青年参与社会治理的各项工作有序推进并取得实效。

（4）"共建共治共享"机制。加强政府、企业、社会组织等多元主体之间的合作与互动，形成共建共治共享的社会治理格局。青年作为重要的社会力量之一，应积极参与其中并发挥积极作用。

二、青年社会组织在社会治理中的作用

（一）青年社会组织的含义

共青团中央于 2022 年发布《关于全面加强新时代青年社会组织共青团工作的意见》。该意见指出，青年社会组织主要包括以青年为主体和以青少年为主要服务对象的社会团体、基金会、社会服务机构，以及由青年发起成立、活跃在城乡社区但未正式注册的青年社团、小组、社群等。党的十八大以来，青年社会组织蓬勃发展，已成为党推进国家治理体系和治理能力现代化的重要内容、党的青年工作的重要阵地和团的基层组织的重要形态。要着眼巩固和扩大党执政的阶级基础和青年群众基础，把青年社会组织作为共青团为党育人、为党聚人的战略依托，主动适应新时代新征程新要求，推动青年社会组织共青团工作实现高质量发展。

（二）大力培育由共青团主导的青年社会组织

1. 高质量建设县级团属青年社会组织

在县（市、区、旗）持续推进志愿服务、创业就业、文艺体育等类型的团属青年社会组织建设，有条件的地区积极培育青年公益、生态环保、社会实践等类型的团属青年社会组织，推动组织覆盖向街道（乡镇）延伸。把提升组织活力作为重要着力点，实施团属青年社会组织活力提升工程，建立县级团属青年社会组织发展活力评估体系，探索实施星级评定制度，通过项目带动、骨干引领、资源扶持、荣誉激励等路径，有效激发组织发展活力。推动县级团属青年社会组织与共青团密切协同、深度融合，确保每个组织至少承接两项常态化开展的团的工作项目，实现思想共育、活动共办、项目共通、资源共享、人才共用、阵地共建。

2. 加大新兴领域青年社会组织建设力度

把建立组织作为凝聚新兴领域青年的重要抓手，通过"自己建、联合建、依托建、整合建"等方式，在网络作家、自由撰稿人、文创青年、影视行业从业者、独立演员歌手、自由美术工作者、非遗传承人、快递员、外卖配送员、网约车司机等重点群体中，自下而上培育、孵化一批共青团主管或发挥主导作用的青年社会组织。加强与统战、网信、文旅、文联、作协等部门的工作协同，在重点领域联合成立青年联谊会、行业协会、从业者联盟等形态的青年社会组织。支持新兴领域青年带头人发起成立青年社会组织，符合登记条件的由团组织作为业务主管单位，加强政治引领和工作指导，确保其始终沿着正确方向发展。

3. 培育发展形态多样的社区青年社会组织

按照青年业缘、地缘、趣缘分布和实际需求，积极培育发展共青团主导的社团、小组、社群等形态的社区青年社会组织，重点培育为民服务类、公益慈善类、邻里互助类、文体兴趣类组织。会同民政部门建立社区青年社会组织备案联络制度，全面盘点各类组织基本情况，按照发展水平、领域类型和成员构成等，由街道（乡镇）团组织进行备案，做好分类管理和指导。依托青年之家等团属阵地，搭建社区青年社会组织服务平台，广泛吸引社区青年社会组织入驻，为其提供培育孵化、活动场地、人员培训等服务。完善社区青年社会组织支持保障机制，支持社区青年社会组织通过承接政府购买服务、项目委托等方式，在提供社区服务、扩大青年参与、培育社区文化、促进社区和谐等方面发挥积极作用。

（三）青年社会组织参与社会治理的优势和作用

青年作为整个社会中思想最为开放、最为活跃、最为前沿的群体，也是最具有创新精神的群体，青年社会组织的主体成员就是青年。青年社会组织是独立于政府和企业之外，自发成立，自我管理和发展的社会组织，它的独立性较强，可以较好地免于外界的干扰，因此，在新的时代背景下，青年社会组织在推动社会治理创新、加快地方政府职能转变、加强基层民主建设、促进基层政府和社会良性互动、创新公共服务方式、维护社会和谐稳定等方面发挥着重要的作用。

1. 青年社会组织参与基层社会治理是地方政府职能向服务型转变的驱动器

珍妮特·V. 登哈特和罗伯特·B. 登哈特早在《新公共服

务》中就提出政府的职能是服务，而不是"掌舵"。公务员日益重要的角色就是要帮助公民表达并满足他们共同的利益需求。青年社会组织参与基层社会治理有利于基层政府职能向服务型转变。

一方面，基层政府职能的转变是为了适应社会发展的需要。随着社会转型升级的进一步深化，社会公共事务日益复杂化，各利益主体的诉求日益多元化和个性化，而对政府规模不断膨胀的限制，传统的"全能政府"已不切实际，也已经不能适应社会发展的现实需要，这在一定程度上形成"倒逼"之势，迫使地方政府职能由"掌舵"转向服务，从而突破当前基层政府提供公共服务遇到的"瓶颈"。

另一方面，青年社会组织是承接基层政府职能的重要平台之一。基层政府将大量社会公共事务下移，客观上需要作为多元主体之一的青年社会组织来承接。"小政府，大社会"的社会治理格局的共识逐渐形成，再加上青年社会组织的民主意识加强，自身的优势独特，青年社会组织涉及的领域更加广泛，可以将触角伸向社会事务的方方面面，活动方式也更加多样化，相比于传统的活动方式，它更具有活力、吸引力和凝聚力。

2. 青年社会组织参与基层社会治理是化解社会矛盾、促进社会和谐稳定的压舱石

随着市场经济的不断发展，社会转型进入关键期，我国经济进入新常态，经济增速明显放缓，贫富差距进一步加大，社会阶层日趋固化，上升渠道单一，利益群体分化和利益分配格局的调整等一系列的矛盾因子直接导致各种社会问题和社会矛盾凸显，基层社会治理面临着新的矛盾和风险，如果这些矛盾因子不能得到有效解决，就会有引发社会冲突的风险。

青年社会组织是基层政府和社会良性互动的润滑剂。一方面，青年社会组织可以将广大基层群众的多元利益诉求传递到政府的

政策议程，提高决策的科学性和实用性。另一方面，青年社会组织由于来源于基层群众，根植于基层群众，贴近基层群众，有更好地为群众所理解的优势，基层地方政府可以借助青年社会组织这个中介组织及时将政策传递给基层群众，基层政府和基层群众的一些分歧，可以借助青年社会组织进行协商对话，从而消除潜在的社会矛盾。安全稳定的环境是社会发展的基本条件，没有稳定的社会环境，就无从谈发展。

3. 青年社会组织是推动基层社会治理创新的重要抓手

一方面，利用"互联网+"技术推进基层政府的智慧治理。在大数据、区块链、物联网等网络信息技术的背景下，智慧治理已成为基层社会治理的新理念。辽宁省沈阳市打造的"益治理"平台，类似于大写字母"E"，三横一纵："三横"指区级"益治理"平台指挥中心、各街道和部门的分中心、路长及网格员工作站；"一纵"指利用网络化信息技术，实现三级平台互联互通，协调联动、精细对接。在沈阳市多福社区，社区居民借助手机APP、微信公众平台将社区内污水问题、垃圾分类问题以及邻里纠纷问题上传给网格员和路长，这一级解决不了就交给街道，街道再解决不了就由区级处理，一级级上传，一级级解决，使智慧治理深入基层，切实解决群众遇到的实际问题，进一步提高了基层群众的满意度。

另一方面，利用"互联网+"加强基层政府的协同治理能力。任何技术革命都有可能带来整个社会管理模式的变革，并为社会管理注入新的生命力。增强基层政府的协同治理能力，关键就是要打破基层政府各部门之间的信息壁垒。盘锦市借助"互联网+"技术整合各部门之间的数据资源，从依靠单一的线下治理到线上线下协同治理，实现了"一个地方，一次办理"，实现了互通有无，提升了治理效能。

三、青年工作与社会稳定的互动关系

不同的国家因所处的社会发展阶段不同，因而所凸显出来的青年问题也各不相同。但毋庸置疑的是，无论所处哪个发展阶段的国家，如若青年问题得不到妥善的处理，势必会对社会稳定产生直接的影响。

（一）青年对社会稳定的双重影响

1. 青年对社会稳定的积极影响

权利意识增长，促成新稳定观的形成。市场经济带来了人们的自主性增强，对自由、平等、公正的要求日益增多。这在新生代青年身上表现得尤为突出，他们对保护自身权利的意识越来越强烈，采取的实际行动也越来越多。其一，青年更关注社会的公平正义。无论是在个体层面的发展问题，还是在社会层面的发展问题，青年都希望能更好地体现其社会存在价值和社会话语权，有更大的成长空间和平台。其二，青年的参与意识要显得更强烈。他们希望有更多参与社会生活事务的机会，并承担起相应的社会责任，而不愿意被社会边缘化。其三，青年信访维权行为增多。

青年的公共安全需求日益凸显，有助于社会稳定共识的形成。马斯洛需要层次论告诉我们，当低层次的生理需要得到满足后，就会向高一层次的需要发展。随着生活水平的提高，当前青年群体的公共安全需求日益显现出来，这对社会稳定共识的形成有一定的促进作用。

青年的可塑性强，其态度和行为对社会稳定具有重要的影响力。新时代青年对新鲜事物的接受力越强、对社会参与的热情越高、看待问题的视角越积极，带动社会文明进步的感召力和行动力也就越强。当前，青年群体业已成为我国社会舆论传播的主力军，对整个社会价值观会产生重要影响。

青年自组织对社会整合具有一定的促进作用。青年自组织作为社会组织的一种类型，具有很强的自发性、民间性和自治性，既具有积极正面的功能，又具有消极负面的功能。毫无疑问，如若能够对青年自组织加以必要的引导，就可以起到积极的社会整合作用，进而促进社会的稳定和谐；反之亦然。归纳而言，青年自组织的社会整合功能包括：一是社会动员功能。青年自组织可以进行双向互动式的传播，因此具有强大的网络动员能力，为青年的社会参与提供了空间，扩大了社会动员的覆盖面和提高了时效性。二是价值观引导功能。青年自组织对青年的思想和行为具有重要的指导作用，影响着青年能否形成积极向上的人生观和价值观。三是文化服务功能。青年自组织成员是公共文化建设的重要人力资源，同时青年自组织开展的各种活动可以极大地丰富公共文化活动，从而避免其活动形式的单一性。

2. 青年对社会稳定的消极影响

政治态度的世俗化削弱了社会认同：当前，青年政治态度的利益化倾向愈加明显，对传统主流意识形态形成了很大的冲击。其一，青年对主流价值观的态度较为消极；其二，青年对其他非主流价值观的认识模糊。

青年叛逆性强，容易加剧社会怨愤情绪。一方面，青年人在成长过程中由于其心理发育不成熟，行事容易冲动，若教育引导不当，一旦受外界不良刺激或影响，容易产生违法犯罪行为。另一方面，青年人不满情绪的积累，容易诱发群体性事件或骚乱事件。

婚恋问题易影响社会稳定和谐。青年人的婚恋问题与社会稳定是紧密相关的。无论是婚姻挤压造成的单身青年，还是离异后的单身青年，都不利于稳定的家庭婚姻结构的形成，且容易诱发一些性犯罪、自杀，进而危及社会的稳定。

助燃群体性事件和危机事件的爆发。青年群体已成为各种社会安全事件的重要参与者，助推了各种事件的演化和升级，对社会稳定造成不小的冲击。有些矛盾冲突是伴随社会转型而产生的，是转型的惯性所致，然而一些青年无法正确地对待这些矛盾冲突，很容易在外力因素的作用下参与到各种危机事件中去。此外，青年网络自组织如果得不到有效正确的引导，很容易被境内外各种势力所利用，从而带来很大的安全隐患。

（二）青年工作促进社会稳定的策略方法

1. 调整青年政策

对于青年群体所面临的各种现实压力和困境，充分运用好政府力量和社会力量，并将两种力量有效结合起来，制定和完善各种有关青年的政策体系，既要立足于解决青年的基本生存问题，又要着眼于为青年提供广阔的发展空间和平台。

2. 改善青年民生

民生是社会稳定之基石。青年民生除了具有与一般意义上民生的共性之外，还具有其自身的独特性，因此要分类施策。为此，一方面，要解决好青年的一般性民生问题，如就业、住房、收入和向上流动的机会等；另一方面，更要重视青年群体特有的民生问题，如青年的婚恋问题、"独生父母"的育儿问题、青年白领的生存压力、青年农民工城市融入等。

3. 加强网络监管引导

当前，网络已成为青年生活、工作和交往所不可或缺的一部分。但同时要认识到，网络具有积极的一面，也有其消极的一面，会对社会的和谐稳定产生不良影响。因此，要提高政府的网络治理能力，充分运用网络来引导青年的价值观，增进青年对国家和社会的认同。

4. 扩大青年社会参与

青年对经济、政治、文化、社会生活的充分参与，以及他们的建议能够受到重视，可以避免和减少各种不必要的矛盾冲突。当前我国的社会组织发展不足、志愿服务机制不健全等因素阻碍着青年社会参与，要进一步完善政治参与制度，扩大青年社会参与的空间。同时，要加强对青年社会参与的引导。青年的社会参与必须遵循个人价值与服务社会相统一的基本原则，只有与人民群众的社会实践保持一致的方向，才能有所作为或大有作为，否则就会走弯路，甚至走偏方向。

5. 增进青年的文化价值认同

要强化青年群体的思想文化建设，特别是通过培育青年的社会主义核心价值观来增进青年的社会认同，形成社会的凝聚力，促进社会和谐。社会主义核心价值观要赢得青年，就要实现青年化，认可和尊重青年的主体性，只有将核心价值观落实为青年乐意接受和践行的价值规范和行为方式，才能使青年认同并付诸行动。除了青年的生存状况，其思想动态也是影响社会稳定的一个关键因素，要密切关注青年的思想动态和及时发现青年中可能会引发社会风险的因素，并通过宣传教育工作预防以青年人群为主体的群体事件和社会运动。

6. 引导青年自组织行为

共青团必须将青年自组织纳入工作视野，加强引导、扶持和管理，在青年自组织的创建、管理、评价等方面采取相应措施，使其在共青团的领导下为社会发展建功立业。要从建设先进网络文化、构建健康网络校园文化、开展网络法制化以及加强组织自身建设四方面加强网络青年自组织管理。

第三节　国际视野下的青年工作交流与合作

随着中国对外开放的大门越开越大，新时代中国青年以前所未有的深度和广度认识世界、融入世界，在对外交流合作中更加理性包容、自信自强。

"走出去"的道路越来越宽。通过留学、务工、旅游、考察等方式，中国青年以极大的热情和包容的心态，全方位、深层次了解世界、融入世界、拥抱世界，学习借鉴其他国家的有益经验和文明成果。出国留学是中国青年了解世界的重要途径。1978年，中国选派出国留学人员仅800余名；2019年，超过70万人出国深造，40多年来各类出国留学人员累计超过650万人；1978年回国留学人员仅248人，2019年超过58万人学成回国，40多年来回国留学人员累计达420余万人。与此同时，大批中国青年通过旅游、考察、商务、劳务等方式走出国门、感知世界，2019年国内居民出境达1.7亿人次，中国青年认识世界的渠道更加广阔、国际视野不断拓宽。

沟通合作的"朋友圈"越来越大。在各种国际舞台上，中国青年讲述中国故事、参与全球青年事务治理，在双多边框架下积极交流互动、促进合作共赢。中国青年参与双边交流机制更加广泛深入，与各有关国家青年走得越来越近、友谊越来越深。在"中国青年全球伙伴行动"框架下，中国与100多个国际组织及外国政府青年机构、政党和非政府青年组织建立交流合作关系。

在中俄、中美、中欧、中印、中日等中外人文交流机制框架下，中国青年在教育、科学、文化、艺术、体育、媒体等领域对外互动合作活跃。中国青年不仅与周边国家和广大发展中国家青年伙伴开展亮点纷呈的人文交流，还通过创新创业、经贸往来、技术交流等方式实现互惠互利。中国青年更加主动地加入国际组织、参加国际会议、参与全球治理，树立了更加亮丽的国际形象。在联合国和其他国际组织中，数百名中国青年为世界和平与发展事业付出辛劳、做出贡献；在联合国青年论坛、联合国教科文组织青年会议和相关多边机制框架下，在亚洲青年理事会等国际性青年组织中，中国青年更加自信地发出中国声音、阐述中国观点，成为沟通中外友好的青年使者。

一、青年国际交流项目的实施与成效

（一）服务中国特色大国外交，中国青年的对外交往平台不断拓展

青年是建设社会主义现代化强国的有生力量，在对外开放中能够发挥先锋作用。共青团认真落实习近平主席倡议的世界青年发展论坛、亚非青年联欢节、中越青年友好会见、上合青年交流营、中拉青年领导人千人培训计划等重点青年交流项目，不断深化与各国青年领袖、青年组织机构、国际组织的交往合作，为推动和平与发展搭建友谊之桥、未来之桥。

2018 年在青岛举办上合组织青年交流营期间，与会各国青年共同发布了《上合青年委员会青年宣言》，强调要响应上合成员国国家元首对青年的共同寄语，推动青年一代传承"上海精神"，为维护本地区共同安全和繁荣而努力。配合 2022 年中国担任金砖

国家主席国，全国青联举办金砖国家青年峰会，50多个新兴市场国家和发展中国家的青年代表围绕建设青年发展型城市展开深入研讨，与会青年纷纷表示，要借鉴推广"让城市对青年更友好、让青年在城市更有为"的中国理念。

中国青年全球伙伴行动实施以来，中国青年组织的国际朋友圈越来越大，对外交往平台越来越广。关键时刻见真情。在疫情暴发早期，许多国家的青年领袖秉持公道立场，支持中国抗疫，发来90多份视频、信函和署名文章。美国青年议员在《大都会西方日报》上撰文，批评特朗普的对抗性对华政策，认为应将中国视为伙伴而非对手；印度青年领袖联合会主席组织印度3000多名青年参加支持中国抗疫的祈福会和声援签字活动。

（二）促进"一带一路"民心相通，青年发展国际合作走深走实

共青团自2016年起与俄罗斯青年联盟合作开展中俄青年创业孵化器交流项目，为中俄青年创业者搭建了交流、培训、项目孵化的平台，24座城市的500多名青年创客参与双向实地交流，取得实实在在的合作意向。陕西青年企业家在延安建立俄农林产品批发基地，辽宁青年创业者开发了2020中俄跨境贸易线上服务平台，俄乌里扬诺夫斯克州成立了中俄经贸合作中心。

近年来，中国青年志愿者协会持续向共建国家派遣青年志愿者，在民间播撒友谊的种子，展现中国青年风采；广西团校连续多年开展东盟青年干部研修班，构建了深厚的伙伴关系网络。共青团还与央企合作实施"筑梦丝路"青年发展计划，国铁集团实施中老青年铁路友谊工程，将中老铁路打造成两国青年的"连心路"；中国电建巴基斯坦卡西姆公司开展中巴青年创业计划，深受当地政府和青年欢迎……中国青年组织引领各国青年参与共建

"一带一路"的步伐更加矫健，动员力影响力日益显现。

授人以鱼不如授人以渔。锚定青年发展这一全球青年的共同关切，推广青年优先发展理念，促进青年发展国际合作。面向东盟、中亚、中东欧、非洲、拉美等地区，开展了"未来之桥"中国-东盟青年领导人千人研修计划等青年人才交流项目，打造了"一带一路"青年故事会、中国-中东欧青年创客国际论坛、中日韩青年创新创业大赛、青年发展"云论坛"等一批品牌活动，根据不同地区、不同青年群体的需求量身定制赋能项目。

（三）引领国际青年议程，中国青年组织国际影响力不断提高

全国青联于 2022 年举办世界青年发展论坛，正是主动引领国际青年议程的创新之举。论坛呼吁各方把发展置于国际议程中心位置，把青年发展列为全球发展合作的优先议题，推动全球发展倡议与联合国 2030 年可持续发展议程衔接，成为各国青年的思想共识和行动意愿。此举得到联合国和各国青年的强烈响应，联合国秘书长古特雷斯在视频致辞中指出，"真正的可持续发展需要与青年携手共创"。100 多个国家 2000 名青年代表参加论坛，共同向世界发出青年优先发展国际倡议，表示"欢迎中国在赋能青年和倡导全球发展倡议方面发挥全球示范作用，并愿意参与其中"。

全国青联充分利用各类多边机制和平台，提高中国青年组织国际话语权和影响力。引领中国青年在联合国、二十国集团、金砖、上合、亚信等多边机制和国际舞台上，围绕可持续发展、数字经济、气候变化、青年参与和文化多样性等全球治理议题，发出中国青年声音。特别是向国际组织输送青年人才、推荐青年典型取得突破性进展。2020 年，23 岁的"光盘打卡"创始人柳济

琛被推荐为第一位来自中国的联合国可持续发展目标青年领袖，他借助互联网、AI 倡导节约粮食的行动获得国际认可，从 7600 多名各国候选人中脱颖而出，向世界贡献了中国青年的创新力量。

（四）讲好中国故事和中国青年故事，展示真实、立体、全面的中国

中国青年组织深入实施国际传播精品工程，对外推广《国际青年发展指数报告》、《新时代的中国青年》白皮书；制作"青年参考"国际版电子期刊，面向外国合作组织和青年代表进行定向一对一精准投送；制作推广"Z 世代青年说"、"与世界说"无语别演讲等各类视频产品。抓住重要契机，举办形式多样的国际传播活动。建党百年之际，共青团中央联合 9 个国家的政党青年组织，举办"我和我的党"全球青年党员对话系列活动。

让越来越多的中外 Z 世代发展友谊、携手合作，是中国青年全球伙伴行动结出的累累硕果，也是推动各国青年构建人类命运共同体的必由之路。中国青年组织充分发挥实践教育在中外青年交流中的重要作用，推动中国青年在与外国同伴的思想碰撞、知行合一中探索现代化发展道路、感悟全人类共同价值。以中外大学生社会实践周为例，许多参与者说，他们发现中外大学生之间的国籍界限既清晰又模糊，因为世界青年一代只有肩负起共同的责任，才能守护和发展好共同的地球家园。

二、跨国青年组织合作经验分享

"一带一路"背景下的青年志愿服务，特指在中国与"一带一路"共建国家交流及合作中所开展的青年志愿服务。"一带一路"背景下的青年志愿服务，是推动"一带一路"民心相通的重

要渠道，贯彻了人类命运共同体理念，体现了为民族谋复兴、为世界谋大同的思想。

（一）完善青年志愿服务保障体系

1. 建立健全法律和制度体系

"一带一路"青年志愿服务是一项走出国门的志愿服务，特别需要相关的法律法规来做支撑，以确保志愿服务活动能够顺利展开。在当前，"一带一路"青年志愿服务存在的最大问题是没有形成系统的政策措施和组织框架。

推进"一带一路"青年志愿服务的发展，要出台与之配套的制度措施。在《志愿服务条例》和40多部地方志愿服务法的基础上尽快出台海外志愿服务条例与法规。在总体框架下，为"一带一路"青年志愿服务制定具体的政策、工作手册、奖惩指南和管理方法，以达到系统性和完整性。对于各政府职能部门、社会组织以及国内外相关机构都要有明确的政策规定和行动指南。

需要制定明确的法规来有效保护志愿者的合法权利，安排专门的组织者和协调者对青年志愿者进行针对性的培训，保障志愿服务过程中必要的经费支出，确保志愿者在志愿服务过程中产生纠纷或发生危险时能够维护其自身合法权益。由于我国海外志愿服务发展较晚，因此需要学习和借鉴其他国家在海外志愿服务立法上的正确举措和有益经验，为我所用。在此基础上，不断加强理论层面的创新，积极探索出一套适合"一带一路"青年志愿服务实际情况的法律。

2. 完善激励机制

激励机制是保证青年志愿者参与志愿服务活动的重要组成部分，对青年志愿者进行适当的激励，肯定志愿者的价值和贡献，适当地给予奖励或提供回报。一方面，可以发展"一带一路"青年志愿服务事业，扩大社会影响力，吸引更多的青年志愿者参与"一带一路"志愿服务工作。另一方面，让青年志愿者受到更多的尊重和理解，从而激发和维持志愿服务热情，是提高志愿服务工作质量的重要举措。

首先，构建社会化激励机制。为了鼓励青年志愿者参与到"一带一路"志愿服务中，建议建立一个"一带一路"青年志愿者登记备案库。由志愿服务组织把志愿者参加志愿服务活动的次数、效果、时间、收获奖励等情况进行登记，以此作为活动结束后他们升学、就业、晋升、评优的重要参考依据。设置灵活多样、人性化的荣誉奖项，政府部门和志愿者组织根据志愿者的表现情况授予荣誉，给予参加"一带一路"志愿服务的青年志愿者荣誉激励和精神激励，让他们感受到自己的服务价值，增强奉献的自豪感。其次，适当给予物质激励。"一带一路"志愿服务虽没有报酬，但青年志愿者也为此付出了一定的成本与代价，他们大多还未进入社会，缺乏基本收入，为了提高其参加的积极性，志愿服务组织方应当给予青年志愿者基本生活费、往返交通费和基本保险，适当分担志愿服务的成本与风险，激励青年志愿者坚持完成志愿服务工作。最后，形成自我激励机制。在一定程度上，青年志愿者的自我激励要比外部激励更为直接有效。自我激励机制主要分为自我价值型、自我成就型和自我发展型等激励机制。青年志愿者应该认识到参与"一带一路"青年志愿服务是一项光荣的使命，自己提供的服务能为共建国家的民众带来便利，自己专业性的服务获得服务方的认可，也为中国树立了大国担当的形象。同时，志愿者参与国际合作实践能够锻炼成长，开阔视野，提升人生境界。

3. 完善多元协同参与机制

"一带一路"青年志愿服务需要纳入党和国家的总体外交格

局中，建立统一的协作平台和发展框架，进行整体的布局和规划，以使政府、社会和企业多元参与，将最初分散的组织机构变成统一的领导框架。在统一架构下，各政府部门、社会组织和国内国外有关机构要制定出确切的政策规定和行动指南。

首先，在资源配置上，建立健全协调机制。政府、海外有合作项目的企业、社会组织及相关机构出资支持青年志愿服务，要以政府资金为主去调动和协调各种资源，发挥和召集社会力量与资源的优势。鼓励社会上的相关企业、机构参与，将此作为发展战略的一方面，为青年志愿者提供筛选与培训、财务与效率管理等层面的支持。所有的资金都一并放入"一带一路"青年志愿服务的基金库，进行统一的管理和分散运用，进行监督评审和分散汇总结算。另外，在志愿服务项目所在国家，可以大范围筹集社会资金，让国内外资金和其他方面的国际资金相互融合，构成巨大的资金保障，维系"一带一路"青年志愿服务工作顺畅开展。

其次，在平台设置上，完善协同参与机制。在政社协作平台上，建议外交部、商务部、财政部等部门设立专门的协商小组和配套的运行机制，建立高效、友好的交流与沟通机制，形成和建立资源互补的跨部门协作系统。在企社协作平台上，深化与海外中资企业合作，促进企业与社会信息资源共享，发展为长期的合作伙伴关系。在学社协作平台上，通过与国内高校、科研院所开展交流与合作，建设一支专门的"一带一路"青年志愿服务队伍，加强合作研究与对外宣传，扩大"一带一路"青年志愿服务的国际影响范围。

最后，在国际多边合作平台上，加强志愿服务的国际交流与合作，加强与联合国志愿人员组织、各国国内公益组织间的实践互动与探讨研究。通过项目合作的方式，吸引国外的青年志愿者参与到"一带一路"青年志愿服务中，在交流中相互学习、共同进步。充分发挥中国驻外使馆的作用，积极建立和维护好与当地政府、非政府组织和媒体的友好合作关系。建立丝路志愿服务组织网络，方便信息交流和协调资源，在沿线国家设立分支机构，负责所在国以及附近国家的事务。

（二）加强青年志愿服务国际化培训

1. 跨国项目管理能力培训

跨国项目管理能力培训包括以下方面。

首先，志愿服务项目要坚持需求导向，确立项目的指导思想和发展目标，项目设计要体现出"中国方案""中国需求""中国发展"。尽可能多倾听志愿服务所在国社区和组织的声音，针对"一带一路"共建国家的具体情况设计出具有针对性和匹配性的项目方案。完善相关的项目指南、程序和工具，例如，项目遴选、机构评估、财务管理、能力建设等方面，确保青年志愿服务项目真正贴合"一带一路"共建国家的意愿，更好地将志愿者的能力与对应的工作相匹配，促进青年志愿者参加"一带一路"建设可持续性意识的形成。

其次，志愿服务项目要坚持结果导向，对于志愿服务项目的资助者，关注的是项目的社会影响力和价值创造的大小，所以需要提升社会整体的知名度以及服务效益。因此要优化项目设计，对开展志愿服务项目工作的相关人员进行全面培训，提高具有一定条件的青年志愿者的项目执行和管理能力，将其培养成志愿者领袖，还可将其发展为志愿者培训专家。形成"一对一"或"一对多"的志愿者导师模式，充分发挥志愿者导师指导和引领作用，形成知名的品牌示范项目，扩大"一带一路"青年志愿服务在共建国家的社会影响度。

最后，提升志愿工作者和项目设计专家的创新能力，在设计和执行项目的过程中更好地创新、改进和提高项目，逐步打造符合各方面特点、应用效应广泛的品牌示范项目。政府需建立完备的青年志愿者归国管理和保障制度，确保志愿者任务期满后的学习交流机会，关注青年志愿者可持续发展的生态环境，建立"一带一路"青年志愿者信息交流群，把参与海外志愿服务的丰富宝贵经验更好地回馈给社会。

2. 语言培训

语言是实现民心相通的基础，"一带一路"青年志愿服务需要语言来铺路。要建立"一带一路"共建国家语言的青年志愿者人才库，为服务互联互通建设提供重要支撑，提升中国软实力。

首先，为青年志愿者提供语言培训。国家应该尽快组织专门力量，针对"一带一路"青年志愿服务实施过程中各种语言需求、问题和薄弱点，制定全方位"一带一路"共建国家语言能力发展战略和实施计划，结合"一带一路"共建国家小语种的通识教育，为培养多语种技能型青年志愿者提供人才保障。国家需设立专项资助经费，鼓励相关外语学者到"一带一路"共建国家进修急需的语种，在青年志愿者进行志愿服务工作前期，为志愿者开设专业的语言培训课。

其次，多途径创造语言学习的机会。充分利用"一带一路"共建国家来中国交流学习的留学生资源，创造机会开办留学生与青年志愿者的交流项目，为培养小语种志愿者人才提供辅助作用。青年志愿者通过与"一带一路"共建国家的留学生进行面对面的交流，能够更迅速掌握赴任国的语言。

最后，语言学习是一个需要长期坚持的过程，仅靠短时间的培训是远远不够的，在去往"一带一路"共建国家之后，志愿者要利用好有利的环境，采取自学的方式，自觉主动去学习当地语言，多与当地民众沟通，逐渐克服语言学习的困难，降低语言障碍对志愿服务的冲击与影响。

3. 跨文化沟通与交流培训

"一带一路"共建国家民族众多，文化璀璨，包含四大文明古国。因此，在文化交流中要秉持"尊重差异、包容多样、互鉴共荣"的文化交流原则，最终实现共同复兴的伟大愿景。

首先，要培养青年志愿者的跨文化意识，对"一带一路"青年志愿服务工作形成正确期待。青年志愿者是跨文化交流的亲历者，为了更好地适应共建国家的社会生活与文化习俗，志愿者应努力提高跨文化意识，提升跨文化交流能力。青年志愿者要正确客观地看待"一带一路"志愿服务，对于跨文化交流过程中的困难要有所预知，充分做好应对挑战的心理准备，以学习的精神和锻炼的心态来面对跨文化交流中可能遇到的挑战。

其次，对青年志愿者进行岗前培训，加深青年志愿者对赴任国的国情与社会文化的了解，增强培训的实践性，丰富跨文化交际课程的内容。在对青年志愿者进行跨文化培训的过程中，可以采取创新的方式，进行情境模拟、角色扮演等，使培训课程变得更加丰富和生动。充分利用信息网络进行跨国、跨文化的直接面对面的沟通与交流，培养青年志愿者的跨文化沟通能力，让青年志愿者对赴任国文化有更好的提前体验感，减少对海外志愿服务的心理障碍。

4. 国际知识培训

青年志愿者在国内开展志愿服务的过程中很少涉及国际知识，对相关内容并不是很了解。青年志愿者去往"一带一路"共建国家前，要熟悉了解现行的国际规则，既要遵守国际上通行的法律，也要遵循共建国家的国内法律，减少在开展志愿服务的过程中碰壁的可能。

首先，在青年志愿者去赴任国前期，要对其进行国际知识的培训。国际知识包括国际经济、政治、文化、外交等方面，将相关的国际知识制作成小册子，以便志愿者能够随时随地阅览，从而更好地熟悉和掌握国际基本知识。创造条件和机会为青年志愿者开展国际知识竞赛，鼓励志愿者去搜集、了解相关的国际知识，激发青年志愿者对相关国际知识的兴趣，从而掌握大量国际知识。

其次，让志愿者了解相关国际组织规则。志愿者在"一带一路"共建国家开展志愿服务时，可能需要与相关的国际组织协调关系，各组织之间联系紧密。因而需要对青年志愿者进行相关国际组织规则培训，让他们了解和掌握国际组织的相关规则，以便在志愿服务过程中遇到问题能够顺利协调和解决。

5. 国际礼仪培训

青年志愿者在"一带一路"共建国家进行志愿服务时，工作中展示的一举一动、一言一行代表的都是中国的形象，因此有必要对志愿者进行国际礼仪培训，让青年志愿者展现"大国青年"的仪态与风采，表现大国应有的自信与从容姿态，提升中国的国际形象。

首先，对青年志愿者进行国际礼仪知识培训，让青年志愿者掌握好国际礼仪的基本原则。在与"一带一路"共建国家民众的交往中，懂得维护个人的形象，保持适度热情、做到不卑不亢，尊重当地民众的思维方式和行为习惯，遵守入乡随俗、求同存异、尊重隐私等涉外礼仪的重要原则。

其次，对青年志愿者进行针对性培训。"一带一路"涉及不同区域与民族，共建国家存在多样的内在文化和习俗，因此要让志愿者掌握赴任国的一些基本礼仪，比如，餐饮习俗、交谈礼仪。让青年志愿者了解一些跨文化交际中的文化冲突，以免日后在工作中发生而引起尴尬。让志愿者通过小组演练的方式，将赴任国的社交礼仪进行排练，以便在志愿服务工作中能够与当地民众和谐融洽相处。

三、全球青年议题下的中国声音与贡献

在 2022 年联合国经社理事会青年论坛上，来自科技、环保、教育等领域的中国青年发出富有建设性的声音，向世界展示中国青年的坚定主张和铿锵力量。

（一）为解决全球年轻人最关心的问题而努力

自 2012 年起，联合国经社理事会几乎每年举办青年论坛，为年轻人参与全球治理提供交流思想、建言献策的平台。

当前，全球年轻人最关心的问题是什么？在论坛发起的线上投票中，得票最高的选项是"工作"、"教育"和"气候变化"。

联合国秘书长青年特使贾亚特玛·维克拉玛纳雅克谈道，与过去相比，当代年轻人不但需要工作，还需要体面的、绿色的工作。然而，为数众多的青年仍然面临着基本的生存困境。全球有 2.58 亿青少年得不到有效教育，42% 的流离失所者是 18 岁以下的未成年人。在来自菲律宾的气候正义倡导者玛丽娜尔·乌巴尔多看来，气候变化是这一代年轻人普遍担心的问题，而海平面上升导致国土消失则是她最大的噩梦。"我希望我的子孙后代将来仍然可以享有和现在一样的环境。但留给我们的时间窗口越来越小。"

在人口迅速膨胀的非洲大陆，年轻人面临的是另一个问题。据非盟青年特使奇多·姆潘巴介绍，非洲每年约有 1000 万年轻人进入劳动市场，但谁每年只能提供 300 万个工作岗位，劳动力严重供大于求。因此，推动可持续就业、教育和技能发展，对非洲国家而言是迫在眉睫的挑战。

如何解决年轻人就业难题？联合国常务副秘书长阿米娜·穆

罕默德认为，关键不是"再增加几百万个工作岗位"，而是要为年轻人营造良好的创业环境。要鼓励创业，就要提供优质的教育和培训，让年轻人拥有更多的职业技能和创新能力。

无论是贾亚特玛还是阿米娜都表示，在现有的决策体系中，青年并未拥有充分的话语权，尽管他们更有可能受到决策的影响。贾亚特玛认为，要给青年提供更多的领导机会；而阿米娜认为，"从山脚到山顶"的过程不可能一蹴而就，要让年轻人从头开始参与这段旅程，而不是"在半山腰把他们捎上去"。

（二）中国青年在行动

在这场全球青年盛事中，活跃着多位中国代表的身影，如通过互联网手段为农村女性赋能、助力农村脱贫的青联委员谢彩珍，"无境深蓝潜水员海洋保护联盟"发起者、"地球卫士青年奖"获得者王淼，以及海南热带雨林国家公园管理局鹦哥岭分局生态保护科负责人米红旭、欧卡智舶创始人兼首席执行官朱健楠、童行书院创始人郝景芳等。

米红旭一毕业就加入了鹦哥岭青年团队，从事生物多样性保护工作已有 10 年。"海南热带雨林国家公园有中国分布最集中、保存最完好、连片面积最大的大陆性岛屿型热带雨林，我的工作就是对这片雨林开展生物多样性监测，并对基层管护人员进行专业技能培训。"他说。

多年来，米红旭和团队跋涉于人迹罕至的山林之间，用镜头捕捉野外生命不为人知的姿态和秘密。"这里有太多的物种，以太多我们尚不知晓的方式相互关联着。"他说，"我和同事们会继续守护和探索。"

欧卡智舶创始人兼首席执行官朱健楠对自己的定义是"工程师"兼"创新者"。"我和团队通过科技手段实现联合国第 14 个可持续发展目标：水下生物保护。"他说，如今海洋垃圾问题日益严重，与此同时，人口老龄化成为困扰多国的普遍问题。这让他意识到，水清洁领域的市场有巨大的潜力。2017 年，他与合伙人创建了欧卡智舶，将水面无人驾驶技术与清洁机器人相结合，大大提高了水域垃圾的清理效率和安全作业水平。

"在实现可持续发展目标和全球发展倡议的过程中，我们青年不应该缺席。"朱健楠呼吁年轻人停止空想、采取行动，通过科技创新手段保护环境。

郝景芳从事农村留守儿童的公益教育工作已有 5 年。在她看来，面对全球化倒退、国家间冲突加剧、数字鸿沟等挑战，青年一代应该发挥引领作用。在推动教育公平的初心驱使下，她创办了童行书院，为贫困家庭提供更优质的教育资源。

"教育是现代文明的基础，良好的教育造就美好的世界，反之亦然。"郝景芳说，"希望所有参加本次论坛的人团结起来，为更美好的未来世界而奋斗。"

11

第十一章
青年工作的品牌与阵地

第一节　青年突击队

一、青年突击队的创建

2023 年 4 月 1 日，在加强新时代青年突击队工作推进会上，北京建工集团团委书记分享了这样一个故事：2016 年，集团公司组织纪念青年突击队建队日活动，当《假如你要认识我》歌声响起时，一名 80 多岁的老队员拉着他的手说，我们老了，青年突击队事业要靠你们年青一代了！

《假如你要认识我》的歌词是这么写的：

珍贵的灵芝森林里栽森林里栽

美丽的翡翠深山里埋深山里埋

假如你要认识我

请到青年突击队里来

请到青年突击队里来

啊来来来来……

汗水浇开哟幸福花

纯洁的爱情放光彩

放呀放光彩

灿烂的鲜花春风里开春风里开

闪光的珍珠大海里采大海里采

假如你要认识我

请到青年突击队里来

请到青年突击队里来

啊来来来来……

理想育出哟幸福果

美丽的青春永不衰

永呀永不衰……

作曲家施光南在 1979 年写了上百首带有浓郁理想主义色彩的抒情歌曲，唱出亿万人民走向未来的心声。《假如你要认识我》是其中广为流传的一首女中音独唱曲，是施光南为关牧村量身创作的。这首为青年突击队员写的歌，热情活泼，反映了青年人在改革开放的事业中奋发进取的精神和对美好爱情的追求，在 20 世纪 80 年代可谓家喻户晓，激励了整整一代年轻人奋发向上。这首歌唱出了青年人的朝气蓬勃、奋发向上的青春风采，充分展现了 20 世纪 80 年代新青年奋发图强的精神面貌。

从 1954 年我国第一支青年突击队在北京成立起，70 余年来，在党的领导下，共青团组织通过倡导成立和广泛组织一大批青年突击队，引导和动员广大团员青年在日常生产建设、创新攻关前沿、抢险救灾一线等经济社会改革发展稳定中发挥了积极作用。

2023 年 5 月，共青团中央印发《关于加强新时代青年突击队工作的意见》，对今后青年突击队建设做出进一步安排。

纵观青年突击队的历史，它始终为解决"急难险重新"任务而生。

1954 年 1 月 13 日，我国第一支青年突击队在北京展览馆建筑工地上成立，由党员工人胡耀林和 18 名团员组成，被命名为"胡耀林木工青年突击队"。他们攻克一个个难关，用 181 个工日提前完成了原计划用 478 个工日搭建拱顶大梁模板的任务。在第一支青年突击队成立一个月之后，展览馆工地又建立了瓦工、抹灰工、混凝土工等 6 支青年突击队。在党中央、团中央、市委的充分肯定和支持指导下，"青年突击队"从北京迅速推向全国，到 1955 年 9 月底，全国各行业共建立青年突击队 1597 个，参加人数 31518 人。同时，各地农村也纷纷组织青年突击队。其中，广东省中山县新平乡第九农业合作社的青年突击队在 1955 年曾受到毛泽东的赞扬。由此，青年突击队成为亿万建设者中最为醒目的一支突击尖兵，令人感受到在那个火红的年代里广大青年建设祖国的豪迈激情。

青年突击队，是在基层团组织领导下，由青年自愿报名参加的一种青年突击性组织，它分为临时、业余和固定三种组织形式。

第一，临时性青年突击队，是以团组织为单位，在接受一项规模较大的临时性生产任务或特殊任务时，动员青年参加会战的组织形式。这种突击队一般临时抽调，活动周期短，突击性强，活动结束后，人员即回原单位。这是企业团组织较为常见的活动方式。

第二，业余型青年突击队，是利用业余时间把青年组织起来，围绕生产上的"急、难、险、重、新"任务开展活动的组织形式。这种突击队规模较小，活动灵便，有一定的组织制度和固定人员，通常以生产班组或团支部为单位。

第三，固定型青年突击队，是指独立承担生产任务的青年班、组、队等。它又分清一色的"青"字号和以青年为主体、适当配备一些有生产经验和操作技术水平高的老工人、老技术人员当参谋两种类型。这种突击队一般与行政编制序列相一致，人员、任务相对稳定，有健全的工作制度，便于组织和发挥作用，通常是完成"急、难、险、重、新"任务的铁拳头。

如团贵州省委在2022年制订出台《贵州共青团青年突击队青春建功行动工作方案》，根据围绕"四新"主攻"四化"主战略，各级团组织、各行业系统团组织结合自身工作性质、特点和攻坚任务的时效、目标等，组建相应"4+3"型青年突击队，即4类"四化"型队伍——科技攻坚型、城镇建设型、乡村振兴型和旅游服务型，3类"攻坚"型队伍——抢险救灾型、疫情防控型、安全生产型。

创建青年突击队是建筑业的一项传统。在20世纪50年代祖国建设的初期，青年突击队这面旗帜就出现在建筑工地上，80年代在建设四个现代化的伟大事业中青年突击队不断发展，越来越显示出青年突击队特别能战斗的作用。青年突击队这座小熔炉锻炼和培养了一批又一批年轻的建设者，为祖国的建设做出了重要贡献。实践证明：青年突击队是培养人才的小熔炉，是改革的标兵，是生产中的尖兵，是创双文明的突击队。它以强盛的生命力成长和发展起来。

青年突击队在长期的发展过程中，形成了一套切实可行的经验，其中最重要的是坚持建功育人。建功育人是由青年突击队的性质、特点决定的。青年突击队是先进的生产性组织，是青年人成长的熔炉，这就要求青年突击队既要出经济效益和社会效益，又要出人才效益，三者缺一不可。由于青年突击队是围绕企业的"急、难、险、重、新"任务开展活动的，需要克服艰苦的环境条件，属重体力或强脑力劳动。在这种情况下，要使青年突击队保持旺盛的活力，就必须加强思想政治工作。一些青年突击队工作做得好的单位，正是在完成突击任务的实践中，注重运用多种手段育人，从而取得了物质文明和精神文明建设的双倍效应。

开展竞赛是青年突击队的主要活动形式，青年突击队是在劳动竞赛中诞生，并在劳动竞赛中发展壮大起来的。通过接力赛、对手赛、对口赛等多种形式的竞赛活动，可以极大地激发青年的劳动热情，促进突击任务的圆满完成。

典型引路是青年突击队的基本工作方法。从青年突击队的发展历史看，青年突击队从 20 世纪 50 年代的建立，到 80 年代的发展壮大，同张百发、李瑞环以及隋世忠等青年突击队典型的名字是紧密联系在一起的。发现、培养、总结、推广先进典型，用典型引路，对于推动青年突击队的发展具有特殊意义。

共青团作为党的助手和后备军，要切实有作为才有地位。这是我们常讲的一句话。共青团要更好地体现作为，必须围绕企业不同时期的重点任务、关键时期发挥作用。实现中华民族伟大复兴为我们提供了舞台和空间，而开展青年突击队活动，就是体现共青团作用、发挥共青团作用的直接形式和重要载体。

从历史上看，开展青年突击队活动是共青团的光荣传统和特色品牌，是展示共青团作为的一种很好的形式。自从北京展览馆工地竖起第一面青年突击队大旗起，青年突击队就一直是建设社会主义事业的时代先锋，活跃在国家建设的各条战线，并创造了辉煌的业绩。特别是在大江大河治理、农田水利建设等国家重点工程项目建设中，更是发挥了不可替代的先锋突击作用，如参加抗洪抢险、抗旱救灾、三峡水电站的建设，等等。青年突击队作用的发挥，得到了党中央的关注和关怀。毛泽东、周恩来、刘少奇、朱德等老一辈无产阶级革命家都曾接见过青年突击队代表，并参加过青年突击队的劳动。邓小平也充分肯定了青年突击队在现代化建设中的作用。进入 20 世纪 90 年代，江泽民同志为青年突击队亲笔题词。2022 年 11 月 12 日，习近平总书记给中国航空工业集团沈飞"罗阳青年突击队"队员回信，向他们致以深切关怀和殷切期望。这些已成为青年突击队奋进不息、追求不止的力量之源。

二、青年突击队的推进

现在，尽管时代的主题已经发生了变化，但是青年突击队已成为召唤青年的旗帜，更是广大青年有理想、敢担当、能吃苦、肯奋斗的一种标志。特别是在全面建设社会主义现代化国家的关键时期，广泛开展青年突击队竞赛立功活动，继续用青年突击队这面旗帜凝聚青年，焕发青年突击队的生机和活力，更契合时代气息和国家实际情况。这就需要共青团组织：

（一）加强组织领导，建立健全团组织

紧紧围绕工作中的核心内容，把它作为突破点全面开展工作，成立竞赛活动的领导组织机构，制订活动方案，保证有专人负责、有专项经费、有专题活动、有专门文件。青年突击队必须以围绕中心、服务大局为总体要求，切实转变观念，创新思路，遵循规律，发挥青年突击队优势，用发展团的事业的思路，切实打造青年突击队的核心工作能力，提升青年突击队的贡献力，增强团组织的内在活力。

（二）选树典型，增强活动新动力

一个典型就是一面旗帜。典型代表了工作发展的方向，也代表了活动的深度和广度。注重选树典型，总结经验，是工作落实的制胜法宝。团干部要学会运用典型推进法，把一般号召和典型

带动很好地结合起来，在抓好面上的工作同时，注重在发现、挖掘、培养典型上多下功夫，不断加大在活动中典型的培养和指导力度。发现典型不是目的，而是要发挥典型的引导示范作用，使广大青年学有榜样，赶有目标，带动面上的工作。在选树典型对象上，要突出重点，抓住关键人物，特别是青年突击队队长、优秀团员、青年突击队员骨干等，要重点培养、选树。靠典型的示范带动作用，调动这些关键人物的积极性，是保证活动落到实处的关键。

（三）加大典型宣传，扩大活动影响

要积极做好典型的宣传推广这个环节，大力宣传典型的先进事迹，让他们报纸上有名，广播上有声，电视上有影，使他们的事迹家喻户晓，深入人心，形成强大的舆论氛围和群体效应，带动青年，影响社会，为推动活动开展创造良好的氛围。

要靠宣传发动促落实。宣传发动历来是群团组织开展工作的重要方法，也是我们经常强调的一个问题。一项活动从一开始就无声无息，到后来结束一定不会有什么好的结果。同样，开展青年突击队活动也离不开广泛的宣传发动，离不开对活动及时的宣传报道。要认识到宣传发动的过程就是统一思想、提高认识的过程。青年的认识多高，参与活动的自觉性就多强。因此，一定要树立大宣传意识，始终把宣传发动贯穿在整个活动的全过程。既要组织开展好活动，又要重视活动宣传，特别是在信息社会，有了宣传交流才会有比较，才会发现自己的差距。要主动取得宣传部门的配合、重视和支持，既要搞好对上宣传，又要搞好对内、对下宣传。特别是注重对活动本身的宣传，要开辟青年突击队立功竞赛栏目，及时宣传青年突击队活动开展情况，否则活动就会缺乏生气。我们有些工作落不到实处，有时是因为宣传不到位造成的。重视了宣传，从宣传抓起，采取逆向思维的方法，通过抓宣传，势必把工作带起来。

(四) 注重实效，狠抓落实

开展青年突击队活动，重点是在抓落实，结果是在看成效。如果仅靠发文件、召开会议去抽象地抓，自然不会抓出什么成效。只有深入实际，善于具体问题具体抓，靠具体有形的活动来支撑，才能真正落到实处。要根据活动时间长、跨度大的实际，把整个活动具体划分为几个阶段，每个阶段具体设计一个载体去推动，如召开青年突击队队长活动座谈会，用这些具体的载体去支撑整个活动，组织引导突击队队员立足本职岗位，提高技能水平和创新能力，充分调动队员的生产积极性和创造性，充分发挥青年突击队的生力军和突击队作用。要做好总结深化，团组织负责人要对活动开展的情况和取得的成果，及时做详细的记录，制定青年突击队考核标准，与党政领导及相关部门一起不定期进行检查考核。

第二节　青年文明号

一、青年文明号的创建

青年文明号之歌

词：任卫新　曲：刘青

让我们的青春感受骄傲，

让我们的人生感受自豪；

因为心中有一团火在烧，

树立着时代文明的路标。

平凡塑造心灵的崇高，

点滴滋润春光的美好，

青年文明号，

青年文明号，

时代赋予我们响亮的呼号！

让我们的青春值得骄傲，

让我们的人生值得自豪；

因为心中有一面旗在飘，

代表着时代精神的坐标。

撒满温暖人间的微笑，

留下感动世界的美好，

青年文明号，

青年文明号，

时代赋予我们光荣的称号！

光荣的称号！

1993 年年底，共青团中央提出跨世纪青年文明工程和跨世纪青年人才工程。创建青年文明号就是实施这两个工程的一项重要内容。这项活动旨在组织和引导广大青年弘扬高度职业文明，创造一流工作成绩，推进经济与社会协调发展，并加速青年的成才。1994 年全国开始深化青年文明号工程。1994 年 4 月 1 日，江泽民同志亲笔题写了"青年文明号"五个大字，挂在了首都机场最醒目的地方，给全国亿万青年以极大的鼓舞。

青年文明号是指以青年为主体，在生产、经营、管理和服务上创建的体现高度职业文明，创造了一流工作成绩的优秀青年集体（班、组、队）、青年岗位（岗、台、车、船、站、所、店）和青年工程。

青年文明号从一开始就倡导高度的职业文明，强调职业道德、职业技能、职业水准的统一。为保持和激发青年文明号旺盛的生命力，努力从精神层面反映青年文明号新的时代内涵，经认真调研和研讨，确定青年文明号的精神内涵为"敬业、协作、创优、奉献"，即爱岗敬业，强调每个成员都具备良好的职业精神，干一行、爱一行、钻一行，在平凡的岗位上创造优秀的工作业绩；团结协作，青年文明号集体成员之间互帮互助，共同提高，具有良好的团队精神和协作意识；创先争优，立足本职，争创一流，成为行业标杆；奉献社会，引导广大青年树立"青春献事业，文明献社会"的自觉意识，发挥岗位技能和优势，积极参与社会公益实践。青年文明号以服务一流、管理一流、人才一流、文化一流、效益一流为争创目标，以实施科学管理、人本管理、自我管理和开展各类岗位创新创效创优活动为基本手段，从而在实践中培育政治素质好、职业道德好、职业技能好、工作作风好、岗位业绩好的青年先进集体和优秀人才。

（一）创建青年文明号的条件和标准

青年文明号集体应符合以下基本条件。

（1）以青年为主体、建制保持稳定的工作集体（窗口、班组、车间、厂站、科室等），规模较小且内设机构难以拆分的单位可整体参与创建。

（2）原则上由一名不超过40周岁的集体负责人或相应团组织主要负责人担任号长。

（3）创建集体人数一般为30至50人，特殊情况下最多不超过200人，最少不低于6人；其中35周岁以下青年人数占50%以上，中国国籍人员占集体人数 80% 以上，且主要负责人和号长均为中国国籍。

"青年文明号"集体应符合以下基本标准。

（1）拥护中国共产党领导，热爱祖国、热爱人民、热爱社会主义，贯彻执行党的基本理论、基本路线、基本方略，增强"四个意识"、坚定"四个自信"、做到"两个维护"。

（2）自觉践行社会主义核心价值观，弘扬职业文明，涵养职业道德，遵纪守法、爱岗敬业、团结协作、甘于奉献。

（3）创建活动深入扎实，工作内涵丰富、青年广泛参与、创建氛围浓厚，在服务中心大局、促进青年发展等方面发挥积极作用，在本地区、本行业系统同层级创建集体中有较强的代表性、示范性。

（4）自身的共青团（青年工作）组织健全、设置规范、工作活跃，具备条件的集体能够支持学校共青团和少先队的校外实践活动开展，驻在地在国（境）外的集体能够灵活有效地开展共青团和青年工作。

（二）青年文明号与社会

青年文明号活动的宗旨是服务企业、服务社会，它的主线是职业道德、职业文明教育。由于青年文明号活动所涉及的行业非常广泛，我们无法具体统计或折算它所产生的经济效益。但我们相信，如果做精确计算，那将会是一个惊人的数字。如公交系统和金融部门的优质快速服务，节约了顾客的时间、加快了企业的运转，换算成经济数字的话，这本身就是效益。再如，市场信用体系是衡量一个社会是否文明进步的重要标志，信用是市场关系的基本准则，也是基本的道德准则。信用无论在哪个社会都一样存在，无论东方还是西方，无论传统社会还是现代社会，无论农业社会还是工业社会，要想正常地生活和生产，都必须有信用的保证。我国目前在市场信用方面出现的问题是社会转型期不可避免的现象，费孝通先生曾把中国传统的社会结构形容为"差序格局"，意思是说我们的人际关系大体是以熟人为中心的，受人情、乡里观念、亲情关系的影响，人们可以对熟人笑脸相迎，有求必应，但对陌生人就无法贯彻始终。在一个村子里可以进行赊账经营，但这样的经营方式发育不出现代银行信贷制度。进行市场经济建设，从生产、管理到销售，每一个环节我们都得面对陌生人，对陌生人保证诚信才是真正的信用。由于青年文明号活动大多在服务行业、窗口行业开展，所以对于全社会建立和规范市场信用体系尤其具有示范效应。

（三）青年文明号与青年

青年是青年文明号活动的主体，通过参与青年文明号活动，青年自身也得到了发展。实践证明，青年文明号已经成为青年的人才高地。江泽民同志指出："知识不断更新，科技不断突破，经济不断发展，对劳动者素质的要求越来越高。加强人力资源能力建设，从来没有像今天这样重要、这样紧迫。"而青年文明号活动则是青年成才的一个重要途径，是把道德教育、职业教育、技能教育融合在一起的有效载体。

所谓成才，意味着人的全面发展。青年不仅应当是恪尽职守的诚实劳动者，还应当是文明进步、充满爱心的人。我们应当加深对成才的认识，不能仅仅在工具论的层面上理解成才，应当把成才理解成一个充满弹性的、富有包容力的概念，把人类文明中优秀的东西都装进来。否则的话，所谓成才就只能是一种技能标准。

青年文明号活动对青年成才的作用主要表现在三方面：一是

有助于提高青年的职业道德水准；二是有助于提高青年的创新意识；三是有助于加强青年的团队精神与合作意识。

二、青年文明号的推进

青年文明号是市场经济条件下教育青年、服务青年的最佳结合点。共青团组织向来具有动员青年、教育青年的传统使命，一般来说，企业的最终目的是为社会提供良好的产品和服务，对单纯的教育活动则不太可能感兴趣。青年文明号活动寓教育于生产实践中，对企业提高效益有直接的作用，因而受到企业的欢迎。对于青年来说，由于这种教育不是灌输抽象的大道理，而是与生产、经营紧密相关，青年从教育中直接获益，所以有参加的积极性。青年文明号工作是共青团组织创造出的重要工作品牌。面对新的历史发展机遇和时代发展要求，为推动青年文明号工作与时俱进、改革创新，在共青团为党育人、服务大局中更好地发挥作用、做出贡献，共青团中央青年发展部于 2020 年下发《青年文明号优化调整工作指引》。

（一）工作发展方向

（1）青年文明号以各行各业的职业青年集体为创建主体，以"敬业、协作、创优、奉献"为共同理念，以服务一流、管理一流、人才一流、文化一流、效益一流为争创目标，以实施科学管理、人本管理、自我管理和开展各类岗位创新创效创优活动为基本手段，从而在实践中培育政治素质好、职业道德好、职业技能好、工作作风好、岗位业绩好的青年先进集体和优秀人才。

（2）注重创建的分类别、标准化，区分"青年文明号"创建集体的行业、领域、层级，分别逐步建立完善精细化、可量化的创建标准，淡化评比表彰，强化标准设定，实现由结果性的评比表彰向过程性的创建达标转变。注重创建的可操作性、系统性，优化创建工作流程，逐步构建起简易备案、对标创建、达标考核、审核认定、常态监督、动态调整等工作链条。注重创建的日常化、制度化，逐步实现对创建集体的规范化管理、常态化监督、动态化调整。

（3）提升青年文明号的工作显示度和媒体传播力度，强化青年文明号与共青团组织的社会心理关联度，同时以日常工作成效体现联系动员青年实效、以工作活动覆盖促进团的组织覆盖、以职业素养提升促进思想政治素质提升，努力使青年文明号工作成为共青团提升组织力、引领力、服务力和对党政工作大局贡献度的重要载体。

（4）注重面向职业青年、面向基层一线、面向经济社会发展主战场，以"窗口"行业为重点，着力实现共青团发挥主导作用、职业青年广泛参与、社会普遍认可的目标。力争经过一段时期，形成和发挥动员职业青年服务大局的"建功大舞台"、引领职业文明的"行业高标杆"、促进职业青年成才的"人才蓄水池"、展示青年群体良好形象的"文明宣传栏"、支持基层团组织开展工作的"活力新载体"、提升职业青年思想政治素质的"学习大课堂"六方面作用功能。

（5）完善青年文明号工作的组委会协调机制，立足工作实际、根据行业特点，加强共青团与组委会成员单位之间的"一对一"沟通协调。尊重社会和市场发展规律，逐步将社会认可度和市场化程度较高的行业组织、龙头企业纳入协调机制，提升创建工作的覆盖面、实效性、影响力。

（二）主要工作举措

（1）以"创建达标"为导向，分批分层逐步推动制定青年文明号工作在各行业、各领域、各层级的精细化、可量化标准。适应经济社会发展的新形势新要求，从自然人、企业等主体与经济社会管理发生直接关联的政务服务、商业服务、社会服务等"端口"行业和单位入手，面向公安、交通运输、卫生健康、文化旅游、海关、税务、市场监管、金融、铁道、民航、邮政等系统的"窗口"岗位，各类政务服务大厅、办事大厅等服务平台，法院、发展改革、司法行政、自然资源、住建、水利、商贸、应急管理、广电、供销等系统及中央企业的一线单位，提供养老、托幼、救助、帮扶等服务的公益机构，分门别类、因地制宜、成熟先行地制定行业标准。同时，积极推动创建工作向非公领域延伸，提高在非公领域青年中的覆盖面、参与度，提升工作在非公领域中的存在感、认可度。

（2）总体上，每个行业确立三到五个等级的标准，其中至少包括全国、省、地市三个等级，对县区、基层一线等不做统一要求；强化持续创建导向、正向激励导向，每个等级用三个星级对青年文明号集体被认定次数予以标注，每被认定一次为一星，最高为三星。

对于以往已被认定为青年文明号集体的，在"三级三星制"范围内予以确认。对于自 2020 年起创建青年文明号集体的，须从地市级开始，实行逐级创建、逐级认定。在同一等级内，星级越高，将获得越多等级晋升认定、推荐评优奖励等机会。

（3）将原有的报备程序调整为备案程序，并对有关环节进行简化优化，形成"简易备案—对标创建—达标考核—审核认定—常态监督—动态调整"的工作流程。

简易备案，指申请创建地市级（含）以上青年文明号的集体就基本信息予以备案即可。申请创建地市级（含）以上青年文明号的集体，由下一级团组织审核符合基础条件后，向该级青年文明号组委会备案。县区级团委、基层单位团委组织开展本级"青年文明号"工作，可根据实际参照执行。

对标创建，指创建集体依照所在行业标准开展创建，暂无行业标准的依据《青年文明号活动管理办法》（2016 年制定）开展创建。

达标考核，指各级青年文明号工作管理机构（组委会或团组织）依据相应标准，对提出达标申请的创建集体进行考核。在一个创建周期（一般为两年）内，各级青年文明号工作管理机构集中组织至少两次达标考核；重点关注是否强化工作理念、符合达标标准、促进职业文明意识和职业素养提升、体现优中选优导向等方面；可采取直接考核、委托下一级考核、指定第三方考核等方式，以审核材料、竞争性答辩、现场检查、交叉互评等形式进行。

审核认定，指各级青年文明号工作管理机构对通过达标考核的创建集体，认真履行审核、公示、认定等程序，对相应的等级和星级进行确认。

常态监督，指不断健全自查自评、交叉测评、社会监督等日常化、多维度、公开性的监督机制。建立完善自查自评机制，创建集体自觉对标有关标准，定期自评并整改提升。建立完善交叉测评机制，以地域、行业为单位，组织创建集体间交叉测评、互帮互促、交流提升。建立完善社会监督机制，各创建集体依托对外窗口、服务载体及新媒体形式，亮明青年文明号的标识、身份，亮出公开承诺、投诉渠道，主动接受社会监督。

动态调整，指根据监督反馈情况，对符合条件的创建集体，在"三级三星制"的范围内进行动态调整；对反响较差且经核实的集体，予以警告提醒、撤牌、向社会公布等不同程度的处理。

（4）发挥基层作用。构建格局，加强基层创建工作的规范化、机制化建设，形成自转促公转、公转带自转的创建格局。建立规范，推动基层按照"有组织领导、有目标计划、有操作规范、有长效机制"的要求，建立健全适合本行业、本地区的创建工作执行规范。协同创建，完善互学互访、项目联创、区域联创等联动机制，促进创建集体的共建共享、协同发展。拓展平台，向线上拓展青年文明号工作，组织动员创建集体加强线上矩阵建设，开辟联系服务群众的新渠道、新平台，同时传播先进理念、扩大社会影响。

（5）加强过程管理。以流程管理、达标牵动、品牌打造为着力点，促进青年文明号工作的项目化运行、科学化管理。各级青年文明号工作管理机构须健全年度"五个一"工作举措，即至少组织一次专题会议、一次集中培训、一次广泛覆盖的检查或调研、一项主题创建活动和搭建一个日常联系平台。

（6）做实主题活动。日常开展，以"青年文明号·青春心向党"为主题，组织动员创建集体设计开展结合工作实际、具有岗位特点的活动，推出有形化、可推广的工作成果；将创建工作融入团的建设，在强调业务工作高标准的基础上，注重思想政治引领工作的成效。具备条件的，可支持本地区少先队组织开展形式多样的实践体验活动。集中开展，每年9月组织开展"青年文明号开放周"，推动创建集体立足于身处一线、服务群众、创先争优等特点广泛开展活动，推动各地团组织以"号声嘹亮·青年文明号向祖国报告"为主题集中开展活动。把握节点，抓住学雷锋纪念日、五四青年节、有关节假日等时间节点，组织创建集体面向广大群众、面向行业内外开展岗位体验、实地观摩、公开评议、文化倡导、政策宣传、公益服务等实践活动。

（7）强化团的属性。在加强协同配合的基础上，厘清省级及以下团组织与其他有关部门的职能分工，为省级及以下各级团组织主导开展青年文明号工作"明责"；强化对创建集体内的团组织在创建工作中的要求和考核，为基层团组织发挥作用"赋能"；建立区域化联创联建等机制，以工作覆盖带动组织覆盖，与基层团建有效衔接，为基层团组织工作活跃和职能拓展"助力"。

第三节　青年岗位能手

一、青年岗位能手的创建

1994 年 2 月 8 日，共青团中央、国家经贸委和劳动部联合发出《关于在全国企业青工中开展青年岗位能手活动的通知》，奏响了实施跨世纪青年人才工程的序曲。继之，在 7 月 8 日，中国青年科技园奠基仪式隆重举行。这是团中央、全国青联推进跨世纪青年人才工程的一项具体行动。8 月 9—10 日，团中央又召开了跨世纪青年人才工程研讨会，围绕实施跨世纪青年人才工程的战略意义、跨世纪青年人才的时代素质和成长机制、跨世纪与青年工人培养战略等专题进行了讨论，达成了共识。9 月 2 日，团中央、国家经贸委、劳动部举办的"首届中国青工技能月"活动开幕。在这为期一个月的活动中，青年技术能手推广先进操作法，在全国 3000 多家企业开展绝活表演，有 2000 多万青工参加岗位练兵活动，1000 多万青工参加拜师学艺等系列活动。1994 年 12 月 22 日团中央在北京召开了跨世纪青年人才群英会，120 名全国各行各业有突出贡献的青年英模在主席台上就座，首都各界青年 3000 余人参加大会。这次大会的召开，标志着跨世纪青年人才工程全面启动。此后，这项既服务于青年成长成才的根本需求，又服务于经济和社会发展对人才的迫切需求的活动迅速在全国各行各业全面推开。

在各类企业中，跨世纪青年人才工程主要围绕青年岗位能手活动展开。青年岗位能手活动是一座宽阔的桥梁，召唤着千百万有志有为的青年走向成功，走向成才，走向21世纪。

青年岗位能手活动是共青团中央、人力资源和社会保障部共同组织开展的为党育人、为国育才的品牌工作。30年来，全国青年岗位能手活动坚持以从事基础和一线工作的青年职工为主要对象，以政治坚定、品行过硬、能力突出、实绩优异为评价标准，通过岗位练兵、导师带徒、技能比武等方式，积极选树、广泛培育青年中的业绩榜样和先进典型，为党发现、培养、凝聚青年人才，在青年中大力弘扬职业精神、工匠精神、奋斗精神。

二、青年岗位能手的推进

随着我国经济社会的深刻变革、青年职业发展的深刻变化，青年岗位能手工作面临制度机制不够完善、品牌活力略显不足、功能作用彰显不够等问题。为适应新的形势发展要求，在当前全团深化改革的大背景下，共青团中央办公厅、人力资源和社会保障部办公厅印发《全国青年岗位能手评选表彰管理办法》（以下简称《管理办法》），对于激发青年岗位能手工作的内生动力和发展潜力、凸显育人功能和品牌效应具有重要意义。

（一）制定《管理办法》的主要考虑因素

制定《管理办法》，旨在加强和改进青年岗位能手工作，更好地发挥其日常激励和示范引领作用。主要有四个方面考虑。一是突出育人导向。坚持青年岗位能手工作是人才培养工作而不仅是荣誉颁发工作的导向，是典型引领工作而不仅是个体评选工作的导向。二是坚持制度驱动。《管理办法》对全国青年岗位能手的评选对象和标准、推荐和评选要求、管理和培养机制等做出了具体规定，通过制度机制的完善，促进青年岗位能手工作保持生命力、焕发新活力。三是扩大工作覆盖。坚持面向基层、面向一线岗位、面向经济社会发展各行业，以企事业单位青年职工、党政机关青年干部职工为主，并鼓励向新经济组织、新社会组织等领域延伸。四是注重工作融合。将工作融入青年职业发展的入门期、成长期、成熟期、贡献期、影响期等各个阶段，与青年文明号、"振兴杯"大赛、青年突击队和"五小"活动等团的传统工作有机结合，与推优入党、"青马工程"人员遴选、挂兼职团干部选配、推优荐才等工作有机衔接。

（二）《管理办法》的总体框架和主要内容

《管理办法》共25条，主要包括四方面内容。一是阐述了制定本办法的总体原则、主要目的、工作定位，提出了评选表彰的工作导向、实施主体和评选周期，并规定了省级、地市级开展相应工作的有关要求。二是规定了推荐人选的主要范围、基本条件、特别推荐授予人选的要求，以及港澳台青年参评要求，同时列明了不作为推荐对象的具体情形。三是明确了推荐名额分配、评选工作原则，突出强调了推动工作向基层团支部、企业班组延伸，并对推荐人选的考察审核、监督公示等程序和纪律方面提出要求。四是规定了奖项授予、激励政策、培养方式、工作融合以及违反相关规定的处罚措施。

（三）推荐参评全国青年岗位能手的条件

全国青年岗位能手推荐人选应符合以下条件：16 至 35 周岁

的中华人民共和国公民；拥护中国共产党领导，热爱祖国、热爱人民、热爱社会主义；深入学习贯彻习近平新时代中国特色社会主义思想，增强"四个意识"、坚定"四个自信"、做到"两个维护"；具备良好的职业道德和职业操守，遵纪守法、爱岗敬业、甘于奉献；精通本岗位业务知识，技能水平高超或工作本领高强，勇于创新创造，在本岗位上做出重要贡献，能够发挥示范带头作用。

世界技能大赛、全国技能大赛、共青团中央联合有关单位举办的职业技能类竞赛中产生的获奖选手，根据竞赛文件和全国青年岗位能手的评选条件，可作为推荐人选。在重大突发事件中表现特别突出或者在国家重大项目、重大工程中做出突出贡献，且符合全国青年岗位能手评选条件的，可以特别推荐、授予。

（四）不能推荐参评全国青年岗位能手的情形

考虑到将工作更好地向基层倾斜、向一线延伸，《管理办法》规定了一般不作为推荐对象的情形，主要包括：机关事业单位副厅级（含）以上干部，规模以上企业单位董事会成员、监事会成员以及高级管理人员，团的专职干部，曾获得"全国青年岗位能手"称号的个人，其他不适合推荐的情形。

（五）开展青年岗位能手评选表彰工作的规定

全国青年岗位能手评选表彰工作由共青团中央、人力资源和社会保障部联合组织实施，一般每两年开展一次。依照中央关于评选表彰工作的相关精神，《管理办法》明确，省级团组织、人力资源和社会保障部门可按国家有关规定开展本层级青年岗位能手评选表彰工作。《管理办法》提出，支持地市级团组织和具备条件的团组织联合人力资源和社会保障部门，制度化开展青年岗位能手培养选树工作。

（六）全国青年岗位能手的管理和培养机制

《管理办法》对全国青年岗位能手的管理和培养做出明确规定，主要包括三方面内容。一是丰富激励政策。鼓励各地、各行业系统、各有关单位根据相关规定、结合实际情况制定相应激励政策，探索对全国青年岗位能手给予落户积分增加、机会优先推荐等激励方式。二是强化推优荐才。在推优入党、"青马工程"人员遴选等推优荐才工作和共青团组织、人力资源和社会保障部门开展的有关评选表彰，以及在专业技术职称评审和职业技能评价工作中，对全国青年岗位能手予以一定优先考虑。鼓励基层团组织优先吸纳全国青年岗位能手担任专、挂、兼职团干部，充实团的工作力量。三是完善培养链条。广泛争取支持，在学习培训、跟踪培养、推荐加入青联及其他团属青年组织等方面适当向全国青年岗位能手倾斜。促进和支持基层团组织特别是企业基层团组织广泛开展争当青年岗位能手活动，组织开展"五小"竞赛等职业融入和能力提升类活动，积极建立"青创先锋"创新工作室等技术交流和项目孵化平台，与青年文明号、"振兴杯"大赛、青年突击队等工作有机结合，积极发现、培养、推荐优秀青年骨干。

第四节　青年安全生产示范岗

一、青年安全生产示范岗的创建

全国青年安全生产示范岗创建活动始于 2001 年，由共青团中央与原国家安全生产监督管理总局共同发起实施，是促进职业青年岗位建功、引领青年参与安全生产的重要品牌工作。

（一）青年安全生产示范岗创建活动的背景和意义

党的十八大以来，以习近平同志为核心的党中央高度重视安全生产工作。习近平总书记站在党和国家发展全局的战略高度，围绕安全生产工作发表了一系列重要讲话，做出了一系列重要指示批示，强调要把抓好安全生产工作、防范化解重大安全风险放在更突出的位置，反复强调要坚持人民至上、生命至上，保护人民生命安全和身体健康可以不惜一切代价。共青团作为党的助手和后备军，参与安全生产工作既是共青团坚持围绕中心、服务大局工作主线的应有之义，也是共青团做好促进青少年发展、维护青少年合法权益等工作的应有之义。

青年安全生产示范岗（以下简称"青安岗"）创建活动自2001年启动以来，在青年中叫响了"安全生产、青年当先"的青春担当，为经济社会改革发展稳定筑起了安全生产的青春防线，已成为共青团组织引领青年参与安全生产工作的重要载体，连续多年列入国务院安委会年度工作要点。

（二）青年安全生产示范岗的创建对象和条件

（1）青年安全生产示范岗创建对象为企事业单位中以青年为主体的一线生产车间、班组等建制保持稳定的基层安全生产集体，特别是矿山、交通运输、建筑施工、能源电力等对安全生产牵动面大、影响力广的行业领域基层集体。

（2）青年安全生产示范岗的创建条件为：

①拥护中国共产党领导，热爱祖国、热爱人民、热爱社会主义，贯彻执行党的基本理论、基本路线、基本方略，增强"四个

意识"、坚定"四个自信"、做到"两个维护"。

②创建集体所在企业或者单位高度重视安全生产工作；共青团（青年工作）组织健全、设置规范、工作活跃，团干部、团员和青年骨干能够发挥示范带头作用。

③创建集体一般在 100 人以下，其中 35 周岁以下青年人数占50% 以上，创建集体负责人或者相应团组织主要负责人年龄原则上在 40 周岁以下。

④生产现场管理规范，无违章指挥、违章作业、违反劳动纪律的行为发生；创建集体三年内未发生安全责任事故和违规违纪违法行为；各项经济技术指标在同类岗位中领先。

⑤青年职工思想政治素质良好，能够严格遵守各项安全生产法律法规、规章制度、岗位操作规程和作业标准，具有较强的安全生产意识、较高的安全生产技能和较好的突发安全事故应对能力。

⑥积极开展青年安全生产示范岗创建活动，有明确的创建规划、细致的创建标准、有力的创建措施和有形的创建载体形成可借鉴推广的典型经验。

（三）青年安全生产示范岗的创建内容和要求

青年安全生产示范岗创建集体要围绕安全意识教育、安全技能提升、安全班组建设、安全管理监督等方面开展创建活动。

（1）开展安全意识教育。组织青年职工学习习近平总书记关于安全生产重要论述和党中央、国务院关于安全生产工作系列决策部署，牢固树立"人民至上、生命至上"理念；通过各类媒体平台宣传安全生产法律法规、方针政策和企业安全规章制度，强化青年职工安全防范意识；通过知识竞赛、警示教育、大家谈、公开课、微课堂等形式，提升青年职工投身安全生产的主动性和紧迫感。

（2）促进安全技能提升。开展安全培训、导师带徒、岗位练兵、技能比武等活动，提升青年职工安全技能水平；带动青年职工积极参与安全生产制度创新、管理创新、技术创新，在实践中提升安全防范创新本领；有针对性地组织青年开展应急演练，提升青年职工应对处理突发事件的响应速度和能力水平。

（3）加强安全班组建设。注重将创建活动内容与班组生产工作有机结合，针对安全生产实际开展安全生产主题团日、"五小"（小发明、小创造、小革新、小设计、小建议）等活动；参与企业安全生产标准化建设，严格按照规章制度组织安全生产作业，教育青年职工养成规范作业、按章操作的良好习惯；坚持生产工作与安全工作"五同时"（同计划、同布置、同检查、同总结、同考核），提升班组本质安全水平。

（4）参与安全管理监督。推动建立安全生产青年监督体系，选配熟悉安全操作规程、具有生产实践经验的青年职工担任安全生产监督员，参与安全隐患排查，督促整改落实；通过安全隐患分析、安全生产合理化建议征集等方式，发动青年职工为安全生产献计献策，形成安全管理监督的良好氛围。

二、青年安全生产示范岗的推进

为推动青年安全生产示范岗创建活动科学化、规范化开展，激励引导广大职业青年在安全生产工作中充分发挥生力军和突击队作用，提升共青团围绕中心、服务大局的贡献度，共青团中央、应急管理部于2022年发布《青年安全生产示范岗创建活动管理办法》（以下简称《管理办法》），并发出通知要求各省份、各行业系统团组织和应急管理部门结合实际抓好贯彻落实。

近年来，面对安全生产工作新形势新任务和青年发展新需求新期待，青安岗创建活动面临着制度机制不够完善、创新活力略显不足、作用彰显不够突出等问题。在全团深化改革大背景下，制定发布《管理办法》对于规范工作机制、焕发品牌活力、提升大局贡献度具有重要意义。

（一）青年安全生产示范岗创建活动的新特点

一是政治属性更加凸显。创建活动坚持把学习贯彻习近平总书记关于安全生产重要论述作为"第一标准"，各创建集体通过集中宣讲、研讨交流、培训辅导、知识竞赛等方式开展了形式多样的青年安全宣传教育等活动，推动在全团形成了学习贯彻习近平总书记关于安全生产重要论述的浓厚氛围和统一行动，在青年中树牢了"两个至上"理念。

二是评审过程更加严格规范。各省份、行业系统团组织联合应急管理部门，通过现场核查、集中答辩、专家评审、线上考评等方式规范开展初评，择优推荐申报，严格按照程序进行公示，坚持"安全事故一票否决制"，确保推荐集体具有较强的先进性和代表性。全国组委会对申报集体青年比例、负责人年龄、创建备案情况、申报材料完整性等情况进行严格审查，邀请有关部委和重点行业领域安全生产专家担任评委，集中评审确定拟认定集体名单，并面向社会进行公示。

三是创建活动更加聚焦、更具特色。各级团组织围绕安全生产新形势、新任务、新要求，指导创建集体聚焦安全意识教育、安全技能提升、安全班组建设、安全管理监督等内容，结合"安全生产月""消防宣传月""交通安全日"等时间节点，开展警示教育、技能培训、应急演练、隐患排查等一系列针对性强、具有青年特点的创建活动，做到了规定动作不走样、自选动作有特色。

（二）青年安全生产示范岗创建活动的聚焦点与落脚点

一是聚焦重点行业领域。创建活动以企事业单位中的一线生产车间、班组等建制保持稳定的基层安全生产集体作为创建对象，重点聚焦矿山、交通运输、建筑施工、能源电力、石油化工等对安全生产牵动面大、影响力广的行业领域，突出发挥青年在安全生产工作中的生力军和突击队作用，着力为企业生产经营和经济社会发展创造良好稳定的安全环境。

二是聚焦"四个安全"创建内容。青安岗创建活动作为共青团引领青年参与安全生产工作的品牌项目，工作内容要立足共青团实际，重点聚焦安全意识教育、安全技能提升、安全班组建设和安全管理监督等方面内容开展创建活动，强化青年职工安全防范意识，提升青年职工安全技能水平，培养青年职工养成规范作用、按章操作的良好习惯，发动青年职工参与安全隐患排查，形成良好安全氛围。

三是规范开展创建。创建集体要注重创建过程，根据行业特点和岗位职责，细化创建方案，创新活动形式，积极开展创建活动，鼓励将创建工作与业务工作相互融合。创建年度内至少完成"六个一"规定动作，即至少开展一次安全生产主题团日、一次安全警示教育、一次安全隐患排查整改、一次安全生产知识培训、一次安全技能岗位练兵、一次安全生产创新攻关活动。

四是严格考察推报。各省级团委、行业系统团组织应坚持"重创建、严考核"的原则，采用现场核查、集中答辩、专家评审、会议研究等方式开展初评，按照优中选优的原则做好推荐申报工作。

五是加强管理监督。青年安全生产示范岗实行动态管理，即非终身制，各省级团委、行业系统团组织应加强对青安岗集体的日常管理监督，通过采取抽查、复评等方式，对已命名认定的青安岗集体进行集中检查，对群众反映强烈、不符合认定条件的集体及时摘牌，确保青安岗集体的先进性。各省级团委、行业系统团组织日常管理工作质量将作为全国组委会名额分配的重要依据之一。

第五节　"振兴杯"全国青年职业技能大赛

一、"振兴杯"全国青年职业技能大赛的开展

"振兴杯"全国青年职业技能大赛是中国技能大赛的重要组成部分，被誉为青年技能人才的年度"华山论剑"。

（一）"振兴杯"全国青年职业技能大赛的缘起

2005 年，为深入推进青工技能振兴计划，共青团中央、人力资源和社会保障部联合举办了首届"振兴杯"全国青年职业技能大赛。"振兴杯"全国青年职业技能大赛是青工技能振兴计划的重要内容，是人力资源和社会保障部确定的国家级一类竞赛，"振兴杯"每年举办一届。

大赛体现了党中央、国务院关于东北振兴的战略部署。2003年党中央做出实施东北地区等老工业基地振兴战略的重大决策。2005 年第一届"振兴杯"大赛启动，有力推动了知识型、技能型、创新型高技能人才队伍建设，为沈阳老工业基地全面振兴提供了强大的生力军和技能人才队伍。

"振兴杯"不只是一场简简单单的比赛而已，它为青年高技能人才脱颖而出开辟了绿色通道，营造了"尊重知识、尊重人才、尊重技能"的良好社会氛围。"振兴杯"历经多年的发展，培养造就了一批批具有高超技艺和精湛技能的青年高技能人才。

（二）"振兴杯"全国青年职业技能大赛的意义

"振兴杯"全国青年职业技能大赛的成功举办对于培育技艺精湛的高技能人才队伍，提高职工队伍整体素质，推动新技术新产业发展发挥了重要作用，具有重大而深远的现实意义。

开展职业技能竞赛活动是促进技能型人才成长、选拔优秀高技能人才的有效手段。通过竞赛不仅能发现和选拔一大批高技能人才，而且能激发广大技能劳动者勤练技术、争当能手的热情。技能竞赛作为技能人才培养的"助推器"，已经成为技能人才培养的创新模式。作为一项全国性的青年职业技能竞赛，"振兴杯"大赛经过多年的探索与实践，有力地推动了高技能人才队伍建设，取得了良好效果。

大赛为我国青年人才的培养提供了源源不断的给养。在全社会大力弘扬了劳模精神、工匠精神，在全国广大青年职工中掀起了一股肯钻研、学技术的"蓝领热潮"，更多的企业通过团组织，广泛开展青年高技能人才的选拔培养工作，进一步强化了对青工职业精神、职业技能和综合素质的培养，在全社会营造了"劳动光荣、技能报国"的良好氛围。

大赛已成为共青团凝聚青年、服务大局的知名品牌。"振兴杯"大赛的成功举办，有力地影响和带动了共青团围绕中心、服务大局的品牌项目建设活动，由此派生或者直接、间接联系了一批共青团品牌活动，包括导师带徒、国际青年技能嘉年华、"人才自由港"沙龙、"工匠精神"讲座、世赛冠军选手面对面、"五小"活动、寻找"最美青工"、青创先锋创新创效行动等活动紧密结合，形成了全链条的青年技能人才培养模式。

二、"振兴杯"全国青年职业技能大赛的推进

为组织好"振兴杯"全国青年职业技能大赛（以下简称"大赛"），规范竞赛活动，强化育人功能，根据全国行业职业技能竞赛有关精神，共青团中央办公厅、人力资源和社会保障部办公厅于2021年6月3日发布《"振兴杯"全国青年职业技能大赛章程》。

大赛以企业青年职工、职业院校（含技工院校）学生为参赛主体，旨在通过开展竞赛类工作和活动，为青年提升职业技能水平和创新创效能力搭建平台、提供帮助，引导青年树立技能成才、技能报国的志向，弘扬劳模精神、劳动精神、工匠精神。

大赛坚持以赛培育人、以奖激励人的初衷，突出思想引领，完善培养链条，将举办竞赛与开展政策宣讲、能力培训、人才招聘、项目孵化、典型宣传等工作有机融合、相互促进。

大赛由共青团中央、人力资源和社会保障部主办，为国家级一类大赛。

（一）"振兴杯"全国青年职业技能大赛的设置

（1）大赛设职工组和学生组两个竞赛组别，实行隔年交叉举办，双数年举办职工组竞赛，单数年举办学生组竞赛。

职工组、学生组竞赛分别设主体赛（职业技能竞赛）和专项赛（创新创效竞赛）。

（2）职工组参赛对象为35周岁以下的青年职工，学生组参赛对象为16至25周岁的全日制在籍学生。已获得"中华技能大

奖""全国技术能手"等荣誉的人员，不得以选手身份参赛。

（3）职业技能竞赛突出技能水平培养，引导青年在理论与实践相结合中提高专业素养、提升实操能力。

职业技能竞赛主要以社会需求量大、青年覆盖面广的职业（工种）为主，在制造业通用竞赛项目基础上，积极向服务业、新兴经济领域拓展。根据竞赛职业（工种）情况，设单人赛或团体赛。

职业技能竞赛工作流程主要包括技术文件发布、初赛举办、决赛报名、资格审查、理论考试、实操竞赛、技术点评、成绩发布等。

（4）创新创效竞赛突出意识能力培养，引导青年在理论与实践相结合中增强创新意识、提高创效本领。

创新创效竞赛分技术革新类、创意设计类、管理创新类三项赛事。根据实际情况，分个人作品和集体作品。

技术革新类作品主要展示生产过程中的工艺革新、质量效率提升、技术提档升级等，重点考查参赛选手的创新意识、创效能力。

创意设计类作品主要展示小发明、小制作和创意设计金点子等，重点考查参赛选手的创意思维、动手能力。

管理创新类作品主要展示管理过程中的过程控制、制度完善、流程优化、项目管理，重点考查参赛选手的系统思维、工程思维、管理水平。

创新创效竞赛工作流程主要包括竞赛方向发布、省级初赛、全国复赛、现场问辩、成绩发布、作品点评等。

（二）"振兴杯"全国青年职业技能大赛的表彰奖励

（1）全国决赛职工组和学生组分别设置金、银、铜奖和优胜奖，其他参赛选手颁发参赛证书。

（2）职业技能竞赛全国决赛获奖选手，根据大赛文件和相关评选条件，可晋升职业资格或职业技能等级，推荐参评"全国技术能手""全国青年岗位能手"等荣誉称号。

创新创效竞赛全国决赛获奖选手，根据大赛文件和相关评选条件，推荐参评全国或省级青年岗位能手荣誉称号。

（3）各省、自治区、直辖市和新疆生产建设兵团，有关行业、中央企业的团组织、人力资源和社会保障部门，须协助职业技能竞赛获奖选手，按有关规定办理职业资格或职业技能等级晋升。

（4）各省、自治区、直辖市和新疆生产建设兵团，有关行业、中央企业的团组织、人力资源和社会保障部门，积极探索落户积分增加、机会优先推荐等社会激励方式，对初赛和决赛获奖选手及其所在单位给予相应激励。

（5）大赛设优秀组织奖，重点围绕组织发动、初赛举办、青年参与、主题活动、决赛成绩等情况，对工作成绩突出的省级团组织、人力资源和社会保障部门及行业团（工）委、中央企业团组织等予以通报表扬。

第六节　中国青年志愿者行动

青年志愿者事业是我们党领导的共青团在新的历史条件下创新工作领域、服务社会需求的一大创举。

1993 年 12 月，共青团中央响应党的号召，实施中国青年志愿者行动，2 万余名铁路青年打出了"青年志愿者"的旗帜，在京广铁路沿线开展为旅客送温暖志愿服务，开创了我国青年志愿者事业的先河。从此，青年志愿者的旗帜开始飘扬在神州大地的每一个角落，广大青年竞相参与、热情奉献，共同推进着这一崇高的事业发展。

一、中国青年志愿者行动的意义

中国青年志愿者行动致力于帮助有特殊困难的社会成员，推动社会保障体系的建立和完善；致力于消除贫困和落后，消灭公害和环境污染，普及科学文化知识，促进经济社会协调发展和全面进步；致力于建立互助友爱的人际关系和良好的社会公德，推动社会主义精神文明建设；立足于社会关注、党政关心、青年成长的社会公益事业，是动员和组织青年参加社会主义精神文明建设的有效载体，是新形势下共青团工作服务社会的新探索。

当代青年运动的时代主题是为实现中华民族伟大复兴的中国梦而奋斗。30多年来，广大青年志愿者走进西部、走进基层、走进群众，在雪域高原、在贫困乡村、在你我身边，挥洒着辛勤的汗水，活跃着奉献的身影，让青春之花绽放在祖国和人民最需要的地方。在抗击汶川地震、玉树地震、舟曲泥石流、芦山地震等自然灾害中，490多万名青年志愿者不畏艰险、冲锋在前；在北京奥运会、上海世博会、广州亚运会、南京青奥会、APEC北京峰会、进博会等活动中，青年志愿者们辛勤奉献，用"鸟巢一代""小白菜""绿羊羊""小青柠"等青春名片彰显了当代青年的价值追求和担当精神；在农民工子女"关爱行动"、助残"阳光行动"中，500多万青年志愿者纾难助困。每年暑期，大学生志愿者在全国各地各服务站点开展"七彩假期"志愿服务。可以说，青年志愿者行动已经成为看得见、摸得着的当代中国青年运动。

志愿精神是一种自愿的、不为报酬和收入而参与推动人类发展、促进社会进步和完善社区工作的精神，强调的就是无私付出。在社会主义市场经济蓬勃发展，讲求竞争、效率、利益的时期，我们同样要注重公平、道义和爱心，需要一种新的时代精神的支撑，需要道德准则的规范，需要人与社会的协调。青年志愿者行动既继承和发扬了中华民族的传统美德，又树立了时代新风正气，成为新时期群众性精神文明创建活动的有效载体。

青年志愿者围绕广大人民群众普遍关心的生活、环保、交通、治安等问题，从点滴入手，从身边做起，做了大量看起来很平凡却很有意义的事情，让广大群众因志愿者的出现而减少忧虑，让全社会因志愿者的辛劳付出而充满温馨，让祖国大家庭因志愿者的无偿奉献而更加富有凝聚力。在奉献爱心的同时，志愿者也传播了文明，传播了追求、责任和理想，传播了"爱心献社会，真情暖人间"的精神。这种"爱心"和"文明"最终汇聚成一股强大的社会暖流，温暖着社会大家庭里的每一个人。

青年志愿者在为他人服务的同时，自己也经受了锻炼，提高了与人交往的能力，丰富了自己的阅历，同时增强了社会责任感。青年人通过参与志愿服务，有机会为社会出力，尽公民的义务，而且人生的价值也在志愿活动当中得到体现，从中培养自觉奉献精神和参与社会活动的责任感，精神境界得到了升华。通过志愿活动，青年人丰富了生活体验。志愿者利用闲余的时间，参与一些公益工作和活动，既可扩大自己的生活圈子，更可亲身体验社会的人和事，加深对社会的认识。

社会的进步需要全社会的共同参与和努力。只有做到"同呼吸、共命运"，才能创造出超过 14 亿倍的强。青年一代掌握着先进的生产力，代表着先进的文化方向，他们是实现社会物质文明和精神文明双丰收的创造者和先驱者。青年人在志愿者活动中用行动体现青春的价值，用微笑传递人间温情，用爱心传递爱心。他们用无言的行动感染着别人，阐释着青年人的责任。他们学会了面对，拾起了丢失的责任。他们用行动唤醒了许多年轻人的责任心和良知，带动起更多的人去帮助别人，让爱心不断传递。很多志愿者不约而同地道出了这样的心声："要把志愿精神带进生活中，让更多的人成为志愿者。"青年志愿者行动鼓励越来越多的人参与到志愿从事社会公益和社会保障事业的行列中来，让其从中获得或加强已掌握的学识和能力，更重要的是使其在服务社会的同时，培养形成一种奉献精神，使其更加积极地投入现代化建设的大潮中去，为实现中华民族伟大复兴贡献自己的青春力量。

二、开展青年志愿服务的步骤方法

30 多年来，青年志愿者们成了当代中国青年人中最富有朝气和活力的群体之一。"听从指挥、志愿先行、专业引领、有序参战、引领成长"，这是新冠疫情暴发后，全团发出的动员令。按照《关于青年志愿者组织和志愿者开展疫情防控应急志愿服务的工作指引》，组织动员广大青年志愿者积极科学投身疫情防控主战场，用青春奉献书写责任和担当。仅在疫情发生的第一个月，各地团组织就预招募志愿者 170.4 万人，上岗志愿者 137.1 万人。同样，在抗震救灾、防汛抗旱等急难险重关键时刻，广大青年志愿者闻令而动、迎难而上，科学有序开展应急志愿服务，交上了一份份沉甸甸的青春答卷。对那些用稚嫩的肩膀和果敢的行动表达自己的青年志愿者来说，他们用平凡的奉献承载了大多数人的光荣与梦想，正是他们，几乎改变了整个社会对青年一代的看法。志愿服务创造了一种新的有效的社会化动员机制和方式，创造了一种经济社会变革中新的精神文明建设的有效载体，创造了一种新的为当代青年人所喜爱和接受的精神时尚。志愿服务对于整个经济社会发展所引起的变革，已经扩展到社会各个领域和各个年龄的人群，这一潮流还将更加波澜壮阔。

青年志愿者的主体是青年，志愿服务活动具有很强的时代性，这就要求志愿服务工作必须不断地推陈出新、与时俱进。招募、选拔、培训、管理各环节的有机整合和有效作用是志愿服务工作取得成功的保障。

（一）招募

共青团要发挥组织优势，积极招募青年志愿者队伍，落实工作责任。各级团组织要结合实施意见明确具体方案和工作要求。各单位分管领导和团组织负责人要加强调度协调，层层落实责任，确保志愿服务活动高质量、高标准地进行。

（二）选拔

建立青年志愿者档案，包括志愿者的个人信息、技能和特长、参加过的一些公益活动、乐于参加的志愿服务领域和时间安排。通过了解志愿者的情况，更好地分配志愿者的服务活动，帮助志愿者更好地服务社会、服务大众。

（三）培训

要针对不同项目不同岗位对志愿者的相关能力与知识进行培训。例如，对重大节庆活动志愿者，需要培训礼仪、接待、会务、翻译、讲解、安检等方面的内容，还要培训节庆活动地的地理概况、产业发展概况、整体活动安排，以及酒店接待、导游讲解、实用英语等志愿者工作实务等，而春运志愿者就要对仪容仪表、服务态度、文明用语、工作环境、人员分流、托运行李等业务进行培训。志愿者的能力固然重要，但志愿者的态度更不可小视。青年志愿者工作十分注重志愿服务的前期工作，用全面深入的准备为后面的志愿服务打下坚实的基础。通过培训前的志愿者动员大会、各类培训会以及岗前动员大会，既使志愿者始终保持了如招新时的热情不变，也使志愿者在动员、培训中体会到志愿者工作的分量价值，使命感油然而生，为以后具体工作的开展打下了感情基础。

（四）管理

要做好青年志愿者的服务记录，详细记载志愿者服务的时间、地点、内容、结果及相关情况，准确记入志愿者个人志愿服务档案。将志愿服务纳入国家荣誉奖励体系，各级政府部门也应对做出突出贡献的志愿服务组织和优秀志愿者予以表彰，颁发证书、奖章，激励他们更好地开展服务。

要充分发挥共青团在实践中育人的优势，发现一批优秀志愿者典型，培养一批青年志愿者骨干。要发挥广播、电视、报刊、网络等主要媒体的作用，采取各种形式，集中宣传报道活动开展的情况和取得的成效。各级团组织开展志愿服务时要打出团旗和志愿服务队旗，佩戴团徽和志愿者徽章。

各级团组织要切实抓好青年志愿者服务活动的监督与管理工作，确保青年志愿者活动长期有效地开展下去。团委应当加强日常督查，及时发现问题，提出有针对性的工作要求和改进意见；严格考核奖惩，对成绩突出的大力表彰奖励，对因重视不够、措施不力导致志愿服务达不到进展要求，甚至完不成工作任务的，严肃追究有关人员的责任。

要健全志愿服务表彰激励机制。坚持以人为本，建立和完善志愿服务社会评价体系，鼓励国家机关、企事业单位对优秀志愿者在就业、升学等方面在同等条件下给予优先，为从事长期服务和高风险服务的志愿者提供相应保险，完善志愿服务保障制度。

第七节 青年之家

一、青年之家项目的启动

随着社会的发展和改革的推进，青年的分布聚集特点和群体结构发生了深刻变化，"从单位青年到社会青年""从网下青年到网上青年"的转变，使得现有的基层团组织形态和青年管理动员模式无法适应新的形势和需求，亟待改变。面对这样的情况，共青团中央在2014年启动了青年之家综合服务平台的建设工作，党中央和国务院要求"加强服务青年发展阵地建设，依托城乡社区综合服务设施建设'青年之家'综合服务平台，加强网上网下深度融合对接，使其成为服务青年发展的重要阵地"。同时共青团中央明确青年之家的建设对于推进共青团改革、加强共青团的自身建设具有重要意义。

（一）了解青年之家

1. 基本定位

青年之家是共青团主动适应新时代团员青年分布聚集特点和青年工作组织形态多样化的需要，推进团的建设创新的一种平台型、枢纽型的组织形态。

青年之家是共青团直接领导或主导的，依托各类实体空间和青年之家云平台，线上线下联系服务团员青年的公益性、专业化工作平台，其基本职责是引领凝聚青年、组织动员青年、联系服务青年。

2. 建设目标

（1）方向：建设青年身边的共青团。大力推动团的组织形态、工作力量、服务项目在团员青年身边实现有形化、日常化。

（2）要求：创新组织、聚合资源、有效保障、形成功能。

（3）目标：将青年之家建设成具有稳定社会功能的新型基层组织形态，使青年之家成为团组织在一定区域内有效覆盖团员青年、开展工作的组织和阵地依托。

（二）建设青年之家

1. 科学选址

按照"青年在哪里，团组织就建在哪里"的原则，突出组织建设的逻辑和方式，合理布局，优先在青年聚集、有较强需求的社区、镇区、园区、楼宇等地开展建设。

在空间依托上不求所有，但求有效使用，不断扩大青年之家的有效覆盖范围，充分发挥党政既有资源、社会公共资源和市场资源作用，创新建立共建共用机制。

2. 组建队伍

加强对青年之家工作力量的配备，在切实发挥好专、挂、兼职团干部作用的基础上，再通过招募志愿者、购买服务等方式充实青年之家工作力量，持续开展专业能力提升工作，组建相对稳定的工作队伍，确保有人负责青年之家的日常运行管理。

工作力量组成可以包括但不限于以下人员：团干部、专职管理人员、社工、志愿者、大学生村官、具备相应资质的专业服务人员、社会单位及社会组织人员。通过一段时间的努力，逐步建立起团干部、专职管理人员、专业服务人员和志愿者相结合的专业化、社会化工作队伍。

3. 统一形象

青年之家须按照要求，在醒目位置悬挂使用统一的标识，通过多元化的载体展现统一形象。悬挂使用的标识大小、形状、材质可根据实际情况融入特色元素，但标识的图案、颜色、文字不得改变。具备条件的青年之家应当统一装饰和布置风格，配备必要的硬件设施。

4. 建立机制

（1）建立运行管理机制。落实责任，确定专人负责青年之家的运作（不一定专职）。制定青年之家各项管理制度和工作规范。具备条件的要努力通过社会组织注册登记等方式明确青年之家的法人地位，依法依规对青年之家工作骨干给予物质和精神上的合理激励。

（2）建立资源整合机制。充分整合党政、社会、市场资源，争取政策保障、经费支持和阵地依托，融入区域化团建格局，有效发挥社会单位和青年社会组织作用，把青联、少先队、团属社团等团内资源用活用足，形成党政支持、共青团主导、社会参与的良好局面。

（3）建立日常考评机制。建立科学的考评和激励机制，对于表现突出的青年之家或服务团队，在荣誉激励、物质奖励、资源配置、学习培训等方面给予重点倾斜；探索基于实绩的青年之家评价和荣誉激励机制。各级团组织根据实地调查和云平台数据分析，对作用发挥差的青年之家要及时整顿，有针对性地促进其整改提高。整改后，省级团委负责验收，如仍不达标，线下实体平台须摘牌，入驻云平台的须清除；摘牌的青年之家经省级团委认定整顿合格后，可重新申请挂牌和入驻云平台。

5. 建立团的组织

在符合建团条件的青年之家普遍建立团的组织，并及时录入"智慧团建"系统，结合实际开展组织关系转接、主题团日、团课学习等团员日常教育管理工作。

6. 凝聚青年组织

把握基层青年工作组织形态多样化的需要，根据不同领域、不同群体青年的特点，依托青年之家平台，优先建立和发展共青团主导的青年社团、兴趣小组等各类青年组织，优先支持符合共青团工作要求的青年社会组织，同时积极联系、服务、引导已有的青年社会组织。

(三) 管理青年之家

1. 了解需求

通过数据调查、座谈、访谈等形式，了解"青年需要什么"。既要促进青年之家发挥政治功能、体现政治价值，同时也要关注青年的发展性需求和普遍性需求，找到工作的结合点、切入点。

2. 形成项目

根据"规定动作+自选动作"原则，区分不同领域青年需求和地方实际，设计工作项目。按照共青团搭台、各方参与的思路，通过广泛整合，逐步推出一系列青年欢迎、各方受益的服务项目，形成服务项目菜单，并将活动菜单，通过青年之家云平台等载体定期向青年发布，方便青年参与。推动青年之家加强项目建设、活跃日常工作，要每月定期开展一定场次的活动。

3. 发展会员

为了更加有效地联系、服务和凝聚团员青年，青年之家可探索会员制，主动发展会员，统计会员信息资料，实现对会员的分类管理、定向服务。探索将区域内社会单位、非公企业、社会组织以团体会员方式纳入服务体系。同时，可以探索建立"青年之家"理事会等日常管理机构，探索日常管理机构成员产生、轮值等工作机制，推动青年之家可持续运转。

4. 宣传推广

将团员青年和潜在服务提供方作为重点宣传对象，制订和实施宣传计划，扩大青年之家的社会知晓率。一方面，通过云平台、网络、刊物、宣传屏（栏）等载体，将青年之家的活动、服务等，向社会广泛宣传，吸引青年参与。另一方面，将青年之家的理念、价值和发展空间向社会单位、社会组织推广，拓展青年之家合作单位。

5. 评估改进

由青年之家的相关方共同对其工作做出评价，并定期分析、督促其改进提高。评价方包括但不限于以下方面：有关党组织、团员青年、上级团组织、合作单位和青年之家工作人员。探索通过第三方评价的方式对青年之家和服务项目进行实时跟踪。通过实绩评估、荣誉表彰、资源分配等方式实现激励奖惩。

（四）入驻青年之家云平台

1. 推动入驻

坚持数量质量并重，推动作用发挥好、活跃度较高的实体平台入驻青年之家云平台，并逐步实现实体平台全部入驻云平台。各省级团委要抓好本级并推动所属市、县级团的领导机关进驻云平台，开展机关开放日、联系青年的活动。入驻的青年之家要在云平台上实现账户已激活、线下能找到、地图可定位、管理有专人、活动常举办、联系有渠道。

2. 提升黏性

将云平台作为青年之家管理运行、活动开展、联系青年的重要方式，努力实现青年之家建设和工作的互联网转型。已上线的青年之家要充分运用云平台的活动发布、报名、展示、评价和平台搜索、地址导航、服务选择等功能开展活动。同时，及时分析用户数据，精准指导工作。

二、青年之家项目的推进

推进和深化青年之家实体平台建设是共青团适应青年新的聚集方式、满足青年多元化需求、参与社会治理、整合资源、增强组织活力的必然要求，青年之家实体平台建设工作中，应该明确定位、拓展功能，建章立制、强化管理，分级分类、合策合力，构建青年之家实体平台全方位联动工作机制，努力使青年之家实体平台实现良好发展。

（一）提升项目计划的科学性

1. 科学合理布局

按照新时代青年群体呈现出的新的聚集分布特点，在党政机关、社区、乡镇、园区、楼宇、商业广场、公园、书店、咖啡厅、俱乐部、健身中心、公司企业等青年聚集的地方，广泛推进青年之家实体平台建设。要统筹青年之家实体平台的布局建设。改变"数量唯上"的建设发展思路，将城乡发展、行业类型等因素纳入青年之家实体平台选址布局的考虑范围内，优化青年之家实体平台的整体布局。

2. 科学谋划发展

一是分级分类，将青年之家实体平台分为三级：总店、旗舰店、连锁店。成立青年之家总店，统筹全市青年之家工作，做好顶层设计，策划统一的活动主题清单，更新服务青年事项清单，发布最新的任务清单。

二是合策合力。在青年之家总店这个层面，整合人才办、科技局、开发区等部门的政策和资源，为各级青年之家赋能。用平台运营思维打造青年之家，把各方面各部门的优势收集起来，真正让青年之家成为青年的学习生活港湾。整合工作力量方面，把青年之家负责人、青年企业家协会会员、青年志愿者、新阶层人士等多方力量进行整合，按照自身优势，主导参与青年之家的各项活动，同时充分发挥青年之家总店优势，把先进的思维理念和前沿技术，在青年之家以创业沙龙、座谈会、公开课等形式进行展现，帮助青年创新创造创业。

（二）充实项目执行的可用资源

1. 丰富平台服务资源

青年之家实体平台在为青年提供思想引领、创业就业、法律咨询、心理疏导、婚恋交友、志愿服务、青年交流、休闲娱乐等各类服务的基础上可以不断丰富服务菜单。

2. 强化队伍资源建设

发挥团干部力量。通过团干部联系青年制度的落实，将团干部工作力量与青年之家实体平台的建设结合起来，选拔出一批政治素质高、业务能力强、对青年之家实体平台建设有兴趣有想法的团干部，通过轮班管理制或项目负责制，以一对一包联的形式推进青年之家实体平台建设，推动实体平台运营水平向专业化、规范化发展。

引入社工力量。在基层团干部力量有限、基层团组织工作资源不足的现实条件下，遵循"专业事务交给专业队伍"的原则，将持证社工引入青年之家实体平台队伍建设工作格局中，努力让青少年社工成为每个青年之家实体平台的标配，补齐青年之家实体平台工作力量缺口的同时，提升实体平台运行的科学化水平。

整合社会力量，让青年志愿者参与到青年之家实体平台建设运行中，将各青年之家实体平台的建设需求同青年志愿者的个人所长实现精准对接，丰富工作力量。

加强学习培训，面向青年之家实体平台运营负责人和工作人员常态化开展专门培训，加强对青年之家实体平台的认识，提高工作能力和服务水平，在培训中组织大家走出去，学先进经验，为自己发展积蓄力量。

（三）引入青年评议

青年之家实体平台建设的受众是青年群体，因此青年对实体平台的评价对于实体平台运行质量的提升和改进具有重要作用。

一是要设计青年满意度评价制度，让来到青年之家实体平台的每一个青年为门店的服务态度打分，结果直接反馈给各级团组织，作为考核重要依据，以此推动青年之家实体平台改善服务态度，青年之家实体平台要提供免费充电、饮水、歇脚等日常的便民服务，同时工作人员要全面熟悉掌握青年之家实体平台的有关知识，做好宣传普及，服务态度真诚热情，让青年在青年之家实体平台有宾至如归的感觉。

二是要在各个青年之家实体平台设置意见反馈箱，搜集青年群体关于青年之家实体平台活动、布局等各方面的意见建议，畅通反馈渠道，实现供需信息共享的同时，让青年之家实体平台推出更加契合青年发展需求、符合青年群体审美个性的活动，通过组织举办活动的方式实现功能、体现价值，让青年群体在参与活动的过程中有所收获、充实自我的同时，建立与团组织的联系，拉近与团组织的距离，让青年在青年之家实体平台有受益匪浅的感觉。

三是将青年的评价意见作为青年之家实体平台考核评价机制的重要内容，要重点通过第三方测评机构，采取电话随访、抽样问卷等方式，重点考核青年群体对青年之家实体平台的知晓度和满意度，用直接受众群体的参与评价倒逼青年之家实体平台建设的提质增效，敦促各级团组织更加重视和支持青年之家实体平台的建设，也从侧面帮助青年之家实体平台的运营负责人找准选择活动、提供服务的切入点。

第八节　青年夜校

随着当代青年成长成才需求的快速增长和生活方式的丰富多彩，"夜校"这一具有较强年代感的学习方式被激活并焕发新生机。2024年3月，团中央基层建设部发布《青年之家·青年夜校项目实施指引》，为各级团组织高质量办好青年夜校，打造服务品牌提供了工作指导。

一、青年之家·青年夜校的工作原则

（一）把握价值导向

以习近平新时代中国特色社会主义思想为指导，落实"两个结合"的重要要求，深入贯彻习近平文化思想和习近平总书记关于青年工作的重要思想，把青年思想政治引领贯穿始终，坚持寓教于学、寓文于课，践行社会主义核心价值观，传递真善美、弘扬主流价值，激发青年向上向善的精神风貌，共同建设中华民族现代文明。

（二）尊重青年主体

聚焦青年学习、工作、生活中的现实需求和兴趣爱好，在时间安排、场地选择、课程设置等方面贴近广大青年。坚持质量为先、宁缺毋滥，提高服务专业化水平和性价比，让青年便于参加、乐于参与，信得过、学得好。

（三）坚持开门办校

立足团内、面向社会，积极争取党政支持，把重点放在吸纳整合社会力量上，在社会上找帮手、遵循社会机理找资源，提高社会化生存能力，推动项目自持发展、稳定发展。

二、青年之家·青年夜校的时间安排

①根据青年之家所在地周边青年日常作息规律安排。
②主要在工作日晚间、周末、假日等青年业余时间灵活安排。
③一般授课时间不早于18时、不晚于22时。

三、青年之家·青年夜校的重点对象

以社会领域团员和35周岁以下的各类职业青年为重点，防止服务对象学生化、低龄化。

四、青年之家·青年夜校的阵地依托

（一）用好团属阵地

以青年流量大、交通便利、软硬件基础条件较好的团属青年之家、青（少）年宫等阵地为基本依托，逐步向其他有条件的团属青年之家阵地辐射。

（二）拓展社会阵地

以开办夜校为契机，联合青年常去爱去的书店、咖啡馆、共享自习室、特色街区、商务楼宇公共空间等场所，联动国有和民营企业所属场所，共建一批青年之家，以"组织化项目导流"寻求"社会化支持合作"，实现多方共建共赢。

（三）借助党政阵地

积极会同组织、宣传、社会工作、文旅等部门，在具备条件的党群服务中心、新时代文明实践站、图书馆、博物馆、文化馆等开办夜校。

五、青年之家·青年夜校的课程设置

坚持用户思维，主动问需问计于青年，在深入调研基础上，推出符合本地青年需要、引领性强、烟火气浓的课程。可采取体验课、单次课、系列课、专题课、学期课、入门课、进阶课等多种灵活组合方式，满足青年差异化需求。综合考虑阵地空间容量和服务效果，以小班化开课为主，一般数人到数十人为宜，可采取线下线上联动等方式扩大覆盖面。

六、青年之家·青年夜校的师资组成

坚持多渠道选配，可通过"组织一批、遴选一批、聘任一批、招募一批"等多种组合，以及聘任成长导师、开展志愿服务等方式，充实专业化师资和工作力量。

（一）团内师资

发挥好各级团校、团属青（少）年宫教师等师资引领作用。组织动员有条件有专长的团干部、青联委员、团属青年社团负责人等进驻夜校开课。

（二）高校师生

大力贯通校内校外，推动属地团组织与高校、职业学校合作，引导师生参与课程开发和授课，让更多适合职业青年的师资走出校园。可结合实际组织大学生骨干兼任青年之家运营师，以志愿服务、实习实践等方式参与项目实施管理。

（三）青春达人

用好基层组织改革成果，善于从各类职业青年中找帮手，实现"为优秀青年搭台、让青春达人上课"，满足青年多元需求，实现双向奔赴。

（四）典型榜样

加强与党校、宣讲团、青年讲师团及各群团组织合作，邀请劳动模范、能工巧匠、非遗传承人等参与授课。

（五）社会力量

联合企业、社会组织、自由职业者等，以市场化社会化项目合作等方式选聘优质师资。

七、青年之家·青年夜校的经费保障

（一）普惠收费

坚持社会化筹措，可通过"青年出一点、自筹有一点、项目补一点、市场让一点"等方式，逐步实现可持续发展，避免单一"等靠要"。

（二）财政经费

加大请示报告力度，加强与教育、民政、文旅等部门的合作，积极争取将夜校项目纳入公共文化服务、基层治理等政府民生实事或政府购买服务项目。

（三）团的经费

按规定使用共青团工作经费、留存团费补助等支持开办夜校，主要作为引导资金，重点用于课程开发、师资劳务补助、志愿者补贴、购买保险、活动宣传、场地布置等，原则上不搞基础设施建设和添置大额固定资产设备。

（四）降低成本

通过盘活城乡国有和集体阵地资源，以减免租金、企业让利等方式降低办校成本。注重把吸引青年参与同增强服务黏性结合起来，防止大包大揽、提供"免费晚餐"，从而导致吸引力降低、项目不可持续。加强双向约束，提高到课率。

第九节　青年马克思主义者培养工程

一、青年马克思主义者培养工程的启动

随着改革开放和社会主义市场经济的深入发展，我国的经济体制、社会结构、利益格局和社会思想观念正在经历深刻的变化。同时，在各种思想文化相互激荡的环境中，广大青年思想活动的自主性、选择性、多变性、差异性明显增强。如何在广大青年中培养造就一大批用马克思主义中国化的最新成果武装起来的马克思主义者，如何引导当代青年成长为中国特色社会主义事业的合格建设者和可靠接班人意义重大。

2006 年，胡锦涛同志在党的十六届六中全会上的讲话中提出："要从赢得青年、赢得未来的高度，抓好大学生的理论学习，深入推进马克思主义中国化的最新成果进教材、进课堂、进头脑工作，让青年知识分子了解和相信党的理论，在广大青年中培养一大批坚定的马克思主义者。"为贯彻这一重要指示精神，在广大青年中培养一大批用马克思主义中国化最新成果武装的马克思主义者，2007 年 5 月，团中央、全国学联在北京召开全国大学生"学习科学发展观，共建和谐社会"汇报交流会。时任团中央书记处第一书记胡春华在讲话中，勉励青年学生深入学习党的理论创新成果，努力成长为坚定的青年马克思主义者。以汇报交流会

为标志，"青年马克思主义者培养工程"（以下简称"青马工程"）启动，团中央、全国学联组建的中国大学生骨干培养学校同时启动。

2007年10月，团中央制定了《"青年马克思主义者培养工程"实施纲要》。根据《纲要》的要求，"青年马克思主义者培养工程"的重点培养对象包括大学生骨干、共青团干部和青年知识分子三部分群体。《纲要》针对不同群体提出了主要培养方式和培养内容。

在"青马工程"实施中，大学生骨干是重点培养群体。大学生骨干主要包括各级各类学生干部、学生社团干部、学生党员和入党积极分子、理论学习骨干及在学术科技、文化体育等方面成绩突出的优秀学生。

大学生骨干的培养目标是从履行共青团的根本职责出发，针对大学生骨干的成长规律和实际需求，从增强政治素质、提升思想境界、优化能力结构、锤炼作风品格等方面着手，在大学生中培养一大批用马克思主义中国化最新成果武装的、坚定跟党走中国特色社会主义道路的学生骨干，为他们逐步成长为坚定的马克思主义者奠定基础。

2009年，团中央印发《大学生骨干培养工作实施细则》和《中国大学生骨干培养学校教学与管理大纲》，细致规划了大学生骨干的培养目标、培养格局、培养原则、培养方式，设计了相对完善的课程体系和管理模式，主要包括理论学习、实践锻炼、社会观察、红色教育、能力训练、交流研讨等。这就使大学生骨干培养工作进一步制度化、规范化、科学化，使"青年马克思主义者培养工程"进一步走向深入。

共青团组织在大学生骨干培养中探索创新了多种方式：一是尊重学生主体地位，发挥自我教育作用，在课程中专门设置案例讨论、主题辩论等环节，引导和鼓励学员积极发表观点、相互有所启发；二是积极运用网络新媒体，搭建远程学习平台；三是强化日常学习规范，明确要求学员平时参与一定数量的课题研究、志愿服务、活动实施等，努力实现短期集中培训与长期自我教育的有机结合。同时，全国及部分省份还积极探索实施导师制，邀请党政官员、专家学者组成导师团，与学员结对联系，对学员的思想、学习、工作等方面给予联系和指导。

2012 年，"青年马克思主义培养工程"被中宣部纳入"中央马克思主义理论研究和建设工程"。

"青年马克思主义培养工程"启动实施以来取得了较好的成效，一大批学生骨干提高了理论修养、坚定了理想信念，并用实际行动践行服务社会、报效祖国的青春誓言。

二、青年马克思主义者培养工程的深入实施

为深入学习贯彻习近平新时代中国特色社会主义思想和党的十九大精神，认真贯彻落实习近平总书记关于青年工作的重要思想，落实《中长期青年发展规划（2016—2025 年）》，共青团中央、教育部、民政部、农业农村部、国务院国资委等部委于 2020 年 6 月研究制定了《关于深入实施青年马克思主义者培养工程的意见》。

（一）重要意义和总体要求

1. 深入实施"青马工程"的重要性和紧迫性。中国共产党是用马克思主义武装起来的政党，马克思主义是中国共产党人理想信念的灵魂。党的十八大以来，习近平总书记高度重视在青年群体中开展马克思主义教育，提出要加强对青年的政治引领，在广

大青年中加强和改进理论武装工作，引导广大青年运用马克思主义立场、观点、方法观察分析问题。"青马工程"自2007年启动实施以来，在推动马克思主义理论在青年中广泛传播、加强青年政治骨干培养实践探索等方面取得了积极成效，为党培养了一批信仰坚定、能力突出、素质优良、作风过硬的青年政治骨干。当前，面对新的形势和要求，"青马工程"还存在覆盖范围不够、规范化水平不高，工作机制不完善，纵向联动和横向协同的培养体系不够健全，衔接培养和人才举荐有待加强等问题。因此，必须提高政治站位，强化责任担当，站在坚持马克思主义在意识形态领域的指导地位，巩固和扩大党执政的青年群众基础，确保党的事业后继有人、兴旺发达的高度，切实增强责任感使命感紧迫感，创新优化体制机制，不断强化"青马工程"为党育人的政治功能。

2. 指导思想。坚持以习近平新时代中国特色社会主义思想为指导，深入学习贯彻党的十九大和十九届二中、三中、四中全会精神，认真贯彻落实习近平总书记关于青年工作的重要思想，着眼党的事业薪火相传，着力为党培养和输送坚定的青年政治骨干，引领他们更加紧密地团结在以习近平同志为核心的党中央周围，增进对党的政治认同、思想认同、情感认同，增强"四个意识"，坚定"四个自信"，做到"两个维护"，努力成长为具有坚定的马克思主义信仰、德才兼备、全面发展的社会主义合格建设者和可靠接班人。

3. 基本原则

——坚持党的领导。坚持"党管青年""党管人才"原则，将党的基本理论、基本路线、基本方略贯穿"青马工程"实施的各领域和全过程。

——突出核心目标。把理想信念教育放在首位，坚持用马克思主义科学理论武装青年头脑，引导学员树立共产主义远大理想和中国特色社会主义共同理想。

——注重实践导向。组织引导青年在中国特色社会主义实践、群众工作实践、各种重大事件和急难险重任务中，深入了解世情国情党情，站稳立场、坚定信念、锻炼能力、敢于担当，充分发挥"点亮一盏灯、照亮一大片"的示范带动作用。

——遵循育人规律。聚焦培养青年政治骨干这一目标，尊重思想政治教育规律、青年成长规律等，突出青年马克思主义者培养的特殊要求。

4. 主要目标。通过持续深化改革和提质增效，"青马工程"的培养体系更加完备，培养模式更为规范，加强青年政治引领的功能效应越发凸显，在各行业各领域切实为党培养和输送一批具有忠诚的政治品格，浓厚的家国情怀，扎实的理论功底，突出的能力素质，忠恕任事、人品服众的青年政治骨干。

（二）建立健全科学化规范化培养机制

1. 着力构建分层分类的培养体系。逐步构建覆盖高校、国企、农村、社会组织等各领域优秀青年，不断为党培养和输送青年政治骨干的培养体系。

（1）高校班继续巩固全国、省级、高校的培养格局，突出对大学生骨干的政治训练和思想引领。全国班由团中央组织部、教育部思想政治工作司共同组织实施，省级班由省级团委联合省级教育部门组织实施，校级班由高校团委在高校组织、宣传、学工（研工）等部门指导下组织实施。

（2）国企班逐步建立集团、二级单位的培养格局，强化对国有企业青年骨干的政治锻造。全国班由团中央组织部、国务院国资委党建工作局等有关单位共同组织实施，省级班由省级团委联合本级国资监管机构等单位组织实施，企业团组织在同级党组织领导下做好本级和二级单位的学员培养工作。

（3）农村班聚焦乡村振兴战略，培养更多"懂农业、爱农村、爱农民"的有志青年成长为乡村治理骨干力量。全国班由团中央组织部、农业农村部人事司共同组织实施，省级及以下班由共青团组织联合本级农业农村部门组织实施。

（4）社会组织班着眼提升在社会治理中的贡献度，突出对青年社会组织骨干的政治引领和价值引领。全国班由团中央组织部、社会联络部，中央和国家机关工委协会党建部、国务院国资委协会党建局和民政部社会组织管理局，会同社会组织业务主管单位组织实施，省级、市级班由共青团组织联合社会组织党建工作机构、民政部门，会同社会组织业务主管单位等组织实施。

（5）其他班次。有基础和条件的地区，应将少先队辅导员纳入"青马工程"培养体系，同时可结合实际适当招收高校青年教师以及高职院校、民办院校的优秀学生，探索开设面向非公企业以及其他领域优秀青年骨干的相应班次。

"青马工程"每一期集中培养周期原则上为 1 年。全国班每期规模约 200 人，其他层级班遵循"少而精"的原则合理安排规模。总体每年培养约 20 万人。

2. 规范学员选拔标准和程序。聚焦培养青年政治骨干的定位，学员必须从坚决拥护党的领导，对习近平新时代中国特色社会主义思想有强烈的理论认同、实践认同和情感认同，学习工作实绩突出的优秀青年中选拔。学员应为 18～35 周岁的青年党员或者团员中的入党积极分子。学员选拔应坚持标准逐级提高的原则，上一级班次学员选拔必须满足下一级班次的基本要求，并经过下级组织推荐和差额选拔产生。对于市级班，学员要政治表现一贯良好，立足岗位取得较好成绩，群众基础好，获得过相关奖项或荣誉称号。对于省级班，学员应在学业成绩、脱贫攻坚、社会治理等方面表现优秀，在一定范围内有较强影响力，获得过地市级及以上奖项或荣誉称号。对于全国班，学员应在本领域取得特别突出业绩，受到社会广泛认可，获得过省级及以上奖项或荣誉称号。同时，要保证学员选拔的公信力和透明度，按照公开报名、资格审查、比选择优、组织考察、确定人选的方法和程序进行选拔。其中，比选择优一般包括笔试、综合面试、个人业绩评价等环节，组织考察要深入人选所在单位了解表现情况和群众基础，对政治上不合格的坚决不予录取。

3. 完善标准化培养内容。突出学员综合素质特别是政治素质的锤炼提升，规范完善各培养板块的目标任务和路径载体，逐步形成统一标准的科学培养方案。

（1）深化理论学习。主要目标是帮助学员加深对党的科学理论的理解掌握，学深悟透习近平新时代中国特色社会主义思想，掌握马克思主义的立场、观点和方法，进一步坚定跟党走中国特色社会主义道路的信心和决心。主要方式是引导学员读原著、学原文、悟原理，深读《习近平谈治国理政》等马克思主义经典著作，跟进学习习近平总书记重要讲话精神。邀请党政领导、专家学者就党的创新理论、重大政策以及社会热点等进行专题辅导。为学员安排具有马克思主义理论学科高级专业技术职称的专家学者担任理论导师，组织学员对经济社会发展的重要问题开展调查研究。原则上学员每年集中理论学习不少于 2 周或总学时不少于 80 学时。

（2）开展红色教育。主要目标是帮助学员弘扬民族精神和时代精神，加强党史、新中国史、改革开放史、社会主义发展史等学习。引导学员增强对革命传统精神的理解，实现爱国主义精神的升华。主要方式是组织学员赴革命传统教育基地、爱国主义教育基地、革命遗址等实地学习，参加祭奠革命先烈、重温入党誓词等仪式教育。寻访历史见证人，观看优秀典型事迹的影像资料、专题展览，邀请先进典型作事迹报告等。

（3）加强实践锻炼。主要目标是帮助学员深入了解我国国家制度和国家治理体系，加强社会观察，在基层一线、困难艰苦地方磨砺意志、锤炼品格、增长才干，不断增进与人民群众的感情，树立群众观点，坚持群众路线。主要方式是开展集中实践，组织学员到有代表性的基层地区和行业开展实地锻炼。深化日常实践，培养期内设置跟岗见习、志愿服务等内容，组织学员就近就便开展常态化实践训练。引导学员在网络上主动发声亮剑，同各种错误观点和思潮作斗争，在面对重大事件和各种急难险重任务时冲锋在前、经受考验。积极创造条件组织学员参与国际交流、与港澳台地区青年交流等活动，通过对不同制度体制和发展模式的比较研究，进一步增强制度自信。

4. 建立健全从严管理机制。把从严从实的要求贯穿学员培养全过程，不断提升学员培养管理的质量水平。

（1）健全日常管理机制。制定理论学习、红色教育、实践锻炼等各环节学员管理规定，建立日常督导检查机制，定期向学员所在党团组织了解学员日常言行，建立"青马工程"联络员制度，实时监督掌握学员表现情况，将日常表现作为学员评价的重要指标。

（2）完善考核评价机制。在考核标准上，把学员政治表现作为第一位的要求，从理论测试成绩、实践锻炼效果、结业论文质量、日常行为表现、重大事件响应等方面明确任务完成标准；在考核方式上，突出过程评价与结果评价相结合，通过学员自评互评、导师评价、联合培养单位评价、学习成果评价等环节的整体赋分，按比例设定优秀、合格、不合格等级，合格以上准予结业，并将考核结果抄送学员推荐单位。

（3）严格淘汰退出机制。坚持动态淘汰，通过日常观察、甄别，对于在培养过程中不守政治纪律和政治规矩，违反党和国家政策的；违反国家法律法规，危害党、国家和人民利益的；违背社会公序良俗，违反社会主义道德，有不当言行造成恶劣影响的；在重大事件和各种急难险重任务前表现消极、没有发挥先锋模范作用的；违反所在单位纪律制度，情节严重的；不遵守培训纪律，违反学员管理规定的，以上行为一经查实，坚决予以淘汰。强化末位淘汰，结合培养期各环节的评价考核结果，对未达到培养目标要求的予以淘汰。每期班淘汰率一般不低于10%。

（4）建立跟踪培养机制。设定学员结业后5至10年的跟踪培养期，保持与学员的常态化联系，建立并实时更新学员信息数据库，随时关注学员后续成长发展情况，向学员开放各类学习平台，提供继续学习和交流联系等支持帮助。

5. 大力加强人才举荐。争取各级党委组织部门和行业主管部门支持，不断强化"青马工程"为党培养青年政治骨干的品牌效应，努力为党的事业和队伍输送新鲜血液。

（1）做好学员推优入党工作。贯彻落实党员发展、推优入党有关文件要求，积极推荐优秀"青马工程"学员作党的发展对象。学员为入党积极分子的，培养期间参加的理论学习、实践锻炼等内容应当记入入党积极分子相关培养材料。

（2）推动高校班优秀学员依程序进入选调生队伍。支持鼓励高校班学员报考选调生，引导他们到祖国最需要的地方建功立业，优先考虑中共党员、优秀学生干部、获得校级以上奖励人员、具有参军入伍经历的大学毕业生。各高校团委要建立"青马工程"学员备案制度，积极向党委组织部门推荐。

（3）推动国企班优秀学员进入企业优秀人才队伍。争取各级党委组织部门、国资监管机构加强对国企班学员的后续跟踪，对于表现优秀的学员纳入企业优秀人才队伍，重点培养使用。

（4）推动农村班优秀学员进入村"两委"班子。争取各级党委组织部门、农业农村部门加强对农村班学员的实践培养，通过跟岗实习等推动他们承担更多乡村治理和服务群众职责，积极争取作为村"两委"班子优秀人选。

（5）加强对社会组织班优秀学员的举荐和组织吸纳。推动优秀学员成为城乡治理的重要力量，探索推荐优秀学员为各级人大代表、政协委员人选。

同时，加强团内激励，结合不同班次学员的特点，对于表现特别优秀的学员，可吸纳为各级团的领导机关挂职、兼职干部，推荐为团的各级委员会成员、团代表、青联委员等人选。

（三）强化支持保障

1. 完善领导机制。各地在党委组织部门和宣传部门的领导下，探索成立工作领导小组或建立联席会议制度，加强统筹协调，形成分工协作、定期沟通、督促落实、工作备忘录等齐抓共管的工作机制。建立定期向同级党组织书面报告工作进展情况的制度。将"青马工程"列入各级青年发展规划的重点实施项目，争取专项拨款和财政专项资金，合理筹措各类社会资金等，保障项目实施。

2. 提升专业水平。持续加强"青马工程"的理论与实践研究，为工作提供决策依据、理论支持和实际指导。积极做好"青马工程"与高校马克思主义学院、各级党校以及相关专业研究机构的衔接，充分运用专业资源力量提升工作的专业化水平。加强"青马工程"研究培训基地建设，在理论研究、课程开发、示范培训、咨询智库等方面充分发挥作用。

3. 优化资源保障。依托党校、团校等教育培训基地，聚集专业资源，在党政机关、厂矿企业、社区农村及青少年爱国主义教育基地中建立一批功能明确、特色鲜明的实践锻炼基地。组建以马克思主义理论学科专家学者、党政领导、高校和科研院所优秀教师等为主体的师资队伍，用好既有相关教材成果，不断开发推广精品课程，建设"青马工程"教学资源库。统筹各类新闻媒介资源，加强宣传推广工作。规范使用"青马工程"文化标识，结合青年特点开发系列文化产品，增强吸引力和影响力。

三、青年马克思主义者培养工程的管理办法

为了贯彻落实《关于深入实施青年马克思主义者培养工程的意见》以下简称《意见》要求，提升青年马克思主义者培养工程制度化规范化水平，2022 年 12 月 7 日共青团中央书记处会议审议批准，2023 年 1 月 31 日共青团中央办公厅发布《青年马克思主义者培养工程管理办法（试行）》。

（一）总则

1. 主要任务

青年马克思主义者培养工程主要任务是：以习近平新时代中国特色社会主义思想为指导，着眼党的事业薪火相传，着力为党培养和输送坚定的青年政治骨干，通过规范开展思想淬炼、政治历练、实践锻炼、专业训练，引领"青马工程"学员增进对党的政治认同、思想认同、理论认同、情感认同，深刻领悟"两个确立"的决定性意义，增强"四个意识"，坚定"四个自信"，做到"两个维护"，努力成长为具有坚定的马克思主义信仰、德才兼备、全面发展的社会主义合格建设者和可靠接班人。

2. "青马工程"管理工作应当坚持以下原则：

（1）坚持党的领导，坚持"党管青年""党管人才"原则，把党的全面领导贯穿到"青马工程"实施的各领域和全过程，确保正确的政治方向；

（2）坚持完善体系，突出政治要求，遵循育人规律，完善规范各培养板块的目标任务和路径载体，逐步建立标准统一、科学有效的培养体系；

（3）坚持分级负责，各级"青马工程"组织单位必须压实管理责任，确保培养过程严格规范；

（4）坚持从严管理，建立健全从严管理机制，严格按照各环节培养标准从严实施，切实提升培养质量。

3. 本办法适用于各级"青马工程"组织单位，以及各级"青马工程"学员和导师。

（二）管理机制

1. "青马工程"在全国、省（自治区、直辖市）、市（地、州、盟）、县（市、区、旗）分级开展。实施领域包括高校班、国企班、农村班、社会组织班、少先队工作者班以及相关的专项计划。

2. 全国和省级"青马工程"应开设高校班、国企班、农村班、社会组织班和少先队工作者班等全部领域的班次；市级和县级可以结合实际情况，开设综合班或者相关领域的班次。高校应当在学校本级开设班次，具备条件的中央企业应当在集团及其符合条件的二级单位开设班次。有基础和条件的地区，可以结合实际探索开设面向非公企业以及其他领域优秀青年骨干的相应班次。

3. 在共青团中央书记处的领导下，共青团中央组织部联合相关单位对全国各级"青马工程"进行统筹协调和综合管理，并具体负责"青马工程"全国班的组织实施工作。各级"青马工程"由各级团的领导机关联合相关单位共同实施。各级团组织具体负责，履行整体规划、学员培养、考核评价、人才举荐、督促检查等职能。

4. 各级团的领导机关应当加强对"青马工程"的组织领导和检查评估，应当将"青马工程"的开展情况纳入年度工作考核。

（三）组织单位管理

1. 各级"青马工程"组织单位应当严格落实《意见》所规定的培养要求，压实管理责任，健全责任体系，严格管理要求，提升"青马工程"管理质量和水平。要建立风险防范和报告制度，对在本级实施过程中产生的政治安全、社会舆情、人身安全等各类风险，应当第一时间向本级党委和上级团组织报告，并按照要求做好风险处置。

2. 各级"青马工程"组织单位应当持续完善学员选拔、培养内容、跟踪培养等工作机制。在学员选拔方面，保证选拔公信力和透明度，结合本级工作实际情况按照固定程序机制推荐人选；在培养内容方面，严格按照《意见》中的相关培养内容，充分利用本级优势资源确定培养课程；在跟踪培养方面，持续关注学员思想动态与个人成长，建立并实时更新学员信息数据库，在培养期间及集中培养周期结束后，与学员保持常态化联系。

3. 按照"谁主管，谁主办，谁负责"的原则，对于不符合"青马工程"培养要求的，各级团组织应当及时予以告知、提醒和督促整改；对随意变更培养周期、删减培养环节、泛化培养对象、滥用"青马工程"品牌等情况应当及时予以纠正并督促整改；对持续整改不合格的组织单位，应当通报并暂停其"青马工程"招生、培养等工作，暂停期不少于一年。

4. 各级团组织自行设立的，且未按照《意见》相关规定实施的培养项目，不得使用"青年马克思主义者培养工程""青马工程""青马"等字样及相关标识。

（四）学员管理

1. 各级"青马工程"组织单位应当严格落实《意见》中关于"规范学员选拔标准和程序"的要求，按照组织推荐与差额选拔的方式，从严择优选拔学员。

2. 对在培养过程中出现以下行为的学员，应予以淘汰，并通报其推荐单位：①不遵守党的政治纪律和政治规矩，违反党的路线方针政策的；②违反国家法律法规，违反党章党规党纪，违反所在单位纪律规定的；③利用信息网络造谣传谣、污蔑诽谤或者实施网络暴力，造成不良影响的；④违背社会公序良俗，违反社会公德、职业道德、家庭美德，有不当言行造成不良影响的；⑤面对党团组织分配的重大攻坚任务，表现消极、畏惧退缩、临阵脱逃、没有发挥先锋模范作用的；⑥在工作、学习、生活等方面自我要求不严，造成不良社会影响或者群众反映强烈的；⑦不遵守培训纪律的；⑧未达到培养考核标准的。

3. 对培养期结束后出现以上第一项至第六项行为的学员，各级"青马工程"组织单位应及时取消对其"青马工程"学员身份的认定。

4. 学员不得擅自以"青马工程"学员身份参加"青马工程"培养内容以外的社会活动。违反本条规定的，各级"青马工程"组织单位应当予以批评教育，责令改正；情节严重，产生不良影响的，及时予以淘汰或者取消对其"青马工程"学员身份的认定。

（五）导师管理

1. "青马工程"导师应当具备以下基本条件：（一）坚决拥护中国共产党的领导，热爱中华人民共和国，对习近平新时代中国特色社会主义思想有强烈的政治认同、思想认同、理论认同、情感认同；（二）政治面貌为中共党员；（三）具备良好的教学能力和职业道德，能够较好结合"青马工程"培养方案进行授课；（四）能够认真履行"青马工程"导师工作职责。

2. 各级"青马工程"组织单位负责本级"青马工程"导师的聘用工作。聘用期为1年，聘用前应当征得拟聘用导师所在单位书面同意。聘用期满，各级"青马工程"组织单位结合导师教学表现、学生评价、所在单位意见、履职情况等综合决定是否继续聘用。

3. 每名"青马工程"导师在聘用期内应当至少指导1名"青马工程"学员，指导学员数量原则上不超过5名。

4. "青马工程"导师在聘用期内及结束聘用期后，不得以"青马工程"导师身份从事、参加与"青马工程"无关的工作或者社会活动。各级"青马工程"组织单位应当落实监督责任，对违反本条且在聘用期内的导师，应当立即终止其"青马工程"导师资格。

5. "青马工程"导师在聘用期内有违反法律法规、受到党纪政务处分、因不当言论和行为产生不良影响等情况的，聘用单位应当立即终止其"青马工程"导师资格。

第十节　青年大学习

一、青年大学习的启动

"用科学的理论武装青年，用历史的眼光启示青年，用伟大的目标感召青年，用光明的未来激励青年。"

"在广大青年中加强和改进理论武装工作，引导广大青年运用马克思主义立场、观点、方法观察分析问题，从而坚定正确政治方向。"

党的十八大以来，习近平总书记对共青团和青年工作高度重视，要求共青团加强青年思想政治引领，帮助广大青年确立正确的理想、坚定的信念。这是党赋予共青团的首要任务、第一位的要求。

党旗所指就是团旗所向。进入新时代，共青团充分适应经济社会发展新形势，注重把握青年成长发展新脉搏，紧紧围绕为党育人的根本任务，着力深化青年思想政治引领。2018 年开始大力实施"青年大学习"行动，推动青年理论武装工作创新发展，通过构建"导学、讲学、研学、比学、践学、督学"相结合的学习体系，开展深入有效、内容新颖、贴近青年的学习活动，在广大青年中持续兴起了学习宣传贯彻习近平新时代中国特色社会主义思想的热潮，努力使党的创新理论在青年心中扎根筑牢。

（一）让"青年大学习"成为全团统一行动

"中国共产党人的初心和使命是什么？""共青团该怎样增强

政治敏锐性和政治鉴别力?"团员们围坐在一起,提问、抢答、交流、分享……大家在轻松的气氛中度过一个充实而难忘的"学习之夜"。像这样的"青年大学习"场景在各地团组织中已成为常态。

政治组织就要有政治组织的样子。学习好、宣传好、贯彻好习近平新时代中国特色社会主义思想,是共青团的首要政治任务和核心业务,是全体团干部和每一名团员的政治必修课。从团中央书记处到团的各级领导机关,从铁道民航到机关企业,从大学校园到中学支部,全团上下积极行动、精心组织,形成"一盘棋"抓"青年大学习"的格局。理论中心组学习、专家授课、专题培训、学习讲堂、主题征文、线上答题……

校园教室、车间厂房、青年之家、部队营房、网络空间……这些青年人的聚集地逐渐成为"青年大学习"的课堂。

与此同时,立足当前青年理论武装工作新特点,各地团组织充分结合实际,完善学习机制,创新学习手段,提升学习成效。团北京市委形成"全员培训、小组试讲、集体评课、示范展示、实地宣讲、梳理总结"的团干部宣讲"六步法";团上海市委从领导机关做起,带头开展集中、系统、深入的分专题学习,组织全市团干部在渔阳里团中央机关旧址常态化开设微团课;团吉林省委举办"百期万名大学生骨干"培训班;全国铁道团委结合新入路青年职业技能竞赛,把"青年大学习"行动纳入岗位技能评比。"青年大学习"行动已成为共青团为党育人最响亮的工作品牌。

(二) 打通理论武装青年的"最后一公里"

"这场文化盛宴令我们耳目一新,让大家真正感受到了真理的力量,也更加坚定我们的文化自信。"深秋的重庆青年职业技术学院报告厅,一场"青年大学习"宣讲活动正热烈地进行着。

中国现代文学馆原常务副馆长李盛荣同志以"用文化自信铸造强国梦"为题，为800余名师生上了一堂精彩的理论辅导课。深入浅出的讲解、幽默风趣的语言、生动形象的事例，让现场气氛活跃、掌声阵阵……这是团重庆市委开展"青年大学习——新时代重庆青年成长讲堂"系列宣讲活动的生动场景，这项活动深受青年认可和欢迎。

以小切口承载大内涵，用小故事讲述大道理，让理论宣讲有情感、有温度、有力量，让青年听得进、记得住、用得好，是共青团加强和改进理论武装工作的重要着力点。进入新时代，共青团大力推动理论宣讲方式、手段和载体的创新，聚焦国家发展成就和青年成长实际，用面对面的讲解传递思想力量，用肩并肩的交流回应青年关切，用心贴心的阐释解答青年困惑，在情感上、心理上实现党的理论与青年的"无缝对接"，从而形成强大而持久的思想引领力和精神塑造力。

（三）搭建"青年大学习"网上课堂

2018年8月，一档名为"青年大学习"网上主题团课的专栏在团中央微信平台正式上线，迅即引发青年纷纷关注参与。"没有生硬的灌输，也没有乏味的说教，呈现给我们的是'团团'小哥哥、小姐姐鲜活生动的解读、活泼风趣的问答。"这个由团中央打造的网上学习活动，采用青年喜爱的"短视频+互动问答"的形式，解读习近平新时代中国特色社会主义思想。9个月里，完成在线学习人数达3.12亿，课程浏览量超过7.58亿次，单期团课净学习人数超过1000万。这是共青团依托互联网开展青年理论武装的一次成功实践。

在当今这个青年几乎"无人不网""无时不网"的时代，理论武装只有与互联网充分融合，才能焕发出强大的生命力和传播力。党的十八大以来，共青团大力向互联网进军，坚定不移推进理论武装工作新媒体化，综合运用新媒体技术和网络文化产品，采取移动化、可视化、社交化的手段，把党的声音通过网络"发送"到青年心中，努力搭建"青年大学习"的网上课堂。

干好万好，听得进听得懂最好

"在音乐中有一个术语，叫做'基调'，是指乐曲的主要曲调，一首曲子的旋律、节奏、情感都是围绕基调来展开，从而演奏出和谐美妙的乐章。党的十八大以来，习近平总书记也经常在讲话中提到'工作总基调'，你知道是什么吗……"

这是"青年大学习"网上团课解读"稳中求进工作总基调"中的一段引导词。没有严肃的面孔、长篇的论述、枯燥的说教，取而代之的是短视频、互动答题、清新手绘，生活化解读、网红范儿拍摄、青春靓丽的团团"小哥哥""小姐姐"等网络上流行的传播元素，这成为网上团课深受广大青少年喜爱的关键。

青少年特殊的成长阶段、知识结构和社会阅历，使他们在政治理论学习中面临一定困难。如果只是做思想理论的"传声筒"，势必加深小伙伴们对政治学习的刻板印象，因此我们必须探索实现对习近平新时代中国特色社会主义思想从"转述"向"转化"的跃升，打通青年理论武装的"最后一公里"。

青年人不喜欢枯燥的说教，那就用互动短视频的方式讲，让他们的同龄人来讲；青年人听不懂艰涩的政治概念，那就作出与他们的知识结构和生活经验相匹配的阐释；青年人认为"国家大事"离自己太远，那就举例说明宏大的国家战略如何在微观层面影响普通人的生活，而个体的选择与奋斗又是怎样有力地改变着国家的面貌。

实践证明，这种转化得到了团员青年的欢迎。"我居然有一天能讲清楚'总体布局'和'战略布局'的区别，说出来我自己都不信"，"同龄人经常说迷茫，找不到人生的方向，其实民族奋斗的方向就是我们奋斗的方向"，"我们寝室每周一晚上一起学团课，特有仪式感，请团中央不要断更"……每一期网上团课推出后，团中央的微信后台都会收到这样的留言。做好"转化"工作，就是要让青少年从不喜欢到喜欢，从不理解到理解，从不关心到关心，进而达到入耳入脑入心的效果。

依靠组织力量，焕发基层活力

宣传好新思想是团组织的首要政治任务和核心业务，学习好新思想是团员的基本权利和应尽义务。"青年大学习"网上团课不是一款普通的思想文化产品，而是团员理论学习的必修课，因此必须依托团的组织体系去动员、去推广、去传播。

网上团课启动以来，各地团组织和广大团干部想了很多办法、付出很大努力，组织动员团员青年参与网上团课的学习当中。

黑龙江召开"青年大学习"网上团课专题推进会，团省委书记班子带头，各战线各部门齐抓共管，学习工作与团务工作深度融合，学习氛围空前浓厚。

新疆以从严治团的扎实工作为网上团课开道，将学习成效作为提升团员先进性光荣感的重要指标，层层大力推动。

安徽积极争取党委指导与支持，学习情况一清二楚、动员效能显著提升。

重庆探索扁平化动员机制，发挥新媒体矩阵"一点触发、全网联动"的优势，最大限度覆盖青年。

湖北创新学习形式，在微信、抖音等平台开辟专栏，创作"青年大学习"主题 MV 等系列衍生文化产品，激发团员主动学习的热情。

依靠组织的力量，"青年大学习"迅速在广大团员青年中掀起热潮，达到了一般的社会化动员无法企及的传播速度和覆盖面。

组织工作为宣传工作巩固阵地，宣传工作也可以为组织工作开辟渠道。在推广网上团课的过程中，很多基层团组织发现一些传统的、千篇一律的工作方法不再是"灵丹妙药"，更多个性化、差异化的青年特点需要去适应，也开始重新思考和探索如何在新形势下更有效地开展组织动员、激发组织活力。

为了拓宽联系渠道，各地打破学校、企业、机关等组织壁垒，共同发力；为了建立精准动员，各地重新梳理从团的领导机关到普通团员青年的联系"通路"，反复强化；为了提升内容吸引力，各地延伸创作图文、短视频、小程序等各类团课产品，持续创新；为了促进学习常态化，各地将网上团课列为"三会两制一课"的重要组成，久久为功……这些做法都为加强基层组织建设提供了新的内容，注入了新的活力。

宣传力是水，组织力是渠，渠通则水畅，水到而渠成。

做科学理论的讲解员、"布道者"

团干部承担着面向青年宣传党的理论和路线方针政策、让党的创新理论"飞入寻常百姓家"的重要责任。这就要求团干部把马克思主义理论素养作为基本功和看家本领，也就是说，团干部不能只是虔诚的"念经人"，还要做高明的"解经人"、热心的"布道者"。

在广西柳钢焦化厂三四焦车间团支部，每周五下午都要开展支部活动，"青年大学习"网上团课开展以来，支部活动就有了新内容——支部委员结合网上团课讲线下团课，针对团员职工学习过程中的问题、困惑进行解答，也结合自身实践进行阐发与延伸。团支部书记陈力说，"虽然说是我们讲团课，但也要提前学，学透了才能讲得出"。

"青年大学习"网上团课还成为哈尔滨市道外区"青年之家"开展"微距"交流的切入点。道外区团委书记杨兴春谈道："网上团课为团干部如何在青年中宣传党的思想理论做了示范，到基层我们还要做进一步的结合与延伸，和青年面对面讲党史、国史、团史，讲东北抗联精神、大庆精神、先进青年故事，要让经典的精神、榜样的力量更深入人心。"

（四）在实践中学习，在历练中成长

知者行之始，行者知之成。实践育人一直是共青团这所"大学校"的独特优势。全团把组织广大青年在党和国家工作大局中施展才华、建功立业，作为提升"青年大学习"成效的重要手段，积极为青年搭建规模化、正规化、常态化的实践载体，动员广大青年把习近平总书记的重要要求体现在现实生活里、落实到具体行动中，在实践体验中提升素养、在昂扬奋斗中锤炼本领、在拼搏奉献中实现价值。

——牢记"实践是提高本领的途径"的教诲，每年有超过500万名青年学子、一千余支重点实践团队奔赴基层一线、走进百姓之中，了解国情社情，开展实践调研。全国大中专学生暑期"三下乡"社会实践已成为青年学生学习成长的"第二课堂"。

——聚焦"创新是第一动力"的要求，从"创青春"到"挑战杯"，从"振兴杯"到"五小"，从"中国青少年科技创新奖"到"中国青年创业奖"，共青团积极推进青年创新创业创优行动，引导各领域青年在比学赶超中激发创业激情、点亮创新智慧、增强创优动力。

——领会"幸福都是奋斗出来的"的道理，共青团大力实施打赢脱贫攻坚战3年行动，推动学业资助、就业援助、创业扶助"3个10万"重点项目和扶志工作，引导和带动广大青年在脱贫攻坚主战场磨炼意志、锤炼本领、展现风采。

——践行"绿水青山就是金山银山"的理念，共青团不断拓展"保护母亲河"行动内涵，推广绿色公开课、开展网络接力活动、创作公益文化产品，组织动员青少年积极参与生态环保实践活动，以实际行动建设"美丽中国"。

——发扬"选择奉献也就选择了高尚"的品格，共青团广泛开展"中国青年志愿者行动"，大力传播奉献互助精神。志愿服务已成为青年一代奉献社会、服务人民、经受锻炼的大舞台。

二、青年大学习的推进

共青团中央深入学习贯彻习近平总书记关于加强对广大团员和青年政治引领的重要要求，结合青年理论武装工作实际，于2023年8月印发《关于推进"青年大学习"工作高质量发展的意见》（以下简称《意见》），努力打造新时代新征程共青团学习宣传贯彻习近平新时代中国特色社会主义思想的标志性品牌。

"青年大学习"自启动以来，聚焦党的创新理论学习教育，探索形成了以定期网上团课为主的学习形态，目前已发展成为每期覆盖6300余万团员和青年的全国收看规模最大的网上理论学习栏目。

（一）珍惜成果，不断擦亮品牌

《意见》提出，要珍惜"青年大学习"这一适应时代潮流、集中全团力量、经过实践检验的工作成果，不断擦亮"青年大学习"品牌，推动实现高质量发展。要打造优质内容。在现有内容基础上，重在帮助团员和青年提高对党的基本理论、基本路线、基本方略的领悟力，加大释疑解惑力度，制作"短而精""小而美"的"硬核"内容。要激发内生动力。引导团员充分认识学习义务，理解理论学习的重要意义，激发团员青年形成内在自觉，增强学习主动，巩固和扩大"青年大学习"在团员和青年中的影响力、认可度。要优化评价机制。据实重新核定各地参学基数，同时进一步调整评价机制，避免"唯数据"倾向。要探索"多屏共学"。在现有的手机"小屏"学习模式基础上，增加"大屏"学习模式，支持各地结合实际情况，以大屏放映等形式将"青年大学习"内容融入团课、团日活动。

（二）拓展体系，不断增加载体

《意见》提出，要进一步拓展"青年大学习"体系，以网上团课为基础，以基层团组织强化学习功能、提升引领效能为应用场景，逐步增加专题研讨、书目阅读、实践体验、岗位建功、文化活动等学习载体，深入开展宣讲交流活动，构建线上和线下相促进、理论学习和实践育人相协同的学习体系，同时鼓励各地各级团组织参与"青年大学习"产品和活动的共创共享，打造不断累积、扁平开放的"资源库"，使"青年大学习"成为广大团员和青年学习贯彻习近平新时代中国特色社会主义思想的响亮新品牌、育人大阵地。

第十一节　青年实干家计划

高校学生是国家宝贵的人才资源，是共青团的重要工作对象和工作力量。广大团员青年应在强国建设、民族复兴伟业中勇当先锋队、突击队，广大青年学生要珍惜大好学习时光，求真学问，练真本领，努力成长为有理想、有学问、有才干的实干家。为深入贯彻落实习近平总书记关于青年工作的重要思想，构建共青团实践育人新范式，引领高校学生牢记领袖嘱托、不负殷切期望，树牢家国情怀、投身基层实践，努力成长为新时代新征程的青年实干家，在中国式现代化建设中挺膺担当，团中央决定实施新时代新征程高校学生"青年实干家计划"（可以简称为"青实计划"）。

（一）总体要求

指导思想：以习近平新时代中国特色社会主义思想为指导，深入贯彻习近平总书记关于青年工作的重要思想和关于教育的重要论述，紧紧围绕党的二十大确定的目标任务，聚焦"国之大者"和基层基础，充分发挥共青团在高校学生思想政治工作中的主力军作用，充分发挥贯通学校与社会的组织体系和实践教育优势，以加强青年学生思想政治引领为主线，以培养锻造有理想、敢担当、能吃苦、肯奋斗的新时代好青年为目标，着力创新高校共青团组织动员方式、组织生活方式、骨干培养方式，着力破解基层团组织"四缺"特别是缺工作力量难题，着力培养推动中国式现代化建设的青年战略人才，增强新时代新征程共青团为党育人、为国育才实效。

主题口号：求真学问、练真本领、做实干家。

目标要求：以全日制在校博士、硕士研究生为主体，特别优秀的可放宽至其他类型学生，组织化选聘信念坚定、品学兼优、乐于奉献的优秀学生到基层各领域兼职开展实岗锻炼、兼任基层团干部。

2024 年依托部分重点高校、地区先行先试，2025 年在试点基础上铺开，2026 年对项目持续优化提升，努力打造共青团面向高学段学生开展思想政治引领、服务学生成长成才、助力中国式现代化建设的品牌项目。

工作原则：

——坚持为党育人。聚焦思想政治引领的主责主业，推动思政、学术、实践深度融合，着力提升高学段在校大学生的政治能力、思维能力、学术能力、实践能力，纵深拓展新时代新征程高校学生思想政治工作的系统性、针对性、有效性。

——突出服务大局。引导高校学生在历史现场和基层实践中探求中国之问、世界之问、人民之问、时代之问，鼓励学生以基层为案例、为"田野"，把论文写在祖国大地上，持续产出对大局有较高贡献度的实践成果、学术成果。

——储备青年人才。助力实施科技强国、教育强国、人才强国战略，结合地方区域经济发展、重大工程和项目攻关等，在基层实岗锻炼中全面提高青年人才培养质量，着力造就拔尖创新人才，把各方面优秀青年人才集聚到党和人民事业中来。

——注重基层导向。问需问计于基层，统筹基层岗位需要和高校学生专业特长，提高实践岗位设置匹配度、吸引力，将学术问题带到基层再论证、将学术成果带到基层再检验，增强服务实效、实现双向赋能。

（二）组织实施

1. 设置岗位。重点面向市（县）域各级团组织、党政机关、科研机构、国有企业、非公企业、产业园区等基层单位设置岗位。高校学生实岗锻炼期间，可兼任团组织副书记、团建指导员、青年项目专员、青年干事等。优先选派高校学生到国家和省级乡村振兴重点帮扶县、县级团委机关编制3个及以下且常住青年人口规模较大的区县，区域协调发展战略、区域重大战略、主体功能区战略、新型城镇化战略所涉及的区县，自由贸易试验区、国家级经济园区等重点区域领域，以及其他国家专项战略等所涉及的企业、科研机构等兼职开展工作。

2. 明确任务。提供基层兼职岗位的单位，应结合学生学科背景、专业特长、发展需求，突出政治引领，围绕经济发展、科技创新、乡村振兴、民主法治、文教体育、绿色发展、社会服务、卫国戍边、统一战线、对外交流等方面明确具体工作内容。高校学生实岗兼职锻炼期间，主要承担以下工作任务：

（1）调研青年状况。聚焦服务地团员青年聚集分布、行为特点、兴趣爱好、急难愁盼需求等，开展摸底调研，形成团员青年"画像"报告，为各地团组织有针对性开展工作提供参考。

（2）拓展思政宣讲。立足服务单位实际和团员青年特点，结合个人入党、入团经历和成长收获，通过策划主题团日、讲授主题团课、开展主题宣讲等形式，丰富思政课程教学方式和载体。

（3）参与基层治理。围绕乡村振兴、环境整治、生态保护、社区更新、文明创建、平安建设、困难救助等基层城乡社区治理中的重点难点问题，协助服务地团组织开展工作。

（4）助力地方发展。在深入观察和调研基础上，提出助力地方经济社会发展的"微建议""金点子"，形成具有较高参考价值的资政报告。

（5）深化专业研究。将论文写在大地上、将实验做到田野间、将所学用在一线中，在社会现实场景中发现"真问题"、产出"真成果"，切实提升学术研究能力和解决实际问题能力。

3. 组织选聘。采取"组织结对选派"方式公开招募。省、市级团委作为枢纽，统筹做好校地对接、基层岗位征集、公示聘任、岗前培训等工作。高校团委重点做好项目宣传推介、组织发动、学生需求调研和报名审核等工作。起步阶段主要依托已有校地结对机制，包括高校定点帮扶、东西协作、硕博生培养站点、研究生支教团服务地、实习实践基地共建、产学研基地共建等，组织化选派高校学生到结对地方开展工作。鼓励围绕国家重大战略、地方发展需要等探索新型结对机制。

项目聘期一般不少于1年，聘期内高校学生采取"假期（课余时间）线下为主"和"平时线上为主"相结合的方式开展工作，线下在岗服务时长每年原则上不少于60天。

4. 组织支持

（1）岗位保障。高校学生实岗锻炼期间，省、市、县团的领导机关和高校团委应会同服务单位提供必要的学习、工作和生活条件。根据地方经济社会发展水平，高校学生可享受公共交通补贴、餐费补贴、人身意外伤害保险等必要保障。

（2）岗位认证。聘期结束前，高校学生须向团组织提交履职报告和实践成果，包括但不限于调研报告、学术论文、技术发明、对策建议、访谈实录、工作总结等多种形式。对在岗服务时间达标、完成任务、考核合格的高校学生，由相应聘任方团组织颁发实岗锻炼证书，符合条件的可计入思政课实践学分、个人志愿服务时长、第二课堂成绩单，相关履历记入学生档案。

（3）激励机制。对表现突出的高校学生、地方和高校团组织，在推优入党、团内荣誉表彰中予以倾斜。鼓励加强与地方人才引进政策的衔接，做好优秀高校学生推荐、优先录用等持续跟踪培养工作。

5. 加强管理。坚持"谁用人、谁管理、谁负责"。兼任团干部期间，团员组织关系不变。通过组建临时团支部、功能型团支部、网络群组等方式，加强对学生在岗服务期间的教育管理，及时了解需求、听取意见、解决问题。加强安全教育，确保政治安全和意识形态安全，做好人身财产安全防护。实岗锻炼期间，学生出现不符合兼职团干部、青年工作骨干的身份言行和违纪违法等情况，聘任方团组织应终止聘任、收回聘书并向相关高校团组织通报；学生反映聘任方在选聘、管理、用人等方面存在违纪违法问题并经查实的，依规严肃处理。

（三）工作要求

1. 提高认识、服务大局。"青年实干家计划"是新时代新征程共青团助力青年人才培养、激发基层建功的重要创新项目，是充实基层团的工作力量的重要抓手，是围绕党政中心大局、吸引储备青年战略人才的重要载体。各级团的领导机关和高校团组织要提高站位，坚持使用与培养并重、聚才与荐才并举，将计划推进与解决基层"四缺"、实施中长期青年发展规划、服务地方招才引智、引导大学生基层就业和回乡创业等紧密结合起来,实现促进青年成长与服务地方发展相统一。

2. 全团联动、分级负责。在团中央书记处领导下,团中央基层建设部负责项目总体协调和统筹实施。省、市级团委作为"青年实干家计划"的人才对接方,承担项目实施主体责任,重点做好基层岗位设置的审核把关、与高校团委的联系对接、经验做法的总结宣传、项目推进的跟踪问效。高校团组织作为"青年实干家计划"的人才供给方,要吃透项目精神,把实施项目作为高校共青团开展实践育人、培养青年人才的重要增长点,发挥团学组织和骨干作用,深入学生宣传动员,对拟推荐的高校学生从政治素养、学业表现、生活作风等方面严格把关,及时掌握学生参与项目情况。县级团委作为"青年实干家计划"的人才接收方,要明确班子成员和专人负责,重点做好高校学生基层工作期间的日常管理和服务保障等工作。

3. 示范引领、鼓励创新。团中央统筹推动部分部属高校、"双一流"高校、"双高计划"高校团组织率先带头参与计划实施。2024年有条件的省份重点推动省内工作基础较好、代表性强的高校先行先试。鼓励省、市级团委积极争取地方党委和组织、社会工作、教育、民政、财政、人社等部门支持,根据本意见制定出台配套措施,大胆探索推进项目的好经验好做法。团中央将根据项目推进情况,适时推出一批青年发展状况观察、一批产学研学术学位论文、一批基层治理创新实践成果、一批优秀项目实施单位等典型,开展成果展示交流。